挪威史

从远古时代起

【挪威】迦马·乔·伯以森 著

文 净 译

上海社会科学院出版社

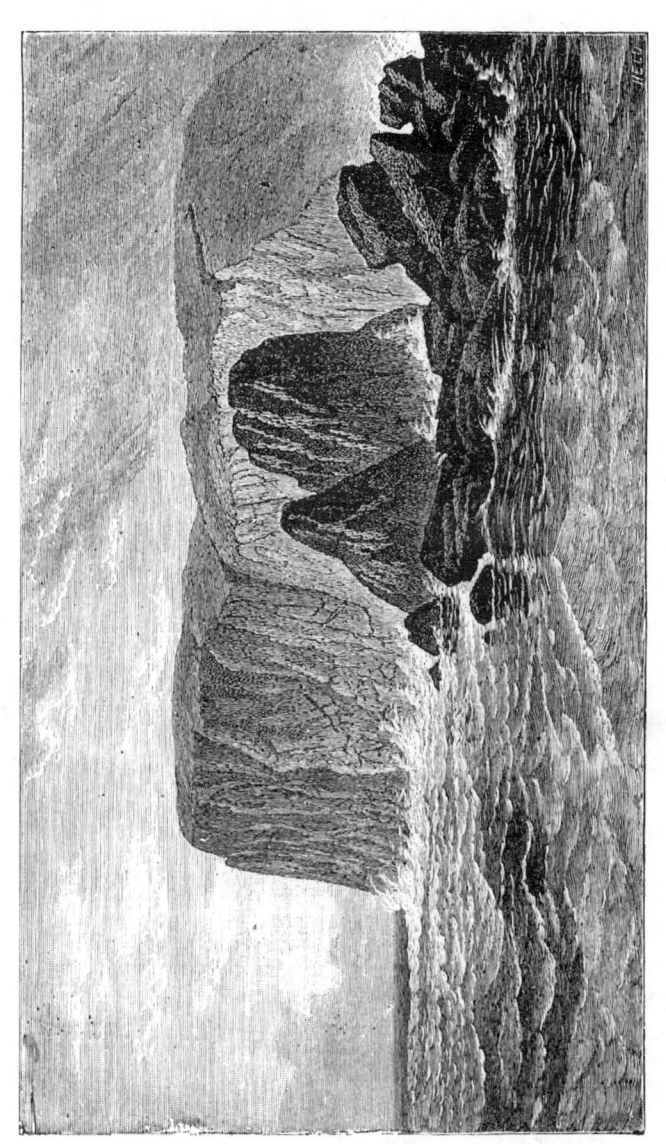

"世界的尽头"——挪威北角

写在前面

本书作者迦马·乔·伯以森（Hjalmar Hjorth Boyesen，1848—1895）是挪威裔著名作家、教授，出生于挪威弗雷德里克斯文（Frederiksvärn），1868年毕业于挪威克里斯蒂安尼亚大学（今奥斯陆大学），于1869年移民美国，曾担任挪威语周刊《前进》（*Fremad*）助理编辑，并先后在康奈尔大学、哥伦比亚大学任北欧语言及日耳曼语教授。他是一位高产的作家，出版有多部著作，包含小说、短篇故事、诗集、文学评论，其中尤以北欧历史及文化题材的作品最为有名。

本书是他为普通读者撰写的挪威史入门作品，曾在世界范围内多次再版，深受读者欢迎。其最早的版本为1886年版（藏于多伦多大学）和1900年版（藏于哈佛大学），最近的版本有Kessinger Publishing, LLC的2007年版、Forgotten Books的2007年版、Nabu Press的2010年版、AMA Publication的2012年版kindle电子书等。本次翻译以1886年版为底本，完整收录了除因图片处理问题而删去的1886年版《斯堪的纳维亚：瑞典和挪威、丹麦及波罗的海》这幅地图之外的全部1886年版和1900年版插图及地图，并将作者去世后由历史学家C. F. 基里（Charles Francis Keary）为1900

年版补写的第三十七章"近代挪威"也同时译出，收入书中，以飨读者。

在本书中，伯以森用"讲故事"的方式，凭借生动的语言和幽默风趣的叙述，将挪威自远古时代到近代初期的历史以及挪威列王的英雄事迹娓娓道来，就像是邀请读者乘上维京人饰有巨大龙头的长船，在斯堪的纳维亚险峻的峡湾之间扬帆起航，开启一场追寻过去的探险。结合70多幅1886年初版和1900年再版时就带有的原汁原味的版画，作者不仅将挪威历史上各个时期的风土人情生动地展现在读者眼前，也让我们能够一窥这片严寒冰雪之地孕育出的民族精神，令人赞叹。

远古时代，历史与文学之间本没有隔阂，就像北欧萨迦本身既是杰出的文学作品，也是承载了北欧历史和列王事迹的不朽史著一样。如果要用最符合北欧人风格的方式来讲述他们的历史，传达这片古老大地的神韵，那么选择采用萨迦一样"讲故事"的方式，就是最适合不过的了，这也许就是为何迦马·乔·伯以森的这部挪威史，能够在1886年出版之后不断再版，成为多所大学的藏书，一直深受读者欢迎的原因。从这些通俗易懂、富有趣味又含意深远的历史故事中，我们也许能够窥见北欧国家现在得以富足的源泉。

序　言

　　将挪威史撰著成书是我多年以来的夙愿，究其原因则是由于能够担得上"挪威史"一名的英文读物尚属空白。于是当此书的出版方建议我写一本关于我自己国家的书时，我迫不及待地接受了他们的提议。然而在一些重要的方面，根据他们的构想，这本书的故事得有别于普通的历史书。它偏重于对历史事件中那些戏剧性的部分进行详述，而像机构制度的发展、社会学现象一类则只需一笔带过，因此这本书也就不会成为太冗长的大部头。在本书中，更多的笔墨会用于讲述民族英雄奥拉夫·特里格瓦松的故事，而不是拿去写那些任期长过他10倍的国王——因为他在位虽短，其间却是风起云涌、险象环生。基于类似的原因，与丹麦长达4个世纪的联盟只是简略言之。几百年间无疑发生过很多事，但其中能称得上是事件的却寥寥无几。此外，要在国家衰败沦丧的历史时期剥离出独立成篇的挪威史，本就不是一个会令古挪威史学家们喜闻乐见的好议题，因此那个时期的历史大体被忽视了。

　　在为本书做准备的过程中，我参考了许多著作并深受裨益[1]。此

---

[1] Snorre Sturlasson: *Norges Kongesagaer* (Christiania, 1859, 2 vols.);（转下页）

外我还读了大量零散发表在德国及斯堪的纳维亚地区史学杂志上的文章。撰写此书时颇令人头痛的一件麻烦事是名字的拼写问题。原原本本地采用古冰岛语的形式并不每每适宜，因为这些名字在现代英语中的写法是我们所熟悉和容易拼读的，但在古冰岛语外衣的掩盖之下它们面目全非。于是对于那些在英语中没有众所周知的对应说法的名字，我就采用了现代挪威语的形式，它们与古语相比往往会少一个尾字母，比如 Sigurdr（它的英语所有格形式是 Sigurdr's）就被写作现代挪威语的 Sigurd，Eirikr 就成了 Erik，以此类推。在处理那些属于人物的特征性称号的姓名时，我尽可能地加以翻译，如 Harold the Fairhaired（"金发王"哈拉尔德）、Haakon the Good（"好王"哈康）、Olaf the Saint（"圣徒"奥拉夫），等等。然而对于某些名字而言，绝对忠实的译名会显得累赘，比如泰姆之弦艾纳（Einar the Twanger of Thamb）中"泰姆"（Thamb）是他那把弓的名字，这种情况下我就会保留其挪威名泰姆巴斯克威尔（Thambarskelver）。

最后，我要以满心的愉悦向我的朋友们致以感谢：哥伦比亚学院的历史学副教授孟罗·斯密（E. Munroe Smith）和美国驻丹麦大使高慕斯·安德森（Hon. Rasmus B. Andersen），他们给我提出了宝贵的批评意见，而且如果没有他们在我搜集书籍、地图等资料

（接上页）P. A. Munch: *Det Norske Folks Historie* (Christiania, 1852, 6 vols.); R. Keyser: *Efterladte Skrifter* (Christiania, 1866, 2 vols.); *Samlede Afhandlinger* (1868); J. E. Sars: *Udsigt over den Norske Historie* (Christiania, 1877, 2 vols.). K. Maurer: *Die Bekehrung des Norwegischen Stammes zum Christenthume* (München, 1856, 2 vols.), and *Die Entstehung des Isländischen Staates* (München, 1852); G. Vigfusson: *Sturlunga Saga* (Oxford, 1878, 2 vols.); and *Um timatal i Islendinga sögum i fornöld* (contained in *Safn til sögu Islands*, 1855); G. Storm: *Snorre Sturlasson's Historieskrivning* (Kjöbenhavn, 1878)；C. F. Allen: *Haandbog i Fædrelandets Historie* (Kjöbenhavn, 1863).

的过程中给予的帮助，完成这部作品的困难必将大大增加。我还得感谢哥伦比亚学院的卡朋特博士（Dr. W. H. Carpenter），以及住在威斯康星州拉克罗斯的挪威艺术家盖于斯塔（H. N. Gausta）先生，他热心地赠予我两幅非常精彩的原创画作，向我展示了原汁原味的挪威农夫们的生活。

迦马·乔·伯以森（Hjalmar H. Boyesen）
于哥伦比亚学院，纽约
1886年4月15日

目 录

写在前面   1
序　言   1

第 一 章　古挪威人其族   1
第 二 章　古挪威人的信仰   10
第 三 章　维京时代——维京航海之始   20
第 四 章　"黑王"哈夫丹   37
第 五 章　"金发王"哈拉尔德（860—930 年）   43
第 六 章　"血斧王"埃里克（930—935 年）   60
第 七 章　"好王"哈康（935—961 年）   71
第 八 章　哈拉尔德·格雷菲尔及其兄弟
　　　　　（961—970 年）   82
第 九 章　哈康伯爵（970—995 年）   91
第 十 章　奥拉夫·特里格瓦松的青少年时代   105

第十一章	奥拉夫·特里格瓦松（995—1000年）	111
第十二章	埃里克伯爵和斯温·哈康松伯爵（1000—1015年）以及发现文兰	132
第十三章	"圣徒"奥拉夫（1016—1030年）	139
第十四章	斯温·阿菲法松（1030—1035年）	169
第十五章	"好王"马格努斯（1035—1047年）	172
第十六章	"铁腕王"哈拉尔德·西格德松（1047—1066年）	187
第十七章	"静安王"奥拉夫（凯里）（1066—1093年）与马格努斯·哈拉尔德松（1066—1069年）	202
第十八章	"赤足王"马格努斯（1093—1103年）与哈康·马格努松（1093—1095年）	210
第十九章	埃斯泰因（1103—1122年）、"圣战王"西格德（1103—1130年）及奥拉夫·马格努松（1103—1115年）	214
第二十章	"盲王"马格努斯（1130—1135年）和哈拉尔德·吉勒（1130—1136年）	225
第二十一章	哈拉尔德·吉勒诸子（1137—1161年）	229
第二十二章	"宽肩王"哈康（1161—1162年）	237
第二十三章	马格努斯·厄林松（1162—1184年）	240
第二十四章	斯韦雷·西格德松（1182—1202年）	257
第二十五章	哈康·斯韦雷松（1202—1204年）	277
第二十六章	古托姆·西格德松（1204年）与英奇·博尔德松（1204—1217年）	281
第二十七章	"老者"哈康·哈康松	

	（1217—1263年）	292
第二十八章	冰岛之斯图隆家族	315
第二十九章	"修法者"马格努斯	
	（1263—1280年）	323
第 三 十 章	"仇恨教士者"埃里克	
	（1280—1299年）	329
第三十一章	"长腿王"哈康（1299—1319年）	333
第三十二章	马格努斯·斯麦克（1319—1374年）、	
	哈康·马格努松（1355—1380年）及	
	小奥拉夫（1381—1387年）	336
第三十三章	卡尔马联盟时期的挪威	340
第三十四章	与丹麦联盟	346
第三十五章	沦为丹麦辖省（1537—1814年）	356
第三十六章	挪威重获独立	376
第三十七章	近代挪威	392

全书译名章节表　　　　　　　　　　　　　403

中世纪斯堪的纳维亚三国地图　　　　　　　428
中世纪斯堪的纳维亚三国地图说明　　　　　429

第一章
古挪威人其族

　　古挪威人，又称古斯堪的纳维亚人或北欧人，是日耳曼民族的一支，相应的，也就属于雅利安人这个大谱系。[1]瑞典人和丹麦人是他们的近亲。古挪威人最初的家园在亚洲，大约位于被古人称作巴克特里亚的区域，靠近乌浒河和锡尔河两大河流的源头。事实上，不止古挪威人，在当今文明世界中占据大半席位的所有雅利安民族的祖先，都应该是来自这个区域。最初从这个众民族之摇篮出走的人中，有的部落选择在地中海地区的东部岛屿及半岛上安定下来繁衍生息，这就是古希腊人，正是他们，在基督教纪元到来以前的久远年代，就创造出了从某种意义上来说至今仍然无可超越的璀璨艺术与文学；再有，究其血缘，假以时日孕育出了伟大罗马帝国的古意大利人，也可追溯到相同的祖先；在古时候分布在英格兰、爱尔兰和法国地区的凯尔特人也是如此；居住在当今俄罗斯、波西米亚及土耳其北部省份的斯拉夫人亦然；还有占据了欧洲大陆大片中

---

[1] 本书关于古挪威人人种的说法为截至19世纪末的观点，人种学和民俗学时常和其提出的时代背景相关联，请读者注意。——编者注

部地区的日耳曼人。而在亚洲的民族当中，聚居波斯的伊朗人和住在印度的印度人也都有雅利安血统。

外貌、习惯与性格都大相径庭的两个人，比如说一个印度人和一个英国人吧，竟然在远古时代源自共同的祖先，这简直不可思议，但又确实是不容争议的事实。这就令人自然而然想到一个问题："如果他们曾经相似，那究竟是什么令他们变得如此不同了呢？"答案是：天气、土壤和他们安身之国家的总体特性。

最早出走的雅利安人原本居住在山区，那里的山谷土壤肥沃，气候温暖平和；既不会热到令人昏昏欲睡、懒散终日，也不会冷到碍人生长、凝人精气。那里的土地不会像热带地区一样产出无尽的植物以供栖息其上的人们不劳而获，但它却给予牲畜足够的食物，令原住民只要付出悉心照料就可以满足生存所需。于是，这个民族得到了体力与智力的双重发展，逐渐超越了居住在邻近地区的其他部落。战争随之而来，自然是弱肉强食。人数激增的雅利安人将征服的领地据为己有，他们奴役那里的土著居民，或者将他们驱赶至生活环境恶劣的地方。我们并不确定最初的大规模迁徙发生在什么时候，不过曾有学者推测说印度人分离出来的年代得追溯到公元前1500年了。同样的，古希腊人、古意大利人、凯尔特人和斯拉夫人的迁徙年代不详，而雅利安人占领德意志地区的时间至今也仍属于臆测。无法确定的还包括斯堪的纳维亚部落最早的历史，虽然有种非常可能的说法是他们是在公元前2世纪侵占入主到他们如今的居住之地，那时候他们和日耳曼人就算不是完全，也几乎是看不出差别，这两者有可能在同一时期离开了亚洲的家园。他们征战其他部落的利爪向北延伸，征服了芬兰人和拉普人，占有其土地，对其人民要么赶尽杀绝，要么驱逐至极北之地荒芜贫瘠的山区。根据多位国内外作者的说法，远不止一个部落采用了这样的入侵路线，其中最引人注目的是哥特人、瑞典人和丹麦人。古挪威人并不在此列，因为这个名字并不特指某一支原本的雅利安部落，而是源自他们开疆拓土、安定下来的那片疆土。这个国家很快以"挪威"之名为人所知，意即"通往北方之路"。这是一块长长的南北走向的带状国土，位于基阿连山脉之间，基阿连山脉将它与瑞典和北冰洋及大西洋隔开。从地图上看起来，它就像是瑞典肩上挂着的一个大袋子。

　　古挪威人所在之地是一个奇妙的国度。海水沿着它岩石嶙峋的海岸线一路喧哗咆哮。在漫长阴暗的冬季里，暴风雨哀号肆虐，将海浪拍打成白色的雨雾抛洒向天空。大批大批的海鸟或漂流于水上，就像雪；或围绕着百年孤寂的峭壁，盘旋、啸鸣。北方的天际极光闪动，像一把巨大的发光的扇。还有漫天的星，闪耀着凛冽冷艳的光。但到了夏天，一切都不一样了，就好像突如其来的魔法奇迹。阳光普照，温暖而和煦，即使北极圈里也是如此。漫山遍野的野花在抽芽、绽放，河里的水活了、涨了，唱着跳着奔流向海，浅的白桦叶与深的松针层叠交错，融合成更漂亮鲜活的绿。北边的地方整个夜晚都亮如白昼，即便在太阳隐没于地平线以下的那几个小时也仍有光。天空澄清得没有一丝云，海面光洁得就像一面巨镜，鱼儿跳跃嬉戏，海鸥和绒鸭在粼粼的水面随波悄无声响地轻轻摇摆，一派天高海阔、鸟飞鱼跃。沿着海岸线屡屡有绝佳的港口，冬夏无冰。另有岛屿星罗棋布，有的寸草不生，只得岩石，有的零零寥寥长了些草和树，是船只停靠和牛羊放牧的好地方。峡湾深入国家腹地，带来冲击拍打着挪威西海岸的水流，极大地缓和了气候。峡湾两边是可耕区，虽狭长且偶有阻断，却沿着河岸一路延伸，这也就是早期的日耳曼拓疆者修房造屋、开始为生存而战的地方。这片居住地的前前后后都绵延耸立着大山，积雪覆盖，危险阴沉，带来雪崩、洪水和毫无预警的旋风。但人类是无所畏惧的，他们扎根于土

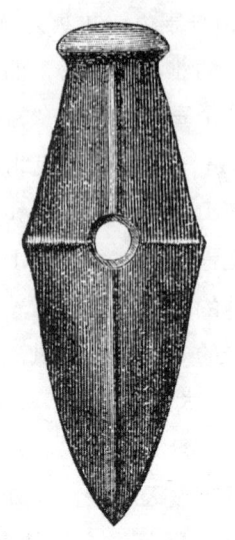
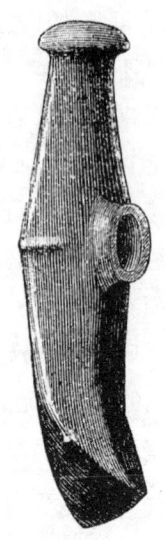

石器时代后期的石斧

壤,不断探索陆地与大海,去寻找适合永久居住的最佳地点。

移居挪威的雅利安人当时对农业知之甚少,这一点相当确定,因此他们以打猎、捕鱼和放牧为生。他们用原木建造的房舍非常简陋,可以轻易掀翻或移动。不过他们很早就开始研究开垦土地,之后建起了更大的居所,建造方法也更为细致。当勇士们涌入山谷着手开拓,他们做的第一件事就是清除覆盖山体的幽深密林。其后酋长建造神庙(hov),在此定期献祭。究竟是由酋长分配各人所得,还是每个人根据自己的表现选取所得已未可知,但前一种可能性更大。古挪威人骄傲又好战,但在重大的历史时刻,他们却能毫不犹豫地臣服于首领的安排,做到齐心协力。部落内部紧密联系、心甘情愿认可统治者,这种意识在挪威非常重要,因为地理条件迫使他们不得不居住在非常分散的畜牧地(gaards),彼此相距遥远,沟通困难。因此,农民们(böndcr)很容易忘了公共事务而逐渐沾染孤立和野蛮的习性。而这时候日耳曼民族本性中推动社会发展的因子就开始发挥作用。数百年过去,这个民族因为共同的追求和利益而更加紧密地团结起来。把他们捆绑在一起的首先是宗教习俗,其次是一致对抗外敌的需要。生命和财产在那时候都是没有保障的,只有在英勇的首领领导下的一致行动才能令居所分散的农民们略感安全。当时的男人远比今天更勇猛残暴、激情燃烧,唯有顾虑遭到报复才能让他们略为自制。

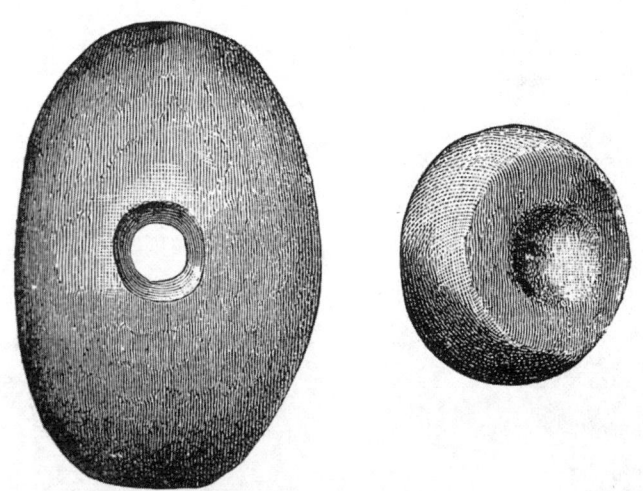

石锤(左)和凿作工具时所用的石头

几乎每一条相互分隔的挪威山谷都自成一个小王国,这些小王国被称为"fylki"。并非每一个王国都有国王,却必定有酋长,有时还不止一个。国王拥有战时指挥权。当时有的地区称之为伯爵(jarl),意指独立的统治者,后来这个称号的意思演变为领主(landgrave),成了一种贵族爵位。国王不可以因一己之需而向农民征收赋税,不能违背农民意愿强行增加其负担。一般说来,王位会传给王

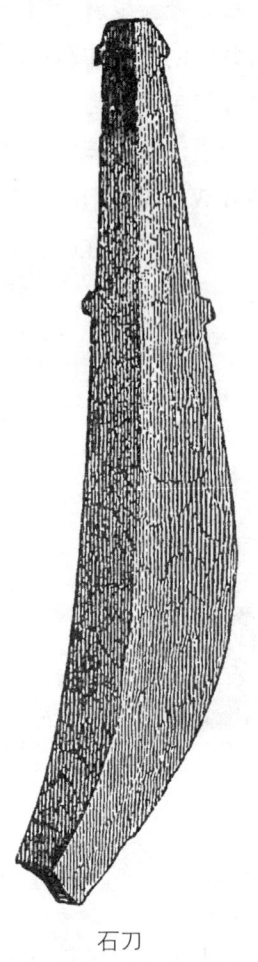

石刀

的儿子,而如果不认可这位继承人,人们有权另选他人。这样的例子在瑞典和挪威的历史上都屡有发生。有时候,当庄稼欠收或者天气恶劣导致牧群遭殃,农民就将他们的国王献祭给神。所有的厄运都被看作是神明发怒、渴求人们以血腥方式赎罪的征兆。而如果庄稼收成好,那么很明显,他们的国王是受神宠爱的。

于是我们可以看出,早期古挪威人的王位其实是一种苦差。它更多地意味着责任而非特权。除了指挥战争,国王还要在盛大的宗教节日时主持公开献祭,因此国王其实也是祭司。事实上,正如前文所言,国王亲自修建神庙,而后神庙主要归属国王所有,这使得国王的地位被抬举到一个凌驾于其他首领之上的高度。也正是凭借这样一种权威,在"郡庭"(fylkis thing)或公民大会中,所有自由民聚集一处商议相关的公私事务的时候,国王便充当了法官的角色。"郡庭"既不能被称作议会也不全是法庭,而是兼而有之。人们在这里解决个人纠纷、协议决定对杀人或其他伤害罪究竟是处以"血罚金"还是普通罚款,以及做出是战还是和的决议。这不是一个选举产生的代表大会,而更像一个全县会议(shiremote),它使得每一个只要有权参军的人都有权发言。试想,勇士狂暴易怒,他们聚集一处便常常会发生罔顾治安的流血事件。一旦刀出手、剑出鞘,要进行仲裁判决几无可能。这就是为什么兼具法庭作用的郡庭如此地位神圣，而扰乱大会秩序被视作罪大恶极。如果有人犯了杀人罪，他只要公开承认自己的罪行，就可以通过赔钱（血罚金）给死者尚存于世的、关系最近的亲属这种方式来赎罪。亲属如果接受了血罚金就无权再来报复。但在古代，人们会认为更高尚的做法是拒绝血罚金，血债血偿。如果有人暗中杀了人又拒不认罪，就会被当作谋杀犯，谋杀犯是无权选择用血罚金的形式赎罪的，他将不再享有法律保护，任何发现他的人都有权杀死他。

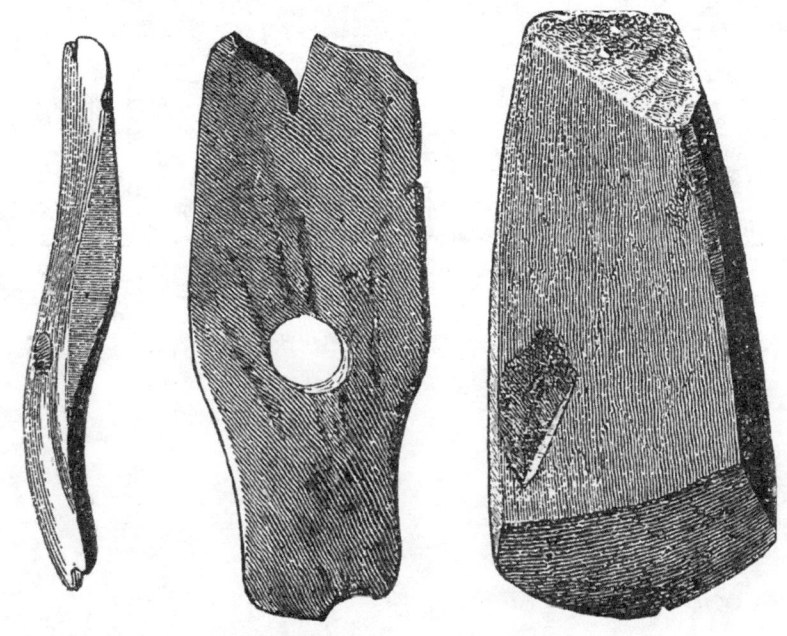

麋鹿角制的扁斧（左一、左二）和石楔

这就是古挪威人开拓定居之后那数百年的情形。尽管他们生性暴戾、动辄杀伐流血，但我们必须承认他们所具备的那些令人敬佩的品质。他们承认统治者的同时亦能保持坚定的独立意识。他们的郡庭尽管原始，尽管不完善，却足以证明其自治的天分以及他们对权威来源于普通民众这一点的认可。这些身材高大的白种人从他们碧色的眼睛里透出桀骜不驯；国王得力则从之，国王失信则杀之。他们就是诺曼人的祖先，诺曼人在"征服王"威廉一世的带领下入侵英格兰并建立了一个在欧洲独树一帜的国家，这个国家经过缓慢而平和有序的发展，达到了最高度的文明与自由！

岩石画：一艘船，位于布胡斯的洛基堡

岩石画,位于斯莫莱内纳的伯尔根

第二章
古挪威人的信仰

冰岛人斯诺里·斯图鲁松[1]在13世纪写了一本了不起的书《挪威列王传》(*Heimskringla*)，或作《挪威国王萨迦》(*Sagas of the Kings of Norway*)。他在该书中写道，北欧人的最高主神奥丁是首位将日耳曼部落带去欧洲的领袖。他是一位伟大的勇士，战无不胜。当他去世之后，人们向他献祭并祈求胜利。但是人们认为他并未真的死去，而是回到了位于亚洲的老家，他会在老家保佑人们而且偶尔还会亲身来看望他们。很多萨迦传说故事都提到人们遇见奥丁，尤其是大战来临之前。据说他是一个留着络腮胡子的高大男子，只有一只眼睛，身着武士戎装。他有两个兄弟维莱和威，以及很多子女，他们都和奥丁一样受人膜拜，成为男女诸神。奥丁和他的子女们被称为阿萨神族，根据斯诺里的说法，这个词的意思就是亚洲人；而同样的，他们的家——阿斯加尔德（或称阿萨海姆）也暗示了他们来自亚洲。迁移过程中他们与一个叫作华纳的民族有了交集，在

---

[1] 又译史洛里·斯图拉松（1179—1241），冰岛历史学家、诗人、政治家。——编者注

一场非决定性战役之后,两族形成联盟,结盟之后这个民族也受到神一样的崇拜,成为华纳神族。

这一传说是否有事实依据已不可考。我们知道,在原始社会人们往往尊早期的国王或酋长为神,在他们死后继续敬奉。年复一年,他们的形象变得越发光辉和神秘。每当有风暴地震、闪电打雷,人们以为听到了他们的神谕、看到了神迹,便越来越倾向于将各种自然元素归于某个国王或酋长的支配,将太阳、天空和海洋的神力赋予他们,并且为他们每一位都分配了特定的掌管领域。比如,如果有位酋长生前是一名英勇的武士,他将赐予呼求他的人以胜利;如果有人善于推动和平与安宁胜于他人,他将保佑统治长治久安,并且只要人们愿意以牺牲博取他的欢心,他便会赐予人们丰收和繁荣。这有可能就是斯堪的纳维亚众神的由来,不过也有很多学者认为神的起源最初是来自自然力量的人格化,而历史上并未真有其人。无论是起源于人还是自然元素,关于神的传说本身很有意思,值得讲述。

在时间之始有两个世界,以苏尔特为王的火之世界——穆斯帕尔海姆,和冰霜与暗之世界——尼弗尔海姆。尼弗尔海姆有泉,名叫赫瓦格密尔,那里住着恶龙尼德霍格。在这两个世界之间有巨大的裂口即金恩加格鸿沟。赫瓦格密尔之泉倾泻出十二条冰冷的河流,统称为埃利伐加尔,它们奔流着,缓缓充塞金恩加格鸿沟。它们刚一涌入大鸿沟便冻成了冰,但很快又被从穆斯帕尔海姆迸发出来的炽热火星融化。水蒸气冷凝成霜落下,被高热赋予

青铜剑(西哥得兰,瑞典)

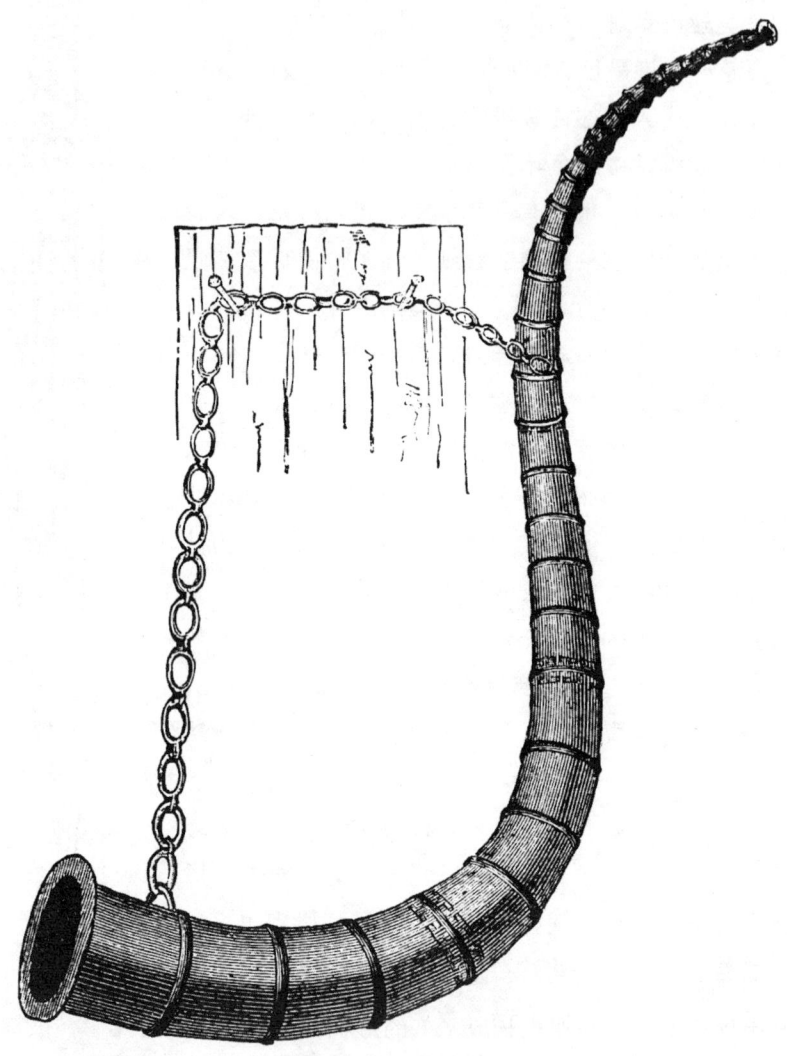

青铜号角(斯科讷)

了生命，化形为巨人[1]，即巨人伊米尔，他是邪恶的冰霜巨人一族的始祖。伊米尔化形的同时也出现了大母牛奥拉姆布拉，她舔舐含盐的冰霜，从冰霜中孕育出强大的生命并化为人形，他高大漂亮，被称为布尔。布尔的儿子波尔娶了一位巨人的女儿，随后生了三个儿子，分别是奥丁、维莱和威。三兄弟联手杀死了巨人伊米尔，他的血淹死了整个巨人族，只有一对夫妻幸免于难，他们繁衍出新的巨人族。随后奥丁和他的兄弟们将伊米尔巨大的尸体拖入金恩加格鸿沟的正中央，用它建立了一个新的世界。他们用伊米尔的肉做成大地，他的骨骼则化成了石头和耸立的山峰，他的血变成海洋。他们又将他的毛发变为树，以他的颅骨做成天穹，而他的脑成了云，零落于空中，变幻出奇妙怪诞的形状漂浮着。从穆斯帕尔海姆迸飞过来的火星被他们搜集起来抛向蓝色的天穹，成了日月星辰。然后他们对陆地与海洋进行了重新的布局，让海洋围绕在整块大陆之外，又在阴湿的荒原之外划定了巨人的居所，这个比海洋还要偏远的寒冷荒芜之地被称为乌特加德或尤腾海姆。他们在天地之间架设起一座彩色的桥，这就是比尔鲁斯特即彩虹桥。名叫"黑晚"的女巨人与黎明之神德尔林结婚并生下儿子名为"白昼"。白昼每天驾着他白色耀眼的马车从天空飞过，他那掌管黑暗的母亲随后也会掠过，她骑着高大的黑马，名叫赫利姆法克斯，当它奔跑起来，从它溢出泡沫的马嚼子上不时有露珠滴下，在茫茫夜色中滋润了草木。而"白昼"的马名叫斯京法克斯，当它跑起来的时候，它的鬃毛挥洒出璀璨的光芒，照耀大地。除此以外，伊米尔的尸体在温暖的环境中催生出很多蛆，这些蛆虫长成了人的形状，只是他们非常矮小，被称

---

[1] 原文为 Yotun，其居住地写为 Yotunheim。此将其译为"巨人"，居住地则译为尤腾海姆（Jötunheim）。——编者注

青铜剑
（桑德赫雷德）

为地精或侏儒。侏儒们生活在洞穴里、高山上，知晓所有岩石密穴里的一切金银宝石之所在。他们擅长冶金且工艺高超，但却不能经受日光的照射。最后被创造出来的是人类。有一天，三位神明——奥丁、汉尼尔和洛多尔——在海滩散步的时候看到两棵树，他们就用这两棵树分别做成男人和女人，取名叫作阿斯克和埃姆布拉，意为梣树和榆树。然后奥丁给了他们呼吸和生命，汉尼尔赐他们以语言和理性，洛多尔给了他们血液和白皙的皮肤。

在古挪威人的想象中，整个世界是一棵巨大的梣树伊格德拉西尔，也就是世界之树或者乾坤树，它的三条树根延伸甚远，一条通往阿斯加尔德的众神，一条抵达尤腾海姆，第三条去到尼弗尔海姆。这第三条树根不断被恶龙尼德霍格啃噬。在树顶栖息着一只鹰，枝叶之间有四只牡鹿跑来跑去，还有一只松鼠蹿上蹿下在鹰与龙之间传递闲言恶语，挑拨鹰与恶龙的关系。在伸向尤腾海姆的那条树根底下有巨人弥米尔守护的智慧之泉，奥丁曾在此以一只眼睛为代价换得一口泉水，因为喝过泉水的人立刻就能获得智慧。梣树的第二条根从神界汲取养分，在它的脚下也有一泉，那是圣泉乌尔德，众神们每天就是从这里上彩虹桥的，他们在这里会见令人敬畏的命运三女神乌尔德、贝璐丹迪和斯古尔特，她们被统称为诺恩女神，分别掌管过去、现在和将来，连神也不能改变她们的神谕与判决。诺恩女神们每天从圣泉里汲水灌溉伊格德拉西尔的根，以此令世

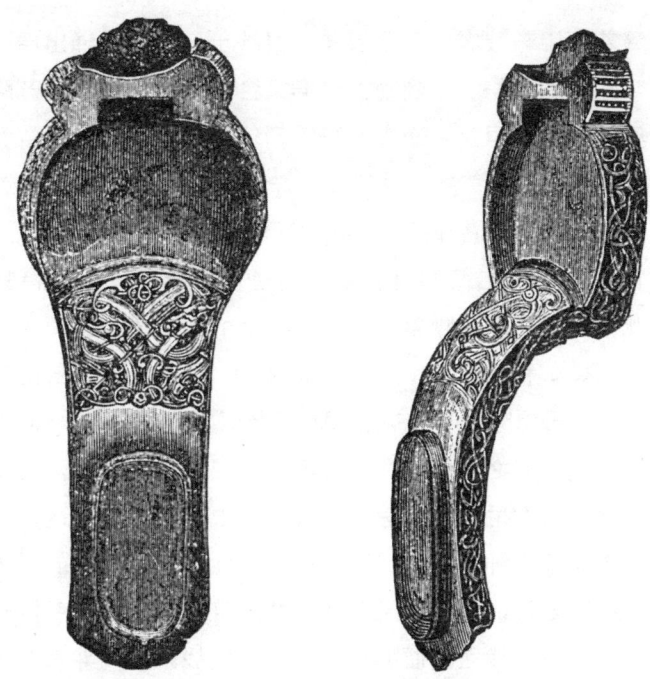

铁器时代早期的搭扣,发掘于斯塔万格地区的赫特兰

界之树永葆生机。三女神掌管众神与所有人的命运,她们可以凭自己的意愿令任何人生或令任何人死。

　　奥丁和众神一样居住在阿斯加尔德,他在这里有一座闪耀的英灵殿,称为瓦尔哈拉,他在此接纳那些死于剑下的英魂。因此,奥丁也被称为"众神之父"[1],而那些殒命的勇士一旦被他选中,就成为恩赫里亚,也就是英灵战士。瓦尔哈拉被许多锃亮的武器装点得美轮美奂:天花板是用长矛做成的[2],屋顶铺设了发光放亮的盾牌,

---

[1] Valfather,因奥丁的瓦尔哈拉宫(Valhalla)而得名。——编者注
[2]《埃达》第四首《格里姆尼尔之歌》提到奥丁的殿堂里用长矛杆作椽柱。——编者注

墙壁点缀着铠甲与战衣。于是那些英灵战士每日都会涌出屋外，激烈地战斗，致死致伤。一到晚上他们又会毫发无损地复活苏醒，然后回到奥丁的神殿里整夜通宵地狂欢酣饮。而作为奥丁的侍女——女武神瓦尔基里们在每战之前都会选好谁将战死。她们招待战士们，为他们的大角杯里盛满蜂蜜酒，并用新鲜的猪肉伺候他们。

众神在阿斯加尔德的重要聚集地是伊达平原，奥丁将其王座设置于此，坐在上面俯瞰整个世界。在他的旁边蹲坐着两头狼吉里（意即"贪念"）和弗莱基（意即"欲念"）；肩膀上栖息着两只乌鸦尤金（意即"思想"）和莫宁（意即"记忆"），它们每天飞回来为他带来大地上最偏远之所的讯息。当奥丁想要出行的时候，便骑上他的八足神马斯莱泼尼尔，它速度非凡，能很快地将他送达非常遥远的地方。当这位众神众生之父踏上战场，他会戴上金制的头盔、穿上战衣，从远处就能看见他闪亮耀眼的一身行头。奥丁手持永恒之矛冈尼尔，每当开战之时便抛出此矛以激发战士们的斗魂。但奥丁并非只是战神，他还乐于诗歌之道以及给人明智的建议。他是诗歌之神，因为他曾喝过巨人苏东园的蜂蜜酒，而尝过这种蜜酒的人都会获得诗歌的才赋。他还特别擅长魔法，将如何书写鲁纳文字教给了人类。

奥丁的儿子雷神托尔住在斯罗德万（意即"力量的原野"），他是诸神之中力量最强的一位，以巨锤米奥尔尼尔为武器，托尔凭借它击退了巨人族即冰霜巨人的多次进攻。托尔乘坐由两头公羊拉的车跨越加拉尔[1]桥前往尤腾海姆，羊车车轮滚动之声和他挥动雷神之锤击向那些逃溃的巨人时发出的声音，令天空也为之震颤。人们于是将这个声音称为雷声。当托尔觉得饿了，就宰杀自己的公羊来

---

[1] Gjallar 在古冰岛语中意为"响亮的/回响"（resounding）。——编者注

吃肉，但他总是会小心地将羊骨头全部搜集起来塞回公羊的皮囊里，然后到了第二天早上，公羊们便又恢复成活蹦乱跳的样子，一如既往地等待主人的命令。托尔有一位妻子名叫西芙，她有一头美丽的金发。

英俊美好的光明神巴德尔也是奥丁的儿子。他聪明颖慧又性情温和，仁慈善良使他俊美的脸上似乎散发光芒。巴德尔居住在布雷达布里克，他的妻子是南娜。

海洋之王尼奥尔德属于华纳族，他也被尊为神，能够随心所欲地发起风暴或平息波涛。尼奥尔德拥有巨大的财富，能给予赢得他垂青的人以荣华富贵。他曾娶了女巨人斯卡娣为妻，可惜不久之后他们就分开了。尼奥尔德的宫殿在诺欧通（意即"船城"），那里能一览无余地望见广阔的海洋。

丰饶之神弗雷是尼奥尔德的儿子，他掌管四季，带来和平与丰收。在他的庇佑之下，田野与牧场一派生机勃勃，牲畜在阳光下茁壮长成。弗雷与妻子吉尔达居住在精灵之国阿尔弗海姆。

战神提尔是勇气之神，男人们每当出战之前总是会呼唤他。提尔只有一只手，另一只则是他在为神做担保时放在恶狼嘴中，被狼一口咬掉。

布拉吉是音乐与誓约之神，他留着长长的胡子，拥有智慧和雄辩之能。当人们向他敬酒并喝干牛角杯时，他们发誓要勇闯一番，并请这位神祇来见证。但这些许下勇莽承诺的人之中有许多都是一时醉酒失言，以致在践行誓言的过程中遭受毁灭。布拉吉的妻子是青春女神伊敦恩，她保管着一种神奇的苹果，众神吃了这种苹果就会葆有美貌、活力和永恒的青春。

诸神的守护者名叫海姆达尔。他有非常灵敏的感官，万事都无法逃过他的洞察。他有千里眼、顺风耳，能看到数百里之外，也能听见青草生长的声音。当他吹响加拉尔号角即"回响号角"时，全世界都能听见那振奋人心的号声。海姆达尔的宫殿是位于彩虹桥比尔鲁斯特的希明堡（意即"天卫之宫"）。

此外还有一些影响力稍小但可能也会被提到的男神，比如冬之神乌勒尔，他是雷神托尔的继子，是穿雪靴疾跑的行家；真理与正义之神福尔采蒂，他是光明神巴德尔的儿子，专门在争端纠纷中主持公正；盲眼的黑暗神霍德尔，是他刺死了巴德尔；还有沉默者维达。

女神之中最重要的是众神之后弗丽嘉，她是奥丁的妻子，住在雾之宫芬撒里尔，她会庇护那些呼唤她的人们远离危险。美神弗蕾娅[1]，相当于北方神话里的维纳斯，她是尼奥尔德的女儿，虽然被丈夫奥德抛弃，却仍然期待他能回归。为了找寻丈夫，弗蕾娅不远千里，因为寻而未果伤心哭泣，她的眼泪化为金子，于是后来的诗人便把金子称作"弗蕾娅的眼泪"。她驾驶着猫拉的车从天空飞过，有时她也会化身成天鹅，飞去遥远的地方。弗蕾娅有一条著名的金项链布里希嘉，由手艺卓绝的侏儒精心打造，真是光彩闪耀、华丽无比。她居住在弗尔克范格，在这里她会倾听受失恋之苦的少女和小伙子们的祈祷。弗蕾娅的女儿赫诺丝有着惊人的美貌，并且性情温柔可爱，至今她的名字还会被人拿来当作小宝宝的昵称。

虽说尼奥尔德是海洋之神，但海洋也并非由他完全掌控。巨人埃吉尔能控制海浪，在他的推动下，巨浪耸涌如滔天的愤怒，直到尼奥尔德再次将海浪安抚下来归于平静。不过埃吉尔却是诸神的朋友，时常有神祇到他的水下宫殿来拜访，那里流淌着诱人的麦酒和

---

[1] 弗蕾娅，北欧神话中的美与爱之神。在日耳曼，她和神后弗丽嘉混为一谈，但在挪威、瑞典、丹麦和冰岛，她是独立的神。——译者注

蜂蜜酒，源源不绝。埃吉尔本人对人类是非常平和的，可惜抵不过他那位脾气糟糕的妻子澜，澜与她的九个女儿（也就是九名海浪女神）使船只失事，然后将溺水的人拖入她的水下居所。

还有一位住在阿斯加尔德的神尚未提及，那就是邪神洛基，他扰乱诸神安宁、制造麻烦，并最终导致了诸神的毁灭。他出生于巨人族中，却因为讨人喜欢的外表和伶牙俐齿取得奥丁的信任。他热衷于恶作剧，喜欢干坏事。洛基有三个骇人的子女，分别是巨狼芬里尔、世界大蛇[1]和死亡女神海尔。随着这几个怪物渐渐长大，诸神们预见到他们会给阿斯加尔德带来麻烦。因此在芬里尔狼挣断最牢固的锁链之后，诸神用一条魔链缚住了它，这条魔链是用猫的脚步声、女人的胡须、山的根，以及其他几种同样不可思议的东西制成的，芬里尔狼无法挣脱。世界大蛇则被扔进海里，它在海中继续长大，直到长到环绕地球一圈，然后它咬住了自己的尾巴。海尔被放逐到黑尔海姆，即海姆冥界，成为死人的统治者、地狱女神。

---

[1] 世界大蛇指巨蛇约尔姆加德。——译者注

第三章
维京时代——维京航海之始

　　直至 8 世纪中期,挪威人在世界历史中扮演的角色都微不足道。欧洲其他地区的人们对他们的存在一无所知——就算知道也实在是知之甚少。但就在 8 世纪接近尾声的时候,挪威人以毁灭性的风暴之势闯入文明世界肆虐,所过之境,满目疮痍。他们的船扬起两张方帆,速度奇快。人们一看到船影出现在河口便惊慌逃溃,教士们徒劳地祈祷:主啊,请让我们远离那挪威人的暴虐吧!

　　我们可以从挪威人身上看到一些能够解释他们这一突然好战行为的原因。自远古时代起,挪威人就从未停止战争,战斗被认为是最荣耀的事,这就好比塔西佗对挪威人的近亲民族日耳曼人的描述:"在他们看来,可以用鲜血换得的,如果用汗水去换取就是一种耻辱!"而在维京时期之前,挪威人的战争是相互之间的内斗。伯爵或国王侵入邻国土地,打家劫舍,并将其所能染指到的一切都当成战利品带回去。在这无休止的纷争中,总有一方会先耗尽力量,弱者被征服,强者会取代。这就是北方世界的规则。被侵占的许多小王国逐渐连壤,形成大片土地,被某位成功的首领所统一,这位首领一定会在第一时间着手布置,防止自己的土地遭他人劫掠。随着这些一方之主的权力日益壮大,攻击他们变得愈加冒险,而可能发生内部战争的地域就不断减少。但是对于古挪威人来说,正是因为战争频发,首领的存在才有意义,他的名望与荣耀取决于他有多少追随者,以及他能配备给追随者以如何体面的装备。为了招徕及装备追随者,他必须发起战争。当内战的年代已然过去,那么就将战火烧到国外吧!令他拔剑的不是凶残的本性或者过分的贪欲,而是想要维护自己名望的这种渴望,在战火频繁的时代,这也只是他自保本能的一种表现形式。出身高贵的首领必须塑造出威严慑人的形象来保护自己的生命和财产。他如果想活着,就得按照与其身份匹配的方式来活。他的手下既是他的侍卫也是他的军队,在这些人面前他必须表现得高贵庄严,才能让人心甘情愿追随。作为国王,除

在桑德尔福德附近的戈兹坦出土的维京海盗船

了个人的英勇善战，打赏慷慨就是他的首要职责。因此国王也被称为"破环人"（这里的"环"指用于支付的实心黄金大臂环）或仇金者[1]。

在最早的日耳曼时代，伯爵和国王这两个头衔之间并无决然的界限，然而维京航海助推了这一界限的分明。伯爵聚集一大批战士随他出国征战，战士们高呼，称其为国王。于是一些出身高贵的维京人在踏上征途时采纳了"国王"这个称号，但他们只是"海上之王"，区别于那些在陆上拥有固有辖区的国内统治者。接近8世纪尾声之际，海上之王的数量大大增加（原因如前文所述）。他们不仅侵扰邻国海岸，更将触角伸过北海和波罗的海，掳夺烧杀，攻城略地。他们去教堂和修道院抢掠，将圣人之骨四散风中，把所有基督徒眼中的神圣之物践踏于脚下。但我们也要认识到一点，即我们现在所知的关于早期维京人的一切都来自他们敌人的记载，而这些人正是饱受了维京人的欺侮。不过无论如何，维京人凶残如兽这一点毋庸置疑。战争本身就是残暴的，它激发了沉睡于人心的野蛮，而抑制了人类血脉中那些温润的部分。然而，即便是敌对一方的编年史作者也认可维京人具备一些良好的品质，比如他们都承认说这些挪威的野蛮人通常都忠于誓言、信守承诺。

维京时代可以分为三个时期[2]，不过从时间上讲这三个时期的界限却并不清晰。更准确的说法也许是：维京海盗可分为三个类型。最初的航海多少带着试探的性质，也没有规律。酋长们聚集几艘船的人马航行至英格兰、丹麦或佛兰德斯，攻击某座城市或修道院，

---

[1] 孟克（《挪威民间故事》，1—124）追溯"king"（国王）一词（古挪威语作konungr；盎格鲁–撒克逊语作cyning；日耳曼语作chuninc和chunig）来源于Kun或Kon，意思是出身、血统，他把这个词理解为"出身高贵的"。
[2] 萨斯：《挪威史一览》，1—90。

并将战利品带回家。第二个时期表现出更高的战斗艺术与军事经验。一些维京人会联合攻打一些未设防的地点，将之占有并修筑防御工事，再以此为据点去侵袭周边地区。到了第三个时期，挪威人放弃了海盗的身份，扮演起征服者的角色。他们带着庞大的舰队，船数从1—500艘不等，席卷突袭城市，夺取被征服之地的政权，娴熟地以交战方的姿态与国王或皇帝交涉，然后长久地在被征服之地驻扎下来。对于前面两类维京人，我们只有零散的不甚可靠的记录。在挪威的萨迦故事里，踏上海上的征途是一种广受认可的职业，而对于出身良好的年轻人而言，在少年时代花几年去远航历练是接受开明教育的一种方式。这能让他在家族里大有面子，社会地位也会因此得到保证。为了考验勇气、积累经验与知识，12—15岁的王室少年常作为舰队指挥官出征国外，这在他们成长为男子汉的过程中非常重要。

　　对于第三类维京海盗，即征服者们，国内外史学家都多有记载，而经过不同叙事者的相互补充和修正，我们现在读到的历史即便不是绝对精准，也是八九不离十。正是这些永远在征服的维京人诠释了挪威所承担的历史使命，他们曾将苦难带给世人，却也双倍地补偿了这世界。他们坚守纪律又不失自尊，可以为了共同的利益而甘居下位，并具备组织有序之才能，这些品质是这些北欧海盗为欧洲政治传统所做的贡献。封建制国家尽管有诸多弊端，却是迈向更高文明的不可或缺的基础，而它的根源就是日耳曼民族的忠诚天性——君与臣之间彼此忠诚。更确切地说是挪威的而非日耳曼的特质里那种高尚的独立精神约束和限制了统治者的权力，并在后来的历史时期引导社会走向立宪政体。挪威发展出民主政治，而过早与罗马交集的德意志则发展出立宪形态下的军事独裁主义。维京人为历史注入的活力直至现在仍能见于挪威、英国和美国。

从上至下：1. 戈兹坦维京海盗船侧视图
2. 维京海盗船复原图
3. 维京海盗船细节

早年挪威维京人的征服之地中包含了石勒苏益格[1]的一部分，曾因这些征服者的名字而被称作挪美尼亚。该地的人们或许认可的是丹麦国王的君权统治，不过并没有直接证据显示他们就把自己放在附庸国的地位。关于他们，我们能获知的第一件事实是，他们的国王齐格弗里德在777年热情地招待过撒克逊酋长维杜金德，维杜金德在被传唤要求去帕德博恩拜见查理大帝时向北逃亡，在他的北欧同派教友那里寻求庇护。这位齐格弗里德来自声名显赫的英格林家族，这一家族出了"金发王"哈拉尔德以及以他为始的一系列挪威国王。稍后还有一位在挪威拥有巨大财富的挪美尼亚国王，名叫古德罗德，亦被人称为"狩猎王"戈弗雷，基于与撒克逊人的友谊，他多次与查理大帝发生冲突，甚至威胁说要攻打这位在亚琛的皇帝。传说他在809年被自己的人杀害，此前一年他击杀了阿格德[2]的国王，娶了他的女儿奥莎为妻并生了一个儿子，也就是"黑王"哈夫丹。奥莎为了替父报仇，引诱自己的仆人杀了醉酒的丈夫。戈弗雷的儿子之一，名叫埃里克，断断续续地与查理曼的儿子"虔诚王"路易对战。在"日耳曼人"路易在位期间，埃里克于845年派人前往亚琛，洗劫了汉堡城，将之付之一炬。北欧传教的先驱者——皇帝钦点的汉堡大主教圣安斯加里乌斯带着他的所有传教士出逃，而由他主持修建的教堂和修道院被尽数摧毁殆尽。

查理曼和维京海盗的交集并非只在他偏远的北方领地上。根据圣加仑修道士的编年史记载，查理曼在他的地中海诸省也曾与海盗们短兵相接。有一次，他正在那旁高卢行省的一个城市走访，就看见一些拉起四方帆的海盗船从港口之外疾驶而来。很快，这位皇帝

---

[1] 即原来的石勒苏益格公国，现北部属于丹麦，南部归于德国。——编者注
[2] 挪威历史上的地名，位于挪威最南部。——编者注

就收到消息：船队已经登陆并正在海滩肆虐抢劫。当时没人知道这些船属于哪个国家，有人猜他们是犹太人，也有人猜是非洲人，更有人猜他们是不列颠的商舰。

"不，"查理曼说，"这些船上装载的不是货物，而是最挑衅好斗的敌人！"听了这话，所有人都拿起武器赶往港口。与此同时，海盗们得知皇帝就在这个城市，而他们还没有强大到可以与之一战，于是飞快地从海上逃走了。

据记载，当站在窗前看到敌人飞逃，查理曼悲痛流泪。面对众

圣安斯加里乌斯，北方世界的传教先驱者

人的诧异，他说："我感到悲痛不是害怕这些恶棍会伤我分毫，我忧伤的是我还没死呢，他们竟然就有胆在这片海岸上露面，可以预见他们将会给我的子孙带来怎样的灾难啊，这一点才真正令我恐惧。"[1]

这个渲染了查理大帝先见之明的故事带有一些传奇的色彩，并且有可能是修道士的杜撰。在此之后一些其他教会作者亦写过类似的预言之说，充分表达了对挪威人的观感。其中有一位极具代表性的维京人叫作哈斯廷，他非常有名，无论在宗教纪事还是世俗历史中都有关于他的描述。他在841年率领庞大的舰队沿着卢瓦尔河而上，一把火烧了昂布瓦斯城，围困了图尔。那里的居民将守护他们的圣徒之骨搬来置于城墙之上，于是根据这个故事的说法，由于圣徒的介入，海盗们只得败走。845年，据说哈斯廷和拉格纳·罗德布洛克的儿子比约恩·艾恩赛德一起攻打了巴黎，这个无所畏惧的强盗把他的破坏力延伸到了波罗的海甚至地中海沿岸国家，并且随着一路旗开得胜，他变得愈加大胆，决心围攻罗马。

他甚至开始渴望能将帝国的皇冠戴在自己头上。哈斯廷集结了所有能召集到的人马组成庞大的舰队，驶过了海格力斯之柱[2]，可惜还没等他到达台伯河口，船队就被一场风暴推向卡拉拉市（意大利中北部城市）附近的月城露娜。哈斯廷的地理知识远非精通，正因如此，他将这座城市误认为罗马，于是决定设计夺城。他带话给主教说自己病得很严重，渴望接受洗礼，这样他就能以基督徒之身死去。身兼小镇指挥官的主教果然中计。能赢得这样一位可贵的皈依

---

[1] 孟克（《挪威民间故事》，1—414）质疑这个故事的可信度，因为在公元800年之前北欧人尚未在地中海出现，而这个故事所记载的时间早了一些。
[2] 西方经典中形容直布罗陀海峡两岸耸立的海岬，具体指哪座山峰有争议。——编者注

者令人十分高兴，人们打开城门将挪威人迎了进来。在此期间，这些挪威人宣称哈斯廷在送出消息之后就去世了，于是他们阵仗隆重地抬着他的棺材前往大教堂，后面跟着规模盛大的送葬队伍，而此时主教正站在大教堂里准备为这位维京海盗诵读弥撒以帮助他的灵魂安息。然而就在棺材被放置到圣坛前面、弥撒即将开始之际，哈斯廷突然跳起，扯掉身上的裹尸布，以闪亮的盔甲形象出现在惊呆了的众人面前。他的人马得到这一信号，也扒掉身上的丧服，拔剑出鞘。主教和他的传教士们惨遭杀害，神圣的教堂之内血流成河。可怕的大屠杀之后，城市被攻占了。然而哈斯廷却在完成这件大事之后发现，他在欺骗了这座城市的同时，也被这座城市骗了，原来这根本就不是他所以为的罗马。不知道是不是因为他将这件事看成是个坏兆头，哈斯廷放弃了进攻永恒之城（罗马别称）的想法。他满足于搜敛来的战利品，调转船头前往法国，附庸了"秃头王"查理并因此收获了珍贵的封地。[1]

其后的编年史中提到许多其他的维京人，他们不断侵扰沿海地区，极大地消耗了加洛林王朝那些无能的国王的力量。这里要提到的第一位名叫拉格纳，据说他曾在845年大肆劫掠巴黎。第二位是艾斯格，他在4年之前（841年）就洗劫并焚毁了鲁昂（法国城市）和瑞米耶日修道院。他在法国沿海肆虐抢劫11年，最终于851年沿塞纳河而上，毁坏了丰特内尔修道院，并烧了博瓦。在返回海上的途中他被法国人击败，不得不带领人马躲进树林，但他最终得以成功退回船上，顺利逃走。第三位名叫罗莱克，据说他在862年接受了基督教，但并无迹象显示那年在他身上发生了什么特别的思想

---

[1] 北欧的萨迦传说中对哈斯廷并无提及，孟克（1—429）提出了数条理由质疑他是否是真实存在过的历史人物。

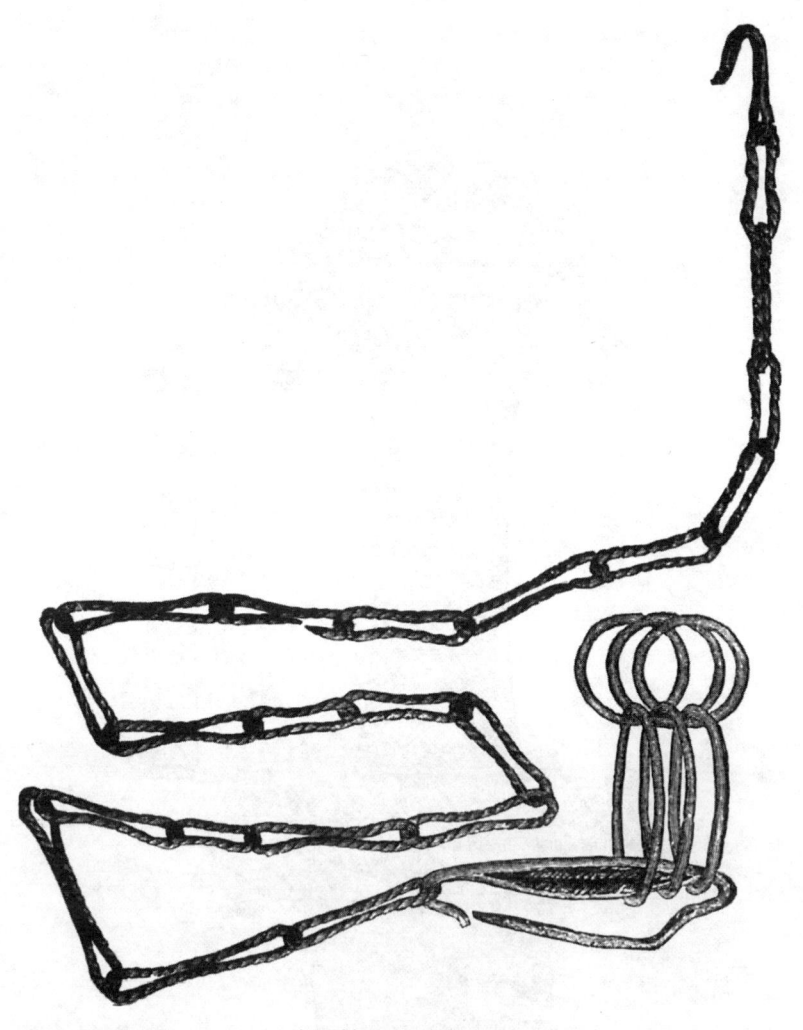

常见铁器，用途不明

转变的契机。他曾劫掠莱茵河边两座繁华的城市杜里斯特和尼姆威根，也曾英勇地抗御了洛塞尔二世，随后与东法兰克王——"日耳曼人"路易达成和平协议（873年），停止了杀戮。

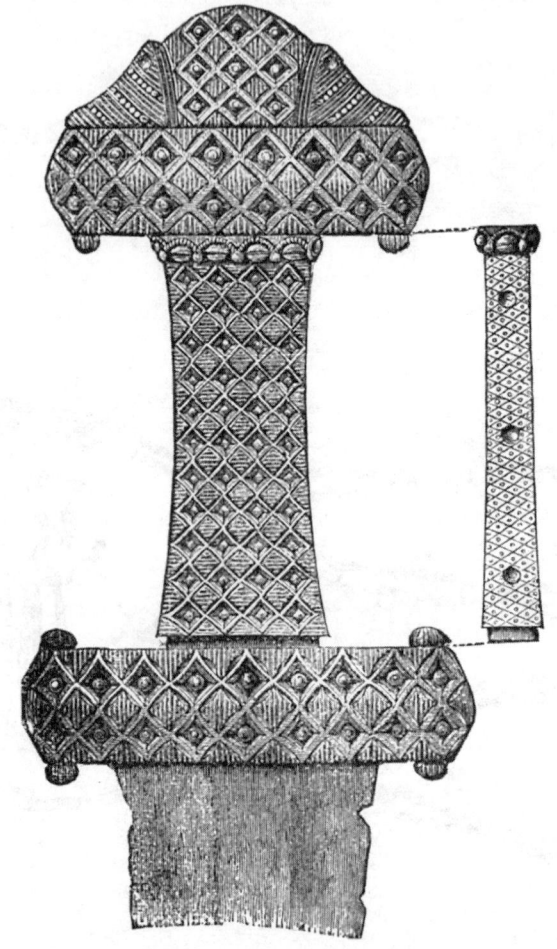

双刃剑,剑柄由银和铜制成

无论是挪威人还是丹麦人，维京海盗的所作所为大抵如此，我们就不必再对这些事迹进行赘述了。接下来就仅是略提几件他们干过的尤其惊世骇俗的事情吧。

挪威人很早就对爱尔兰产生了兴趣。他们在 8 世纪最后的 10 年里破坏了爱奥那岛或者说是艾寇奇尔的修道院，并在 810—830 年之间让恐惧与毁灭蔓延整个海岸线。838 年，挪威人在索尔吉思勒的带领下率 120 艘船行至都柏林，占领了这座城市。在爱尔兰流传的歌曲和故事中亦有索尔吉思勒的影子，只不过假借了别的名字，即特尔吉斯和特尔吉瑟斯。

一位古时的作者[1]曾写道："经过多场激烈的战斗，他在短时间内征服了整个爱尔兰，在他所有踏足之地都修筑起高高的砖石要塞城防，挖掘了深深的护城河，其遗迹至今仍能在一些国家见到。"后来，他爱上了米斯的国王梅尔斯柯奈尔的女儿，就要求这位国王将女儿送来给他，并要求 15 位少女随行。索尔吉思勒也承诺说会与同样人数的挪威贵族男子一起在厄恩湖的一个岛上迎接她。然而梅尔斯柯奈尔送来的却并不是少女，而是 15 名刮了胡子、假扮成女人的年轻人，他们身上还藏着匕首。索尔吉思勒一到就被这些人袭击刺杀了。在此之前，梅尔斯柯奈尔曾有一次问过索尔吉思勒，如果有群怪鸟来到自己的国家造成灾害，要怎么驱除呢？索尔吉思勒回答说："毁其巢穴！"梅尔斯柯奈尔似乎完全遵照了这种做法，他迫不及待地毁掉了敌人的城堡，爱尔兰人残杀并赶跑了挪威人。

索尔吉思勒在爱尔兰的统治很可能从 838 年持续到了 846 年，而根据上文引用的那位编年史作者的说法，这个任期还要更长。这

---

[1] 吉拉德：《海伯尼亚地理志》，Cap. 37，转引自孟克（1—438）。
吉拉德是 12 世纪威尔士史僧。——译者注

铁器时代的扣型饰品

个国家所经受的另一次历时更久的政权旁落是因为"白王"奥拉夫，来自伟大的英格林家族的挪威海上之王。852年，一队丹麦海盗占据都柏林，但是奥拉夫打败了他们，并迫使他们送来人质。然后他在这座城市立政权，建城堡，向周边地区征税。几乎在同一时期，另外两名挪威人，齐格特里格和伊瓦尔兄弟，分别在沃特福德和利默里克建立王国，当然，其辉煌程度与势力强弱完全不能与奥拉夫相提并论。据记载，挪威人对都柏林的统治长达350年。不过爱尔兰方面却对这些值得关注的历史事件有不太一样的描述，他们的说法是北欧人常常会沿河而上，但却不是作为战士，而是作为和平相处的商人。爱尔兰人发现跟他们贸易非常划算，于是这些挪威人在这些城市里积攒了大量财富，当海盗们到来之时，挪威人已然在一些大城市博得好感、形成党派，这使得占领一事变得简单。

"白王"奥拉夫两次从都柏林出发航海去苏格兰，围攻邓巴顿，又转向南方，到英格兰极尽破坏劫掠之事，然后带着200艘装满贵重战利品的船返回都柏林。在此期间，维京海盗们还屡次侵扰奥克尼群岛、赫布里底群岛和法罗群岛，他们甚至远征冰岛，只是并没在那里永久殖民。爱尔兰的隐士和虔诚的修道者原本早已淡出尘世，避走与世隔绝的北极之地，却也被这些不速之客打扰了修行，以至于其中的大多数回到了爱尔兰，当然也有一些留了下来，直到挪威人常驻这个岛。

挪威人对英格兰的第一次恶意来访发生在787年。西撒克逊[1]正值博尔斯里克国王在位， 小队维京人在附近的多切斯特登陆，他们在杀害一些人之后被再次赶走。盎格鲁-撒克逊的编年史对此事作了如下记载[2]：

---

[1] 又译韦塞克斯王国。——编者注
[2] 亨利·帕特利：《纪念不列颠的历史》，336—337，转引自孟克（i., 416）。

> 这一年（即787年），博尔斯里克国王与奥法国王的女儿伊德柏格成婚。那时候，挪威人第一次乘船从赫里德哈兰而来。指挥官（gerêfa）不知道他将面临的是群什么人，他骑马相迎，意欲将这些人带到国王的住处，却当场惨遭杀害。这是丹麦人的船第一次造访英格兰。

值得注意的是关于这些船的归属问题，此处一时说它们是挪威人的，一时又说是丹麦人的，显然这位编年史作者将这两个概念作了同义理解。所谓这些人来自赫里德哈兰，其实很有可能是指位于日德兰的哈尔德兰一地，当时挪威人在那里有个殖民地。

有史可循的下一次袭击发生在794年，诺森伯兰郡[1]的海岸。12世纪初的一位修道士，达拉谟的西米恩[2]对此作了如下记录：

> 来自北方国家的异教徒像蜇人的黄蜂一样蜂拥而至不列颠，像凶悍残暴的狼一样四处扫荡，乱抢乱咬，他们不仅杀死牛羊马等牲畜，也杀人，神父、侍祭、修道士和修女无一幸免。他们去了林狄斯芬教堂，用最卑鄙的方式毁坏那里的一切，用他们渎神的脚践踏圣殿，推翻祭坛，抢劫教堂的珍品，杀了我们许多兄弟，将其他的人囚掳起来，嘲笑他们、撕碎剥光他们的衣服，还把一些人扔进了海里。794年，他们一再侵扰埃格弗里德国王的港口，抢劫了多恩茅斯修道院。但圣卡斯伯特[3]不容许这些人安然逃走而不受惩罚，于是他们的首领被英

---

[1] 位于英格兰最北部。——编者注
[2] 亨利·帕特利：《纪念不列颠的历史》，"达拉谟的西米恩"一章，668，转引自孟克（i., 417）。
[3] 7世纪诺森伯兰圣僧，去世后成为北英格兰最受尊敬的圣者之一。——编者注

挪威人的塔遗迹,位于设得兰群岛的莫索

格兰人残忍地杀死,不久之后他们的船被风暴摧毁,很多人当时就没了命,还有一些人虽然游上了岸却也被无情处决。

有一个现象令人颇感奇怪,就是虽然挪威维京人在9世纪上半叶不停地涌向南方,给波罗的海和地中海沿岸地区造成了毁灭性的灾难,然而其中却仅有相比总量而言很少一部分海盗到达英格兰。

从萨迦传说中我们得知，许多战士分别拜访并效忠了英格兰的撒克逊国王，也有少数沿泰晤士河而上，在河上设下贸易禁令，扣留每一艘试图冒险投机进入他们掌控范围的船。但他们并没有占领英格兰，而是把机会让给了他们的近亲——丹麦人（我相信这大概不会是真的出于兄弟之谊），他们自己则将注意力集中在法兰西、爱尔兰和苏格兰北部诸岛。在赫布里底群岛、奥克尼群岛、设得兰群岛和法罗群岛至今仍生活着他们的后裔，挪威人之名亦常贯于耳。

另一个值得注意的有关维京人的现象是，正是那些被外国编年史作者描述成像蜇人的黄蜂和凶残的野狼一样的人、那些在海外逗留期间犯下了极大罪行的人，在回到家乡之后却成了有地位和极具影响力的人、尊重传统和法律的人，成为在那个年代的标准下道德高尚、可敬而体面的人，这几乎成了一个规律。当然也有例外，但例外却不足以算作新的规律。这个现象背后的原因并不难找。宗教信仰在那个年代属于部落行为，道德规范不适用于部落以外的人。每一个民族都是被他们自己的神选中的民族。犹太人把人类分成犹太教徒和非犹太教徒，希腊人的分类是希腊人和野蛮人。作为对犹太人和希腊人的回敬，挪威人把他们与其他国家的人一起都包括在古挪威语里的"野蛮人"一词之中。总是有英格兰人、爱尔兰人和日耳曼人，且往往是出身高贵者，被维京海盗们当作奴隶带回挪威，然后被拿来交易、买卖或做杂役。没有法律能保护他们，不过不论在冰岛还是挪威，对于自由人而言虐待奴隶都被认为是卑劣的做法。因此，维京人是他们那个时代的产物，他们只是践行了自己的宗教所规定的粗野的道德观。视所有人为兄弟、由同一个神创造——这样的博爱情感其实是一种比较现代的思想进步，用任何这种先进的标准去评判古挪威人未免不公。因此，维京人会在海外犯下他们在国内不会犯的罪恶，就实在是很好理解了。

第四章
"黑王"哈夫丹

英格林家族溯其祖先为弗雷,即丰饶和平及耕耘之神。斯诺里·斯图鲁松在其著作《挪威列王传》[1]中提到,自弗雷的儿子弗约恩之后可列出一长串的国王名单,他们统治瑞典,住在乌普萨拉。这位神有诸多别名,英格夫是其中之一,所以英格林的意思就是英格夫的后裔。英格林家族中有一位名叫"老者"奥恩,每隔十年他都会将一个儿子献祭给主神奥丁,因为奥丁曾向他承诺,他每献祭一个儿子就可以多活十年。就这样,他杀掉了七个儿子,已经老得只能像婴儿一样要依靠别人来哺食,他的人民厌烦了他,于是救下他准备拿去献祭的第八个儿子。"恶霸王"英乔德在他的父亲——"老者"奥恩之后的第六代王——阿农德死后接手这个王国,他举办了盛大的丧宴,请来了所有邻国国王。当举起布拉吉酒杯[2],英乔德发誓要将国土向天地四方扩张一半,此志至死方休。而他所迈出的

---

[1]《挪威列王传》,或作《挪威国王传说》,冰岛人斯诺里·斯图鲁松所著,写于12世纪*,后来由他的侄子斯图拉·索尔德松续写完成,是了解13世纪中期之前挪威历史的主要来源。

* 原文如此,疑有误,应为13世纪。——编者注

[2] 指向布拉吉(诗词之神)敬酒。

第一步就是放火焚烧宴客厅，葬送了所有宾客，夺取了他们的土地。至大约 7 世纪中期他去世的时候，人们对他的仇恨是如此之强烈，以至于没人愿意接受他的儿子或任何亲属来继承王位。他的儿子名叫奥拉夫，见情况如此，便集合了所有愿意跟随他的人，出走北方广袤的森林之地，在那里砍伐树木、开垦耕地，并因此得了"伐木者"（Tretelgja）这绰号。眼见奥拉夫和他的人民变得富有，对生活不满的人们纷纷从邻国的土地蜂拥而至。新移民的数量实在是太多了，这个国家根本养不活这么多张嘴，他们面临饥荒威胁。然而，人们却将挨饿的原因归结为奥拉夫不是受神眷顾的领袖，于是便将他献祭给了奥丁。

奥拉夫的儿子"白腿王"（Hvitbein）哈夫丹是一名伟大的战士。他征服了挪威的劳姆莱克，以及宽广肥沃的西福尔地区，西福尔位于福尔登峡湾（即如今的克里斯蒂安尼亚峡湾[1]）西岸。哈夫丹在那里的斯齐灵萨尔修建了一座有名的神殿，此地很快成为繁荣的贸易中心和挪威国王最喜爱的住地。他的第三代传人是伟大的维京海盗"狩猎王"戈弗雷，他曾向查理大帝发起战争。而戈弗雷的儿子就是"黑王"哈夫丹。

810 年戈弗雷被杀的时候哈夫丹才一岁。哈夫丹 18 岁开始亲政，统治从外祖父那里继承来的阿格德。他通过战争和联姻的方式充实壮大了从父亲那里接手的巨大财富，毫无争议地成为整个挪威最强大的国王。传闻他是一个有大智慧的人，热爱正义与真理。他制定法律，带头严格遵守，也强制每个人都必须遵守。为了确保没有人可以践踏法律、逃离惩罚，他确立了罚款的标准，根据这个标

---

[1] 克里斯蒂安尼亚是挪威首都奥斯陆的旧称。本书英文原版写成于 19 世纪 80 年代，而克里斯蒂安尼亚在 1925 年改回奥斯陆之名。这里的峡湾就是现在的奥斯陆峡湾。——译者注

准,犯罪人应当付出与自己的出身和地位相对应的代价。这套法规就是我们所说的埃兹维尔[1]法。在哈夫丹统一挪威南方诸地并纳入自己统治之下的过程中,该法发挥了重要的政治影响力。

关于哈夫丹国王的第二段婚姻有一个故事。无论是真是假,这个故事显然都是传奇逸事偏爱的题材,它是这样讲述的:

在灵厄里克有一个国王,身材高大、体格强壮,名叫西格德·约特。他有一个非常漂亮的女儿,名叫朗希尔德,还有一个儿子古托姆。西格德·约特在外出狩猎时遭遇狂战士[2]哈克和30个人的袭击,他负隅顽抗,杀掉了12个袭击者,并砍下了哈克一只手,但最终还是不敌而死。哈克骑马去到他的住处,带走了朗希尔德和古托姆及大量宝贵的财物。他决意娶朗希尔德为妻,事实上,要不是伤口的疼痛持续加剧,他想立刻就娶了她。时值耶鲁节[3],哈夫丹国王在去海德马克郡赴宴的时候听说了这起暴行,决定惩罚他。哈夫丹派他忠心的战士哈莱克·根特带着一百人的武装小队去哈克的家,他们一早就到了,那时所有人都还在沉睡。他们在所有有门的地方都设了哨兵,然后闯入卧室带走了西格德·约特的孩子们以及被盗的物品,放火烧了房子。哈克逃跑了,但是当他看到朗希尔德和哈夫丹国王的人经过冰原离开,她是那么快乐,哈克挥剑自杀而死。"黑王"哈夫丹对朗希尔德一见倾心,让她成了自己的妻子。

朗希尔德王后怀孕时做了许多不可思议的梦。有一次她似乎正站在花园里,试图把一枚刺从衣裙中取出来,但是那枚刺在她手中却开始疯狂生长,形状就像一个长长的纺锤,一头扎根在泥土,另

---

[1] 埃兹维尔庭会是挪威最早的庭会之一。——编者注
[2] 狂战士(berserk 或 berserkir)是拥有卓越力量的战士,在战斗中他们带着嗜血之狂暴,变得不可阻挡。他们中有很多被认为是狼人,是刀枪不入的。
[3] 耶鲁节是古代日耳曼民族的宗教节日,后改为圣诞节。——编者注

一头直冲天际。不久它长成了一棵大树的模样，并且越来越大，越来越高，直到王后站在树荫下却一眼望不到树顶。树的下面部分是血一样的红，往上一些，树干是漂亮的绿色和金色，树枝是发光的白，就像雪。但这些树枝却大小不一，它们四散蔓延，看起来就像延伸至整个挪威王国。

哈夫丹国王对此感到困惑，其中或许还掺杂着点儿微妙的妒忌：为什么他的妻子会做这些不同寻常的梦，而他却一个梦都没有呢？于是他去请教一位智者，智者建议他找一个猪圈睡觉，这样就可以做不同寻常的梦了。国王听从了这个建议，然后就梦到他的头发长得非常长和漂亮，它们光泽闪亮，一绺一绺地披散在他的头上、肩上，但却不是每一绺头发都是一样的长度和颜色，有的就像从他头皮上发出的卷卷的小芽，有的却披散至他的背上，甚至长及腰部。而其中有一绺最特别，它比其他所有头发都更亮、更美。

国王将自己的梦讲给他的一个写萨迦的朋友听，这位朋友对梦的解读是：从哈夫丹开始会繁衍出一个强大的国王家族，而虽然他的后人都会获得巨大的荣耀，名气却也有大有小。其中会有一位比其他所有人都更伟大，更加战绩辉煌。斯诺里认为，最长最亮的那绺头发指的应该是"圣徒"奥拉夫。

后来，王后生下一个儿子，起名哈拉尔德。他的体格和智慧都成长得飞快，所有人都喜欢他。他喜欢男子汉的运动，并因其力量和俊俏而受人钦慕。他的母亲非常喜爱他，可是父亲看他却不怎么顺眼。关于他的童年流传着许多故事，不过其中可信的却不多。据说有一次当哈夫丹国王在哈德兰庆祝耶鲁节的时候，忽然之间，桌上所有菜肴和麦酒都消失不见了。于是宾客们全都回家了，只有满腔怒火的国王坐着不肯离开。为了查出究竟是谁那么大胆竟敢玩弄他的尊严，他抓住了一个芬兰人，对其严刑拷打。此人是一名男巫，

拜占庭风格的扣型饰品,发掘于埃克的霍恩

他向哈拉尔德求助，哈拉尔德违背了父亲的命令，救了芬兰人并跟他一起进了大山。不久后，他们到达了一个地方，一位酋长和他的人民正在那里举行盛宴。他们便在那里一直待到春天，当哈拉尔德准备离开的时候，东道主对他说："虽然去年冬天你的父亲深以为是我拿走了他的好酒好肉，但冲着你对我的态度，我就告诉你几个好消息作为回报吧。现在你的父亲已经去世了，你会回家继承他的王国，而终有一天你会成为整个挪威的王！"

当哈拉尔德回到家，发现酋长说的都是真的。他的父亲在驾车跨越兰兹峡湾的冰原时淹死了（860年）。所有子民都在哀悼这位老国王，因为他在位期间人民总是粮食丰收，并且他是一位明君，受人爱戴。当老国王将会葬在灵厄里克的流言传出，哈德兰和劳姆莱克的人民都赶来，请求获得下葬国王的权利。因为他们相信国王坟墓所在地区将会得到神的眷顾。最终他们达成协议，将遗体分成四部分，灵厄里克的人民保有躯干，头部葬在西福尔的斯齐灵萨尔，余下两部分则由哈德兰和海德马克分得。在很长一段历史时期里，这些墓地都有人来献祭，哈夫丹国王被人们当作神一样膜拜。

第五章
"金发王"哈拉尔德（860—930年）

　　哈夫丹去世的时候他的儿子哈拉尔德才10岁，曾被哈夫丹征服的那些国王们见其年幼，认为收复失地的好时机到了。不过幸好哈拉尔德有古托姆这个守护者。古托姆是哈拉尔德的舅舅及监护人，他以卓越的才能处理政事并佐助侄子抗击敌人。在漫长的战事中哈拉尔德往往能立于不败。常胜的喜悦之下，他萌生扩张疆域的野心是再自然不过的事。哈拉尔德意识到在整个挪威没有哪个国王的权势和资源可以与自己比肩，于是征服整个国家的想法在他的脑海里日趋清晰和坚定。不过对于扩张疆域的原因，斯诺里讲述了一个完全不同的版本，那是一个非常美丽的故事，在此便也不吝赘述一下吧。

　　有一位少女名叫居达，她是霍达兰国王埃里克的女儿，由瓦尔德斯一名富农抚养长大。哈拉尔德听说了居达的美貌，便派人去求婚。得知使者来意，少女目光炯炯，双眸透怒，她扬起骄傲的颈项回绝道："回去告诉你们的主人吧，我是不会委身于一个只统治了区区几个小国的国王的。我觉得奇怪的是，怎么就没人能征服整个挪威呢？就像埃里克国王征服瑞典、戈姆国王征服丹麦那样。"[1]

　　使者们惊讶于她的傲慢无礼，警告她态度放好一点，因为在他们看来，哈拉尔德国王配她只高不低。但居达的态度却相当坚定，她在最后送使者们离开时说道："请代我向哈拉尔德国王传信，我可以承诺嫁给他，但条件是他将为了我而征服整个挪威，并能随心所欲地统治这个国家，就像埃里克国王和戈姆国王做到的那样。因为只有如此他才能算作真正的众民之王（Tjodkonungr）。"

　　使者们回到国王面前，建议他必须要煞灭这少女的骄傲气焰，还自荐去将她强行带回。然而年轻的国王却说："这女孩儿并没有说错，我为什么要惩罚她呢？相反，我还要感谢她。她一语惊醒了梦中人，我之前怎么就没想到这点呢。现在，我要郑重地发誓，我要请造我的万能的神见证，我将征服整个挪威！一日不成功，我的头发就一日不梳不剪！如若失败，我就以死明志！"

　　哈拉尔德这番话得到古托姆的赞赏，他评价说，这才是一个国王该有的气度。

　　为了兑现自己的承诺，这位年轻的国王开始着手干一番事业。他率领一支军队向北征服了奥克达尔和特伦德拉格，也就是特隆赫姆[2]峡湾附近的地区。在特隆赫姆北边的瑙姆达尔有两位国王，分别是赫尔拉格和罗拉格。当赫尔拉格听闻哈拉尔德征战的行军渐进，便修了一座墓冢，带着11个人躲进去并从内部封住。而他的兄弟罗拉格则命人将他的王座抬到山顶，而把一个伯爵座摆在山脚。他自己坐在王座上等待哈拉尔德，但当他看到哈拉尔德逼近，竟滚下王座，主动坐上伯爵之位，自此宣告承认自己是哈拉尔德之属臣。

---

[1] 那时候戈姆国王还并没有征服整个丹麦。
[2] 位于挪威西海岸中部，是挪威历史上第一个首都，今挪威第三大城市。其所在的特伦德拉格郡是中世纪挪威四大庭会之一的弗罗斯塔庭的召开地。——编者注

哈拉尔德将一把佩剑系在他腰上，又在他脖颈处挂了个盾牌，封他为瑙姆达尔伯爵。

无论行到哪里，哈拉尔德奉行了一致的政策。那些原来的国王们若是认可他王上王的统领地位，便被封为其原领地的伯爵。而其中那些反抗他的则或死或残。这些伯爵实际上成为管理者或者王权的代表人。他们以王之名主持公正和收纳赋税，对于这些税收，他们有权保留1/3，只要他们款待好60名国王的战士。每位伯爵之下设有4名或更多赫舍（hersir[1]，即小领主、下级属臣），这些人拥有一片年收入20马克的王室地产作为封地，只要他们提供20名战士可供国王随时征用。我们可以看到，封建制度是哈拉尔德的治国之本。他将农民对土地的绝对所有权夺了过来，宣布所有土地归国王所有。土地的耕种者从原本的土地自由所有人变成了国王土地的租借人，而今他们还被允许留在他们继承而来的地产之上，这个特权并非是出于对土地保有的绝对所有权，而是一种封建制度下佃户的权利。随之而来的就是国王可以对所有土地征税，而拒绝纳税的将失去他的权利。哈拉尔德还强迫收取一种被农民戏称为"鼻税"的个人税（因为这种税是到每家每户去按照鼻子的数量来收取的），导致诸多不满。需要补充的是，许多原来的国王接受他所封授的伯爵地位后，发现自己的待遇无论是在财政上还是在权势上其实都优于从前。这一点其实很好理解。他们原来的王权地位所能带来的仅仅是人民自愿让与他们的，而他们的主要特权就是指挥战争和主持公共祭祀，这与其说是一种权利不如说就是一种惯例而已。尽管如此，愿意用这幻影般缥缈的王权去哈拉尔德那里用承认征服、接受赐予的方式换取实权的始终是少数。

---

[1] 维京军队中的地方指挥官，相当于百夫长，效忠于伯爵或国王。——编者注

对于封建土地所有制，更大的抵制和反抗来自自由的自耕农，因为他们有强烈的独立自主意识，无法忍受任何强加其身的压迫和居于人下。因此，在哈拉尔德的前半段统治期，甚至有迹象表明可能是更长的时期内，大大小小针对王权的叛乱时有发生。对于一些行省他不得不进行二次征服。最终，他的盛势已是大势所趋，并且他的惩罚太迅猛太严厉，使得那些不忠不服的力量终于接受了他的统治。一个人得有多么充沛的精力、多么坚定的决心才能将所有这些如此零星分散、掠夺成性又彼此仇视的部族统一成一个国家啊！哈拉尔德做到了！在阻挠面前，他所制定的系统且统一的政策与他表现出的不容妥协的严苛态度，都表明其本人对于这项事业的浩然重大早有全面深刻的认识。

若要一一列举他的每场战役与每次胜利，未免太冗长。每过一年，他都更加接近自己的目标：成为整个挪威的统治者。这片土地上有许多无比强大的男人，他们曾是高高在上的一方之主，如今都对他俯首称臣，心怀喜悦地接受来自哈拉尔德的恩赐。这些人里不乏我们熟悉的名字：哈罗加兰郡[1]的哈康·格约噶尔松伯爵[2]，还有拉格瓦尔德——莫勒的老伯爵，他也是诺曼底公爵罗洛的父亲，而且由于"征服者"威廉的关系他也可以说是英格兰所有国王的先祖。拉格瓦尔德是一个骁勇又敏锐的男人，他成为国王哈拉尔德最亲密的伙伴与谋臣，给他忠言劝告，亦为他战斗奔走。

对于哈拉尔德这一施恩的姿态，伟大的拉夫尼斯塔家族的男人们却没有轻易地接受。当国王派使臣来提出效忠于王的要求，克维德伍夫（意即"暗夜之狼"）便以"年事已高"为由拒绝了。对

---

[1] 北欧萨迦中位于挪威最北端的郡，遍布小岛和峡湾。——编者注
[2] 哈康·格约噶尔松，又名"富裕者"哈康，首任拉德（Lade）伯爵，"金发王"哈拉尔德的重要盟友之一。——编者注

此哈拉尔德很失望，他还指望着利用克维德伍夫强大的影响力来为自己服务呢。于是他再次派出使臣向克维德伍夫的儿子"光头"格林姆许以高位——只要他愿意对自己称臣。但格林姆拒绝了，理由是这个提议将使自己的头衔比父亲还高，那可不行。耗尽耐心的国王打算放弃好言好语而诉诸武力，幸好克维德伍夫的连襟兄弟欧尔夫·努瓦适时出现，代为调解。在欧尔夫的努力下，老酋长最终同意让二儿子索尔夫为国王效力——如果国王认为他能胜任的话。于是索尔夫和欧尔夫的兄弟艾文德·兰姆一同踏上了维京航海之旅。原本以为他秋天就会回家，结果航海结束之时两人都接受了国王的邀请，成为王的麾下之臣。索尔夫因其聪颖俊美、谦恭有礼得到国王赏识，晋升尤其快。不过老克维德伍夫对这场君臣之谊却抱着怀疑的态度，暗示说他认为这事不会有什么好结果的。

自古以来，瑞典的国王都宣称对挪威的维肯[1]拥有主权。还有自"伐木者"奥拉夫时代起就属于英格林家族的韦姆兰[2]，也被说成是瑞典不可分割的一部分，瑞典国王埃里克·埃蒙德松趁哈拉尔德忙于征服北方土地，抓住机会入侵了韦姆兰省，以及朗里克和部分温高尔马克。消息传来，哈拉尔德连忙赶往南方，罚款并惩处了那些倒戈的农民，之后又去了北方，并在韦姆兰参加大自耕农奥克举办的一场盛大庆典中遇上了瑞典国王，这是一次非同寻常的巧合。大概是为了避免流血冲突，两位国王及其战士被安置在不同的楼里接受款待。当哈拉尔德和他的人住进新的楼宅，喝着新的牛角

---

[1] 维肯是克里斯蒂安尼亚峡湾周边的地区，分为西福尔、温高尔马克和朗里克。克里斯蒂安尼亚即今挪威首都奥斯陆，朗里克即今瑞典的布胡斯。——编者注
[2] 韦姆兰位于今瑞典中西部，奥斯陆东面，史学家斯诺里·斯图鲁松在著作中对其多有提及，该地也深受挪威与瑞典之间战争的影响。——编者注

杯，用着昂贵的盘子，埃里克的派对正在一所老宅子里举行，他们的杯盏盘碟虽然工艺精巧，却不是新的。散筵的时候，奥克把儿子带到哈拉尔德面前请求得到效力国王的机会。埃里克对此非常愤怒，策马就走。奥克连忙追赶上去。当被问及为何在招待的时候做出那样的区别对待，他解释说这是因为埃里克比较年老而哈拉尔德比较年轻。

"你得记住你是我的人。"埃里克国王说。

"当你说我是你的人的时候，"这位自耕农答道，"我也同样可以说你是我的人。"

这句话彻底激怒了这位国王，他拔剑杀了奥克。当哈拉尔德听到奥克的死讯，试图追那凶手，却没能赶上。

自此，反抗哈拉尔德的小国君主和酋长们都已自取灭亡。而余下的那些仍保有自己土地的分别得出结论：光靠自己单打独斗是绝无可能战胜哈拉尔德的。他们于是联合起来，于872年与这位征服者的舰队在哈弗斯峡湾[1]狭路相逢。战争的号角已吹响，最激烈的战场上总是有哈拉尔德的战船冲在最前。船头赫然立着索尔夫——克维德伍夫的儿子、英勇绝伦的战士——还有欧尔夫·努瓦和艾文德·兰姆兄弟。战争异常残酷且结局难以预料，国王失去了很多最优秀的战士，漫天都是枪林石雨，无数箭矢"嘶嘶"地在空中呼啸而过。哈拉尔德的狂战士们在盛怒中杀红了眼，他们猛攻向前，登上敌船。这是一场可怕的杀戮，酋长们一个个地或死或逃。哈拉尔德国王（就像萨迦传说中的那样）赢得了挪威史上最伟大的战役之一，从那天开始，对他的统治再无足以畏惧的反对之声。哈弗斯峡湾之战中受伤者众，其中也包括索尔夫。事实上，所有站在船桅前为国王而战的人都有受

---

[1] 哈弗斯峡湾是耶德伦的一个小峡湾，位于挪威南部，在如今的斯塔万格市以西。

伤,除了狂战士。吟游诗人索尔比约恩·霍恩科洛夫为这场胜利作了一首歌,其中的一些片段至今仍有流传。

那场战争后不久,在一次纪念国王胜利的宴会上,由拉格瓦尔德——莫勒的伯爵剪下了哈拉尔德的头发,所有人都惊叹于他的头发原本是这么漂亮。从前他被称为卢法·哈拉尔德,意思是邋遢头,而今他被人叫作"金发王"哈拉尔德。如今他已经完成大业,便迎娶了居达。但这段罗曼史却有一个瑕疵,那就是哈拉尔德在数年前便娶了奥莎,哈康[1]·格约噶尔松的女儿,并且生了三个儿子:"白王"哈夫丹、"黑王"哈夫丹[2]和齐格弗里德。居达也为他生了三个儿子,分别是古托姆、哈莱克和古德罗德。

相比他对待女人的不忠,哈拉尔德后来对待男人亦可以说同样不义。他这个人有着百折不挠的意志与胆量,敏锐且有先见之明,为达目的不择手段。然而他却无法忍受自己所拥有并看重的品质出现在他人身上。他一旦起了嫉妒心就很难消除。像几乎所有暴君那样,越是曾被他重用赏识的人越是容易遭到他的羞辱,而往往被他怀疑的却是他最忠心的臣下。其嫉妒心下的头号牺牲品就是克维德伍夫的儿子索尔夫,哈弗斯峡湾战役之后因国王的喜爱,他的地位达到一个耀眼的高度。

索尔夫娶了一个有钱人家的女儿做妻子,而他本人通过继承得到的财富也很可观,于是他过着富丽堂皇的贵族生活。慷慨的性格与出众的外貌为他赢得许多朋友,而懂得节俭和精明的才干,令他好客款待时得以游刃有余。国王任命他为哈罗加兰郡的执政官

---

[1] 挪威语里的 aa(冰岛语里的 d)读音就像英语 hawk 当中的 aw。因此 Haakon 的读音是 Hawkon;Aasa 读作 Awsa,以此类推。现代冰岛人把这个音读作类似英语 out、rout 中的 ou,他们会念成 Houkon、Hourek,等等。
[2] 其与祖父(即第四章提到的那位)都被称为"黑王"哈夫丹,非同一人。——编者注

（Sysselmand），他的表现堪称卓越，尤其是在向芬兰人征税一事上他强势又精明。要知道，对于为王室的国库做贡献，芬兰人可不那么积极。有一次哈拉尔德莅临哈罗加兰郡，索尔夫设宴相迎，其奢华壮观，其他地方前所未见。宴会总共来了800人，其中500人是索尔夫请来的，另外300人是国王的侍从。令这位东道主惊讶的是，国王坐在高位，阴郁沉默，对于这费尽心思的款待看上去一脸不快。直至宴会结束国王都压抑住了自己的坏脾气，分别之际，当东道主赠予他一艘装备齐全的龙船时他似乎还很开心。然而不久，国王就免除了索尔夫的王家执政官一职，支持他的敌人，利用各种卑劣的诋毁之辞为借口在他的私有土地桑德尼斯上袭击他，烧了他的房子。当索尔夫从熊熊燃烧的火墙内突围出来，迎接他的是漫天雷暴一般的矛头。看见国王的一刹那，索尔夫就手握出鞘的剑向他冲了过去，砍倒了他的旗手，而当与敌人只剩一剑之遥，他终于不支摔倒，哭喊道："只差三步啊！"据说哈拉尔德亲自给了他致命的一击，后来他也亲口向老克维德伍夫承认自己是杀害索尔夫的凶手。当这位国王看着曾经的朋友横尸在面前，他露出悲伤的神色。当有人一边忙着处理身上的小伤口一边从他面前经过，他说："你那道伤口不会是出自索尔夫之手，因为即便同样的武器，在他手里发挥出的威力也是完全不同的。这样的人必须消失，真是可惜。"

当克维德伍夫听到儿子的死讯，一下就悲伤得卧病不起。但当他得知是国王杀了儿子，并且儿子就趴着死在凶手的脚下，便又振作起来，甚感欣慰。因为据说如果垂死的人是面朝下的，这将是此仇终将得报的预兆。与此同时，由于远不具备可以公开攻打哈拉尔德的力量，这位老人聚集了全家所有人和财物远走冰岛，但他们沿着挪威沿岸逗留了很久，试图找到哈拉尔德的族人来施行报复。功夫不负有心人，哈拉尔德的舅舅前守护者古托姆的两个儿子正随同国王派的两个人一起向北航行。"光头"格林姆和克维德伍夫袭击了他们，杀了国王的侄子们，夺取了船。随后，在狂喜之下"光头"格林姆登上船头唱起了歌：

> 这是赫舍履行了
> 对国王的报复。
> 被狼与鹰踩在脚下的是
> 英格林的子孙。
> 海上漂浮着
> 哈瓦尔德破碎的尸体。
> 鹰的利喙
> 撕扯着斯纳菲尔的伤口。

从那时起，英格林家族就与克维德伍夫的后人结下了血海深仇。关于"光头"格林姆的儿子埃吉尔有一则著名的萨迦传说，讲述了一系列漫长的血腥与杀戮，而所有那一切的根源就是国王对索尔夫的背信弃义。

为逃离哈拉尔德的压迫，许多酋长选择远走海外寻找避难所，克维德伍夫和"光头"格林姆并非唯一的特例。哈弗斯峡湾战役之后，国王以不容妥协的决绝继续推行封建制度，数千人跨越重洋到奥克尼和赫布里底群岛建立新的家园，其中不乏原本最高贵的家族，而后他们中很多人又借道去了冰岛。也有不少人直接以冰岛为目的地，有一本《兰德纳马之书》(其是冰岛的"末日审判书"[1])里保留

---

[1] "征服者"威廉征服英格兰之后，下令对全英格兰的人口和财产进行普查，由于调查得过于细致，甚至连一头猪都不放过，就像《圣经》里的末日审判，因此被民间称为"末日审判书"(Domesday Book)。——编者注

了他们的名字，间或记载了关于那些最重要的最初移民者的历史片段。或许我们会非常赞同这种不屈不挠的精神，正是这种精神让这些人牺牲了家国仅为坚守一个原则。不过对待这个事情还有另外一种看法也值得考虑。"金发王"哈拉尔德正在建立一个国家，这个国家将支持一种更高级的文明，这一过程若要完成，仅仅靠这些相互之间多少存有敌对的部族松散地聚集抱团是不可能实现的。统一国家的想法鼓舞哈拉尔德前行，这个想法本身要求强制实施一个有机的系统制度，这一点势必令独立自治的酋长们倍感压迫。对于现代国家的公民而言，纳税不会是一件丢脸蒙羞的事，但北欧的酋长们却认为那是对自由民的不尊重。当哈拉尔德向他们提出不允许在他的王国国境之内行抢夺与劫掠性远征之事时，他们愤怒了，完全不明白为什么要对这些古而有之的特权做无保障的削减。这些人中有一位名叫罗尔夫，也称罗洛，是国王的朋友（莫勒的伯爵拉格瓦尔德）的儿子，他藐视了国王的命令，在维肯预备粮草[1]，结果遭到流放，父亲的影响力和母亲的祈祷都救不了他。正是因为他出身高贵，被国王抓了典型，以儆效尤。

在北欧萨迦中，罗洛有"行走者"罗尔夫的称号，因为他又高又重，没有马能驮得起他。他与一大群追随者向南航行去到法国，侵扰那个国家数年后，于912年与"糊涂王"查理三世达成和解，根据协议，他皈依了基督教并接受了一个大省作为他和后人的封地。这个省名叫诺曼底，在世界历史中扮演了重要的角色。传说罗洛被要求亲吻国王的脚以示效忠，他却回答说："我不会向任何人折腰，也不可能亲吻任何人的脚。"不过经过长久的劝说，他最终同意由一

---

[1] 原文的说法是 strand-hug，指在最近的有人居住的国家为维京舰队准备粮食补给。维京人在他们可能经过的地方准备粮草，这种做法非常普遍。

名属下来代他履行这一致敬之举。这名代表一脸阴沉，昂首阔步地走过去，在国王骑坐的马前停住，一把抓住他的脚举到自己唇边。这一蓄意的动作使国王差点摔了个跟斗，引得在场的北欧人大笑起来。就像童话故事里的穷小子，罗洛真的娶到一位公主，得到了半个王国。传说查理把女儿吉斯拉嫁给了他，可惜这位公主还没来得及生下孩子就死了。罗洛以铁棒政策统治其公爵领地，他一定从哈拉尔德那里学了一课，因为据说他严厉打击抢劫，强盗一概施以绞刑。他的时代，公共治安好到夜不闭户，农民们可以把犁耙工具留在地里过夜而不用担心会被人拿走。罗洛的儿子是"长剑"威廉，威廉生了"无畏者"理查，理查又生了个儿子，并用自己的名字给他命名。小理查得到"好王"的名号，他的儿子名叫罗洛，被称为"华美王"罗贝尔[1]，是"征服者"威廉的父亲。

随着心怀不满的自耕农和酋长们的移民出走，哈拉尔德建立封建国家的最后阻碍也消失了。根据一个大致准确的统计，大约800户人家去了冰岛、苏格兰诸岛和耶姆特兰[2]，而他们留下来的地产随即就被国王没收充公了。也有人试图把土地卖掉，却鲜有成功，因为买入移民者的地产被视作反国王行为。因此，大量的财富集中到国王手中，将敌人的损失拿来奖赏给朋友，借花献佛这招国王耍得得心应手。于是，虽然初衷是要努力毁掉这个国家，实际上移民者们却帮助国王更加巩固了这个国家。大量的土地房产需要大量的官员来管理，哈拉尔德从自己的直系亲属里面进行挑选。所谓的管事（职务，Aarmaend）不过是监管人或干事，他们管理王室的土地，将收入中相应的份额上缴给国王。这些人往往是奴隶或得到解放的

---

[1] 第一任罗洛公爵接受洗礼时获得了罗贝尔这个名字。
[2] 位于今瑞典中部，12世纪时该地区被挪威征服，1645年割让给瑞典。——编者注

奴隶，自耕农将他们视作低人一等。另一方面，属于旧部落贵族的伯爵们在自己的封地上掌握着土地，从狭义上讲他们可算是地主，尽管严格说来他们的儿子并无绝对继承权可以继承其土地。然而一般惯例却是默许这些土地由父亲传给儿子。第三类地产是从前被自耕农完全保有所有权的土地，而现在作为国王名义上的佃户，他们得到了差不多的保障和继承权。只要他们乖乖纳税，国王心情好就可以不找他们的麻烦。

拥有如此庞大的财富，哈拉尔德自然而然建造了异常辉煌壮观的王宫。他喜欢歌曲和故事，养了一帮吟游诗人，长期在身边为他唱赞歌，颂扬他的丰功伟绩。当场面所需，他会十分慷慨，以王室的大气风范分金散财。不过据说在小事情上他就比较吝啬。侍臣们常常抱怨他吃都吃不饱。在斯诺里讲述的一些传说中，他对待男人的态度严苛又顽固，可是却很容易被美色蒙蔽。有这么一个故事，当他在古尔布兰达尔参加一次耶鲁节庆典时，宴会上一个芬兰人过来游说他跟随自己去了他的帐篷。在帐篷里，芬兰人带出来一个名叫斯奈芙里德的女孩儿，她的美貌令哈拉尔德印象深刻。他和女孩儿聊了一会儿，其间喝了芬兰人递来的一杯蜂蜜酒，酒还没下肚多久，他就疯狂地迷恋上斯奈芙里德而不肯离去，并要求她当天就得嫁给他。他沉溺在对她强烈的爱情之中，不事朝政，完全只为她而活。斯奈芙里德在很短的时间内接连为他生下5个儿子之后就去世了，哈拉尔德悲伤得不能自已。他拒绝将她下葬，整日整夜地坐在旁边看她美丽的尸体。说来也奇怪，据传斯奈芙里德即使死后还是一样的美丽，一点也不见腐烂的迹象。国王的所有人臣都担心他已经失去了理智，最后，其中一人用了一些托词说服了国王将尸体移走。但就在尸体被碰触的一瞬间，最可怕的变故发生了。斯奈芙里德的肉身变成了蓝色，恶臭弥漫了整个房间。这时候国王恢复了理智，下令将尸体烧掉，然而就在人们将其置于柴堆之上，大小蛇蝗、癞蛤蟆，还有可怕的爬行物爬满了尸身和周围，场面之骇人无人敢看。随后哈拉尔德意识到自己可能中了巫术，他非常生气，驱逐了斯奈芙里德为他生的孩子。不过奇怪的是，正是那一支的后人存活发展得最长久，还出了"巨人"西格德·莱斯、古德罗德·隆约姆、"长腿王"哈夫丹和拉格瓦尔德·勒提贝恩。

哈拉尔德王只有一位妻子出身王室，那就是朗希尔德，南日德兰的国王小埃里克的女儿。当他第一次派人去向她求婚时，她回答说：如果要她忍受三十分之一的爱，她是不会嫁给这位全世界最强大的王的。国王第二次派人去的时候，她回复说，如果哈拉尔德王肯送走其他所有的妻子，那么她就愿意嫁给他。国王同意这样做，便迎娶了朗希尔德为王后。然而婚后她只活了三年便去世了，随后哈拉尔德又把以前的一些妻子和情妇带了回来。朗希尔德只为他生了一个儿子，名叫埃里克，是哈拉尔德在所有孩子中最喜爱的一个。

在日耳曼异教时代，婚姻完全是一纸平民式的契约，与宗教和宗教仪式都毫无关系。丈夫要同妻子离婚是很容易的事情，但惯例就是必须要先通过离婚这个形式才可以结第二次婚。像哈拉尔德那样明目张胆的一夫多妻的行为是伤风败俗的，会受到人们的斥责。即使如此，在统治后期，哈拉尔德仍是一位受欢迎的统治者，得到自耕农和酋长们的喜爱。

随着孩子们渐渐长大，哈拉尔德开始尝到过度地开枝散叶带来的苦果。由于他的儿子们并不是同一个母亲所生，又在全国各地由不同的自耕农抚养长大，因此相互之间几乎完全没有兄弟亲情的意识。他们彼此嫉妒，而且尤其嫉妒那些在自己的一方土地上像土皇帝一样治理土地和人民的强大的伯爵。当"长腿王"哈夫丹和古德罗德·隆约姆向莫勒的伯爵拉格瓦尔德突然发难，烧死了他和他的 60 名手下，这种嫉妒之情终于找到了发泄口。哈拉尔德听说了这一卑劣行径，集结军队前去惩罚自己的儿子们。古德罗德在杀死拉格瓦尔德之后占有了他的伯爵领地，见到哈拉尔德前来，他不加抵抗地选择了投降；而"长腿王"哈夫丹却率三艘船驶往奥克尼，赶走了莫勒的伯爵的儿子托夫埃纳，在那里的群岛之间自立为王。然而托夫埃纳杀了一个回马枪，令哈夫丹措手不及，并以一种残忍野蛮的方式杀死了哈夫丹。虽然哈夫丹曾反抗了哈拉尔德的权威，托夫埃纳杀他只是为父报仇，可哈拉尔德却也不得不找杀了自己儿子的凶手报仇。于是他率领舰队奔赴奥克尼，与托夫埃纳公开谈判，接受了作为"血偿金"的 60 马克的黄金。他是否趁这次出航的机会去了苏格兰并侵扰其海岸，倒是未必。就像之前某次在同一片水域的巡航一样，他的主要目的是粉碎各种维京海盗巢穴，因为维京人把这里当作方便的藏身之所，夏季的时候经常从这里出发对挪威沿海发起侵袭。

　　造成哈拉尔德众子不合的一个重要原因是他们对埃里克的嫉妒，因为父亲明显过于偏爱他们的这个兄弟了。埃里克在 12 岁时就得到号令五艘船的机会，踏上维京航海之行，并随行配备了最精良的船员。他所表现出的杰出才能与大胆冒进令老国王欣喜欣慰。出色的战绩让这个年轻的小伙子得到了"血斧"（Blod-Oexe）这个令人闻风丧胆的绰号，也使他更加受到父亲的喜爱。正是这层偏宠导致哈拉尔德在他 50 岁的时候（900 年）做出了一个决定，这个决定实际上抵消了他一生的功绩，也将使他尚未出世的子孙后代痛苦不堪。他召集了一次"庭"（thing），也就是全体大会，地点大约是在埃兹沃尔德，他将所有儿子都立为小王国国王，但有一个条件：在他死后，所有儿子都必须承认埃里克王上王的领主地位。他分给每个儿子一个省拿去统治，对于税收，他们可以留 1/3 在手里，1/3 分给那些伯爵们，还有 1/3 交给君主即埃里克。王室衔位只能传给直系后代当中的男丁，不论是婚生子或私生子都一视同仁。对于他的女儿们所生下的儿子，他赐予了伯爵之位。哈拉尔德这一灾难性的决定抹煞了婚生子与私生子的差别，为以后的内战和常年的自相残杀与冲突埋下伏笔，哈拉尔德辛苦建立起来的国家不断被这些内讧摧毁磨蚀，直到 400 年后淡出人们视野，连这个国家的名字似乎也渐渐泯灭于众族。这看上去很不可思议，曾经建立起一个强大国家的智慧与精力，竟也孕育出了最后毁掉这个国家的不智与弱点。显然，哈拉尔德把王室政权当作是自己拿剑打拼出来的私人财产，自己的所有男性后人都能机会均等地继承。然而与此同时，以他对儿子们的了解和经验，他怎么可能指望他们会心态平和地默认自己的安排、兄友弟恭地和平共存呢？如果说哈拉尔德心存美好的幻想，那么埃里克在第一时间迫不及待地击碎了它。他首先杀掉了斯奈芙里德的儿子拉格瓦尔德·勒提贝恩，因为据说他是一名男巫。然后"商王"比约恩因为拒绝上贡而遭到攻击，埃里克杀了他的这位兄弟并抢了他的房子。特隆赫姆的"黑王"哈夫丹决定报复这暴行，因为据他分析，只要埃里克的为所欲为有免死王牌做保障，哈拉尔德的儿子们就没有一个可以逃离厄运。当埃里克在瑟尔温农场享受盛宴之时，哈夫丹包围了房子，纵火烧了它。埃里克带着 4 个人成功逃脱，赶往南方向父亲告状。据说国王哈拉尔德怒不可遏，集结舰队驶往特隆赫姆，而虽然武装薄弱，哈夫丹早已恭候在此。正当战争一触即发，吟游诗人古托姆·西恩德勒出现了，提醒两位国王说他们曾对他有一个承诺。有一次他为他们唱了一首颂歌，但却拒绝了所有的赠赏，于是两人都发誓说无论他对他们有何请求，他们都将满足。"现在，"他说道，"我就来兑现那首歌的奖赏了。"

虽然非常艰难，然而君无戏言，他们不能打破。握手言和之后，这对父子分道扬镳。哈夫丹得以保住他统治的省，但必须庄严地发誓从今往后不再对埃里克有任何敌对的表现。也正因如此，虽然慑于老国王的权威而一度消停，这两人之间的仇怨却长久地持续下去。

哈拉尔德快70岁的时候又找了一个情人，就是莫斯特的索拉，因其个高，她又有"莫斯特之杆"的绰号。她为哈拉尔德生下儿子哈康。这个老来子的出现引起哈拉尔德其他儿子的诸多不满，如果不是一个突发事件使他远离了这些人的魔掌，他说不定都挨不到长大成人。斯诺里讲了一件很有趣的事，但实在有点令人难以置信。他讲道：有一次，英格兰的埃塞尔斯坦国王派来使者，将一柄宝剑送给哈拉尔德国王，哈拉尔德接受了它并表达了谢意。

"现在，"使者说，"正如我们国王所希望的那样，你已经拿了宝剑，那么你就成了我们国王的佩剑人或者封臣。"

被戏弄的哈拉尔德非常生气，却并没有为难这些使者。第二年，他派自己的小儿子哈康跟随大使团去拜访埃塞尔斯坦。他们在伦敦找到国王，得到国王的款待。大使团的发言人把小男孩哈康放到埃塞尔斯坦的膝上说："哈拉尔德国王请您抚养这个他侍女所生的孩子。"

埃塞尔斯坦怒而拔剑，意欲

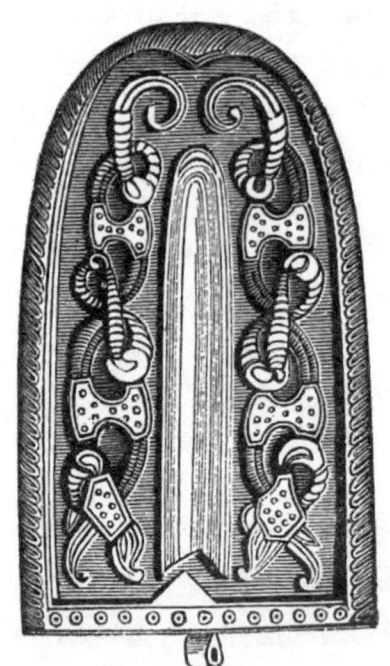

在内德内斯安特的斯科德摩发现的镀金扣

杀了这个小孩。但发言人又说了："反正你已经把孩子抱在膝上，只要你高兴，大可以杀了他。不过那样的话，你是不是就要杀掉哈拉尔德国王所有的儿子呢？"

在挪威，替另外一个人抚养孩子被认为是承认自己低人一等，哈拉尔德以这样的方式向埃塞尔斯坦以牙还牙。然而却有一些情况令人怀疑这个故事的真实性。首先，埃塞尔斯坦及其祖辈在北欧人那里吃过大苦头，不会以无端的侮辱去主动挑衅。其次，哈拉尔德把最小的儿子送出国，更可信的原因是出于为儿子自身安全的考量[1]，而不会是为了有失尊严地去戏弄一位别国国王。不论如何，哈康在英格兰国王那里受到最亲切的接待，并赢得其喜爱。

哈拉尔德 80 岁时，感觉自己无力再扛起治国的重担，便将王位传给埃里克，主动退位了。哈拉尔德死于三年之后（933 年），其一生统治挪威长达 73 年[2]。

---

[1] 见孟克（i., 591）。
[2] 原文如此，应为 70 年。——编者注

第六章
"血斧王"埃里克（930—935年）

若说哈拉尔德的专制统治还带有推进文明开化的意义，并且总体来说还是仁慈有益的，那么"血斧王"埃里克的专制统治则毫无章法和建设性可言。过去那种狂暴的维京精神随他一起登上了王位，权力于他而言就是用于满足每一个野蛮冲动的工具。他勇猛、乐战、残忍无情，却又不失公正感和偶尔为之的慷慨。他本人英俊沉稳，但又傲慢寡言。不幸的是他娶了一个只会扬其恶、抑其善的妻子，贡希尔德王后对他一生产生的都是坏的影响。她残忍、贪婪、背信弃义，赞美丈夫的一切恶行。关于她的传说很奇特，将她那种能控制所有接近她的人的能力归因于巫术。根据斯诺里的说法，埃里克在芬马克郡遇见了她，那时她被父母送去学习巫术。在当时，芬兰人在黑魔法上的造诣是众所周知的。她和两名男巫待在一起，这两人都一门心思想要娶她，而像童话里写的那样，她把埃里克王子藏在自己的帐篷里，求他带自己摆脱这两个讨厌的追求者。虽然历经艰难，但埃里克成功地将贡希尔德带到了自己的船上，娶她为妻。据说她个子娇小，曲意逢迎，拥有绝世的美貌，但她就是丈夫的邪恶之灵，怂恿他干出背信弃义或者暴虐的事，令他深受人民嫌恶痛恨。在很大程度上，正是由于对她的厌恶，全国多地都出现反叛埃里克的民众，大众转而支持埃里克的兄弟们，致力于摆脱他的枷锁。即使有父亲的努力，埃里克的君权却从未受到普遍认可，哈拉尔德国王一去世，"黑王"哈夫丹和奥拉夫[1]就分别在特伦德拉格和维肯宣布自立为王。然而数年之后，哈夫丹突然去世，有流言说他是被贡希尔德王后毒死的。特伦德拉格的民众随后选了他的兄弟齐格弗里德成为他们的新王，埃里克发现自己的王国版图从南北两端逐渐缩小。为了准备与埃里克对战，齐格弗里德和奥拉夫决定联合起来，而为了做好万全的准备，齐格弗里德赴腾斯贝格会见奥拉夫。当埃里克听闻此事，连忙召集大批人马前往，突袭并杀掉了自己这两个兄弟。不过奥拉夫的儿子特里格瓦却成功逃走并藏了起来，埃里克的整个统治期内他都没再出现。

至此埃里克已经杀了四五个兄弟。有一种普遍的看法认为，在根除掉丈夫这一支以外的所有"金发王"哈拉尔德家族的人之前，贡希尔德是不会罢手的。

埃里克少时曾认识了一名冰岛人，便是斯卡拉格林姆（"光头"格林姆）的儿子索尔夫。他的叔叔是克维德伍夫的儿子索尔夫，遭哈拉尔德背叛而死。这位索尔夫就像他同名的叔叔那样，是一个高大英俊的男人，有着出色的仪表和风度。他造了一艘船赠给埃里克，船的做工与装饰都十分漂亮，他因此收获了埃里克的友谊。作为回报，埃里克从父亲那里得到许可，保索尔夫在这个国家平安无事。这名冰岛人在挪威交了许多朋友，其中就有两个很强大的男人托雷·赫斯和自耕农比约恩。当他回到冰岛，他带回了国王送给父

---

[1] 奥拉夫是哈拉尔德国王与海德马克和西福尔郡的埃斯泰因伯爵的女儿斯万希尔德的儿子。

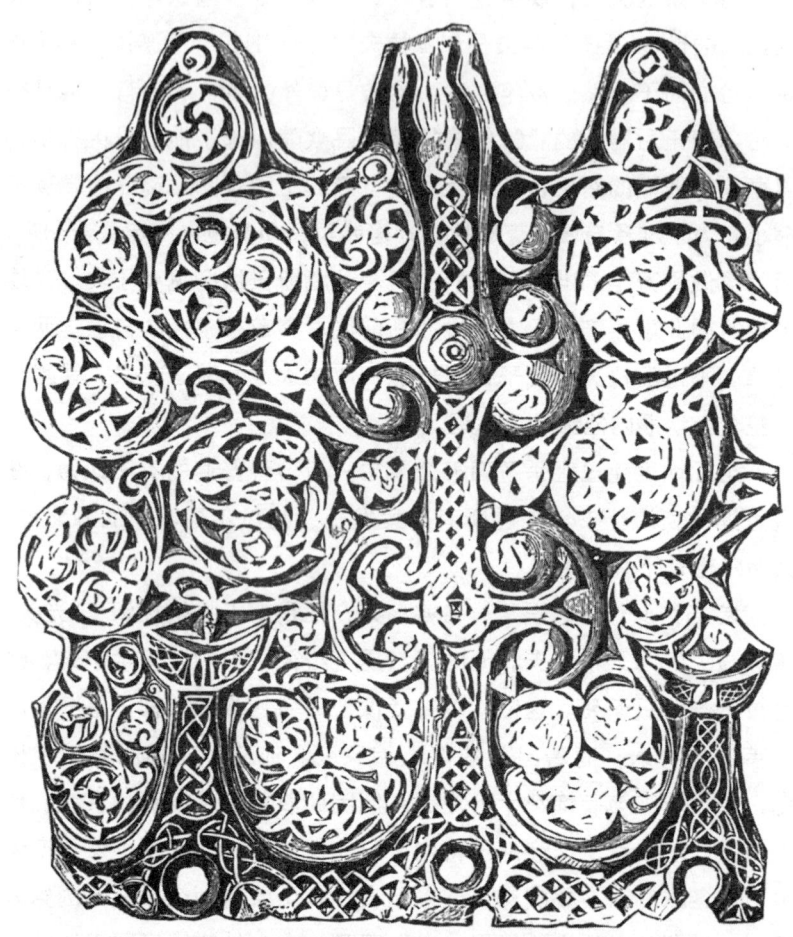

铜制筒状底托,大概是用于矛的杆柄上,发现于斯塔万格附近

亲的礼物，一把手柄做得巧夺天工的稀有斧头。但欢迎儿子回归的"光头"格林姆却对埃里克国王的礼物不屑一顾，而后，当索尔夫再次起航去挪威时，他唱了一段语带侮辱的诗文并要求传达给埃里克，同时也希望退回斧头。索尔夫不愿激起旧怨，于是将斧头扔进了海里，而向国王传达了父亲的感谢和问候。如果一切如他所愿，那么血仇可能就此终结了。但他有个弟弟名叫埃吉尔，坚持要与他同行，就是他煽动那本已化为死灰的仇怨复燃了。

埃吉尔完全就是野性难驯的古北欧精神的化身，强横不逊的个人主义令他只懂得考虑自身目的，不服从任何约束。像他的父亲"光头"格林姆那样，他身材高大，皮肤黝黑，面目丑陋，童年时代便表现出凶残和报复心重的心性，但他却拥有歌唱天赋，这与他有勇无谋的做派同样突出，在他漫长而充满冒险的生涯里为他博得名声。

这两兄弟平安抵达挪威，做客托雷·赫斯家，其子阿林比约恩与埃吉尔发展出一段深厚的友谊。索尔夫要去和自耕农比约恩的女儿奥斯葛德完婚时，埃吉尔却因一场恶疾不得不留在家里。在他康复的过程中，他随托雷的一名监管人去了一位名叫博尔德的王室管事那里，并在那里见到了埃里克国王和贡希尔德王后。博尔德因急于取悦国王而忽视了这位冰岛来客，见埃吉尔开始流露出言行不逊，他就在王后的暗中示意下往他的麦酒里混进了催眠的草药。然而埃吉尔产生了怀疑，他倒掉麦酒，杀了博尔德。随后埃吉尔开始逃命，他游泳到了峡湾里一个岛上，当有人来搜这个岛，他杀了一些被派来找他的人，然后乘坐他们的船逃走了。尽管埃里克国王非常震怒，但他接受了托雷·赫斯送过来补偿博尔德之死的赎罪金，并同意让埃吉尔留在这个国家。贡希尔德王后对于他的这一宽恕态度很生气，责问他是不是完全不把博尔德的死当成一回事，对此国王回答说:"你永远都是怂恿我付诸暴力,不过君无戏言,已经做出的承诺我是不可能打破的。"

劝说不成,贡希尔德决定另找一个人来充当她报仇的工具。据传她曾倾心于被埃吉尔杀掉的那位博尔德,不过这个人出身低下,不太可能令王后产生这种私人情感,促使她执着地想要报复的原因更可能是出于尊严受忤的愤怒。在高卢神庙举行的一次祭祀盛宴上,她令自己的兄弟艾文德·斯克雷亚承诺杀掉"光头"格林姆的一个儿子。然而艾文德却一直没找到合适的机会,于是他杀了索尔夫的一个属下,这使他遭到埃里克的流放(vargriveum)[1]。而两兄弟当时正在进行维京航海,他们在英格兰效命于埃塞尔斯坦,为他打了一场重大战役,索尔夫死于此役。埃吉尔娶了他的遗孀奥斯葛德并和她一同返回了冰岛。那时他已经在国外待了12年了。然而想要定居下来并不容易,他得知他的岳父自耕农比约恩去世,而贡希尔德的宠信之一伯格阿农德占了他的财产。于是他马不停蹄地回到挪威,在朋友阿林比约恩的帮助下把这个案子上诉到了古拉"庭"(Gulathing),呈到国王和王后御前。然而庭上却发生了骚乱,埃吉尔不得不无功而返,驶回了冰岛。但谨言慎行不是他的风格,于是不久他便第三次去了挪威,打了伯格阿农德个措手不及,不仅杀了伯格阿农德,还有在那里做客的国王的儿子拉格瓦尔德。光是伤害还不够他羞辱报复,他登上悬崖,冲贡希尔德和国王立起了耻辱柱(shame-pole, or pole of dishonor)。他在柱子上挂了死马的头,同时高声喊道:"这就是我对这片土地上所有游魂[2]的羞辱,他们将漂泊流离在歧途,没有谁能侥幸找到回家的路,直到他们将国王埃里

---

[1] 古斯堪的纳维亚语,意为"圣所中的狼"(wolf in the sanctuary),指在圣地犯下罪行之人,其不受法律保护,遭众人唾弃。——编者注
[2] land-spirits,原作 genii loci,埃吉尔用这个词被视为具有魔法之力。

克与贡希尔德从此地逐出。"

他随即用鲁纳文[1]将这些话刻在柱子上,然后航回了冰岛。而他的诅咒似乎成了真。当埃里克在位4年之际,他最小的弟弟哈康登陆特伦德拉格,并在次年成了国王。这消息如野火般蔓延至全国,大街小巷一片欢腾。埃里克垂死挣扎想要筹组一支军队,但是民众都抛弃了他,不得已之下他只好带着妻儿和一些追随者逃亡而去。在这些忠实的追随者中还有埃吉尔的朋友阿林比约恩。如今他像一名维京海盗一样四处航行,侵扰苏格兰和英格兰海岸。最后,他从埃塞尔斯坦国王那里接受诺森伯兰的一部分为封地,条件是他得保卫这个国家,抵抗挪威海盗和丹麦海盗的侵害。根据约定,他还得接受洗礼,皈依基督教。虽然关于埃里克的晚期生活,不同的萨迦传说有不一样的说法,但显然他在英格兰也并不比在挪威更受欢迎。他似乎有一次或两次被驱逐出诺森伯兰的经历,只是后来又回去了。一次非常巧的机缘下,一场暴风雨把他不共戴天的敌人送到了他的手上。

据说埃吉尔在家总是坐立不安,心怀不满。普遍的说法是贡希尔德用巫术盗取了他内心的安宁。他心神不宁地在海滨游荡,眺望帆船,对妻子孩子都不上心。最后,他再也不能忍受待在家里,便装备了一艘船向南航行到了英格兰。行至亨伯河口,他的船遭遇海难,他失了船,但却和他的30名战士幸存下来。他从遇到的人那里得知这个国家竟是"血斧王"埃里克在统治,他毫无逃脱的机会。埃吉尔莽撞地前往约克寻找他的朋友阿林比约恩,两人一起去见埃里克,埃里克便问他何以愚蠢到如此,怎么可能从他手里期望除了死亡之外的其他东西。贡希尔德在见到他时迫不及待地想让他血溅

---

[1] runes,又译如尼文,古代北欧文字。——编者注

当场。她渴望饮其血、食其肉已经太久了,复仇的炽烈欲望令她一刻也不能等。然而埃里克却准许将这名冰岛人的死期暂缓至次日早晨。阿林比约恩请求埃吉尔用这个夜晚写一首歌赞美埃里克,就当是生命中的最后一搏。埃吉尔答应了,阿林比约恩就把食物和饮料带给他,请他一定要尽最大的努力。但忧虑让阿林比约恩晚上再次去看他的朋友,问他进展如何。埃吉尔回答说他一句也没写出来,因为有一只燕子停在窗边不停地叫,打扰了他,而且怎么赶都赶不走。阿林比约恩冲出门来到大厅,瞥到一个女人的身影,这个女人一见他就跑了。而就在那时候,燕子消失不见了。为了防止她再回来,阿林比约恩坐在埃吉尔的门外,守了一晚上。因为他明白那只燕子就是王后,她用巫术化身成了鸟。

第二天早上埃吉尔完成了这首歌并已熟记于心。阿林比约恩带着他的人全副武装,和埃吉尔及其战士一起去了国王的房舍。他提醒埃里克在他众叛亲离的时候都有自己的忠诚跟随,要求宽恕朋友的性命,作为对自己效忠的奖赏。贡希尔德叫他闭嘴,而国王则没做任何表示。阿林比约恩又向前走了一步,声称若要埃吉尔死,除非踏过他本人和所有手下的尸体。

"如果是那样的代价,"国王回答,"我就不那么想要埃吉尔的命了,虽然凭他的所作所为,我不论对他做什么都不为过。"

突然,就在国王话音刚落,埃吉尔开始用清晰坚定的声音吟唱那首歌,整个大厅即刻安静下来。以下是这首歌的一个片段:

   我向西出航,
    维德拉尔[1]亲自赠我

---

[1] 即奥丁。

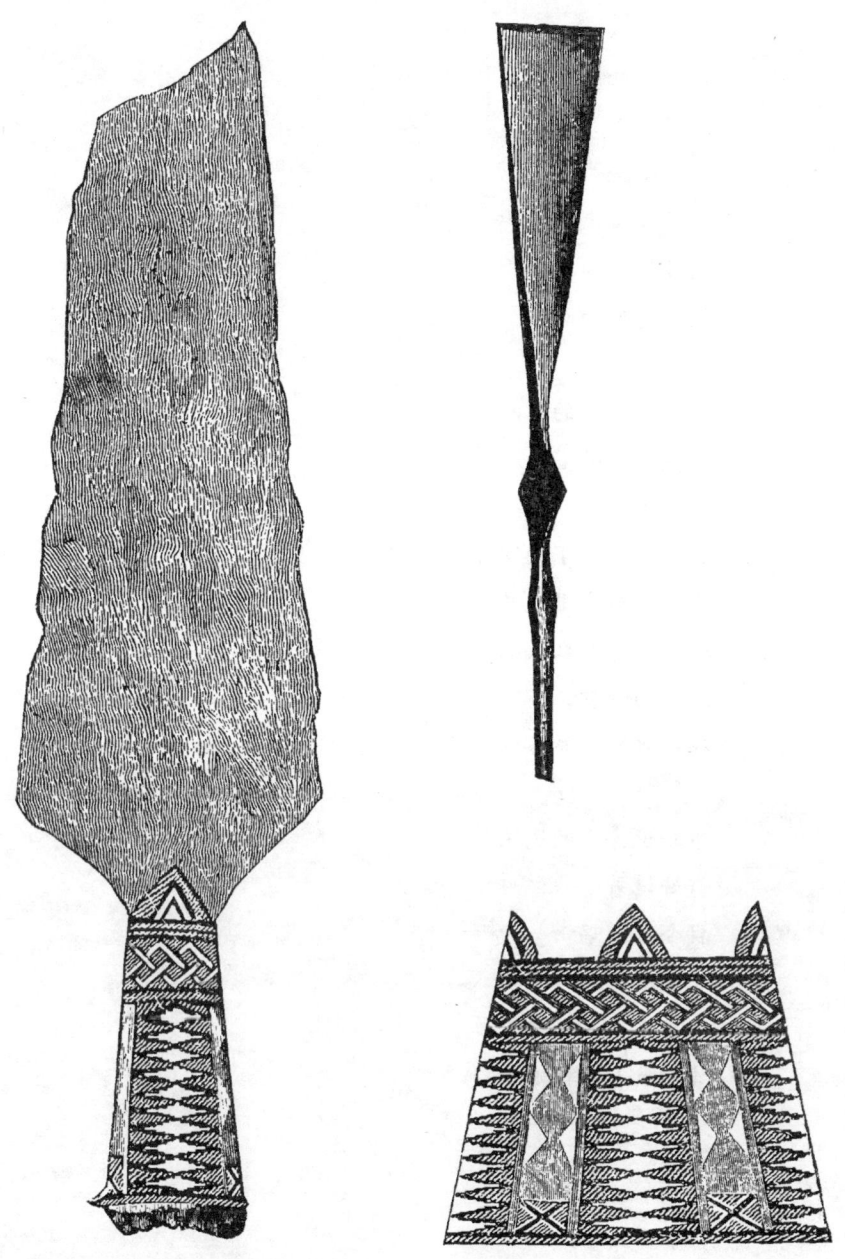

在厄斯特谷地的奥莫特教区发现的铁凿（右上），在诺尔兰郡的内斯纳发现的镶银的铁矛头（左、右下）

流经他胸膛的琼浆[1],
我漫游得多快活。
冰川消融,[2]
我催动橡木[3]前行;
因我的思想之舟[4]
满怀对你的颂扬。

啊国王,你的赫赫盛名
令我欣然歌唱;
英格兰之滨,
我生出了奥丁的蜜酿[5]。
看啊,对埃里克的赞美,
我的声音多么洪亮。
愿我的颂歌,
在广袤的世界各处回荡。

听我说,我的国王,
好好记着
我今日所唱
毫无胆怯彷徨。
因全世界都知道,
你的敌人如何败亡;

---

[1] 指歌唱的天赋。
[2] 春天来临之际。
[3] 橡木指代船。
[4] 指从我的胸膛里涌出这些赞美。
[5] 奥丁的蜜酿指诗歌的天赋。

奥丁也乐见，
你所到过的地方。

盾牌爆裂，
剑锋发出鸣响。
饮得脸儿红润
瓦尔基丽娅[1]在欢笑。
看啊，剑流摇荡
像狂野的瀑。
延绵田野里
寒铁铮铮作响。

男人们迫不及待
要与仇敌狭路对抗；
你的战士下手无情
是真英雄的勇猛无敌。
因心中与身体
都燃烧着英勇之光；
在他们如雷的脚下
大地也吓得震荡。

武器的碰撞之中，
垂死挣扎的男人终倒躺：

---

[1] 即瓦尔基里，她们是女武神、奥丁的侍女、亡魂的挑选者。此处指她们需要看好埃里克，接收被他所杀的许多人，引导他们去往英灵殿。

> 死尸堆积如山
> 衬出你光芒万丈。

埃里克一动不动地听埃吉尔歌唱,紧盯着他的脸看。当歌声结束,国王说:"这首歌很好,我现在考虑接受卖阿林比约恩一个人情。你,埃吉尔,可以毫发无损地离开,因为我不会干那么欺善卑鄙的事,杀掉一个主动送上门来的人。但从你离开这个大厅的一刻起,再也不要出现在我或者我的儿子们面前。你记住,此举绝不意味着你和我以及我的儿孙亲属们之间达成了和解。"就这样,埃吉尔用歌换回了自己的脑袋,而这首歌就被叫作《头之赎金》(*Höfudlausn*)。

埃吉尔就此离去,再次拜访了埃塞尔斯坦,又去到挪威,经历了很多冒险,最后他回到冰岛,大约在990—995年间去世,享年逾90岁。[1] 他另有一首作品,名叫《子之殇》(*Sonartorek*),是冰岛语里最美的诗。

"血斧王"埃里克继续留在英格兰,历经了命运的诸多变迁兴衰,直到950年或954年战死沙场。英语编年史学家常常以埃里克·哈罗德松之名对他多有提及。在他死后,贡希尔德找人写了一部戏剧(draapa)来纪念他,其中一段很有意思,至今仍有流传。随后她带着儿子去了丹麦,受到"老者"戈姆的儿子丹麦国王"蓝牙王"哈拉尔德(Blaatand)的热情接待。

---

[1] 有关他的生活在萨迦 *Egil's Skallagrims-sonar* 篇里稍有描述。

第七章
"好王"哈康（935—961年）

虽然承袭了父亲的长相，但哈康与其父的性格毫无相似之处。他平和友善，举止之间有种赢得一切人心的魅力。据说他的养父曾在离别时赠他箴言：永勿阴沉地坐于喜庆之场合。很明显，他很好地践行了这一忠告。当他登陆特伦德拉格郡，人们蜂拥相迎。他用友好的态度和认真信守承诺的做派赢得酋长们支持其大业。他与孩子们一起游戏，参与长者间的严肃讨论，擅长一切男子运动，人们赞美他俊美的外表，亦钦佩他的聪明才智和豪爽性情。传他大驾来临的谣言如野火焚干草般四起，人们都说这是老哈拉尔德国王回来了———如往昔的强大和俊美，却是更亲切更宽宏。

第一个被哈康纳入麾下的酋长是在哈拉德势力强大的西格德伯爵，是哈康母亲的朋友和保护人，也是他幼年期的守护者。这位伯爵对他很好，并承诺支持他登上王位。带着这样的立场，西格德伯爵以哈康之名在特伦德拉格郡召集农民举行大会，发表演说谴责"血斧王"埃里克的残暴，并宣布效忠哈康。待伯爵讲完，哈康站起来表示，假使他被拥为国王，便将其父从农民手中夺来的土地所有权交还他们。这一声明得到强烈反响，农民高兴异常，从平原各地传来对哈康的崇敬与认可之声。在一片喜悦的喧嚣中，哈康被拥立为王，他随即发动大军开往南方。所到之处，人们蜂拥而至，表达拥戴之情。奥普兰郡[1]仿效特伦德拉格宣布效忠，而在维肯，酋长及人民亦迫切拥护哈康的讨伐大业。正如前文已述，穷途末路的埃里克试图集结一支军队，却没能成功，只得带领家人和少数忠诚的追随者逃往奥克尼，借道去了英格兰。

与哈康善于安抚的平和性情相一致的是，他并没有为难或罢黜他的侄子古德罗德·比约恩松和特里格瓦·奥拉夫松，而是确认他们为维肯的小国王。而他们也似乎承认了哈康王上王的大领主地位，至少名义上是如此。对"金发王"哈拉尔德的其他儿孙，哈康也予以同样的善待，给了他们所应得的。和平时代就此来临，没有人再质疑哈康的权力，于是哈康立马精神饱满地投身于改进王国内部管理的事业之中。他将王国划分为议庭联盟（Thing-Unions）或称为司法分区，在智者和熟手的帮助下极大地改善了法律。有一个著名的法案叫作古拉庭法，尤其令他声名大噪，而一些萨迦传说将弗罗斯塔庭法的扩展和改进也归功于他。哈康所做的唯一激进的变革就是将土地归还农民，打破了父亲所建的封建制国家。然而这是牵一发动全身的。当国王放弃向土地征税的权利，实际上他也就丧失了持有军队的能力，而不得不把各地区的防御责任部分地交付到农民自己手里。于是，沿海地区首当其冲地暴露在敌人的侵袭之下。缺乏最原始的通信手段成为硬伤，敌人完全可以在消息传抵国王之前洗劫大片土地。为了应对这个问题，他下令一旦发现敌人靠近，就沿海岸每隔一段距离点燃烽火（varder）。然而令改革的正面效应被

---

[1] 位于挪威南部，北邻特伦德拉格郡，是挪威仅有的两个内陆郡之一。——编者注

部分抵消的是，他威胁说如果没有正当理由便点燃烽火，将受到严厉惩罚。为了做好防御，他把沿海地区划分为不同的海防区，并规定每个区都有义务置一艘全员待命、武装完备的船供国王差遣。这自然是赋税的另一种形式，不过在农民看来就没那么讨厌了，因为其目的和必要性显而易见，其中也没有低人一等的仰赖他人，人们已再次成为自由的土地所有者。虽然如此，却是有迹象显示哈康保留了由哈拉尔德发起的一种个人税，就是被戏称为"鼻税"的那种，至少他也是收过一段时间的，因为有书面资料显示他的第一批战船就是用鼻税收入建造的。

整顿好王国的军事和司法事务之后，哈康的注意力转向一件他挂心已久的事。他儿时便已在英格兰接受了洗礼，是基督教虔诚的皈依者。但他来到父亲的王国直至问鼎王座，却不是以一个征服者的形式，而是受大众的偏爱而成为被选中的那个人，因此他并没有立刻冒险去抨击这个国

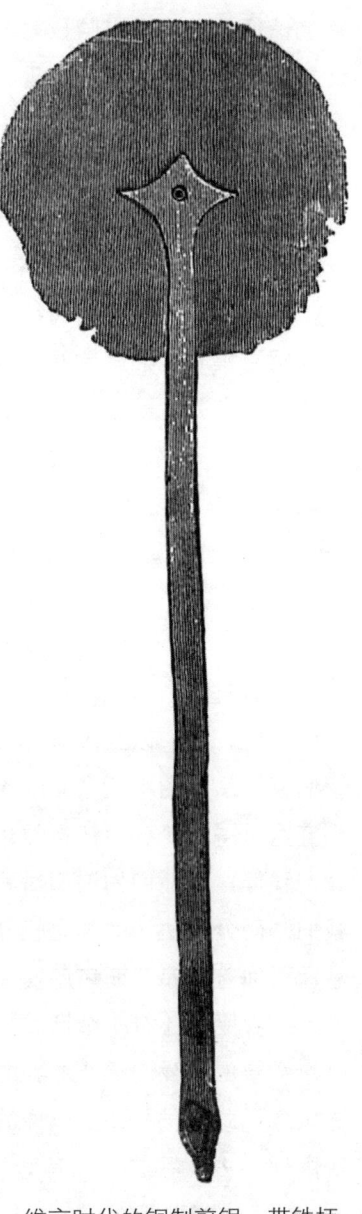

维京时代的铜制煎锅，带铁柄

家的信仰。他的朋友哈拉德的西格德伯爵是狂热的阿萨教信徒，因此如果哈康有欠考虑地表现出想以新代旧的宗教热情，多半招来的会是这位朋友的敌意而非支持。于是哈康行了一步缓兵之棋，直到他在位的第十五六年（950—951年），他的群众基础已经广泛到似乎能承受任何冒险的时候，他才为基督教事业迈出了关键的一步。他命人从英格兰请来一名主教及数名教士，发布了一篇教令，禁止人们供奉以前的神，要求他们接受对基督的信仰。他在特隆赫姆召集农民们开会并重申了他的命令。农民们却拒绝表态，并恳请国王在弗罗斯塔"庭"上以合乎法律的形式来处理此事。此事引来与会者无数，当庭会正式宣布开始时，哈康站起身来，以一种严肃庄重的语气请农民们舍弃旧的异教神——因那些不过是木与石，而应一同来信仰一位现存的神并以他的名义受洗。这番话引起人群中一片不安的低语抱怨，梅达胡斯的农民阿斯比约恩起身回应道：

"哈康国王，自从你在此——特隆赫姆——召开集会，我们就认你为王，我们以为天堂降临了。但现在你却提出奇怪的要求，要我们背弃从前的祖祖辈辈都深怀的信仰，这让我们不确定了——我们究竟是得到了自由还是你想将我们重新变作奴隶。我们的祖辈比我们强健，而他们的信仰对我们来说足够好。我们敬爱你，许你与我们共同分享执法司法之权利。现在，我们农民心意坚决，一致同意保留你曾在弗罗斯塔庭提议的律法。我们都希望追随你，但凡我们这些农民中还有一个活着，都会以你为王——只要国王你施政有度，不要提出我们不能做到的非分要求来令我们无法遵从。但若是你执念于此事、若你要以你的权威和力量来对抗我们，那我们就决定离你而去，另选一位有助于我们自由信仰的首领。在散会之前，国王啊，做出选择吧！"

这番演说引来一片高声赞同，喧哗声使得一时之间无论谁说的话都听不清。最后，当骚动停歇，哈拉德的西格德伯爵大约与哈康已进行过磋商，他站起来宣布国王愿意顺随农民们的愿望而不会放弃和他们之间的友谊。这第一次的让步鼓励了农民，他们遂要求国王参加他们的祭祀并主持祭筵。这大大违背了哈康的意愿，但情势令他再次妥协，当把牛角献祭给奥丁，他只能以画十字的方式来抚慰心中的内疚。其后一年，他还被迫在冬季耶鲁节庆典祭祀时食用马肉，在喝下向异教神的敬酒时省略画十字手势。离开的时候他满怀愤怒，宣称将很快带领足够庞大的军队回来惩罚那些特伦德人让他蒙受的屈辱。毫无疑问，要不是外敌转移了他的精力，他定已将这一威胁言论变为现实。

"血斧王"埃里克死后，他的几个儿子向丹麦的"蓝牙王"哈拉尔德寻求庇护。其中两个

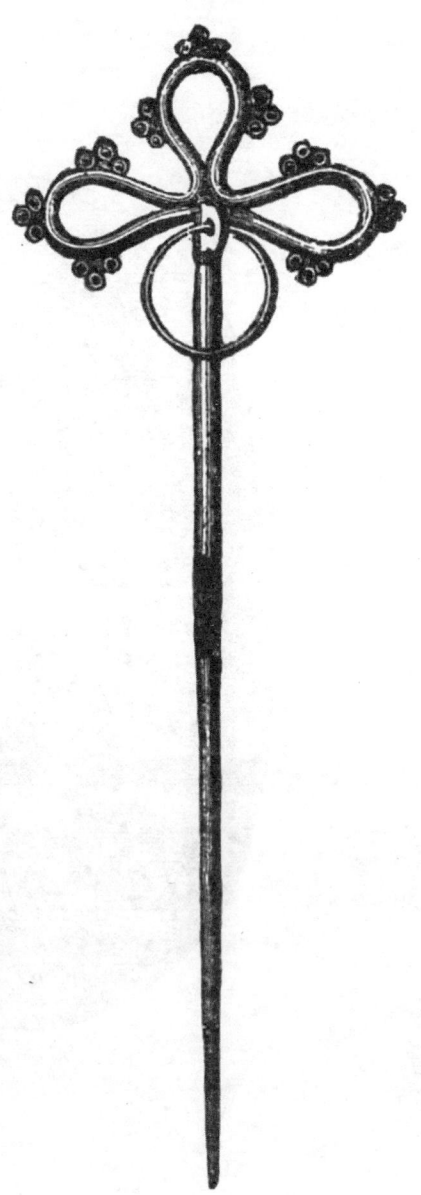

铜胸针，发现于洛伊滕

椭圆形铜扣

年长一点的,即伽穆勒和古托姆,化身维京海盗四处滋扰,劫掠挪威海岸及波罗的海周边地区。而三儿子则沿用了他的抚养人丹麦王哈拉尔德的名字,并在其王宫接受教育。三人都是英勇的战士,不过可惜过多地受到他们精明残暴的母亲贡希尔德的影响,自然就对夺走王国令他们流离失所的叔叔哈康毫无好感。当他们还尚未强大到可以发动常规战争时,便已抓住一切机会去骚扰他。他们与负责南边海防的维肯小国王特里格瓦·奥拉夫松交锋无数,各有胜负。952年,特里格瓦外出不在,哈康抓住机会对侵扰该地区的维京海盗发动了一场颇有成效的扫荡(虽然这次埃里克的几个儿子并不在场),并向南追击敌人,侵至日德兰海岸及丹麦诸岛。然而,这样的反击似乎未能使维京海盗永久地偃旗息鼓。只要"蓝牙王"哈拉尔德以支持贡希尔德及其诸子复仇大业之姿,公然表现出对挪威的敌意,那么丹麦人会将他们的好战狂热与贪婪指向这个邻国便是再自然不过。同样明显的是,经此一战,哈康令丹麦王对他的仇恨添加了更多个人因素,而贡希尔德又怎么会错过这个借仇谋利的机会呢?从此以后,她的儿子们再出现在人前就再也不是执拗于私人恩怨的好战冒险家,而是舰群和军队的指挥官、可畏的挪威王权觊觎者。953年,他们在索多内斯击败特里格瓦·奥拉夫松,逼得他不得不弃船逃命。当这个灾难性的消息传抵哈康,他赶紧与逼他祭祀的特伦德人修好,并召唤西格德伯爵率其旗下所有人马船只来助。西格德伯爵立刻响应号召,航行向南去接应国王。他们在阿格瓦尔兹内斯追上贡希尔德的儿子,经过一场激烈的战争战胜了他们。哈康手刃了侄子古托姆·埃里克松,砍倒了他的帅旗。幸存的两兄弟带余部逃回丹麦,消停了两年之后,于955年率规模更大的军队卷土重来,突袭哈康于诺尔默勒的弗莱塔。由于烽火并未点燃,敌人出现的消息没能及时传达,传到哈康时已太迟了。哈康询问众人的

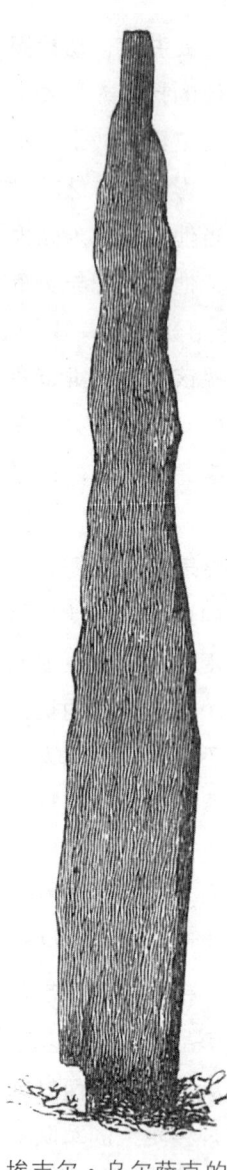

埃吉尔·乌尔萨克的立石纪念碑，位于弗雷内斯

选择：是要留下来战斗，还是先避其锋芒，养精蓄锐，来日再战。对此，一位名叫埃吉尔·乌尔萨克的老农是这样回答的："我跟随你的父亲哈拉尔德国王征战无数，敌人有强有弱，但他总能取得胜利。我从没听他问过是不是该逃跑，而今我们也不会给你这问题的答案。因为我们相信你是一位英勇的首领，而我们会是你最可靠的支援。"

这番说辞得到国王的赞赏，他随即表明自己已做好战斗的准备，这时埃吉尔高兴地大喊："和平期太长，我本来已经担心自己会老死于床榻干草之上。除了跟随首领战死沙场以外我别无他求啊！现在，我终于即将实现愿望啦！"

埃里克的儿子一登陆，战斗就开始了，他们的兵力是哈康的6倍。看到这一悬殊的比例，埃吉尔·乌尔萨克带10名旗手偷偷潜行至伽穆勒·埃里克松战队后方的坡地，并且让这些人拉开间距，隔着坡地就只露出他们的旗帜顶端，却见不到人。丹麦人发现了飘扬的旗，以为对方有援军赶来要掐断他们回船的路，他们叫喊着逃溃。伽穆勒发现了这一诡计，他高声下令继续战斗，却是徒劳无用。士兵们陷入恐慌，汹涌败退的人潮将他们的指挥官挤回了海滩，这却也成了他的死地，他在此遭到埃吉尔·乌尔萨克的袭击，并在一番抵死的战斗之后终受到致命的一击。哈康也随即赶来,看到经历奋勇自卫的伽穆勒带着一身重伤投海而死。其他的几兄弟游泳上船,回到丹麦。

这场战争的胜利为挪威带来长达六年的和平,哈康也因此得以重续对国家基督教化的尝试。然而在之前试探过农民们的脾气之后,他明显有所灰心。他本人依然是一名基督教徒,也劝导了他的很多朋友放弃异教。但他缺乏不妥协不让步的气魄,缺乏殉道者与传教士那种火一样炽烈的热情。比起严酷决绝,他更偏向于温和的方式,而且不愿意与那些在艰难时期不离不弃的忠诚的人们为敌。也有可能他的朋友西格德伯爵劝告过他,对他强调了宗教问题中政治性的一

装饰性的青铜支架

面,令他的热情降温。这方面的和解政策,加上他任期内农业多有好收成,使得哈康国王广受爱戴。可能再没有比他更贴近民心的挪威国王了,于是,为了表达喜爱之情,人们称他为"好王"哈康。

在他在位的第二十六年(961年),哈康和随从在他位于霍达兰郡的菲恰尔行宫消夏。在场有许多宾客,其中就有吟游诗人艾文德·斯卡兹珀德[1],是哈康的母亲这边的亲戚,算是"金发王"哈拉

---

[1] Skaldespilder, 即 Scald-Spoiler, 意思是吟游诗人之公敌,因为其他吟游诗人无一能与之相比。

尔德的曾孙。国王正在享用早餐,哨兵发现了一支庞大的舰队驶进峡湾。他们请来吟游诗人艾文德判断那些是不是敌船。艾文德冲进国王所在的大厅,以吟唱的方式宣告埃里克的儿子已逼近。哈康起身观察那些船,然后转身对众人说:"来船者众多,而我方势单力薄。显然我们将要打的这场战争力量之悬殊前所未见,因为贡希尔德的儿子今日所率兵力之众超过以往。我不愿陷我最好的部下于如此的危难之中,却也不愿就此逃跑,除非智者也判定留下迎敌是鲁莽无谋。"

艾文德·斯卡兹珀德用一段吟唱回答说像哈康国王这样的男人遇到贡希尔德的儿子就逃是不合适的。"说得有气概,且正合我意。"国王回道。在战士们一致的战斗呼声中,他穿上盔甲,腰间系上佩剑,手持长枪盾牌,头上的金色头盔在阳光下熠熠生辉。他神色温和高贵,俊美异常,鲜亮的头发垂顺在肩。随着战场在眼前展开,无须他下令众人已列阵布局,举起了帅旗。埃里克之子的大军登陆,由第三子哈拉尔德及其叔父艾文德·斯克雷亚和阿尔弗·阿斯克曼领军指挥。这是一场狂暴又血腥的战斗,贡希尔德之子的军队人数是哈康国王一方的6倍之多。但哈康深知、深信自己的战士,因此毫不气馁。战事最火热激烈的地方总是有他那金色头盔的影子。当他经过吟游诗人艾文德的身旁时,甚至还会与其开玩笑,即兴唱作一段歌来回应对方的问候。战争愈烈,国王战气愈高。最后,兴奋的国王抛开盔甲,冲在了所有战士前面。长枪与盾牌开始供给不足,敌对双方的士兵撞在一堆打成一片,有的赤手空拳,有的以剑相击。闪亮的头盔令国王特别惹人注目,吟游诗人艾文德发现那头盔使国王成了丹麦人的长枪所向,于是扯来一顶兜帽掩住了头盔。当时艾文德·斯克雷亚正冲向国王,他一下子失了目标,大喊起来:"那挪威国王去哪了?藏起来了吗?怕了吗?为什么看不到那个金色头盔了？""想找到挪威国王，你只须继续向前直行！"哈康一边高呼，一边扔掉盾牌并双手持剑，冲到所有人都能看见他的地方。艾文德·斯克雷亚举剑便砍，却被一名国王的战士用盾牌抵住，与此同时，哈康抓住机会一剑劈过去，艾文德便身首分离！国王的一击制胜如一团烈火令挪威战士大为振奋，反观丹麦人却因领军人物的陨败而陷入踟蹰。于是前者的战气再次高涨，而后者在打压之下且战且退，败走海滩，跳海而逃，其中很多人要么被杀死要么被淹死，只剩下包括哈拉尔德·埃里克松在内的一部分人游水上船，捡回一条命。然而在追赶逃敌的途中，哈康不幸右臂中箭，那箭头形状奇特，无论如何都不能止血。据说贡希尔德在这箭头上施了法，命侍从用它射中哈康国王。随着黑夜降临，国王变得越来越虚弱，还不时陷入昏迷。他的一个朋友提议说，如果国王死了就把他的遗体带回英格兰，葬在基督教的土地上。但哈康却回答："我不值得这样的对待。我已是过着异教徒一样的生活，被像异教徒一样地埋葬才是我应得的。"

"好王"哈康就这样去世了，正如萨迦传说描写的那样，无论朋友还是对手都悲痛哀悼他。他生前做的最后一件事是派船追上了贡希尔德的儿子，请他们回来接手这个王国。因为他自己没有儿子，唯有一个女儿索拉，而根据法律，女儿是不能继承王位的。

吟游诗人艾文德作了一首歌赞颂哈康国王，歌名就叫《哈康之歌》，赞美了他的美德并描述了他在英灵殿受到招待的场景。

第八章
哈拉尔德·格雷菲尔及其兄弟
（961—970 年）

贡希尔德的儿子们迫不及待地接手了父辈的王国。但他们继承得到的却不是整个挪威，而只是中部地区。在维肯，"金发王"哈拉尔德的孙子特里格瓦·奥拉夫松和古德罗德·比约恩松独立为王；在特伦德拉格，则有哈拉德的西格德伯爵拒绝承认"血斧王"埃里克一脉拥有最高王权。无疑这几个兄弟在等待时机，一旦足够强大便要惩罚这些不把他们瞧在眼里的人，而即便是在名义上受他们统治的地区也令他们非常难受，因此他们一开始就在其治下的狭小地区倾其所能地维护权威。他们不得人心的一大原因是对丹麦国王的依赖，正是有了丹麦王的帮助，他们才最终赢获这王国，他们明显处于附庸丹麦王的位置。也正因此，他们并没有费心去讨挪威人民的喜爱，而是在身边放满了丹麦人，他们的宫廷和力量支柱全部都靠丹麦战士。不幸的是，作为母亲，贡希尔德给予的也尽是坏的影响。在此之前她从未回过挪威，眼下她重操恶业，怂恿几个儿子行残酷奸诈之事，这让他们民心尽失、威严扫地。苦难并没有教会她谨慎，岁月亦没有软化她凶残恶劣的脾性。

位于埃吉洛（亦作埃吉尔岛，奥克尼群岛之一）的教堂，据推测建于维京时代之前

幸存下来的几个兄弟中最大的一位名叫哈拉尔德·格雷菲尔，长相肖似父亲"血斧王"埃里克。他为人倨傲贪婪，报复心重。在他高大俊朗、气派威严的外表之下，却是优柔寡断，性格软弱。在他身上完全找不到曾令他的叔叔"好王"哈康备受爱戴的仁心敦厚（Bonhommie）。对于他的几位兄弟我们所知不多，但他们似乎都继承了父母那些令人可憎的特质。其中的两位，即古德罗德和西格德·斯勒瓦，很好地证明了自己不愧是邪后贡希尔德的儿子。其他儿子往往被一概而论，但对他们的名字却说法各异。

或许是意识到自己的不受欢迎，哈拉尔德·格雷菲尔向哈康国王的旧臣示好，似乎其中几位便加入了辅佐他的行列，但却在一众得其偏爱与信任的异国武士中感到不自在。日子在猜忌和口角中度过，一切对哈康国王之美德的影射提及都是触怒王威，而当吟游诗人艾文德赞美先王的歌谣传到国王耳中，他怒吼道："既然你们爱的还是哈康国王，那就继续追随他去吧。"

这些人士便一个个离去，这让贡希尔德之子在国内的名声越发可憎。吟游诗人艾文德曾拒绝成为哈拉尔德国王的御用诗人，他在离去之后写歌将哈康与哈拉尔德两相比较，更显出后者的拙劣。就在那一年（962年），全国粮食短缺，庄稼歉收，渔业失利，牲畜无草可吃只能以叶芽充饥。在一些地区甚至出现仲夏飞雪。人们认为是诸神对国王不满才引得不幸降临，于是民怨载道。哈拉尔德·格雷菲尔兄弟大约少时便已在英格兰受洗，成为名义上的基督教徒。他们拒绝祭祀，还毁坏了很多异教神庙。但他们并没有费心引导人们接受新的宗教，或许是认为还不到解决宗教问题的时候。他们四处树敌，首要的目标自然就是重新收服"金发王"哈拉尔德传给自己父亲的这个王国。这么一来，瓦解哈拉德的西格德伯爵以及维肯的特里格瓦·奥拉夫松和古德罗德·比约恩松的势力成为政治上的必然。公然用战争的形式来达成这个目的是不可能的，贡希尔德便说服儿子们使奸计。哈拉尔德用恭维和许诺收买了西格德伯爵的一个弟弟哥尤迦德·哈康松，让他在看到杀伯爵的好时机时给个信号。与此同时，他又不停地派使者向那位目标人物带去礼物和交好之言，不过此举并未令对方马上落入圈套。最后，或许是这一再的友情宣言令伯爵放松了警惕，哈拉尔德·格雷菲尔和他的兄弟厄尔林收到哥尤迦德通报，在一个夜晚突袭伯爵于其离家途中，烧死了他和他的所有随员。然而令他们始料未及的是，此举为他们树立了一个比被杀的那位更危险的敌人。西格德伯爵的儿子哈康，时年25岁，是一个智慧与体魄双全的男人。他是一名杰出的武士，英俊、聪敏、果敢，为人友好亲切。从某个层面上讲，他的家势堪比任何王族，因为他来自从最早的日耳曼时代起便权势显赫于特伦德拉格郡的古老部落贵族之家。他出生时"好王"哈康正在他家做客，哈康在他额头上点了水，并以自己的名字给这个婴儿起了名。

  当得知西格德伯爵去世的消息时，哈康便召集特伦德人，大批群众前来响应。他们发出向背信弃义的贡希尔德之子复仇的强烈呼声，肯定了哈康拥有与其父同样的尊贵地位，并宣告即刻追随他。哈康带着庞大的舰队驶出特隆赫姆峡湾，但贡希尔德的儿子们逃向南方，不愿冒险应战。已将忠心付与哈康伯爵的特伦德人拒绝向哈拉尔德·格雷菲尔纳税。经过几次非决定性战役之后，哈拉尔德被迫在实质上承认了对方的独立。但哈康深知这一让步必是让倨傲的国王怀恨在心，也看清了目前这种独立状态需要随时捍卫。为了稳固自己的位置，他与维肯的两位小国王结盟，而此举加速了贡希尔德的儿子向这两位报仇的进程。哈拉尔德·格雷菲尔和弟弟古德罗德假意争吵，做出彼此敌对仇恨的样子。本应由他们共同指挥的一次维京海盗之行也相应延期。古德罗德假装不满其兄作为，传信示好于特里格瓦·奥拉夫松，请他与自己共同成行。特里格瓦接受了邀请，却在到达约定地点时惨遭杀害，他的手下也无一幸免。几乎同时，古德罗德·比约恩松国王（"商王"比约恩之子）在一场宴会上遭到哈拉尔德·格雷菲尔突袭，经过一通抵死反抗，终被杀死。几番得手之后，哈拉尔德和古德罗德停止兄弟不和的戏码，联手占领了维肯。他们迫不及待地来到特里格瓦国王的住处，妄图灭其全族。但特里格瓦的遗孀阿斯特里德预见了他们的意图，早已和养父索尔夫·卢瑟斯科耶格（意思是糟胡子）带侍从逃走了。那时她怀有身孕，躲到兰兹峡湾中一个小岛上生下儿子奥拉夫·特里格瓦松。而无论去到哪里她都遭到贡希尔德的密探追捕。当听闻她生了一个儿子，诡计多端的王后费尽心力想要控制她于股掌之中。整个夏天，阿斯特里德都被迫滞留在这孤岛上，只有夜晚才能冒险外出，白天都躲在灌木丛里。随着秋天来临，夜色更暗，她和侍从潜回大陆，每每趁着夜幕的掩护前行。历经千辛万苦，她终于到达父亲埃里克·奥弗雷斯塔德在奥普兰的地盘。可即便到了这里，狡诈的贡希尔德也不给她一刻安宁。贡希尔德派一个名叫哈康的人带着30名武装侍从去找阿斯特里德和孩子，幸好埃里克·奥弗雷斯塔德得到消息及时送走了女儿和外孙。阿斯特里德和养父假扮成乞丐，徒步走过许多农庄，在天黑之前到了一个名叫比约恩的人家里，讨要食物和住宿，却被这毫不好客的农民粗鲁地撵走了。但他们在一个邻近的农庄受到农民索尔斯坦的好心接待。贡希尔德的密使在奥弗雷斯塔德处搜索未果，便沿着逃亡者之路追上来，他们在比约恩那里听说了早些时候曾有一名美丽端庄却衣着贫劣的女人怀抱婴孩前来请求借宿。这番话刚好落入索尔斯坦的一个仆人耳中，这人回家便讲与他的主人听了。索尔斯坦随即佯怒大骂，叫醒那假扮的乞丐，连夜将他们赶走。他这么做的目的却是掩人耳目。当阿斯特里德和索尔夫确已上路,他告诉他们贡希尔德雇来的密使已到达邻近的农庄,自己这么做是为了救他们。他又给了他们一名可靠的侍从,指引他们前往树林里最佳的隐匿地点。他们藏身于湖滨高大的芦苇丛里。

　　与此同时,索尔斯坦把追赶者引向反方向,让他们不得不应付树林和野外的麻烦,却找不到要追捕的人。第二天,当哈康等人放弃了搜寻,索尔斯坦又为阿斯特里德送去了食物和衣服,派护卫送她去了瑞典,阿斯特里德在那里找到了父亲的一个朋友——"老者"哈康,并得到庇护。可是贡希尔德却并未就此罢手。她两次派密使去找瑞典国王埃里克,要求他交出奥拉夫·特里格瓦松,每次得到的回复都是:她尽可以去抓那孩子,国王不会干涉此事。但"老者"哈康是一个厉害的人,他决意保护自己的客人,不被使者的威胁所吓倒。正当贡希尔德的使者说

铁制的剪刀和箭头

话时，一个名叫布斯塔的呆笨奴隶抓起一杆施肥用的耙就向他冲去，作势要打人。使者怕脏，拔腿就跑，却被那奴隶追到。使者后来在贡希尔德那里的下场却是没有记载。

贡希尔德诸子的内敌如今只剩哈拉德的哈康伯爵一家，他们自然想迫其降到属臣地位。伯爵预见到他们的行动，早有防戒。但当他查明对方的舰队规模，便知自己胜利无望，他果断地去了丹麦，"蓝牙王"哈拉尔德妥善地接待了他（964年）。从这件事可以看出，哈拉尔德·格雷菲尔和丹麦王的友情没能经受住利益分歧的磨蚀。前者一旦感到政权稳固，便拒绝承认后者在维肯的主权，不再向其纳税。"蓝牙王"哈拉尔德因而与他们最难缠的敌人哈康伯爵联手，希望在他的帮助下重获失地。让"蓝牙王"对这个预期备感乐观的是挪威连年的坏收成，这让几位挪威国王的不受欢迎程度与日俱增。哈拉尔德·格雷菲尔每年夏天都会展开维京海盗之航，作为战士他名声斐然，也为国家带回了大量财宝，然而即使这样也没用，人们恨他仅次于恨他的母亲贡希尔德。由于他的弟弟西格德·斯勒瓦干的好事，盛怒的人群集会游行，最后竟发展成武装叛乱。西格德·斯勒瓦去拜访大富农克里普·索尔松，碰巧主人不在家，漂亮的女主人阿路芙友善地接待了他。他迷上了女主人，放肆无耻地凌辱了她。当克里普回家得知此事，发誓要报复贡希尔德的儿子以雪耻。964年秋，哈拉尔德·格雷菲尔和西格德正在沃斯召开庭会，遭到愤怒的农民们的攻击，只得逃跑。克里普与他的几个朋友追上西格德，亲手杀了他，自己却也被西格德的一个手下杀死。

哈康伯爵虽在丹麦置身事外却关注着挪威发生的一切，他得知这些消息，非常满意。他曾胸怀抱负却遭到突然打击，令他一度消沉，不欲吃喝，不愿交际。但当复仇计划在脑中成熟，他便从卧榻之上一跃而起，阔步前行重拾往日的活力，他精心策划，编织了一个复杂的阴谋网。其时"蓝牙王"哈拉尔德和侄子戈德·哈拉尔德之间生出罅隙,因为戈德要求共掌朝政。哈拉尔德信赖伯爵的睿智,前来询问意见。伯爵看到了机会,毫无顾虑地抓住了。他打消了国王想杀掉侄子的想法,因为那样会激起愤慨、异化疏远丹麦那一大帮希望看到戈德·哈拉尔德登上王位的人。有一个办法好得多,就是派戈德·哈拉尔德去打击哈拉尔德·格雷菲尔兄弟,然后把挪威的王位当作奖励送给他。如此一来,国王不仅扩大了自己的权力,还把一个危险的对手变成了朋友和同盟。"蓝牙王"哈拉尔德觉得这是个好主意,经过一番劝说便鼓起勇气决定施行此法。他向养子哈拉尔德·格雷菲尔传信示好,邀他回来接手他原来在丹麦的封地,因挪威收成不好、世道艰难,他可能用得上那封地的收入。哈拉尔德·格雷菲尔犹豫之后接受了邀请,带三艘船和240人驶往丹麦。但他刚一踏足丹麦土地便遭戈德·哈拉尔德袭击而死,随行人员几乎无人生还。

这只是哈康伯爵导演的第一场戏,接下来的第二场出人意表。伯爵来到蓝牙王跟前,陈述说作为挪威国王,戈德·哈拉尔德的威胁程度更甚从前。他又自荐前去除掉戈德,只要国王保证不追究他杀其侄子之罪。他还要求国王将挪威王国作为封地即丹麦的臣属国奖励给自己。这一切听起来都那么诱人,于是就像所有心意不坚又存有私心的人那样,蓝牙王只象征性地提出了几条反对的理由,很快就被说服了。得到国王首肯,哈康伯爵随即进攻并诛杀了戈德·哈拉尔德。这两位阴谋家于是率大队人马开向挪威,毫不费力地将整个国家收入囊中。人们对贡希尔德及其子恨之入骨,根本没人拔剑保护他们。幸存的两兄弟古德罗德和拉格弗雷德假意抵抗,把追随者都聚在身边,却不敢冒险迎敌。见图谋无望,他们和母亲一同逃往奥克尼(965年)。不过拉格弗雷德在第二年又带了一支规模相当大的、主要由维京海盗组成的舰队杀回来，与哈康伯爵战了一通。他甚至还成功夺回4个西北的郡。哈康在头一年并没有尽力驱逐他，但到了967年春天，哈康感觉已强大到足以重新诉诸武力，于是击败拉格弗雷德和古德罗德于丁格内斯，将其流放。根据最可靠的一种说法，两兄弟去了苏格兰，继续以搞突袭的方式在挪威海岸侵扰了几年，但他们已经不能对哈康构成足够大的威胁了，尽管如此，哈康以他们的袭击为托词，停止向丹麦国王上交他曾承诺过的税收。贡希尔德很可能死在了苏格兰或奥克尼，也有一个萨迦传说里提及她被"蓝牙王"哈拉尔德以婚诺骗到丹麦，淹死在沼泽地。

第九章
哈康伯爵（970—995 年）

　　哈康伯爵以大胆的谋略实现了自己的目标。他替父亲报了仇，使敌人蒙羞，并获得了远超所有祖辈的权力。但其性格亦决定他永不会满足于现有成就。毫无疑问，轻松应付和利用"蓝牙王"哈拉尔德及其侄子达成己愿的经历令他对自身能力的信心达到了顶峰，也让他相应地轻视一切不如自己精明的人。于是拒绝承担对丹麦国王承诺的义务、成为独立的挪威统治者这一想法很快成型，并且机会不久就来了。对丹麦宣有主权的神圣罗马帝国皇帝奥托一世于 973 年去世，皇位由他的幼子奥托二世继承。一直以来"蓝牙王"哈拉尔德便对主权一事心怀怨恨，只是不得不承认而已，于是此次他大肆准备讨伐奥托二世，并派信使前往属臣哈康伯爵处，要求他率手中一切兵力来相助。而无论存有怎样的心思，哈康都不认为此时违抗命令是明智的行为，因此他于 975 年春天率领一支庞大的舰队兵力开往南方。他一度在但尼沃克很好地履行了防守的职责，还在与神圣罗马帝国皇帝的对战中打了一次漂亮的胜仗。而后，他感觉自己任务已完成，便登船准备回家。可是神圣罗马帝国皇帝一听说但尼沃克的守护者已经撤除，就折返回来进行了二次攻击,将大军开进了日德兰。我们无从得知他与"蓝牙王"哈拉尔德之间是否有过一战,只知道哈拉尔德接受羞辱性的和约,再次确认了本国的属国地位,并且据可靠消息,他还承诺将基督教引介至丹麦和挪威。哈拉尔德和他的儿子"八字胡"斯温·佛克比尔德很可能之前就在形式上接受过洗礼,只不过在内心还是忠实的阿萨教信徒。出于对皇帝的畏惧而非对基督教的狂热,哈拉尔德派人请来哈康伯爵,迫其受洗并使其承诺会令国人转向新信仰。奇怪的是,精明如哈康,怎会在最近的但尼沃克玩忽职守事件之后,还接受了这一诏令。无论怎么看他所打下的胜仗都应该已经给予了他正视自己杰出能力的信心,而且之前那次事件造成的影响可能已经改变了当下的局势。不过不难想象的是,他确实想要给叛乱找一个合理的借口,于是有意识地抓住了这个机会。

这场与丹麦国王的决定性会面之后,哈康带着一整船神父离开了。但他一离开哈拉尔德的视线,便将神父们送上岸,并开始侵扰松德海峡两岸。他在约特兰岩石嶙峋的峭壁上举行了一场盛大祭宴以抵消受洗的影响,然后立等古老神祇的回应,等待神的恩许,赐他将伐之战以胜利。随后两只乌鸦出现了,一路跟随他们的船只,发出响亮的咕咕声。乌鸦是奥丁的使者,令哈康看到吉兆,他顿时浑身充满激昂的战意!若不是出于宗教激情,一个谨慎的人变得如此无所顾忌是难以置信的,哈康焚船沉舟,率兵登陆瑞典海岸,挥军向北,火光剑影遂湮没了那片土地;他卷起一路风暴,身后血流成河、遍野荒芜。即便是到了蓝牙王划归"八字胡"斯温所有的挪威行省维肯,哈康仍未停歇他纯恶意的破坏,就仿佛是要把他对丹麦国王及其辖下一切的蔑视昭告于天下。他借道维肯到了特隆海姆,并从此长居于该

"蓝牙王"哈拉尔德

地，成为独立君主，只是出于某种原因他并未为自己冠以王室之名。

为了追讨并大败哈康伯爵于其大本营，"蓝牙王"哈拉尔德花了好长一段时间组建足够强大的军队。我们无法肯定他这场以惩罚逆臣为目的，向挪威发动的战争的确切年份，可能是976年，也可能是两或三年之后。像哈康一样，他所到之处带去的尽是杀伐与战火之后的荒芜。在松恩的拉达尔，只有5座房子没被他烧掉。然而当哈康率领庞大的舰队南下迎战时，这位国王却忽然失了勇气，扬帆回了老家。据说那一次"蓝牙王"哈拉尔德的战船并不下1 200之数。

哈康伯爵得了数年安宁。在击败贡希尔德诸子之后，他就娶了权势盛大的酋长斯卡格·斯科夫特松的漂亮女儿索拉为妻，索拉为他生了两个儿子一个女儿，分别叫作斯温、赫明，以及伯格略特。伯爵的私生子埃里克则比这些孩子大很多，有一种说法是埃里克出生时哈康才15岁。不过人们似乎有充分理由质疑这种说法。埃里克是个固执又强横的青年，学不会尊重父亲的权威。当他十一二岁的时候，曾因想把自己的船停在父亲的船旁边一事与哈康的连襟兄弟泰丁·斯科夫特发生争执。泰丁·斯科夫特深受伯爵宠幸，享有这一停船位的特权，不愿让步。为了报复这羞辱，埃里克在一年之后寻找机会杀了泰丁。这一举动招致父亲的愤恨，埃里克逃往维肯，在那里得到"八字胡"斯温的热情接待。

想来"蓝牙王"哈拉尔德也不可能默默承受哈康伯爵带给他的耻辱。他实在年事已高，过了亲自与这强敌一较高下的年纪，便把惩罚哈康的任务委托给了朋友和同盟。大名鼎鼎的约姆斯维京人就是他的盟友之一，他们住在约姆斯堡，位于沃林岛之上，奥得河口。

这些维京人是一伙训练有素的海盗,他们视战争为其独享的事业,以抢劫掠夺为生。在严格的律法之下,他们遵从首领,蔑视死亡,不惧危险,互相帮助,毫无怨言地忍受痛苦。就像意大利的佣兵那样,他们可以为任何雇主所用,他们的首领总能制订出令人满意的行动计划。他们轻视女性,女人一律不准踏入其域。"蓝牙王"哈拉尔德竭力挑起这帮令人闻风丧胆的强盗与自己逆臣之间的矛盾。在西格瓦尔德伯爵为其父举办的丧礼上,许多武士都在场,麦酒与果酒四处流淌,会场充满喝彩声。当西格瓦尔德伯爵起身向诗神布拉吉敬酒时,他发誓会在三年之内杀死或驱逐哈康伯爵,不成功便成仁。其他维京人亦不甘落后,纷纷许下更加大胆的誓言,一时间全场热情之高涨,前所未见。当次日清晨他们醒来时,情势似乎有微妙的变化,然而誓言一旦许下便不容撤回。既然不得不做,不如爽快为之。于是他们匆忙准备之后便踏上征途。然而关于这场宣誓的流言却先于这些人的脚步,传到了哈康伯爵的儿子埃里克耳中。埃里克不顾与父亲之间的罅隙,带着可集结的一切人马疾行北上特隆赫姆,供伯爵差遣。与此同时,约姆斯维京人由 60 艘船组成的精英舰队一边忙于劫掠挪威沿岸一边缓慢向北航行,其战士数目在七八千人之间。他们和哈康伯爵及其子埃里克、斯温、西格德和厄尔林相遇在桑德摩尔的约伦伽瓦格。伯爵有 180 艘船,其中大多数船的大小和装备都劣于对方,另有说法显示他的兵力在 1 万—1.1 万人之间。如此多的人马船只聚集一处,这在北方从未有过,据萨迦传说记载,约伦伽瓦格之战(986 年)是挪威国土上规模最大的一场战争。

哈康伯爵见约姆斯维京人的先头船出现在海峡,便部署好船只形成阵型。他令长子埃里克指挥右翼,斯温负责左翼,自己管控中路。与斯温正面冲突的是有名的约姆斯维京人沃恩·奥克松,他以

位于斯特安的吕菲尔克的鲁纳文石刻[1]。铭文是最古老的斯堪的纳维亚鲁纳文,意思是:我哈古斯塔德葬爱子哈杜莱克于此丘

大胆冲动而凶名远播。年少的斯温伯爵不是这强敌的对手,一番奋力抵抗之后他开始撤退。见此处危急,其兄埃里克破浪而来,击退了沃恩,又把指挥权重新交给弟弟。然后他折回右翼,正好来得及堵住指挥这一路约姆斯维京人——"大块头"布埃(蒂格勒)的前进。战斗变得激烈,双方死伤惊人。长枪箭头像疾雨一般在哈康伯爵身边飞掠,而他站在船头多次被击中,以至于身上铠甲裂成了长条,只好被迫弃甲。维京人的船比挪威人的高许多,这使一开始时前者的优势明显。据说,就在这时候,哈康伯爵突然不见了。传说他是带幺子厄尔林上了岸,并把他献祭给神以求得胜。转眼之间,天空变得黑暗,一场强冰雹说来就来,重重地打在约姆斯维京人的脸上,令他们不能视物。据萨迦传说所述,每一颗冰雹都有两盎司那么重。甚至有人声称见到女武

---

[1] runestone,又译卢恩石。——编者注

神索尔戈德和伊尔普立于哈康伯爵的船头，不断发出比冰雹更致命的箭头雨，万发而无一失。在半盲的状态下，约姆斯维京人不时摔倒，因那甲板上满是血泥和融冰，滑不可立，他们在微光和混乱中勉强支撑。随后，他们的首领西格瓦尔德伯爵突然调转船头，逃跑了。沃恩·奥克松一见，气得发疯，大喊道："你这恶狗，为何要逃，却将你的人留在这危地？这耻辱会跟你一辈子！"西格瓦尔德伯爵没有回答。不过他是否回答已不重要，因为就在那时一支长枪猛地从沃恩手中投出，将他刺穿钉死在舵轮上。现场一片混乱，西格瓦尔德的人见帅旗已倒，全部溃散逃亡，最后只剩下沃恩·奥克松和"大块头"布埃。哈康伯爵停靠在布埃的船旁边，一场在萨迦传说中论狂暴程度无出其右的格斗战开始了。约姆斯维京人里的两名好手"砍伐者"哈瓦德·赫威（哈根德）和号称"顽石头骨"的阿斯拉克（霍姆斯卡勒）撑手越过伯爵船的船缘，大肆作乱，直到一名冰岛人抓起一副用于磨砺的铁砧砸向阿斯拉克的头，劈裂了他的头骨。哈瓦德双脚被砍断，却以膝盖支撑，继续激战。长枪从哈康伯爵的耳边呼啸而过，箭头也带着愤怒的嘣响从他身边飞掠，他的人不断倒下，约姆斯维京人不断压来。恰在此时，埃里克带人登上了布埃的战船。一来布埃就被横刀砍断了鼻子，伤口骇然。他大喊："这下恐怕没有哪个丹麦女人愿意再亲吻我了。"接着，见抵抗无效，他夺过两只装满黄金的箱子吼道："布埃的人全体弃船！"随即跳入海中。埃里克以同样的方式登上了奥克松的战船，进行了一场差不多的屠杀。当手下死得只剩 30 人时，沃恩投降了。所有俘虏被带上岸，按令在一根长圆木上坐成一排。他们的脚被绳子绑在一起，而手是自由的。在之前那场著名的丧宴上沃恩曾发出杀人的誓言，而今作为其目标之一的埃里克伯爵的手下索克尔·雷拉，得到了亲手将杀戮回馈给沃恩的特权。他举起斧头冲向俘虏，从圆木的一头开始，逐个砍下那些人的脑袋。为了折磨沃恩，他把他留在了最后。然而沃恩却一派愉悦地坐在那儿跟手下聊天，有说有笑。

"我们时常争辩一个人脑袋掉下来的时候他还有没有意识，"其中一个人说道，"现在可以做个实验了，如果我掉脑袋之后还有意识，我就把我的刀插进土里。"

当轮到他的时候，所有人都兴趣盎然地看着。但刀子却从他失去神经控制的手中滑落，意识已逝。其中一名坐在圆木上的维京人似乎精神特别好，当看见同伴带血的头颅滚到他脚边时，他又是笑又是唱。埃里克伯爵便走过去问他想不想活。

"要看情况，"他回答，"要看是谁让我活命。"

"是有权力予你活路的人，"伯爵道，"是埃里克伯爵本人。"

"那我便欣然接受。"这名维京人回答。

轮到下一名的时候，那人在刽子手走近时说了一句双关谐语，令埃里克伯爵心头大悦，便放了他。至此已有18人被砍头而两人被赦。第二十一名是一个非常年轻的男人，他有一头漂亮的长发和英俊的面容。当索克尔·雷拉停在他面前时，他把头发卷在一处，乞求不要让这头发沾上血污。为了消遣他，索克尔让一个旁观者在行刑时帮忙拎起那卷头发。但就在斧头落下之际，那名约姆斯维京人猛地一缩头，可怜的助手却被砍断双手。

"总有一些约姆斯维京人还没死啊！"那人大呼，仰头笑起来。

埃里克伯爵见了，便问他叫什么名字。

"据说我是布埃的儿子。"他说。

"有可能，"伯爵说，"你想不想活？"

"我还有别的选择吗？"这名年轻的维京人问。

当索克尔·雷拉发觉埃里克伯爵有宽恕之意，变得非常生气。

他担心不能达成报复沃恩·奥克松的目标,便跳过剩下的人,将斧头举过头顶,直接冲向他的仇人。圆木上却有一个人发现了首领的危机,向前一冲,索克尔就被他绊倒,斧头也掉了。沃恩随即站起身,抓起斧头挥向索克尔,力气之大,斧头对穿了索克尔的脖子掉在地上,斧刃竟还深嵌入土中。至此,沃恩·奥克松成为所有约姆斯维京人中唯一得以履行誓言的人。埃里克伯爵钦佩他的武艺,命人解开绳子放了他。其他尚存的俘虏也都被伯爵赦免。

离此地不远处坐着哈康伯爵及其麾下许多酋长。突然听到有发箭离弦的巨大响声,几乎同时,有人倒地身亡,被箭头射了个对穿。死的是来自瓦尔德斯的"小白王"吉苏尔,当时正坐在伯爵旁边,穿得比伯爵更华丽。很多人连忙赶到箭头发出的船上,发现是哈瓦德·赫威,由于失血过多,他显得有些恍惚,以膝盖站立,双手持弓。他对来人说:"告诉我,小伙子,那边有没有人倒在树下?"

他被告知是吉苏尔倒了。

"看来我没有我希望的那么幸运,"他说道,"那支箭是射向伯爵的。"

有目共睹的是,这场大战能取得如此令人满意的结果,主要是由于埃里克伯爵的英勇与谨慎。他的父亲或许也能认识到这一点——若不是这个做儿子的未经商量就逾权赦免了重要如沃恩·奥克松其人的话。但他不敢罔顾埃里克伯爵的赦免决定,于是大声表达了不满之后,生气地离儿子而去。沃恩则跟着救命恩人去了南方,成为他的密友和伙伴。

如今,哈康伯爵权力稳固,无人敢质疑他的地位。农业和渔业都有好收成,人民享了许多年和平满足的生活。奥克尼的伯爵们向哈康进贡,把他当作国王一样对待,事实上从各方面来看他也真的是一个无冕之王了。他的家族一直以来都与哈拉德的神庙和爵位紧密相联，保持祖先的荣耀对他来说是一件引以自豪的事。这一点在我们分析他行事总是遵循旧教的规矩时非常重要。在那个异教[1]正缓慢瓦解的时代，上层阶级渐渐不再信仰古神，而哈康却是一位虔诚真挚的异教徒。挪威和英格兰及其他南方岛屿的频繁往来，也在几不可查地削弱旧的信仰，让奥丁和托尔的传说在许多人看来就是不为成年人所相信的童话。不信一切超自然力、依靠自己手中宝剑并以此为豪是那时候北欧维京人的特点，他们得意于自己对世界的过人认知以及在远方土地上的征服成就。尽管如此，后来的事情证明，总还是有足够数量的忠实阿萨信徒令新的基督教信仰的前进之路缓慢而布满血腥。不过即便是信奉奥丁和托尔的人们，也对拿亲生孩子献祭这样残暴的行为感到义愤。这样的丑恶在晦暗的远古时代或许会被容忍，但在 10 世纪却必定是有悖于时代的丑陋恶行。我们很难判断哈康伯爵的异教狂热在多大程度上加速了他的垮台。在与约姆斯维京人的战争中厄尔林被献祭，虽然大多数人认为这是事实，却也不是那场夺了哈康伯爵王权与生命的叛乱的起因。他的罪恶行径令他丧失了早年赢得的声望，且这种不得人心深植于民，与宗教无关。

995 年，哈康伯爵巡游至高卢达尔征敛赋税。深得他喜欢的儿子厄伦德带几艘船停在峡湾，等着装财宝。一天晚上，伯爵派一队奴仆去强大的农民布林尤夫处，命他将美貌出名的妻子送来。布林尤夫不从，伯爵大怒，又派奴仆带信给这位愤愤不平的丈夫，告诉他选择只有两个，要么交出老婆，要么死。这个农民被迫屈服，带着沉重的心情让奴仆们带走了妻子。但妻子刚离开，他心中的男儿血性就苏醒了，他发誓报仇。他召集峡谷远近的居民，告知他们伯

---

[1] 指阿萨信仰。——编者注

爵如何令他蒙辱。所有人都答应帮他,并决定做好准备,时机一到就立刻进攻那大胆狂徒。与此同时,伯爵却对此一无所知。得手布林尤夫的妻子之后不久,他给奥莫·列吉亚也送去一条类似的口信,奥莫的妻子古德伦因美貌而得名"兰德之光"[1]。奥莫在其所在峡谷非常有权威,他给所有邻居都传了信。在设宴招待过伯爵的奴仆之后,为了拖延时间,他表示拒绝服从命令。古德伦见奴仆们离开,嘲弄地在他们身后喊道:"替我向伯爵问好啊,告诉他我是不会去他那里的,除非他派日穆尔的索拉来接我。"索拉是伯爵的情人之一,因他的恩宠而变得富有和强大。

  战争集结号在农场之间传递,众多武装好的农民聚集起来,向哈康所在的梅达胡斯行军。哈康连忙传信给儿子厄伦德,让他等这些农民军队一解散就前往莫勒与自己会合,他本人也计划赶去那里,到那时候就轮到他来报仇了。而同时他不得不遣散人手,躲藏起来,直到这场风波平息。他只带了一个名叫卡尔克的奴仆在身边,卡尔克是他小时候收到的初牙礼[2],是他少年时候的玩伴。哈康在逃跑路上经过高卢河,故意让马掉下冰洞,又把自己的披风留在冰面上,意图让追兵误以为他已经淹死,然后匆忙赶到日穆尔的情人索拉那里,索拉把他和奴仆二人藏于自家猪圈下的深壕,送来食物、蜡烛和寝具,又用木板和土盖住壕沟,还在其上放养了猪。另一方面,贡希尔德王后致力想杀死却终究徒劳的奥拉夫·特里格瓦松正好来到特伦德拉格,他刚杀了伯爵的儿子厄伦德。农民们听说他来自"金发王"哈拉尔德一族,愉快地接待了他,并陪同他去了日穆

---

[1] Lundarsol,即 Sun of Lunde。Lund 意思是小树林,所以她的名字或许可以理解为"小树林的阳光"。
[2] 将一名奴仆或其他贵重的礼物送给出身高贵的婴孩,作为其长第一颗牙的礼物,这是一种习俗。这个礼物被称为初牙礼物。

尔,因为他们认为伯爵很可能藏在此处。

奥拉夫搜寻未果,他把人们叫到一起,站在一块离猪圈不远处的大石头上,大声宣称他将重赏那个找到并杀死伯爵的人。

伯爵坐在潮湿恶臭的藏身之处,忧虑地盯着他的奴仆。奥拉夫的每句话每个字他都听得清清楚楚,透过放在两人之间的地上的蜡烛,他看见卡尔克也在听,一脸殷切。

"你的脸色为何如此苍白?"伯爵问,"现在又变得像土一样黑。莫不是你要背叛我?"

"不是的。"卡尔克回答。

"我们两个在同一晚上出生,"停顿之后,伯爵说,"我们的死期也不会相隔太远。"

他们在烛光震颤的静默中对坐良久,两相防备。地面上已变得寂静,他们知道夜晚已经降临,却都不敢睡觉。最后,困倦压倒了卡尔克,但他在睡梦中却翻来覆去,发出激动的咕哝声。伯爵把他喊醒,问他梦到了什么。

"我梦到我们两个在同一艘船上,而我站在舵边。"卡尔克回答。

"那一定意味着你和我的命运现在都掌握在你手中。所以你最好忠诚于我,等好日子来了我会奖赏你的。"

那奴仆再次入睡,动得很厉害,就好像在做噩梦一样。伯爵又喊醒他让他描述梦境。

"我感觉我在哈拉德,"卡尔克说,"奥拉夫·特里格瓦松在我的脖子上戴了一个金环。"

"这个梦的意思,"伯爵吼道,"就是如果你去找奥拉夫·特里格瓦松的话,他就会在你的脖子上加个红环[1]。所以,卡尔克,你

---

[1] 红环指的是血环,也就是指奥拉夫会砍掉卡尔克的头而在他的脖子上留下的伤痕。

要提防着他，忠诚于我。这样你就会像从前那样从我这里获得好东西。"

这个夜晚过得异常缓慢，两人对坐着互相盯着对方，睡眼僵直，又不敢闭眼。黎明将至的时候，伯爵向后一倒，不敌睡意。但熬夜时的恐惧追到了他的梦里。他的灵魂好似被抛进苦海颠簸摇晃，他痛苦地尖叫打滚，或以膝盖手肘支地，面目可怖。这时卡尔克一跃而起，抽刀刺进了主人的喉咙。他随即便带着伯爵的头找到奥拉夫·特里格瓦松，要求得到奖赏。但奥拉夫证实了逝者的预言，他并没有送什么金环，而是在背叛者的脖子上留下了一个血环。（995年）

哈康伯爵是挪威王位上的最后一个异教捍卫者。他有着杰出的天赋，既无畏又谨慎，是战场上可怕的敌人。他在早年因为仁慈和慷慨而受到民众喜爱，亦是他应得的。然而，他靠自身能力取得的地位和权力却似乎侵蚀麻醉了他，扰乱了他内心的平衡。从道德上讲，除了晚期的肆意妄为，他是旧的日耳曼异教与不可避免的好战生活环境作用之下合理的产物。我们倾向于指责这个时代的英雄典

长方形扣，发掘于利斯特—曼达尔区[1]的罗瑟兰

---

[1] 即今西阿格德郡，位于挪威南部。——译者注

范们身上的精明狡诈和言而无信，但事实上，这两点却是人与人之间的敌对态势使然，是互不信任与虚情假意的必然结果。在古斯堪的纳维亚的道德准则中，坦率真诚的美德只用于朋友之间，以谎言和诡计对付敌人合情合理。然而哈康伯爵却不分敌友，即便是按照他自己的道德准则，他也是罪有应得。背信弃义曾成就了他，亦在最后毁灭了他。

第十章
奥拉夫·特里格瓦松的青少年时代

萨迦传说中关于奥拉夫·特里格瓦松青少年时期的故事太过不可思议，因此无法断言其绝对可信。他从刚一出生便是热衷奇谈的传说故事最喜欢的男主角，他的每一场经历都被点缀上无数罗曼蒂克的细节。在这种情况下，要把事实大纲从烦冗的杜撰中剥离出来实非易事。但毫无疑问，即便是剥除掉所有花哨奇特的添油加醋，奥拉夫的故事仍然堪比任何一部传奇。我们已经讲述过当他还是一个婴儿，贡希尔德王后是如何跨越森林和荒野对他穷追不舍，以及他的母亲阿斯特里德又是如何历尽凶险最终在瑞典的"老者"哈康那里找到容身之所。她的安全防范意识在哈康伯爵打败贡希尔德诸子上位之后达到顶峰，因为这位伯爵身上流的不是王室血脉，面对一个"金发王"哈拉尔德的后人，他的担心绝不亚于贡希尔德。于是，阿斯特里德决意带儿子去迦达里克[1]或者称作罗斯，在那里，她的哥哥西格德·埃里克松在弗拉基米尔大公之下权势盛大。她带

---

[1] 迦达里克是中世纪古斯堪的纳维亚语对基辅的称呼，此处即指基辅罗斯。——编者注

着儿子和侍从登上了一艘前往罗斯某港口的商船,但这艘船却被维京人劫捕,船上的人或遭杀害或被卖作奴隶。年幼的奥拉夫和养父"糟胡子"索尔夫及其子索尔吉斯被一名叫作柯勒肯的维京人收为囊中之物。由于索尔夫太老,在奴隶市场上卖不起价,柯勒肯便杀了他,随后在爱沙尼亚把两个男孩儿拿去换了一只大山羊。买主又将他们转手卖出,从一个名叫列阿斯的人那里换得了一件外套和一条斗篷。列阿斯对奥拉夫还不错,索尔吉斯则被用作苦力,奥拉夫在那里待了六年。与此同时,一位名叫洛丁的挪威商人在奴隶市场上发现了阿斯特里德,尽管她当时看上去糟透了,却还是被认了出来,洛丁提出为她赎身,条件是她得成为自己的妻子。阿斯特里德欣然同意,随他一同回到挪威。

　　有一日,恰逢奥拉夫的舅舅西格德·埃里克松走访爱沙尼亚他侄子所在的城镇。他当时正骑马经过集市,突然被一伙正在玩耍的男孩儿吸引了注意力。尤其是其中一个孩子的长相令他心中一动,于是他招来那孩子问他叫什么名字。那男孩儿说他叫奥拉夫。西格德又问了一番话,发现这孩子竟然是自己的亲侄子。他连忙把他和索尔吉斯买下来,带回了家。他告诫奥拉夫不得说出自己的身世,奥拉夫也保证绝口不提。然而有一天,奥拉夫外出散步时意外看到了那个杀害了养父的维京人柯勒肯。他想都没想,直接上前用手里刚好拿着的一把斧头劈开了柯勒肯的头。扰乱公共治安是死罪,群众聚集起来,要求将这男孩儿处死。为了救他,他的舅舅带他去见奥尔加皇后(亦作阿洛吉娅),把他的身世和盘托出,乞求皇后保护。皇后对这个漂亮的男孩产生了极大兴趣,给了他皇子级别的教育,教他使用武器以及所有体育运动。12岁时,奥拉夫收到弗拉基米尔大公送给他的人手和船只,开始他化身维京海盗的数年游历。据说他收服了一个叛乱的省份,帮了他的恩人一个大忙。但他得到的偏爱为他拉来了仇敌，这些人诽谤他，说他深受皇后和人民喜爱，是国王危险的对手。于是奥拉夫听从奥尔加的建议，带着人手与船只离开罗斯，去了温德兰[1]，在那里受到布里斯拉夫国王的特别优待。但奥拉夫并没有暴露自己作为挪威王位继承人的身份，而是用了"罗斯人"奥雷这个名号。布里斯拉夫的长女（一说是其妹妹）葛拉爱上了他，两人便结了婚，奥拉夫效劳于岳父期间曾有许多英勇事迹，最后，他在妻子去世之后再次起航，寻找奇遇。那时他才21岁。梦境引导他到达希腊接受基督教，据说他还把一位主教送到了罗斯，令弗拉基米尔和奥尔加改信了基督。此后，奥拉夫去了诺森伯兰、丹麦、苏格兰和法国，经历奇遇无数。25岁时，他正身在英格兰，应召出现在爱尔兰国王奥拉夫·夸伦的妹妹居达公主面前。在此之前，居达公主曾是一位伯爵的妻子，而这时她也仍然年轻漂亮。她受到很多求爱者的纠缠，其中有个叫阿尔芬的，是一个很强的格斗手，杀人如麻。居达承诺要选定丈夫的这一天到来了，很多出身高贵的男人都聚集而来，希望被选中。所有人都盛装出席，鲜衣金饰，熠熠生辉。奥拉夫和几个同伴悠闲地来到集市，伫立在远离人群的地方，一副置身事外的样子。他的头上肩上披着皮毛兜帽和斗篷，除此之外衣着朴素，毫不起眼。居达兴趣缺缺地看过了求爱者们的身份级别之后，瞥见了那个戴着皮毛兜帽的高个青年。她走近他，揭开他的兜帽，长久而热切地凝视他的眼睛。

"如果你愿意，"她开口道，"我想选你做我的丈夫。"

奥拉夫回答说没有什么不愿意的，于是他们的订婚决定即刻公布。阿尔芬大怒，向这个挪威人发起挑战，却被奥拉夫打败。奥拉

---

[1] 如今普鲁士的波罗的海诸省。温德人是一个斯拉夫民族，他们和汪达尔人不一样，且一直为他们所讨厌。一种最权威的说法称后者属于日耳曼民族。

夫和居达举行了婚礼,其后奥拉夫在英格兰和爱尔兰生活了数年。在这里,他更加熟悉基督教并受洗,成为宗教狂热的捍卫者。根据传说,他在希腊只是接受了初步标记(primsign),即十字标记。这是一种新旧信仰之间的折中妥协,人们认为这样既能在一定程度上得到基督的恩宠,也没有完全放弃旧神的青睐。

盎格鲁-萨克逊编年史中一再出现对奥拉夫·特里格瓦松的记载,称他是一支庞大维京舰队的首领,说他在994年劫掠了埃塞克斯、肯特、苏塞克斯和汉普郡海岸。他甚至带着大批军队登陆,将冬天的休整之所就安在南安普敦,向附近的地区征收补给。随后有人向埃塞尔雷德二世国王提议舍财消灾,以绝后患,他们总共支付了一万英镑给奥拉夫,再由他分配给手下。"蓝牙王"哈拉尔德的儿子"八字胡"斯温当时正被驱逐出国,他也名列这次远征的酋长之中,不过在埃塞尔雷德国王和维京人签下的和平条约上(这个条约保存至今),他的名字并没有出现。同年,奥拉夫举行了坚信礼,场面壮观,埃塞尔雷德国王亦有出席。据说就在那一次,奥拉夫庄严发誓说从今以后不再骚扰英格兰的居民。他后来似乎的确遵守了这个承诺。但是,勒索来的大量钱财诱使斯温一次次去而复返,他一度将埃塞尔雷德赶出这个王国,自己却充当了英格兰多年的实际统治者。

奥拉夫·特里格瓦松的事迹闻名遐迩,当然也传到了挪威,哈康伯爵听到关于他的每一条传闻,忧心忡忡。他担心这个大胆的冒险家一旦意识到自己足够强大,就会回来对父亲留下的王国宣布主权,而对这一点,伯爵竟无可置喙。而且随着自己的声望减退,他已预期到将会出现冲突,对此他越来越不安。他深知人们对"金发王"哈拉尔德家族的忠诚,于是满脑子都是一个想法:若要保证自己安然无恙,奥拉夫·特里格瓦松就必须死。他把计划透露给朋友托雷·克拉卡，请求他行船去都柏林即奥拉夫的所在地，要是时机刚好，就杀了他，如若不然，就把他引诱到挪威国内可以被自己轻易杀死的地方。托雷·克拉卡接受了这个任务，到都柏林见到了奥拉夫，并很快得到他的信任。年轻的奥拉夫渴望听到关于家乡的一切消息，托雷便趁机怂恿他回去拿回自己应继承的，越快越好。托雷·克拉卡说，伯爵确实很强大，但是如果农民们知道"金发王"哈拉尔德的后人回来了，一定会舍弃他而拥护正统合法的国王。奥拉夫轻易就被这些连捧带吹的话说服了，于是在995年春天，他带着五艘船驶向挪威。他听从了托雷·克拉卡那不靠谱的建议，直接去了西北的几个郡，那恰是哈康伯爵势力最大的地区。奥拉夫在霍达兰郡的莫斯特岛登陆，他搭好帐篷，将十字架竖在海滩上，令众人来拜。他深信托雷是毫无私心的，并采纳了他的建议，没有表露自己的身份，而是向北航行至特伦德拉格郡，目的是要攻伯爵于不备，一举杀了他。然而当他们到达特隆赫姆峡湾口，令托雷万万没想到的是，他曾对奥拉夫描述的画面竟然都成了真：农民们联合起来，公然反叛他的主子。见此情景，奥拉夫只得表明身份以获得眼下人民的拥护。我们已经在前文讲述过他在日穆尔的演说，以及伯爵不光彩的死法。特伦德拉格郡所有的酋长和农民都被召集起来，在尼德河口参加了欧雷庭会（Oere-thing），奥拉夫·特里格瓦松在这里被正式加冕为挪威国王。从此以后，特伦德人拥有并保留了代表全国宣布国王登基的权利，直至今日，挪威君主登基加冕的地点依旧在特隆赫姆[1]。不过根据要求，国王还得逐个巡游各行政区，接受各处人民的拥戴。奥拉夫无论走到哪里，人们都热烈地向他致敬。

---

[1] 在挪威语中"特隆"的意思是"王位、加冕"，"赫姆"（又译"海姆"）有"家"的意思，特隆赫姆合在一起就是"加冕之地"。——译者注

奥拉夫·特里格瓦松抵达挪威

　　以上的记述中有几处不太可能的地方，不过不见得会影响故事整体的可信度。比如他曾旅居罗斯这点应该是确凿的，但当时诺夫哥罗德的统治者弗拉基米尔没有一位名叫奥尔加或者阿洛吉娅的妻子，如果这个人指的是他的祖母奥尔加，则国王的猜忌又显得不合情理了。同样，奥拉夫行至温德兰并在那里结婚一事可以从同时期的诗歌里面得到佐证，但所谓他效劳于布里斯拉夫国王的那些英勇事迹却带着一点可疑的传奇色彩。另外，他与居达在英格兰的冒险经历也给事实穿上了神话般的粉饰外衣。

第十一章
奥拉夫·特里格瓦松（995—1000 年）

奥拉夫国王登上王位之后做的第一件大事就是在全国推行基督教。他生性就很适于干这番事业：他有狂热的信仰，心志坚定，不妥协不让步。当温和的方法行不通时，他毫不犹豫地以剑与火开道。正是因为有这样激烈的秉性，不容旁人置喙，他绝不浪费时间去衡量成败的概率，而是坚信他的事业是圣洁的，并在这一信念的驱使下一往无前，以他的冲劲与热情摧毁一切阻碍。他最初以新宗教领军人物的形象出现是在维肯，在那里，他把亲戚和支持者叫到一处，告诉他们自己打算让挪威王国所有人都改信基督，即便他会因此殒命也在所不辞。当时他的母亲和继父洛丁就住在维肯，洛丁身后还有许多朋友和亲戚，这些人中有一部分已经是基督徒了，要么也是进行过初步标记，因为在 25 年之前曾有两名日耳曼人在该地区进行过布道宣讲，因此对于国王的命令，并没有出现特别的反对。在名义上，维肯曾是奥拉夫的父亲特里格瓦原本统治的王国，奥拉夫一度对整个维肯都转信基督教的状况非常满意。然而令人始料未及的是，这些转信基督的人虽然在受洗时宣布不再信仰他们原本信奉的神，但他们其实仍然相信这些神的存在，甚至还会私下祭拜。基督教的神职人员们自己都公开表示他们相信有奥丁和托尔，只是他们代表了邪恶力量，已经被耶稣基督打败并抛到了远离中土的黑暗之地。如今耶稣基督的力量遍布天地，再向已战败之神献祭以祈求得到庇护就将是徒劳无果。通过这种变通的说法，这个新的宗教未遭质疑地吸引来了许多用其他办法没能赢得的人。从前人们与旧神的关系从本质上讲是一种契约，即用某些有形的东西为代价做献祭，以换取保佑和好收成。这就像之后基督教所宣扬的那样，实际上在很多方面都是一回事，只是换了个名头。以往人们向奥丁和弗雷祈祷，现在祈祷的对象换成了耶稣和圣母马利亚。虽然人们不再献出牛马做祭品，但还是要焚香让新的神闻到以谋求好感。新旧信仰之间最显著和本质的区别，也是挪威人一开始唯一清晰领会到的区别，是新的教义中极其强调世界的和平安宁以及人与人之间的善意。奥丁和托尔喜战，以杀戮为乐，而圣基督却爱好和平，不予杀人者以善报。

虽然这教义对新皈依者的生活影响缓慢，但毋庸置疑的是，一代代下来，北欧人的道德观念发生了变化。旧的阿萨教有悖于任何一种文明，因为它预示着最后世界终将毁灭。只要杀人行为本身受到称赞、得到神的眷爱和人们的敬意，那么便只有武器生意才能成为最繁荣的行业，而一切和平的产业将无法得到发展。在冰岛，即使基督教引入已久，古老的日耳曼异教精神却留存下来，最凶残的内战宿怨持续数世纪，其结果就是各方面逐渐衰败，然后是停滞和没落。而挪威的情况并不比冰岛乐观多少，这从随后的讲述中可以看到。长时间的流血狂宴之后是普遍的力竭虚空，随后这个民族就似陷入了昏睡，一沉寂就是400年。

我们不必假称奥拉夫·特里格瓦松在破除阿萨信仰时便已怀着新教比旧教拥有更高的社会学价值这类的构想。当时的布道甚至并

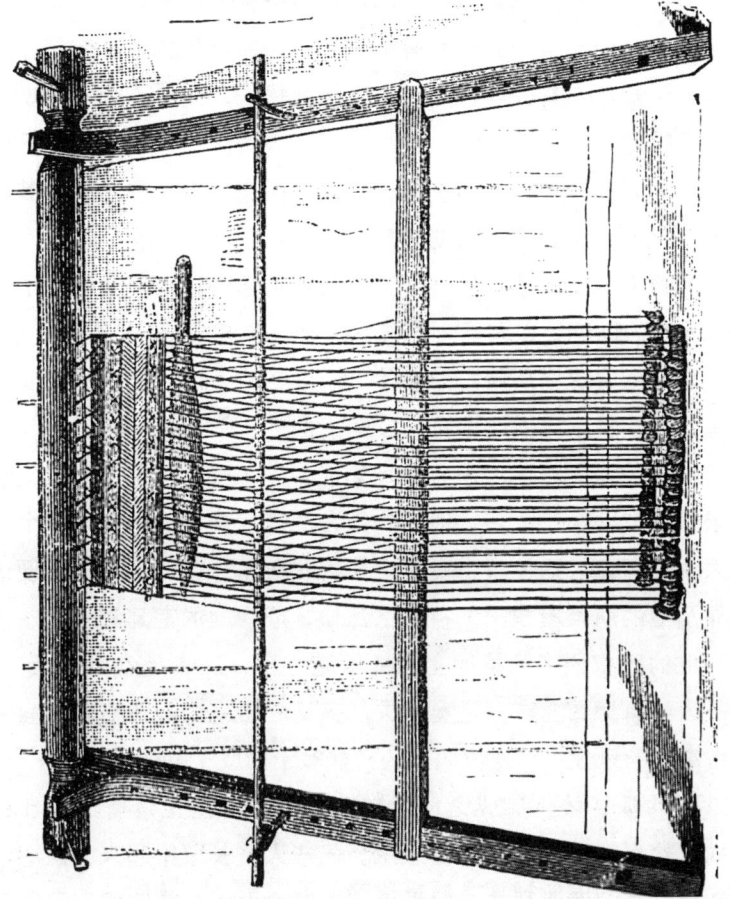

古挪威的织布机,来自卑尔根附近的神庙

没有强调一神代替了多神这个概念。相反，基督教尽可能地去适应已有的多神主义观念，一个由三位一体、圣母马利亚和许多圣人共同构成的新体系取代了旧神，成为人们崇拜赞颂的对象。如果说宗教教义的特征可以通过宗教导师的性格特征推断出来，那我们大可以得出一个结论：早期的日耳曼基督教与它所替代的那种信仰在道德上相去无几。在有关奥拉夫·特里格瓦松的萨迦传说中常出现教士桑布兰德的名字，他暴力、好战、以杀人为乐，他一定是和平信条下代表旧时代的一个异类。桑布兰德是萨克逊人，曾与许多其他传教士一起被派往北方，协助丹麦人转信基督。在一次拜访中，坎特伯雷的希里克主教给了他一面工艺稀奇的盾牌，上面的图样是十字架上受难的耶稣。之后不久桑布兰德认识了奥拉夫·特里格瓦松，奥拉夫非常欣赏这面盾牌，想要买下。这名教士因此获得一笔慷慨的偿金，一夜暴富，便跑去把一位美丽的爱尔兰女孩买了回来，他早就对那女孩深深着迷。一名日耳曼武士见了那女孩，想要她，当这要求被傲慢地拒绝之后，他便向桑布兰德发起挑战。结果这个日耳曼人决斗而死。这件事引发了一些人对桑布兰德的反感，他便逃去投靠了他的朋友奥拉夫·特里格瓦松，成为他的宫廷教士。这样一来，他的职权便在西格德主教的管辖之下，后者是盎格鲁-萨克逊人，大约有挪威血统，是奥拉夫从英格兰带来的。西格德主教有着肃穆高雅的风仪，与那位凶残的宫廷教士形成了鲜明对比。

维肯的基督教化完成之后就轮到阿格德。国王没有遇到什么强硬的反抗，直到他到达南霍达兰。一些大酋长聚集起来，意图对国王造成威慑。然而奥拉夫的无畏与果断令他们异常钦佩，于是几经谈判，他们接受了基督教并受洗。作为交换，他们要求国王把妹妹阿斯特里德嫁给他们年轻高贵的首领——索勒的厄尔林·斯珈格松。国王认为这场婚姻怎么看都是好事，便应允了。在胜利的鼓舞下，奥拉夫马不停蹄地前往特伦德拉格，那里有古老宏伟的哈拉德神庙，是北欧异教最重要的圣殿。在虔诚的宗教热情的驱使之下，奥拉夫罔顾后果，摧毁了神坛，烧了神像，并带走了财宝。面对这样的挑衅，特伦德人立时做出反应，他们挨家挨户地传递战讯箭头[1]，准备与国王开战。奥拉夫只带了一支小部队在身边，不欲冒险一战，于是向北航行至哈罗加兰郡，不料那里正有另一支由托雷·约特和索约塔的哈莱克率领的武装团队严阵以待。俗话说谨慎即大勇，国王没有匆忙登陆，而是掉头回到特伦德拉格，这时农民们已经解散，奥拉夫便开始在旧神庙的遗址之上修建教堂。他意在向特伦德人表明自己不灰心不害怕，无论威胁还是武力都不能令他放弃自己的事业。带着在这个最有必要加强统治的地方巩固自己权力的愿望，他还开始在这里修建王宫，这也成为后来的尼德罗斯市（或称特隆赫姆市）的基础和雏形（996年）。

刚入冬，奥拉夫就再次召集农民们举行弗罗斯塔庭会，农民们也再次以武装集会作为回应，且阵势比上次还大。当庭会正式开始，国王站起来以雄辩之姿阐释新的信仰，重申要求，要特伦德人接受洗礼，停止向旧神献祭。但他刚说不久就被愤怒的呼声打断，人们威胁说如果他再讲就要攻击他、将他赶出本国。人群中有个酋长名叫斯科格·阿斯比约恩松，又称"铁胡子"，在声讨国王、激人反抗时表现得尤其活跃。奥拉夫认识到此时是不可能说服民众的，只好不情愿地采取缓兵之计，等待一个更恰当的时机，择日再来宣讲。于是他改用了一种缓和的语气，向农民们保证他会出席他们冬季耶鲁节庆典时的祭筵，到时再进一步讨论改变信仰的问题。这个保证

---

[1] 战讯箭头（hœrör）由每个男人带去插到他的下一户邻居的门上，是战争在即的标志。因此"传递或砍下战讯箭头"指的就是传递战争的信号。

令人们非常满意，于是散会时一片和平。

在约定的献祭日期之前不久，奥拉夫邀请酋长们及势力最强的农民们从各个邻县赶来，与他在哈拉德设宴聚会。他安排了 30 艘精兵严守的船停在峡湾，一旦有需要他便能随时召唤。宾客们受到王室般的盛情款待，夜幕降临时他们已经醉得不行了。次日清晨，国王命他的教士们举行弥撒，大群武装人员从船上赶来参加这个宗教仪式。宾客们根本不在状态，眼看会众规模如此之大，感到越来越不安。仪式结束时，国王起身说了这么一番话："上次在弗罗斯敦的庭上，我要求农民们受洗，而他们呢，又反过来要求我随他们献祭，就像埃塞尔斯坦的养子哈康那样。对此我没有异议，我同意出席莫勒的祭筵。但是，如果要我随你们祭，那么我只对举办一场史上最盛大的献祭感兴趣。我不会用奴隶或罪犯，我将用最高贵的人和最强大的农民来献祭。"

接下来他点名了 6 个在场的权势最大的酋长，也是他最活跃的反对者，宣布说他打算把他们献给奥丁和弗雷，以换得好收成。这些人还没从震惊中回过神，就被抓了起来，摆在他们面前的路只有两条：要么受洗，要么被献祭给他们信奉的神。不消多久，他们就选了第一条路。仪式结束后，他们请求离去，但国王却宣布扣押他们，直到他们送来儿子或兄弟做人质。

莫勒的冬季耶鲁节庆典上，国王带着大量随众而来。农民们也集结了全部力量，武装到牙齿，一如既往地反抗。其中高大结实的"铁胡子"非常打眼，他随时随地都很活跃，看起来像是反对势力的头子。国王无论怎么努力大声，讲话都完全被巨大的喧闹淹没。过了一会儿，骚动平息下来，他重申了之前提出的要求，即在场所有人都要接受洗礼、信仰基督。对此，铁胡子桀骜不驯地回答说，农民们出现在此就是要阻止国王违法，向神明献祭就是法；无论是否愿意，奥拉夫都得献祭，就像他的前辈祖先那样。国王耐心地听完这番话，声称他已做好守约的准备。由于任何人都不能携带武器进入圣殿，他便卸下武器留在外面，在很多人的陪同之下走进神庙。但这位国王手里却拿着一根结实的木棍，顶端是黄金。他仔细地审视诸神像，尤其在有许多金环银环装饰的托尔面前流连许久。突然，就在众目睽睽之下，他抡起棍子砸向托尔，神像便从底座上掉下来，摔成了碎片。与此同时，他的手下打倒了其他神像，杀死了等候在外的铁胡子。这一切显然都是有预谋的，农民们被这突如其来的渎神暴行吓呆了，根本不知道该作何反应。他们指望铁胡子可以代他们伸张愤怒，然而铁胡子已死，剩下的人无一敢发声。于是，当国王第三度重申要求，给出要么受洗、要么来战的选择时，农民们选择了前者。在交出人质做保，保证会坚守新信仰、放弃异教习俗之后，他们赶紧回了家。对于杀了铁胡子一事，奥拉夫承诺给他的亲戚支付一笔偿金，并娶他的女儿古德伦为妻。不过在婚礼那天晚上，古德伦意图谋杀新郎不成，反而赔上了亲人性命。奥拉夫则并未对此感到痛惜，因为他紧接着便开始准备另一场婚姻的冒险。

这一次，他的注意力指向了"傲慢女"西格里德——瑞典"胜利王"埃里克的遗孀。西格里德富有、影响力大，她是瑞典国王奥拉夫的母亲，并且在约特兰拥有大片地产。因此许多国家的追求者都纷至沓来，想要分得她的爱情和财富，令她不堪其扰。她曾烧死了"金发王"哈拉尔德的一个名叫哈拉尔德·格隆斯科（格陵兰人）的后裔，以惩罚他自以为是的委身求亲。

"我要让这些小国王们知道向我求婚的风险。"说这话时，她正下令烧掉追求者们就寝的厅堂。

奥拉夫·特里格瓦松的示好用了谈判协商的形式，她便欣然接受，同意在挪威和瑞典交界的康格海尔与他会面。奥拉夫提前送来一份礼物，是一个从哈拉德神庙的门上取来的巨大金环。西格里德原本很赞赏这金环，不料试验时却发现其表层之下其实是铜。西格里德非常愤怒，但仍然守约与奥拉夫相见。见面后两人讨论了结婚的细则。奥拉夫要求西格里德必须接受洗礼，这一条件必不可少。对此西格里德极力反对。盛怒之下的国王跳起来，用戴手套的手指着她的脸大吼："我到底图你什么？你这异教的荡妇！"西格里德站起来，气得话都说不出来。然而当她走到门边，却转身说了一句："你死定了！"

这次会面之后不久，西格里德嫁给了丹麦的"八字胡"斯温，大概有一点报复奥拉夫的意味。斯温曾违背妹妹塞拉的意愿将她嫁给温德兰国王布里斯拉夫，塞拉在婚礼之后直接逃走了，到达挪威向奥拉夫寻求保护。有可能他本来之前就见过她，对她不错。不管怎样，他以娶了她为妻解决了这个问题（998年），尽管她的年纪完全和"傲慢女"西格里德一样，老大不小了，而且此前已经有过两任丈夫。

在这次短暂的私事插曲之后，奥拉夫回归到他为之献身的神圣事业当中。曾在他前去游说时阻他上岸的哈罗加兰郡的酋长们尚在，是时候教他们如何顺从了。这当中值得注意的有三位：托雷·约特、艾文德·金利瓦及吟游诗人艾文德·斯卡兹珀德之子索约塔的哈莱克，他们既是酋长，也是这些地区的部落贵族的领袖。很大程度上，这些人的尊贵地位就来自他们的祭司职位以及与旧宗教的相应联系，自然最坚守旧的信仰，因为那是他们的权力根基。哈莱克是"金发王"哈拉尔德一个女儿的后代，他认为自己毫不逊于奥拉夫国王，因此不愿意未经一番较量就屈从。巧的是有两名来自哈罗加兰郡的人名叫西格德和霍克，被国王抓住然后逃掉了。他们假装是国王的敌人，向哈莱克寻求庇护并得到款待。一天，他们提议出航旅行，东道主便也同意了。他们带着食物和啤酒上船，开往尼德罗斯，把哈莱克交给了国王。哈莱克顽固地拒绝了受洗。在短暂的

来自哈德兰的格兰的鲁纳文石刻。铭文译作：赛里克之女贡沃尔，建桥纪念女儿阿斯特里德[1]，她是哈德兰最美丽的少女。索菲斯·布格教授的解读是：手最巧的少女

---

[1] 原文如此，但原书索引中将阿斯特里德标注为赛里克的女儿。——编者注

滞留之后，国王却给了他一艘船，让他毫发无伤地回了家。自那天起，虽然不言友情，但哈莱克的作为却俨然国王的盟友。他甚至背叛了自己的朋友艾文德·金利瓦，将他送到奥拉夫手中。国王照例给艾文德要么受洗要么死的选择，但艾文德罕见地选了后者。这么一来，托雷·约特便陷入孤立的处境，他于是与有巫师之名的"强者"罗德结成同盟，向国王发起战争，不幸战败。罗德乘他饰有龙首的维京战船逃跑，托雷·约特则被奥拉夫一路追赶，奥拉夫派一只名叫维格的狗追踪，他说："维格，去捕鹿。"[1]

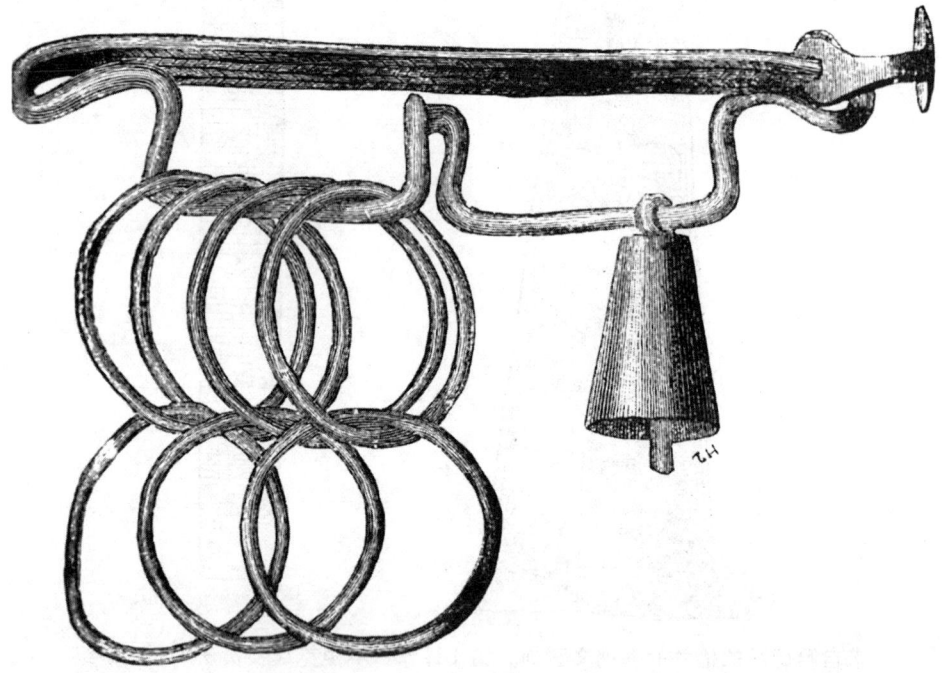

工具，用途不详，可能是一副天平，发现于布拉兹伯格的西尔戈德

---

[1] 约特（Hjort）的意思就是鹿。

这只狗真的追上了托雷,国王亲手砍死了他。但奥拉夫没能追上罗德,而天气又太糟糕,他不想冒险出海。过了一阵子,他开始怀疑是罗德自己用巫术操控了自然力。又等了几天几夜,天气还是没有变好,他叫来西格德主教询问建议。据说这位主教在国王的船"仙鹤号"的船头立起一个十字架,用点亮的蜡烛围成一圈,自己则穿着祭祀法衣站在旁边,不断地祷告和洒圣水。"仙鹤号"周围立刻就风平浪静了,但在这个区域以外的天地间却还是风暴肆虐,风浪拍打出来的水雾被隔绝在船的两边形成一道墙。众人抓桨划船,向罗德所住的岛驶去。"仙鹤号"开道在前,其他船紧随它带出的一片平静的水域前行。罗德是在睡梦中遭到突袭的,但他还是拒绝成为基督徒,终被折磨至死。有传说是这么讲的:国王强将一条蝰蛇灌进他的喉咙,蝰蛇一路破行,毒死了罗德。

这个故事在很大程度上带着明显的传奇色彩。但却有一处显示这场冒险从本质上讲还是真实的,那就是对国王带走的罗德的"巨蛇号"船的细节描写,这艘船后来出现在斯沃尔德战役中。也许有人不愿相信,在其他场合那么有骑士气概和贵族风度的奥拉夫·特里格瓦松,竟然会犯下如这次一般的残暴罪行。然而这次事件甚至并非唯一的特例。艾文德·金利瓦拒绝受洗时,国王就命人将烧得通红的炭块放在他的肚子上,用巨大的痛苦活活地把他折磨死。奥拉夫的宗教狂热使他相信:惩罚神的敌人,他应得的将是赞扬而非谴责。如果换作一个能力弱一些、手段更拘谨一些的人,很可能即便只是在名义上使挪威基督教化都无法完成。事实上他的热情如此强烈,目标这么明确,以至于一切考量都依从于这个伟大的目标,正是这种想法令他充满了一种崇高的热忱。

哈罗加兰郡幸存的酋长索约塔的哈莱克带全家接受了基督信仰,而奥拉夫早在确保其忠诚之前,已向法罗群岛、冰岛和格陵兰岛派去使者，命那里的酋长们宣布放弃旧信仰。法罗群岛的伯爵西格蒙德·布雷斯特松应召抵达挪威受洗（999年）。桑布兰德被派到冰岛宣讲福音，最初也曾取得重大进展，为塞德的霍尔、"小白王"吉苏尔之类的重要首领及大律师——伯格索尔山的尼亚尔施洗。但这个好斗的教士很快便因为动不动就拔剑相搏而惹了麻烦，他杀了几个人，成了逃犯，不得不离开这个岛。还在挪威时，奥拉夫曾把莫斯特的教堂给了桑布兰德。离开挪威去冰岛之前，桑布兰德觉得这份收入不够他过得更好，于是为了创收，他开始习惯性地突袭邻近的郡县，把异教徒的损失当成自己的补给。这种海盗行径激怒了国王，所以派桑布兰德去冰岛的本意是要他为行为不端做救赎。然而这造成的结果却是令奥拉夫和桑布兰德都万万想不到的。桑布兰德逃走之后，冰岛民众对新信仰的情绪以令人惊讶的速度转变成好感，最终冰岛在1000年6月的阿尔"庭"（Althing）上正式接受了基督教。

作为挪威王座上成功推广基督教之第一人，奥拉夫的伟大成就使他的名字被光环笼罩，令他的作传者们目眩，对他的溢美之词超过他所应得的。无论如何，他的同时代人更多的是不喜欢他，但即便是这些人，依然会为他光辉耀眼的个性而目眩，不亚于那些作传者。首先，他的俊美和肖似"好王"哈康的面容常常为人所提及，这一点本就容易博人好感。其次，他与生俱来的亲和力和迷人的举止风度吸引每个与他接触的人。最后而又一点不逊于前几点的是，他在体育运动和使用武器方面表现卓越，令人大为羡慕与佩服。如斯诺里所说，他的左手和右手都能射击，并且技术同样高超；他能同时耍三支长枪，这样的话必定始终有一支在空中；他还能在众人划桨时踩在那些桨上在船上跑前跑后。日常交往中他亲切又慷慨，喜欢开玩笑，易笑也易怒。生气时他也许会做出令他后悔的举动。

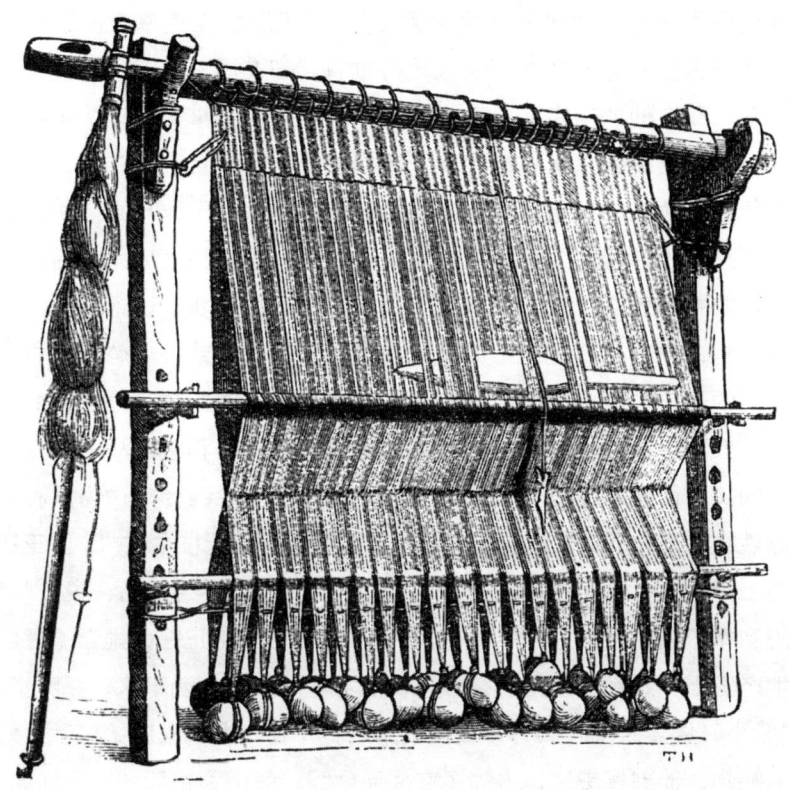

法罗群岛的旧织布机

我们已经看到，他是如何在圣教狂热之下做了一些他本应该感到后悔的事，虽然他本人并不觉得。要说缺点，他爱好服饰和排场的奢华可能算一条，然而这点却令他受到人们的喜爱。

虽然四面受敌，但在奥拉夫·特里格瓦松短暂的任期内，挪威并没受到多少与他国的战争之害。"血斧王"埃里克幸存的最后一个儿子古德罗德于999年夏天攻打维肯，却在国王不在的情况下亦战败，死在他的连襟兄弟索尔格尔和亨宁手中。事实证明，奥拉夫国王最危险的敌人是"傲慢女"西格里德，她一直虎视在旁，伺机报复。奥拉夫一定是知道这隐患的，但却还是给人以可乘之机。他的王后塞拉在温德兰和丹麦拥有大量地产，曾带给她巨大收益，如今这收益被剥夺，她自然非常不满。每次奥拉夫找她说话，她都生硬地把话题往这些地产上面扯，想要激起他的虚荣心、怂恿他去和自己的哥哥"八字胡"斯温打仗，因为正是斯温扣留了她应得的财产。但这小把戏没有成功，她便转而采用了祈祷和眼泪战术，直到她的丈夫耐性耗尽。为了家庭和谐，征讨温德兰的计划作为一种可能性被提上议程。3月的一个礼拜天，那是一个棕枝主日[1]，国王在街上遇到一个卖春季蔬菜的人。他买了一把带回给王后，说："考虑到季节还很早，这些菜长得真大呀。"王后照常正在为她温德兰的地产垂泪，她鄙夷地把蔬菜推开，任泪水从脸上流淌下来，哭喊道："我小时候才长第一颗牙，我的父亲哈拉尔德·戈姆松就给过我更好的礼物，他到挪威来，占领了它。而你呢，就因为怕我的哥哥斯温，就不敢去丹麦拿回那些原本就属于我的、被无耻抢走的东西。"

听了这话，奥拉夫国王生气地回答："我怎么可能怕斯温，如果让我遇到他，他就死定了。"

---

[1] 棕枝主日（Palm Sunday）即复活节前的星期日。——译者注

于是各郡县都响起集结令，号召酋长们带领法律准许他们拥有的所有船只加入国王的军队。他自己刚刚完工了一艘超大超美的船，叫作"长蛇号"，其声名传遍整个北方大陆。它全长56挪威埃尔，即大约112英尺，两边各有52把桨，可以容纳600名战士。船员全部经过选拔，年龄都在20—60岁之间。其中仅有一个例外，就是艾纳·恩德里松，绰号泰姆巴斯克威尔，他只有18岁，却是全挪威最棒的弓箭手。他因为有一把名叫"泰姆"的弓而得名，用这把弓，他能以钝箭射穿一张挂在杆上的生牛皮。

为了将"长蛇号"与他从"强者"罗德那里得来的龙首船区别开来，奥拉夫把后者叫作"短蛇号"。除此之外他还有许多极好的船，而他的连襟兄弟厄尔林·斯珈格松、索尔格尔和亨宁也都各有一艘装备精良的巨大战船。

奥拉夫带着大约60艘战船以及差不多数量的略小一点的船南行至温德兰。布里斯拉夫国王并没有因为他娶了塞拉而冷待他，有可能是看在早前葛拉的关系，又或者因为丹麦的"八字胡"斯温是他们共同的敌人。他们平和地解决了地产的问题。在受到极好的款待之后，奥拉夫准备踏上归途。而同时，他身在温德兰的流言传到国外，他的敌人们为了聚集足够的力量来摧毁他，甚至雇用了约姆斯维京人的头领西格瓦尔德伯爵，让他拖住奥拉夫，诱他只看见安全的假象。西格瓦尔德成功地做到了。他得到奥拉夫的信任，嘲笑"八字胡"斯温何以胆敢来袭，最后主动要求用自己的舰队来护送奥拉夫，在温德兰沿海的危险水域为他开道。奥拉夫出发前夜，西格瓦尔德的妻子阿斯特里德曾斗胆警告他要小心自己的丈夫，还提出要派一艘船随行以防万一，却不被相信。匪夷所思的糊涂令奥拉夫相信了这个不该相信的朋友。他甚至听从西格瓦尔德的建议，让部分船队提前出发，理由是岛屿之间的海峡很窄。与此同时，那叛徒却始终与斯温国王保持着联系，他正是答应了斯温的要求，把奥拉夫与其主力部队分开，将他引进敌人们为他准备的陷阱。除了斯温国王，要为父亲哈康伯爵之死复仇的埃里克伯爵和瑞典"傲慢女"西格里德之子奥拉夫国王也在。他们带着六七十艘战船，在吕根岛和当今波美拉尼亚的普鲁士省之间的斯沃尔德小岛后面潜伏着。在藏身处等了几天都没看到挪威的船队，令他们有点不耐烦。于是他们带着船员上岸以消磨时间，三名指挥官站在一起，目光扫向地平线。这时，令他们高兴的是，挪威运输船队跃入视线，微风中，船帆舒展飘扬。

这天天气晴好，阳光灿烂，静水无澜。意气风发的船航行在海上，一艘比一艘大，一艘比一艘好。当斯温国王看见索勒的厄尔林·斯珈格松那艘漂亮的船，认为这一定是"长蛇号"，虽然那船首并没有龙头。他便说道："奥拉夫·特里格瓦松今天是怕了吧，他都不敢给他的龙把头安上。"埃里克伯爵说："这艘船挂着条纹帆，我太熟悉了，这不是国王的船，是厄尔林·斯珈格松的。放它通过吧。我想，要不是他和船队在敌人麾下，而是他独自来的话，定会好好招待我们的。"

挪威酋长们的大船三三两两地经过，每一次瑞典和丹麦的国王都确信其中有一艘一定是"长蛇号"。过了一会儿，西格瓦尔德由11艘船组成的船队进入视线。船队收到联盟君主们的信号，突然改变轨迹，此举令索基尔·戴迪尔大感意外，彼时他正驾驶国王的"仙鹤号"紧随西格瓦尔德的船迹航行。斯温国王一看见这艘壮丽的战船，再也克制不住，他不顾埃里克伯爵的警告，命令他的人登船。他还嘲笑埃里克懦弱，连为父报仇的志向都没了。伯爵的回应是，究竟谁更渴望战斗，是瑞典人丹麦人，还是他和他的战士，日落之前便见分晓。

索基尔·戴迪尔放下"仙鹤号"的船帆，扫一眼便了解了形势，他决定等奥拉夫国王到来了再说。随后"短蛇号"到了，它闪耀的龙头在水面上投下金色的柔光。斯温国王欣喜若狂地喊道："巍峨的大蛇今晚就将搭载我，我要驾驶它。"

刚被斯温国王的嘲弄刺痛了的埃里克伯爵回答说："即使奥拉夫·特里格瓦松再也没有比这更大的船了，斯温就算倾其丹麦的全部兵力也不可能从他手里赢走它。"

当最后"长蛇号"烈焰般的船头顶破地平线昂首而来，在阳光下发出万丈光芒，三位君主惊讶赞叹于它的美。当看见这艘雄伟的船渐渐驶近时，一排排密集的盾牌和剑铿亮，远远地发着光，许多人竟吓得发抖。

"这艘耀眼夺目的船正是为奥拉夫·特里格瓦松那样的国王打造的啊，"埃里克伯爵说道，"真要评说他的话，奥拉夫的卓越相比其他所有国王，正如'长蛇号'相比其他所有船啊。"

奥拉夫国王的所有舰队已经驶出视线，只剩11艘船在身边，许多酋长建议他不要在兵力如此悬殊的劣势下作战。但他没有听从劝告，而是下令将所有船绑在一起，做好一切战斗准备。

"降帆！"他高喊道，声音清晰地传遍这个水域，"我从未在任何战场上出逃。上帝支配我的性命。我不会逃，因为国王是不会因为害怕而躲避敌人的。"

这时敌船全部从岛的后面划了出来，目之所及，就好像整个海面都被船占满。冲在最前面的是斯温国王的60艘战船。

"正对着我们的是哪个首领？"奥拉夫国王发问。

"是斯温国王带领的丹麦军。"一个人回答。

"我不怕他们，"国王说，"丹麦人还从没打败过挪威人，今天他们也赢不了的。右边的帅旗是谁的？"

莫斯特岛（莫斯特罗）上的教堂，被认为是奥拉夫·特里格瓦松所建

有人告诉他那是瑞典国王奥拉夫的。

"瑞典人,"他说,"会发现他们还是更适合坐在家里舔祭碗[1],而不是今天来见识我们'长蛇号'的威力。我想我们不需要害怕这些吃马肉的家伙。不过丹麦人左边那些大船是谁的?"

"那个,"他的传信使回答,"是哈康伯爵的儿子埃里克伯爵。"

"跟他们,我们倒是或许有场硬仗要打。因为埃里克伯爵有攻打我们的重要理由,而且他们和我们一样都是挪威人。"

国王正说着,王后塞拉走上甲板。见敌舰规模如此庞大,而丈夫的兵力这么少,她哭了起来。

"不要哭,"奥拉夫国王说,"因为你已经在温德兰拿到了原本属于你的东西。而今天,从你哥哥斯温那里,我要拿到你经常问我要的你的初牙礼物。"

率先开战的是斯温国王,但他却在短暂的顽强战斗之后被迫撤退。他的战船一只接一只地残损,出现了大屠杀的局面。奥拉夫国王亲自站在"长蛇号"的船尾楼甲板[2]上指挥御敌,所有人都能看见他,他本人则以长枪和箭作战。他镀金的头盔和盾牌在阳光下闪耀。盔甲之外,他穿了一件鲜红色的绸缎短上衣。当丹麦人全面撤退时,瑞典人就急忙过来营救,一时之间他们负担起了战场上的主要火力。只要有一个瑞典人或丹麦人倒下,便有 10 个人补上来。而挪威人则被敌船团团围住,承受不断的枪林箭雨,以及短兵相接时必须以剑相抵的再三袭击。无论他们多累多渴,都不得一刻缓解。每倒下或伤残一个人,他的空缺都无人能填补。不过,虽然敌人在数量上优势巨大,当瑞典人和丹麦人负责中路时,若不是埃里

---

[1] 瑞典人还在信仰异教,这句话意在嘲讽他们。
[2] Löftingen 是建在古战船船尾上高出来的甲板,与 13 世纪时法国、西班牙军舰的船尾楼甲板非常相似。

克伯爵从右翼发起了一轮毁灭性的攻击的话,或许奥拉夫国王能挨过在斯沃尔德的这天。事实上,面对奥拉夫国王狂暴英勇的战士,瑞典和丹麦军已经再次撤退,这时候,埃里克伯爵的大战舰"铁羊号"沿着右边最外围的船驶上前来,发起一波强劲的猛攻。挪威人对挪威人,数量决定结果。国王的船上,众人负隅顽抗却仍被压倒,或跳入水中,或登上旁边的船自救。埃里克的计划很好,他将敌方的第一艘船断开漂着,然后是第二艘、第三艘。最后,除了"长蛇号",奥拉夫所有的船都被断开,漂在海上,防守的人全部被杀。而后,"铁羊号"前面清出了一片空旷海域,这艘战船以巨大的动力划上前来,冲击着"长蛇号"船身。"长蛇号"的横梁全都嘎吱作响,但由于没有风,所以并未造成大的损害。在"长蛇号"的船桅前站着艾纳·泰姆巴斯克威尔,他看见埃里克伯爵正站在"铁羊号"上靠近船头的位置,由许多盾牌护着。他拉弓射出一箭,从伯爵头上飕地掠过,下一瞬,第二箭又从伯爵的胳膊和身体之间穿过。伯爵转身对弓箭手费恩·艾文德松说:"射那个前面甲板上的高个子!"

艾纳正拉弓准备第三次射向伯爵,这时,费恩的箭头却瞄准了他,这一箭不偏不倚地射中了艾纳的弓,随着一声巨响,弓断了。

"是什么东西破了?"奥拉夫问。

"是挪威断在你手中,我的国王。"艾纳大喊。

"但愿破口还不算太大,"国王回答,"拿我的弓去用吧。"

他把自己的弓抛给那弓箭手,艾纳一把抓住,拉开时弓弯成了对折,他把弓抛了回去说:"国王的弓太弱了。"

此时埃里克伯爵正准备最后一击,他认为结果已毫无悬念。

奥拉夫国王的人马位于海峡之内,绝无逃脱可能。国王站在船尾楼甲板上掷出长矛,一次两支,许多人被他投出的犀利的矛吓呆了。同时他还分神观察那位站在前甲板上的对手,看那伯爵是否只是在指挥进攻。他发觉自己的人没有进展。

"你们挥剑就这么没力气吗?"他大喊,"刺得都这么浅?"

"不,"一名战士回答,"我们的剑都钝了、破了。"

于是国王赶去后甲板,那里有一大箱兵器。他打开箱子抱出一摞锋利发光的剑,扔给众人。在他俯身时,鲜血从盔甲下流出,顺着手滴下,众人这才知道他受伤了,但这不是处理伤口的时候。伯爵的人如暴风雨般袭来,疲惫的挪威人成堆倒下,再也无力退敌。箭矢像雨一样又密又疾地落在国王身边,他明显已抵抗不住。他无意躲藏或遮掩,所有人都能看到他。他手下一名忠士寇比约恩·斯塔拉尔见他危险,便跳上楼甲板与他并肩一起。以前曾多次有人评价他长得像国王,而此时他们身高也一样,还穿着相似的衣服。攻击的目标变成他们两个,他们举起盾牌,被箭矢厚厚密密地围困住了。空气中充斥着兵器的撞击声、垂死的痛苦呻吟和飞矛走箭的嗖嗖声。国王垂下盾牌望向船上,除了他自己和寇比约恩之外只剩下8个人还活着。最后他把盾牌举过头顶,越过船舷跳入水中。寇比约恩随之跳下,却被伯爵的人误作国王捞了起来。照理说奥拉夫国王无疑是淹死了,不过也大有人一厢情愿地钟爱这样一个传说:国王游上了西格瓦尔德伯爵的妻子阿斯特里德为营救他而派来的战船。然后他去了罗马朝圣,化为隐士在圣地活了很久。

奥拉夫·特里格瓦松国王死时36岁(1000年)。塞拉王后认为是自己导致了他的死,悲痛欲绝。战争结束之后,她走上甲板,看到这片因自己而起的毁灭之境,陷入悲恸之中。埃里克伯爵被她的悲伤所感染,温和地向她保证:如果她回到挪威,她会得到作为一个如此伟大国王的遗孀所应得的荣誉。塞拉感谢他的提议,却说国王已死,她也无心再存活于世。战争之后第九天她便死了。

第十二章
埃里克伯爵和斯温·哈康松伯爵（1000—1015年）以及发现文兰

奥拉夫国王死于斯沃尔德之后，联盟的几位君主将其王国瓜分。埃里克伯爵分得西海岸从芬马克郡到林讷角[1]之间除7个以外的所有郡县，而这除外的7个分给了瑞典的奥拉夫国王。从林讷角到瑞典边境的所有郡县，包括阿格德，都被"八字胡"斯温收归囊中，除了朗里克。朗里克（如今已是瑞典的一部分）分给了瑞典国王，而他又把它以及他在挪威的其他所有财产作为封邑转赠给他的连襟兄弟斯温伯爵，也就是埃里克伯爵的弟弟，条件是每年要交纳其封建领地上一半的王室收益，并置养特定数量的军队听命于他，以备战争所需。埃里克伯爵又以类似的条件从"八字胡"斯温那里得到东部郡县：劳姆莱克和温高尔马克作为封地。

虽然埃里克伯爵既有能力，也具备许多高贵的特质，但他从未成功地像他的父亲哈康伯爵那样宣有对挪威的统治，而斯温伯爵可以拿来说道的权势比他的哥哥更少。在奥普兰，"金发王"哈拉尔

---

[1] 林讷角（Lindesness）在挪威的最南端。

德一脉的半独立的小国王们尚在；在罗加兰，奥拉夫·特里格瓦松的连襟兄弟索勒的厄尔林·斯珈格松拒绝承认两位伯爵以及他们背后所代表的国王们的君权。他自建宫廷，其宏伟华美，不说超越也至少是堪比伯爵的宫殿。日常家卫由90名武士组成，如遇情况所需则增加至240人或更多。有30名奴仆服侍他日常起居，更多的人则为他耕作土地。他是一个很好的主人，有一套激发奴仆们节俭的法子。他要求每个人付出一定量的劳动，并分给他们每人一块地去耕种。只要完成规定的任务，剩下的时间自由安排，他们完全可以用来为自己做打算。奴仆们可以把地上的农产品以市场价卖给主人，借此攒钱一到三年就能买回自由。对于那些恢复自由的奴仆，厄尔林继续施行监管照顾，以工资或分成的形式雇佣他们打鱼、开垦森林、耕种土地或从事其他产业。

厄尔林坚守着奥拉夫·特里格瓦松赋予他的权利，这就无可避免地会与伯爵们的权利相冲突。他向罗加兰的农民强收地税，伯爵们也一样，于是除非可怜的农民们已决意反抗，否则就得交双重的赋税。而伯爵和厄尔林都太强悍，反抗显然不明智。实际上，以埃里克强大的海外关系，他竟然容忍了厄尔林这个小君主的藐视行为，而没有试过以某种形式捣毁他的权力，这很奇怪。厄尔林的确是在许多沿海郡县有一大批有能力的亲兵拥趸，他有能力组织起强有力的抵抗。但是如果埃里克伯爵真的下定决心要惩罚他的话，他却是不大可能保全自己的。事实上，虽然埃里克伯爵早年都是在喧嚣的战场上度过，但在本质上他是一个以和为贵的人。当责任和外交需求使然，他便化身强大的战士，但他不轻易拔剑，除非被极度激怒。他的出身与周遭形势将他送上了权力的高位，去代表一个注定会逝去的时代和政治制度，这是他的不幸。这是所谓英雄的时代，个人主义横行，这与现代的国家概念相反。很明显，埃里克并不赞同随

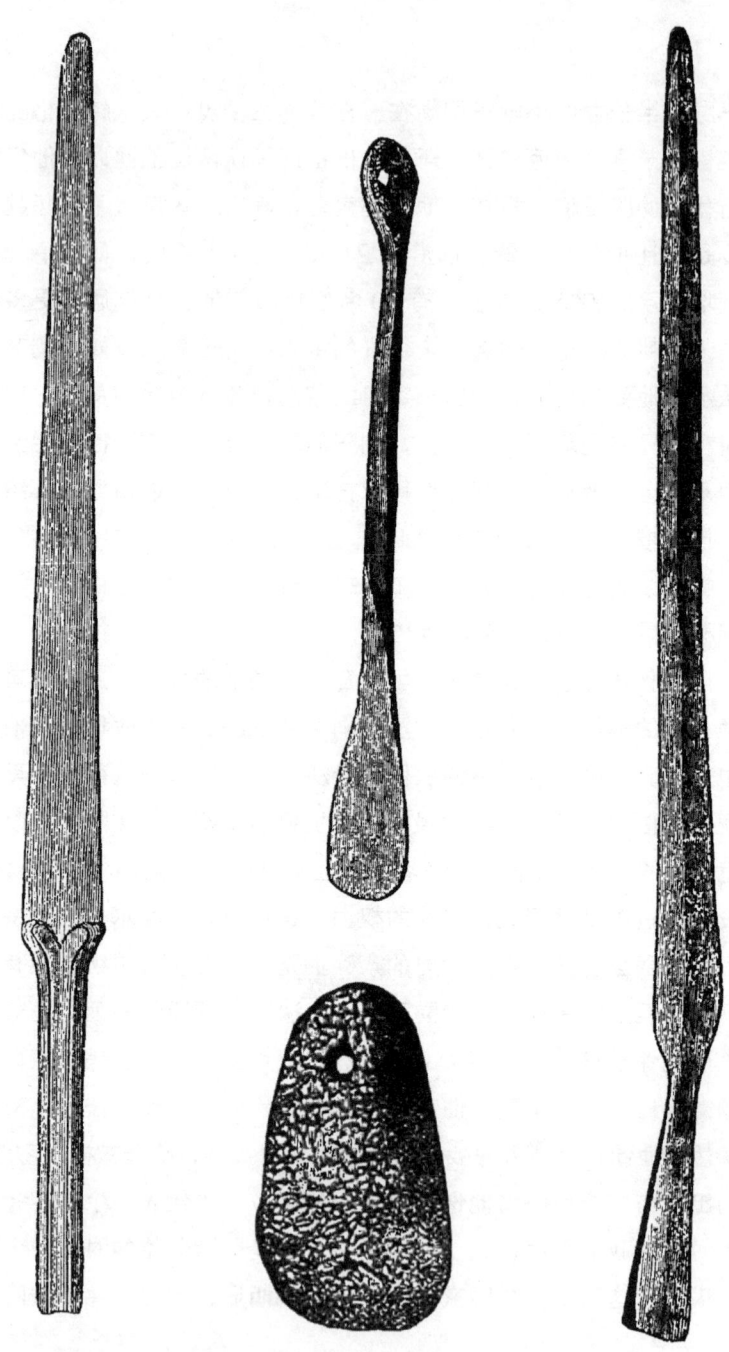

用铁和鲸骨做的梭子,以及织布机的压铁

着"金发王"哈拉尔德的征服而建立起来的封建制度,很可能他并未领会并意识到这是具有进步意义的想法,而正是这想法令哈拉尔德国王的宏愿得以升华,使他有意无意地成为文明前进的推手。足以证明这一点的就是,埃里克允许挪威的属地奥克尼和设得兰群岛脱离祖国,而他还无意强迫他们回来效忠君王。和"金发王"哈拉尔德的家族不同,他的家族并没有激励人心的传统,没有那种要建立一个强大的统一国家的诉求。与此恰好相反,本地独立主义的传统使他致力于在一个特定地域内壮大和扬名。因彻底贯彻了这一传统,埃里克和斯温伯爵应该保持了异教信仰,就像他们的父亲那样。实际上,他们似乎是有意识地在某种程度上阳奉阴违地接受基督教,因为他们丝毫没有花力气向人们申明其信仰,也没有压制异教的死灰复燃,使得在他们统治期间异教复苏非常盛行。

  在伯爵们极端保守主义的统治下,毫不意外的是在奥拉夫·特里格瓦松统治时期已经大为减少的维京航海的复兴。埃里克伯爵本人在年轻时就是一名勇敢的维京人,这样不管不顾、掠夺成性的生活最能表现日耳曼异教的特质,而埃里克并不觉得有什么坏处。"八字胡"斯温一再远征英格兰,大量挪威人都参与进去,这件事必定对上述生活模式的复兴起了很大的推动作用。侵略者在名义上究竟是不是基督徒,其实并无差别。他们的行为是古老的部落异教精神的一种爆发,这种精神尊重的不是权利,而是实力。

  自然,如果伯爵们想要统治长久,就应该将他们的关系拓展到特伦德拉格郡之外的地方。在那个年代,一个政权的实力在很大程度上取决于它能获得的来自酋长们或部落贵族的支持,而这群人的态度又通常由农民们反映出来。于是安抚原来奥拉夫·特里格瓦松的支持者们就成为必需,因为可以利用他们对舆论的影响来为自己加分。也许是出于这一类考虑,埃里克伯爵才没有攻打厄尔林·斯珈格松。而他对艾纳·泰姆巴斯克威尔的主动示好也明显是因为同样的目的。我们已经讲述过这位年轻的弓箭手在斯沃尔德如何仅以一寸之差未能取伯爵性命，此举却是激起了埃里克对其高超技艺与勇气的钦佩。战争结束后，一贯大度的伯爵非但饶他不死，还千方百计结交他为朋友。他赐婚艾纳以自己的妹妹——高洁的伯格略特，给他大片封地，在特伦德拉格没有哪个酋长的权势能与之相匹。

对他的弟弟斯温，埃里克伯爵表现出与其他有求于自己的人一样的宽宏大量。斯温对于两人的不同地位感到不满，他统治挪威1/3的土地，身份上却是作为瑞典国王的属臣，而埃里克是作为独立的君主统治了2/3的国土。他一再抱怨，纠缠不休，直到埃里克伯爵决定放弃政权。他把本国的酋长和最强的农民们召集起来，退位（1015年）给他的儿子哈康和弟弟斯温，把他治下的土地分成两等份交给这二人。由于哈康尚未成年，艾纳·泰姆巴斯克威尔被指定为他的守护者。1015年秋，埃里克伯爵起帆驶向英格兰，协助克努特大帝征服了那个国家。后来他的儿子哈康追随他而来，因为他遭到奥拉夫·哈拉尔德松的驱逐，并被迫发誓永不回挪威重夺政权。1023年或1024年，埃里克伯爵因一场外科手术在英格兰去世。而在他们被驱逐出国之前，斯温伯爵和哈康伯爵与厄尔林·斯珈格松握手言和，承认他从奥拉夫·特里格瓦松那里接受的封地的所有权，包括从松恩峡湾到林讷角的所有沿海郡县。为了巩固二人的友谊，斯温伯爵还把女儿希格里德[1]嫁给了厄尔林的儿子阿斯拉克。

就是在埃里克和斯温两位伯爵的统治期间，首次有挪威人踏足北美大陆。有一个名叫比亚内·赫约尔夫松的冰岛人，在一次去往

---

[1] 对她的名字有两种说法：希格里德和贡希尔德。

格陵兰岛的航海中（986年）被风吹离了航道，他在一路向北航行时在他的左边发现了一片未知的土地。他推断这不会是格陵兰岛，因为上面没有冰川，只看见低矮的树木覆盖的山，一直倾斜绵延到海边。比亚内到了格陵兰岛之后便把他见到新大陆的事讲给人听，却遭到诸多嘲笑，因为他并没有上岸探查。然而他的故事却给"红胡子"埃里克的儿子、爱冒险的莱夫留下了深刻印象。他买下比亚内的船，带着35名船员，启航寻找那未知的西方海岸（1000年）。他向南航行，第一片陆地出现在他的右边，这里满是冰川，看不见草，他把它叫作赫鲁兰，因为从冰川脚下望去，它就是一大片平坦浩瀚之地[1]。这应该是现今的拉布拉多[2]。继续南行，莱夫到了一个树林茂密之地，有长长的、平滑柔软的沙滩。他称之为马克兰（意为森林之地），据猜测那应该是现在的新斯科舍省[3]。一场持续的东北风送了他们相当远的一段路程，经过又一天的航行，莱夫到了一个岛，有河水从岛上流向海里。由于退潮，不能登陆，但船上的人如此渴望探索这个国家，他们跳下了船，跋涉上岸。据描述，在这个地区，一年中白日最短的那天太阳7点半升起、4点半落下，显示其纬度为41°24′10″；相应地，莱夫登陆的这个地方必定是在科德角或福尔里弗，马萨诸塞州附近。他发现了这个国家的诸多优势。这里的冬天很温和，不需要定时为牲畜喂食。河流盛产大马哈鱼，树林多有野味。一个名叫蒂尔克尔的日耳曼人在发现葡萄之后，狂热忘形地用了他的母语说话，船员们都认为他是喝醉了。莱夫和他带来的人搭了一些棚子，在这片被他们称作文兰的新大陆过了冬，而在第二年春扬帆回了格陵兰岛。

---

[1] 赫鲁（Helle）在挪威语里的意思是一大块平的石头。
[2] 位于加拿大东北部。——编者注
[3] 加拿大面积第二小的省，位于加拿大东部。——编者注

从这里的描述中我们明显看到，要么对纬度的描述有误，要么新英格兰的气候在过去的 9 个世纪中变得严峻了。如今在科德角地区，牲畜几乎不能在外放养，也没有任何一个品种的葡萄能在马萨诸塞州海岸有寒冷强风四处流窜的野外生长。而那种酸涩的美洲葡萄似乎也不太可能令一个日耳曼人欣喜若狂。

第二趟去往文兰的远征发生在 1006 年，由冰岛人索尔芬·卡尔瑟文和妻子古德里德完成。他们的追随者多达 160 人，包括"红胡子"埃里克的儿子索尔瓦尔德及其女儿弗蕾蒂斯。这是第一次以殖民那个国家为目的的远征。因此他们带了牲畜，并做了长期定居的各种准备。索尔芬不费力地发现了被莱夫弃下的棚子，他自己又增建了一些。一些被挪威人叫作斯克雷林人（skraellings）的陌生民族乘坐用皮做的轻舟前来，提出以动物皮毛与他们交换布料、饰品和武器。但卡尔瑟文拒绝将武器卖给他们。谈判过程中，一头牛从树林里冲出来，开始咆哮，斯克雷林人被吓坏了，匆忙离去。从那以后，他们就敌视这些移民者，一再地袭击他们，杀了几个人。这种无休止的不安全状态令幸存下来的人们感到丧气，于是他们在逗留文兰三年之后返回了格陵兰岛。

第十三章
"圣徒"奥拉夫（1016—1030 年）

我们已经看到，在埃里克和斯温两位伯爵温和宽松的统治期间，基督教在挪威无甚进展。奥拉夫·特里格瓦松再有热情和精力，也不可能在短短 5 年之间把异教信仰从挪威人心里连根拔除。而在他死后，许多被他强迫信奉基督之名的人便又重拾曾经的宗教习俗。直到国王奥拉夫·哈拉尔德松用他的生命、更多的是用他的死亡，激发了挪威人的想象，留下无数传奇的故事，才使得基督教在这个国家稳固地建立起来。

奥拉夫是哈拉尔德·格隆斯科的儿子、"商王"比约恩的孙子，而比约恩是被他的兄弟"血斧王"埃里克杀死的。由此可知，这是由"金发王"哈拉尔德及其传下的王族血统中产生的一个新的分支。我们曾提到过，奥拉夫的父亲在妻子阿斯塔孕中即将临盆之际还起了向"傲慢女"希格里德求爱的念头，结果被希格里德烧死了。奥拉夫出生在外祖父的家里，在母亲的二婚丈夫灵厄里克的国王西格德·希尔的陪伴下度过了童年。西格德·希尔是"巨人"西格德的孙子，是"金发王"哈拉尔德与斯奈芙里德诸子之一，所以他其实和当时在位的奥拉夫·特里格瓦松一样是拥有王位继承权的。但他是一个安静朴实的人，满足于种种庄稼、管管他庞大的地产，并不被野心宏志所烦扰。继子还是小婴儿的时候，西格德·希尔在自己家里接待了奥拉夫·特里格瓦松，并在他的诱导下接受了基督教。据说就在这一次，奥拉夫国王主持了与他同名的这个小亲戚的洗礼。

奥拉夫·哈拉尔德松10岁时的某一天，他的继父请他给他的马装上鞍。奥拉夫去了马厩，把鞍装在一头大公羊身上，领出门来给西格德看。当被问及这个玩笑的意义时，他回答说公羊很适合西格德啊，因为西格德之于其他国王，就好比这山羊之于其他战马。

在游戏运动中，奥拉夫暴躁、强横，以自己的出身为傲，坚决要高人一等。12岁时，他踏上维京之航，以大胆与才能脱颖而出。他为了替父报仇而洗劫瑞典沿海，并在去英格兰的一次航行中帮助埃塞尔雷德的儿子们对战丹麦人（1008年）。这种放荡不羁、四处游历的生活同时也充满了变数，使他的性格逐渐成熟，也给了他一个成年人的广博经验，并发展了他与生俱来的领袖才能。1015年埃里克伯爵离开挪威，给了他一个问鼎王权的机会，他一刻不等地回到了这片生他的土地。但他对这件事情的开展却体现了其谨慎的特点。得知人民对他的态度必会决定他要如何行动，他不想在没有确定胜算之前贸然出手。于是他便把战舰都留在英格兰，而乘坐两艘商船跨过北海。登陆时，他脚下一滑摔倒在海滩上。

"啊，我摔倒了。"他号道，担心这大概是个坏兆头。

"不，"一个手下回答，"刚才是你把脚植根于挪威的土地了。"

他沿着海岸向南航行，没有人认识他，也没人怀疑过他的目的。有一天，他坐在海滩的帐篷里，削着长枪柄，这时一个农民走进来，深深地看着他。

"你是谁？"他问。

"我是一个商人。"奥拉夫说。

"是很像一个商人,"农民继续说,"但我看过奥拉夫·特里格瓦松的眼睛,我相信你很快就会遇到哈康伯爵,你会大胜。"

"如果真是你说的这样,"这位王子回答道,"你大可以来找我拿好处。"

奥拉夫的计划之精明周全,避免流露出一切要战的意图,通过此事可见一斑。他在塞敦格海峡成功捕获年轻的哈康伯爵。哈康毫无危险意识,正带着仅仅一艘船和很少随从在出航。奥拉夫一见到他的美貌,惊为天人。这位伯爵才17岁,个子高,身材好。他金色的头发打着卷儿垂在肩头,亮得像绸缎一样,头上还戴着一条金束带。

"关于你和你族人的说法果然是真的,"奥拉夫说,"你确实很漂亮。但现在,好运已经离你而去。"

"我怎么没看出来好运已离去,"年轻人傲然地说,"就算真发生这种事。胜也有时,败也有时,不一直都是这样吗。我确实年轻又没有经验,没料到会有破坏和平的事发生,才连抵抗之力都没有。下一次,也许我就知道怎么做更好了。"

"可是你还不明白吗?"奥拉夫反唇相讥道,"从此刻起你根本就没有讨论胜或败的资格了。"

"那全都取决于你。"伯爵无畏地说。

"如果我让你毫发无伤地离开,你会怎么做?"

"告诉我你想要我怎么做。"

"只此一条,那就是你离开这个国家,放弃统治权。另外,你要发誓永不对我发起战争。"

别无选择的伯爵答应了这些条件,随后行船去了英格兰,投靠他的叔叔克努特国王。

奥拉夫发现，在与斯温伯爵开战之前，明智的做法是要先试探大众态度和得到大农民和酋长们的支持。为此，他到灵厄里克拜访了继父西格德·希尔，咨询他的意见。斯诺里对奥拉夫的母亲阿斯塔接待他的故事进行了详尽的记载，充满生动的细节描述，为我们清晰地展现出那个时代的习俗礼仪之画面。当阿斯塔收到儿子快到了的消息，起身准备给他一个体面的接待。她令4个女仆把墙都挂上布帘装饰起来，又同样把凳子也都罩起来。餐桌摆好，放上丰盛的食物和啤酒。她派信使赶忙去邀请远近的宾客，并要求每位客人都穿上他最好的衣服。而对于没有好衣服的客人，就为他们提供相称的服装。西格德国王和往常一样，正在田间监管劳工。正当收获的时节，每小时都很宝贵。他穿着蓝色的粗布短衫、蓝色马裤、高底鞋和灰色斗篷，戴了一顶灰色的宽檐帽，手里拿了一根带镀银杖头的手杖。当妻子派人带来继子回家的消息，他大约还对受到打扰不太高兴。而当听到妻子托人带来的指示，请他这一次还是要证明一下自己真的是"金发王"哈拉尔德的后裔时，他就更不高兴了。他在田间做了一番简短的讲话，尽量掩盖了自己的坏情绪。然后他坐下来，把日常着装换成阿斯塔捎来的华丽服饰。田间地头干活儿的人们都站着观看，他穿上绸缎的短上衣、配套的马裤和带金马刺的科尔多瓦皮革[1]靴。一把做工精美的剑用带扣扣在他的腰间，他的头上戴着镀金的头盔，肩头披了件鲜红的披风。如此盛装一番，他便领着30名侍从组成的列队出发去迎接继子。刚越过田野下马，他就看见奥拉夫带着120名武士组成的列队从另一边正走过来。他们行至院子里，旗幡随风飘扬，西格德就在此问候了归来的

---

[1] 科尔多瓦皮又译马臀皮，得名于西班牙城市科尔多瓦，是制靴的高档皮革。——编者注

维京人,欢迎他回家。他的母亲亲吻了他,邀他留下来陪她,想住多久就住多久,并且她有的一切——房子、人手、金钱——都任他支配。

欢迎宴结束之后,他们召开了一次家庭会议,西格德·希尔承诺帮助奥拉夫,并答应将自己的影响力为他所用。另一方面,他提醒他要谨慎行事,在拥有足够的支持力量之前不要与斯温伯爵较量。最后他表示毫不怀疑他会成功。

"群众呢,"他说,"总是喜欢改变的。奥拉夫·特里格瓦松的到来曾证明了这一点。所有人都喜欢上他,不过,他享受王国的时间确实不太长。"

骄傲的阿斯塔对此的回答是,她宁可儿子死得早一点却有短暂光辉的一生,就像奥拉夫·特里格瓦松那样,也不愿他死得很晚却终其一生无所作为,就像西格德·希尔。

在奥普兰各处有一些小郡王,他们生活富足如地主,其中很多都是"金发王"哈拉尔德的后裔。西格德·希尔把他们都召集来开会,告知了奥拉夫的计划,请他们帮忙实现。这当中有个名叫罗莱克的人拒绝了,声称最高领主离得越远,人民和郡王们过得越好。名义上伯爵们受其管辖的丹麦和瑞典国王就是非常好的统治者,因为他们离得太远,不大来捣乱。因此,罗莱克倾向于不被干涉,还建议其他人也这样。但他的兄弟灵厄的想法则完全不同。

"我会乐于看到我们的家族再次领导这个国家,"他说,"如果我们的族人奥拉夫成了王国的最高领主,得到他友谊的人,才将会是过得最好的。"

其他的郡王们也都是这个看法,都承诺要帮助他们这个族人。随即,人们便被召集而来召开庭会,会上奥拉夫以雄辩之姿申明了自己的王权资格,并宣布为王。作为回报,按照传统,他承诺会依法治国，保护国家对抗外敌。大批武士拥上前来加入他旗下，一时之间追随者如此众多，还带给他一些麻烦。因为没有足够的粮食，从全国征收供给的话会很容易使人民产生疏远情绪。此外，如果他想突袭正在特伦德拉格郡的斯泰恩谢尔暂居的斯温伯爵，很重要的就是尽量不引起注意，以及选择不寻常的路线，穿越山野。尽管如此，他还是带领大约360号人，成功深入奥克达尔[1]，还劝诱吸纳了一支900名农民组成的军队宣誓效忠于他，而这支军队原本是艾纳·泰姆巴斯克威尔派来对抗他的。斯温伯爵听到这一坏消息，向南逃往弗罗斯敦，施了一个诡计才得以从追捕者手中逃脱。特伦德人被召集起来开"庭"见奥拉夫，被迫承认他为国王（1015年）。但他们心系哈拉德的伯爵一族，所以这么做并非情愿。许多势力大的酋长都缺席这次庭会，包括艾纳·泰姆巴斯克威尔，他们还是想和伯爵共图大业。

虽然地位尚不稳固，奥拉夫国王还是决心要在奥拉夫·特里格瓦松建立的尼德罗斯城，也就是后来的特隆赫姆庆祝圣诞节。对商业不甚关心的伯爵们已经任由这个贸易站点败落荒废，这里曾经的繁荣几无踪影。奥拉夫在此地再次强调了他作为那位伟大族人合法继承人的身份，并开始了那些破败房屋的修缮工作，他本人和随员们都亲力亲为，竭尽所能。然而此番努力却白费了力气，因为他刚把家当从船上搬出来，斯温伯爵和艾纳·泰姆巴斯克威尔就连夜带2 400人对他发起突袭，若不是他的哨兵在千钧一发之际发出警示，他的生涯可能就要从此终结了。奥拉夫向南逃到奥普兰，再次得到继父的善待。他现在努力要做的事就是集结足够大的一支军队去摧毁对手。西格德·希尔的声望和影响力帮了大忙，许多此前都对他

---

[1] 奥克达尔是特伦德拉格郡的一部分。

冷眼旁观的酋长都在劝诱下加入了他的阵营，其中就有灵厄内斯的凯提尔·卡夫。冬天剩下的时间都用来造船和确保物资补给，以做一场决定性战役之用。伟大的战船"卡西霍夫德"（意为"莽人头"）就是在这时候被造成，船头以一个国王亲自雕刻的人头做装饰。到了春天，冰面一破，他便率大约20艘船，共1 500到2 000人驶出了福尔登峡湾。

与此同时，斯温伯爵纠集了所有力量来应对危机。在索勒的厄尔林·斯珈格松和艾纳·泰姆巴斯克威尔的帮助下，他集结了一支由45艘装备精良的船以及大约3 000名战士组成的舰队。带着这样一支令人生畏的庞大军队，他在西福尔郡海岸的尼瑟岬（海角）迎战奥拉夫。那天是基督教的棕枝主日（1016年3月25日），据故事记载，奥拉夫派使者向伯爵请求休战一天，第二日再续。然而伯爵却对这个节日毫无忌讳，他拒绝了请求，战争便开始了。按照海战的传统，所有船只被绳子绑在了一起，"莽人头"居中，其他那些小一些的战船占据各翼。国王的船上是120名精锐战士，全部身穿黄铜链甲，头戴法式头盔。他们手持白色盾牌，上面饰有或红或蓝或镀金的十字架，而他们的头盔上也装饰着同色的十字架。国王叫众人先按兵不动，做出防守的姿态，而把矛枪都留到对方抛掷耗尽之时再用。事实证明这个策略确实有效，因为当国王的战队压向伯爵一方，各种投射物便暴风雨一般袭来，然而他的部下却只是在努力地自保，这令敌方以为他们是怕了，于是战争热情更是倍增。后来，当伯爵一方的矛头箭矢变得少了，国王一方遂发起激烈的猛攻，所遇抵抗弱不禁风。奥拉夫趁对方一时之间没回过神，操舵驶向伯爵的船，与他发起短距交锋。这一战漫长艰难，双方人员成堆倒下。最后斯温伯爵一方军心开始动摇，一艘接一艘的船被斩断连系准备逃走。但奥拉夫一方快人一步，用艇钩拖住了他们，直到斯温下令斩断船头。斯温此举实属冒险，如果不是他的好连襟艾纳·泰姆巴斯克威尔将锚扔到他船上，利用这个锚上拴着的绳子将他拽出包围圈，他可能就没命好逃走了。不管怎样，他成功地将远在峡湾里的众船集合起来，一度看上去像是分分钟要发起新一轮进攻的样子。西格德·希尔力劝奥拉夫不要放过这个彻底击垮厄尔林·斯珈格松和艾纳·泰姆巴斯克威尔的机会。

"因为根据你的性格和抱负，我可以预见，你大概不会走到那一步，"他说，"就是你能放心信任那些习惯于蔑视反抗首领的权贵。"

奥拉夫未及答话，伯爵的舰队突然四散开来，击溃他们的机会便已逝去。战争结束后，国王的第一个举动就是跪在海滨上，感谢上帝赐予胜利。

尽管仍有大批人马拥趸及足够的资源继续顽抗，斯温伯爵却向东驶去了瑞典，他的连襟瑞典王奥拉夫热情接待了他。他似乎谋划过对挪威的新一轮战役，瑞典王也支持他一雪战败之耻。然而他却在第二年夏天向罗斯发起了一次军事远征，大约是为了充盈国库之需，结果生病死在途中（1016年）。

利用伯爵不在的期间，奥拉夫强行从沿海农民那里得到效忠的誓言。但出于某种原因，他对攻打厄尔林·斯珈格松却有所犹豫，于是绕过了其所辖的省份，没有登陆其封地。他回到尼德罗斯，重修了被毁的王宫还有圣克莱蒙教堂。过往的海外旅居经历令他认识到商业贸易的好处，他于是鼓励商人和工匠在这个复苏的城市住下来。他不确定特伦德人对他是否有好感，因此喜欢任用没有本地关系及历史背景的人围在自己身边。不过斯温伯爵的死讯一传抵挪威，这种情形立刻就改变了。特伦德人如今没了自己的首领，便开始对国王示好，用各种办法讨好他。这样一来，他认为已经可以安全地召集众酋长和农民来开"庭"拜见，随后他的国王身份在特伦德拉格诸郡县得到了正式的认可。但有一点别忘了,其中4个郡县另加毗邻的诺尔默勒、劳姆斯达尔和桑德摩尔在斯沃尔德一战之后是被划给了瑞典王,而由斯温伯爵代为掌管的。因此,当瑞典王奥拉夫听闻特伦德人已向"大块头奥拉夫"宣誓效忠,怒不可遏。他给自己的对头起这个绰号是基于其坚实魁梧的身形,而一旦提到他必然是诅咒骂人。但他的威胁辱骂毫无回应,最后他便派了一队收税官到他原来那些省。而收税官们征税无果,遂要求奥拉夫国王接见,国王命令他们回去邀请瑞典国王到两国的边界来与自己会面。"然后,"他说,"他可以选择和我达成和平协议:各自保有其出身所赋予的王国。"

  12名收税官冒险违抗了他的命令,被抓起来绞死了。如此侮辱,瑞典国王怎容轻易放过?而奥拉夫已做好与之一会的准备。在离萨普恩大瀑布不远的一处伸入格罗门河的岬角之上,他修筑了一个简陋的防守堡垒。与这些攻防相应,他还建了一座名叫伯格或萨普斯堡的城市,造了王宫,并为来此地居住的商人提供保护。按照预期,瑞典人的入侵自然会被引向这个地区,因此这个新城市的选址主要是看中了它的战略价值。然而好长一段时间瑞典国王都没有什么大举动,而是满足于杀死奥拉夫在耶姆特兰的那些收税官这一打击报复行为。事实上,只是两位国王之间有私人宿怨,他们的臣民之间却是没有积怨、渴望和平的。国王的朋友也是典礼官比约恩·斯塔拉尔受到怂恿为人民发声,最后作为奥拉夫的大使被派往瑞典,提议共修和平,条件仍和之前说的一样。但这份差使却蕴含着巨大危险,因为盛怒之下的瑞典王奥拉夫甚至不容许有人在他面前提及那敌人的名字。于是比约恩就派了他的朋友冰岛人哈尔特·斯凯格松提前去铺路,他自己则在西哥得兰的伯爵拉格瓦尔德处逗留了一下,这位拉格瓦尔德娶了奥拉夫·特里格瓦松的妹妹为妻，而他的养父是大农民暨执法官[1]索尔格尼·索尔格尼松。确保了和伯爵的友谊，比约恩也就相应地得到了保障，以防国王对他采取暴力。在乌普萨拉盛大的冬天"庭"会上，国王也出席了，比约恩突然从人群中站出来，用所有人都能听到的音量大声说道："奥拉夫国王派我来此向瑞典国王提议共修和平，互守挪瑞两国之间自古便有的界线。"

当瑞典王奥拉夫一听到奥拉夫国王的名字，第一反应还以为这人说的是自己，但当他想明白其中关联，气得不得了，起身大喊表示说话的人应该闭嘴，这种言论决不容许。然后比约恩就坐下了，拉格瓦尔德伯爵却随即起身，表示自己的人都因为与挪威的贸易中断而遭受巨大损失，大家都认为国王应该接受"大块头"奥拉夫的提议，并且为了保障和平，他还应该将女儿英格格尔德送去联姻。国王听了这番话，生气地宣称他不想听任何有关和平的说辞，他称伯爵为叛徒，说他应该被赶出本国，还痛斥他娶了一个同情敌人的妻子。说完他坐回座位，希望这个话题到此为止。随后执法官索尔格尼站了起来。他身材非常魁梧，发色灰白，胸腔宽阔，胡子像瀑布一样一直垂到腰带处。他一起身，人群就向前涌动，发出巨大的噪声和兵器声。"如今瑞典的国王与从前相比真是大不同了，"索尔格尼说，"我的祖父索尔格尼还能记得埃里克·埃蒙德松，说全盛时期的他每年夏天都要去不同的地方作战，征服了芬兰、卡累利阿、爱沙尼亚、库尔兰和其他许多东边的国土。至今人们还能见到他留下的土木工事及其他事业，但他从没骄傲到在别人说必要的事情时听不进去。我的父亲索尔格尼跟随比约恩国王多年，熟悉他的行事

---

[1] 执法官（Laga-madr）并非现代意义的律师，而是某种法官。在瑞典，其职务的重要性与在挪威由斯韦雷国王所引介的略有不同。

作风。比约恩时期的王国非常强大,未曾遭遇过损失。对朋友,他是一个非常随和的人。我自己还记得'胜利王'埃里克,我跟他出战多次。他扩展了瑞典的国土并英勇地保卫这个国家。他也会接受我们的好言相劝。但我们现在的这位国王却受不了任何人的进言,除非说的是他爱听的。他一意孤行,却为一时之快令一些省份丧失。他想要征服挪威的国土——这愿望迄今为止还没有哪个瑞典国王想过,却令很多人感到不安。眼下,我们农民的愿望是:你,奥拉夫国王,去跟挪威国王'大块头'奥拉夫讲和,把你的女儿英格格尔德嫁给他。如果你不同意,我们就杀了你,不会再忍受你破坏和平、违背法律的做法。我们的先祖就是这样做的。莫拉'庭'时他们扔了5个国王进沼泽,皆因其太过膨胀自大——就像你一样。现在,就是此刻,你告诉我们,你要选哪条路?"

农民们用武器的撞击声大声地表示了对这一态度的认同。被吓到的国王起身表示让步,在这件事情上会如农民们所愿。就这样,他接受了和平的条件,婚礼的时间也定了下来。比约恩带人返回挪威并从奥拉夫国王那里获赠了贵重的礼物,以奖赏他成功完成了如此艰巨的任务。然而不幸的是,危机一解除,瑞典国王就开始重新考虑他做出的承诺。而当听说他那位敌人在国界处等待新娘未果,失意地返回萨普斯堡(1018年)时,他毫无疑问地得到了满足感。他并没有意识到本国那些要求停战的臣民们会厌恨他这种有失尊严的花招。而当一场几乎将他赶下王位的叛乱爆发时,他既意外又惊恐。他不得不再次做出让步,承诺与挪威国王讲和,接受他20岁的儿子阿农德·雅各布作为共治者。与此同时,挪威的奥拉夫国王违背其父意愿,娶了英格格尔德的一个妹妹阿斯特里德为妻。两位国王终于在康格海尔会面言和(1019年),这场婚姻得到瑞典国王的认可,双方建立起友好的关系。而耶姆特兰省仍属于挪威国王奥拉夫所有。

这是挪威第一次作为一个完整王国与一个外国强权交涉。瑞典国王与丹麦国王都自称是拉格纳·罗德布洛克的子孙、神的后裔，在此之前，他们从未把"金发王"哈拉尔德的后人看作一个统一的王国的统治者，也从未承认他们和自身有同等尊贵的地位。在他们看来，挪威不过是许多分散的小团体，他们有时候会统一，但统一之后又会迫不及待地走向分裂，并且还曾在不同的时期拜瑞典和丹麦的国王为尊。因此，瑞典国王不情愿把女儿嫁给奥拉夫·哈拉尔德松便很好理解了。

奥拉夫·哈拉尔德松无疑是继"金发王"哈拉尔德之后第一个对国家统一有清晰构想的国王。奥拉夫·特里格瓦松也许也有过这个念头，但他死得太早还未及实施。而奥拉夫·哈拉尔德松却带着深思熟虑的目标性，高举基督教的十字架着手统一全挪威。他率300名武装人员逐郡奔走，严罚那些或偷摸或公开祭拜旧神者，以及沉溺任何异教行为的人。有些人被流放、财产充公，有些被致残，还有少数人被绞死或斩首。逃亡者们散布国王暴行的传言，仍旧信仰阿萨教的人们心中警钟大响、愤恨满怀。以罗莱克为首，奥普兰有5位曾效忠奥拉夫的郡王密谋杀掉他。但灵厄内斯的凯提尔·卡夫听到了风声，赶紧把消息传达给奥拉夫，奥拉夫趁夜横渡莫约森湖，抓了密谋者们一个措手不及。罗莱克被刺瞎，哈德兰和劳姆莱克的统治者古德罗德被割掉了舌头，其他几位也受到了同等程度的严惩。西格德·希尔的去世（1018年）使奥拉夫回了灵厄里克，他花了几日时间在那里安顿他那成了遗孀的母亲。阿斯塔与西格德·希尔生了三个儿子——古托姆、哈夫丹和哈拉尔德，她把他们带到大厅，介绍给他们有一半相同血缘的哥哥认识。据说奥拉夫把古托姆和哈夫丹抱到膝上，冲他们做出凶狠的表情，两人都吓跑了。然后他又抱起最小的哈拉尔德，用同样的严厉表情盯着他。这个男孩却没有跑开，而是学着国王的样子严厉地瞪了回去。为了进一步测试他，奥拉夫拉扯了他的头发，而哈拉尔德一点没被吓倒，扯国王的胡须来反击。第二天奥拉夫和阿斯塔站在一边看男孩儿们玩耍。古托姆和哈夫丹造了粮仓和厩棚，做了牛羊的小模型，而哈拉尔德却把木屑和刨花排成队放到池塘水面，高兴地看着它们随风漂走。国王便问他这些代表了什么意义。

"战船。"男孩儿回答道。

"如果你将来去指挥战船，我可不会惊讶啊，小亲戚。"奥拉夫说。

古托姆被叫来问他最想要的东西。

"土地。"他说。

"要多少呢？"国王问。

这男孩说："我希望每年夏天都可以把那块伸出到水里的岬角那么大的土地种完。"

那块岬角有10个大农场大小。

"那可以种很多粮食啊。"国王评论道。

哈夫丹声称他最想要的是牛，很多的牛，它们喝水的时候会占满古托姆那块岬角的水岸。

"那你又想要什么呢？"奥拉夫问最小的男孩。

"侍从[1]。"哈拉尔德回答。

"要多少呢？"奥拉夫说。

"很多很多，他们一顿饭就要吃光哈夫丹哥哥养的所有牛。"

---

[1] 这里用的词是 hus-karler，意为家臣、侍从。男孩想表达的是他想拥有受他指挥的人手。

"你看,母亲,你培养了一位国王啊。"奥拉夫笑着转身对阿斯塔说。

这个预言成了真,因为后来哈拉尔德·西格德松成为挪威的国王。

奥拉夫从灵厄里克出发向南去了腾斯贝格,他要去那里庆祝复活节。他带上瞎了眼睛的罗莱克同行,似乎想用亲切的恩惠令他忘记受过的苦难。他给他仆人和金钱,吃饭的时候让他坐在自己旁边。但罗莱克不会忘记自己出自"金发王"哈拉尔德家族,也曾是一位君王。在很长的一段时间里他都隐藏了自己的情绪,表现出无所在意且开心的样子,却在心里酝酿复仇的计划。最初,他诱使自己的仆人斯温谋夺国王性命。但就在紧要关头,国王紧紧地盯着斯温,他一下子脸色苍白,跌倒在奥拉夫脚下乞求宽恕。从此以后,罗莱克不再被允许与国王同坐一桌,但他依然受到优待,只不过得由两名看守人陪同,这两人要为他的行为负责。他在朋友的帮助下杀了看守人,试图逃走,却没能成功。但即便是在他被抓回来之后,国王也并没有报复他。1018年耶稣升天节那天,奥拉夫参加了弥撒,有罗莱克随行。当奥拉夫跪下,这位盲眼人把双手放在他肩上说:"你今天穿了貂皮啊,我的族人。""是的,"国王说,"因为今天我们要庆祝一个伟大的节日,来纪念基督升天。"

"你跟我说了那么多关于基督的事,"罗莱克说,"我却不明白,也记不住。当然了,很多不可思议的事情可能都在古时候发生过。"

当弥撒开始,奥拉夫站起身,双手举过头顶,向圣坛鞠躬,这么一来他的斗篷就从肩上掉了下来。罗莱克快如闪电地跃上前去,持匕首扑向国王之前站着的位置。斗篷被一分为二,但国王却因为身体前倾而幸免于难。罗莱克又刺来第二刀,但奥拉夫此时已然飞快地向前站了起来,逃离了刺杀的范围。

"大块头奥拉夫，"罗莱克大喊，"你现在是从我这个瞎子手下逃跑了吗？"

他之前把手放在国王的肩膀上原来仅是为了查看他是否穿了盔甲。这时他蓄意谋杀未遂被抓了起来。尽管有很多人怂恿，奥拉夫却并未处死他。但他也不得不保护自己免遭其算计，于是便把罗莱克送去了冰岛，数年之后，罗莱克在那里去世。如今所有的郡王都丧失了权力，这是挪威历史上第一次在全国范围内只有国王一人拥有王室头衔。这许多郡王所构成的群体，其实是狭隘的本地爱国主义的代表，很难对付，必须要先打破他们的势力，才有可能将分散的诸部落融合成一个统一的国家。然而正如我们所见，只要阿萨教还是国教，打破其势力就毫无可能，因为老部落的首领阶层也身兼神职，于是这些本地身兼祭司的君王所世袭的尊贵便被宗教和部落政治传统双重神圣化了。正因如此，奥拉夫国王要使全国基督教化的热情就拥有了政治和宗教双重意义，而他把精力同时放在对付旧的神祇和对付这群通过旧神信仰获取利益的人两方面也就绝非偶然。在1020—1026年间的和平时期，他以不懈的热情致力于根除一切异教的痕迹，令这个国家的法律和制度与基督教相统一。这是一项庄严的事业，如果我们能忽视当时的时代精神所带来的某种暴力倾向，那么这一事业的推进过程也可以说是庄严的。要彻底地实施这一浩大工程需要超乎常人的努力。风俗惯例只是外在表现，人们的理想准则和观念并不会经过一两代人就发生彻底的改变。早在奥拉夫·哈拉尔德松时代以前，就有迹象显示人们的观念有一个渐进的改变，人们的理想准则更趋温和、平和。荣誉并非只能通过血腥暴行来获得，一个人即使不愿拔剑出鞘，也可以通过公正可敬的作为，尤其是对法律的洞察力来建立自己受人敬重的地位。

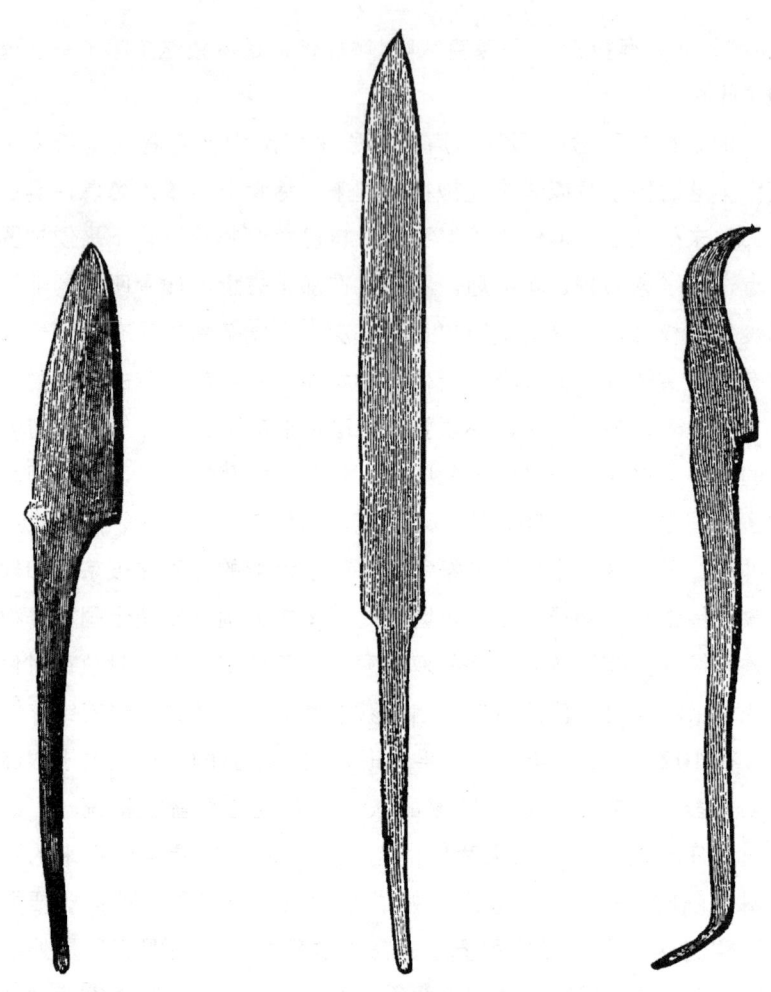

铁刀，发现于海德马肯和哈德兰

不过这类人的例子太少了，以其为例而推出的普遍性论断不能说可靠。战争是挪威人的职业，挪威人的神就是战神。在其接受的教育中，生前战功赫赫、死后威名远扬就是最值得去追求实现的崇高人生目标。他以带着怜悯的轻蔑看待苦行与谦恭，基督所表现出来的那种自我牺牲式的受苦受难的壮举，对他来说毫无吸引力。一个神竟然同意让敌人来杀死自己，这在他看来非常难以理解，因为这个神的软弱与雷神托尔的雄伟形成了鲜明对比。英灵殿的欢乐、瓦尔基里与蜂蜜酒、每天都能吃到猪肉、无休止的搏斗竞技所营造的振奋人心的喧嚣，以及拥有已故英雄们做伴的那种荣光愉悦，这些才是符合其生活与训练经历的对快乐的构想。而基督教描绘的天堂景象中有的则是无尽的赞美，以及不喜争斗、不渴盼荣誉的圣人们，相形之下，这样的生活显得乏味莫名。据说有一位弗里斯兰人的酋长在临受洗之前突然转身问神父：他那些未曾受洗的、英勇的先祖们死后去了哪里呢？

"他们在地狱里。"神父回答。

"这样啊，"这位首领说着，一边甩掉他的洗礼长袍从水里走出来，"与其去天堂找胆小的基督徒和光脑袋的修道士，我还是跟奥丁和我勇敢高贵的先祖们一起待在地狱好了。"

由此可见，像奥拉夫·特里格瓦松死后出现过的那种异教复兴是可以预见的，而大众对这始于伯爵统治时期的新信仰产生抵制反应也很自然。因此，在很大程度上奥拉夫·哈拉尔德松必须把他那位前辈和族人做过的工作重新做一遍，而他也确实做得非常尽力，以至于最后逼得阿萨教及以此为势力基础的部落权贵们与他终极一战，却以他自身的死亡收场。而随着他的死亡，基督教却是迎来了胜利。

奥拉夫国王本身是对他的使命有充分准备的。他有强健的体格、不屈的意志以及杰出的忍耐力。单从他的体型和相貌就能看出其人不可小觑。激励他推行那些为传布信仰而采取的措施的，不是奥拉夫·特里格瓦松式的年少热情，而是要达成一项事业的坚定顽强之决心，正是这项事业在道德上和政治上的重要性给了他强烈的推动力。我们无须质疑他的诚意,因为侍奉于神的同时他也满足了自己。他所有的习惯与作为似乎都显示,无论在信念还是性情上他都是一个信徒。但他并不是一个狂热者。后世诸多冠以他名字的传说在他身上附会了过多的狂热,这是对他形象的扭曲。不计后期的圣徒身份,他实是一个意志坚定、雄心勃勃和精于世故的人,在计划时高瞻远瞩,方式上有商人之风,仇恨起来残酷无情,惩罚起来心狠手辣。然而正如在他对待罗莱克一事中我们所看到的,他也并不乏怜悯之心,情况所至,他也可能展现其宽宏雅量的一面。

萨迦传说里评说他严苛,而他的严苛从来都不是肆意妄为,而是与犯罪的程度成正比的。那些在国内犯下劫掠之行的强盗、小偷和维京海盗,无论其出身是高是低,都被他处以死刑。因为根除掠夺成性这种旧风气及这种风气所带来的自相残杀式的世仇积怨,是建立一个统一国家的首要条件。

从外貌看来,奥拉夫国王中等个头,肢壮颈粗,面色红润,有发福的倾向。他留着红色络腮胡,有一双犀利的眼睛,异常明亮。尽管身材矮胖结实,他行动轻快,性格活跃。他擅长识人,同忠心侍奉他的人们有着坚实可靠的友谊。他挑选格里姆寇主教——一位大约有挪威血统的英格兰人——来详细制定一套基督教法律,对以前的立法进行修正以达到与基督教教义相一致。虽然他本人不是学者,但他重视神学学问,对他从英格兰带来教导人们的教士们给予极大的关怀。这些教导确实是有必要的,因为在国王纵横跑遍全国以"探查基督教之现状"时,发现实情真是令人失望至极。在他短暂逗留尼德罗斯期间,他看清了特伦德人还有庆祝旧的异教节日及上祭奥丁和弗雷以庆丰收的习惯,这与他们自己所声称的情况完全两样。埃格的欧尔夫酋长因两次就农民们的风俗活动一事欺瞒了国王,且其本人也参与了这些活动,遭到处死。其他也有许多人因为犯了类似的罪或死或残或遭放逐,财产全部充公。古尔布兰达尔的农民大胆地派出武装人员 800 人,在峡谷第一位酋长达尔-古尔布兰之子阿尔夫的领导下对抗国王。然而,战争尚未展开农民们就溃逃了,达尔-古尔布兰邀请奥拉夫一同召开"庭"会,商讨转变信仰一事。国王要求古尔布兰达尔的人们得相信上帝并接受洗礼,对此达尔-古尔布兰答道:

"我们不知道你说的这位是谁,因为你说他是一个无论是你还是别人都没见过的神。我没法向一个我没见过也不认识的人请求帮助。而我们有一位非常不一样的神,我们每天都能见到他。他今天不在是因为雨下得太大了。但我敢说,你一旦看到他,他的能力一定会让你吓一跳,啊不止,你会感到十分恐惧的。但是如果你说的话有哪怕一点点可信度,即那位上帝真有那么厉害的话,那么就请他让明天变成多云天气而不是下雨吧。"

第二天"庭"会继续召开,这日阴云蔽空,一滴雨都没下。国王令西格德主教举行弥撒,向农民们布道宣讲基督在世时的神迹。第三天人们再次聚到"庭"上,这次他们带来了托尔巨大的神像,放在绿地上。天气还是多云,没有雨。达尔-古尔布兰从农民们当中站出来,说:

"您的神现在在哪里呢,国王?他的头低得都看不见胡子了,而我想您也不会像昨天那么大胆无畏了吧,您身边那位头上长角的主教先生也是。因为我们掌管众生万物的神已到来,他正用凶猛的双眼盯着你。我能看出你现在充满畏惧,不敢看他的眼睛。那么就放弃你的愚行,来信仰我们的神吧——你的命运也掌握在他手中。"

对此,国王的回应是:"今天你跟我们说了很多,你惊讶于自己看不见我们的上帝。但我想他很快就会驾临。你想用你们的神来吓唬我,但他又聋又哑,既救不了自己也救不了其他人,没有人来抬他的话他甚至不能移动。现在，我预感到他马上就要遭受不幸了。因为，快看吧！看东边！我们的上帝带着光来临了！"

就在此时，太阳穿破云层照射出来，农民们都转身望向东边。"强者"寇比约恩看到国王示意，突然发力，用棍棒击向神像，神像顿时碎成无数块。从中跳出了猫一样大的老鼠，还有蛇和蜥蜴，它们被每日贡献给神的美食养得溜肥。神像里居然装着这些东西，农民们陷入了极度的惶恐，他们逃向河边，但奥拉夫已经料到，他早就在他们的船上钻了孔，这样船就没法带人浮起。丧气的农民们不得不回到"庭"会的草地上，然后国王对他们说了这样一番话："现在你们看到你们的神能力如何了吧，你们将金银、面包和肉拿去侍奉他，结果却是谁在享受呢？是鼠、蛇、蜂和癞蛤蟆。把散落在地上的金银和饰品拿走吧，带回家给你们的妻子，别再挂到木头和石头上了。我给你们两个选择，要么你们接受基督信仰，要么今天与我一战。胜利将属于我们所信赖的神赐予胜利的一方。"

农民们完全没有心情战斗。于是，在有关神的小尴尬之后，他们宣布接受基督教，并由主教主持了洗礼。一些教士留了下来，对他们进行教导，而达尔-古尔布兰修建了古尔布兰达尔的第一座教堂。

以同样的强硬手段消灭了海德马肯和劳姆莱克的异教之后，奥拉夫在埃兹沃尔德召集了一次盛大的"庭"，正式宣布了埃兹维尔法，且其适用范围是整个奥普兰。他意图修订所有司法辖区的法律以达成统一，自然地，他将注意力放到了西部沿海各郡，这些郡在司法上遵从古拉庭法。而厄尔林·斯珈格松的封邑从林讷角延伸至松恩峡湾，上述各郡都属于这个范围。厄尔林早前虽曾宣誓效忠，但奥拉夫对他的友谊无甚信心，于是准备带大队人马去这些郡游历。由于北方郡县的庄稼部分欠收，他下令在其游历所及各地区禁止一切粮食出口。这其实只是一个自我保护的措施，虽然效果不见得显著，但也确实没有激起任何对他不友好的动作。厄尔林有个侄子是哈罗加兰郡年轻的首领阿斯比约恩·西格德松，他在叔叔的默许之下，不顾禁令，从叔叔的奴仆那里买了麦芽和谷物，结果在阿格瓦尔兹内斯被国王的管事托雷·瑟尔收缴了货物。作为报复，他当着国王的面杀了这位管事，因此被抓住，判了死刑，却又被他的叔叔强行释放。这样大胆的忤逆前所未有，国王盛怒，几乎要去找厄尔林算总账，但还是被西格德主教说服与之和解，条件是阿斯比约恩得前来自首，乞求国王宽恕。然而，以当时的观念看来，这第二次判决比第一次的更苛刻。奥拉夫要求这位年轻的首领接替被他杀死那人的工作，为自己服务。无论为私人提供怎样的服务工作，即便是直属于国王，对一个自由人来说都是有辱人格、不能接受的。王室管事往往都是由出身低的人担任，有时甚至是奴仆或奴仆的儿子。一个出身名门世家的人若是去当这样的奴才，便相当于接受了象征奴役地位的徽章。于是，阿斯比约恩仗着厄尔林·斯珈格松和父亲的兄弟——势力强大的比亚寇的托雷·亨德会在国王面前庇护他，便背弃了承诺。但他这次却算错了。有一天，当他乘着他的船沿海岸航行，另一艘船在经过他时掷来一支矛，射穿了他。这支矛是国王的一个朋友投出的。阿斯比约恩之母希格里德[1]为儿子办了一场盛大的丧宴，向每位到来的客人都赠送了礼物以纪念其子，却唯有比亚寇的托雷·亨德没有收到礼物。但当分别之际，希格里德一路将他送到船上，交给他一支刻有奇怪鲁纳铭文的矛。

"就是这支矛刺穿了我的儿子阿斯比约恩！"她说道，"这上面还沾着他的血呢。如果你能把这支矛刺入'大块头'奥拉夫的心脏，

---

[1] 原书索引处将其标注为阿斯比约恩的姐姐，此按正文译出。——编者注

那真是一个英勇的壮举。如果你不替阿斯比约恩报仇，我会在所有人面前宣布：你什么都不是！"

六年之后的史提克列斯塔之战证明托雷·亨德记住了这番训谕。

至此，奥拉夫与厄尔林·斯珈格松一族间已全无和解之可能。一场大仗在所难免，双方都在为一举击溃对方做准备。英格兰和丹麦的克努特国王利用了这个时局，用贿赂和许诺的手段鼓动全国范围内那些不满的酋长们联合起来反叛暴君。几乎所有部落贵族的首领都收到了克努特的密使带来的礼物，而如果他们去了英格兰，则还有最友好的接待等着他们。厄尔林·斯珈格松的两个儿子去伦敦拜访了克努特，这位英格兰国王的显赫与友善令他们目眩。克努特就这样酝酿着挑动反叛的时机。他的第一目的是要惩罚奥拉夫的傲慢无礼，因为他曾派大使团（1024年）强势威胁挪威，觊觎其主权，但奥拉夫却拒绝考虑其要求。第二，他想使英格兰与三个斯堪的纳维亚国家联合为一个大君主国，这样英格兰在北方的势力就可以与南方日耳曼和法国的强权相抗衡，而这野心勃勃的梦想与他挑起反叛一举也是一致的。

奥拉夫很快就知道了克努特国王的阴谋。他当即采取了自保措施。那年冬天（1025—1026年）他选择在萨普斯堡而非往年的尼德罗斯度过。因为他得知克努特身在丹麦，打算进攻挪威。维肯作为最靠近丹麦的省，并且还曾经隶属丹麦国王，自然会是第一波攻击首当其冲的受害地。为了进一步增强己方力量，他与他的连襟兄弟瑞典国王阿农德·雅各布结成联盟，他打动对方的理由是：一旦挪威到手，瑞典多半就是克努特的下一个目标。当克努特听闻了这一消息，也派了大使去见阿农德·雅各布，想要赢得他的友谊，或者至少让他保持中立。大使们还带来极好的礼物，阿农德国王便没有悬念地迫不及待地接见了他们。一上来，他们就摆了两个黄金烛台在桌上。

"这是很好的装饰品啊，"阿农德说，"但我不会为了得到它就与奥拉夫反目。"接着一个工艺罕见且饰以珠宝的金盘子又摆在了他面前。阿农德眼露热切，看得目不转睛，但最终他仍大喊："确实是美妙的珍宝，但我是不会因为一个盘子而出卖奥拉夫国王的。"

急切的大使团发言人最后掏出来两个华美的戒指。

"克努特国王太精明了，"阿农德突然喊起来，"他知道我对财宝欣然乐见，也知道我不懂什么文雅礼节。但我自小便认识奥拉夫国王，对他爱戴深重，而今我做不到背弃他。"

也许正是阿农德·雅各布这样忠诚坚定的态度打消了克努特向奥拉夫开战的念头。无论如何，1026年他以朝圣者之名去了罗马，而不是以征服者身份去挪威。与此同时，他的连襟兄弟乌尔夫伯爵[1]在丹麦主谋造反，并与奥拉夫·哈拉尔德松和阿农德·雅各布结成了联盟。两人都认为这是一次绝好的机会，可以给权势慑人的克努特予以打击。他们集聚了一支舰队，侵扰哈兰和斯科讷海岸。在某些地方，他们甚至召集群众开"庭"会，受到人们尊敬。克努特听说了这些消息，迫不及待地从朝圣之旅折返。两位国王全然没料到他竟会在附近，差一点点就被他抓住。克努特的船无论在大小、数量还是装备上都优越得多，留下来等开战就太蠢了。于是奥拉夫和阿农德赶忙顺着斯科讷沿海驶向瑞典边界，克努特则穷追不舍。他们在黑尔加停了下来，黑尔加是一条不长的河，连接了一系列湖泊，那附近就是瑞典与丹麦的交界。奥拉夫赶快筑坝拦住湖水，又在河床上堆满了大量的树木及其他障碍物。克努特在下午晚一些的

---

[1] 乌尔夫·杰尔是一系列丹麦国王的祖先，是"八字胡"斯温的妹妹塞拉与其第一任丈夫瑞典亲王斯蒂尔比约恩的孙子。因此，依照他祖母的血缘关系，他也就是"老者"戈姆以及拉格纳·罗德布洛克的后人。

时候驶入了这个港湾，发现水都枯了。而联盟的一方则将舰队停在港湾之外，明显已做好战斗准备。但这时天色已渐晚，不宜开战，克努特便留下部分舰队放哨。到了夜里，破堤的命令一经发出，汹涌的水流大肆冲向丹麦和英格兰舰队，这些船被冲离了系泊处，七零八落地往海的方向漂去。许多人被淹死了，而船只虽损伤很大，尚不至于沉船。总体来看这时的混乱程度低于预期，乌尔夫伯爵见克努特有自救可能，便再次做了叛徒，跑去援救他。眼看丹麦国王得此助力，会很难对付，瑞典人和挪威人便没有发起攻击，直接开船离去（1027年）。克努特也没有再追击，而是回了英格兰，但他在次年又杀了回来，并且兵力又大大胜过从前。通过大手笔的贿赂手段他颇有成效地赢得了那些不忠不满的挪威酋长们的友善，于是毫不犹豫地去了尼德罗斯，并在那里宣布成为挪威国王。他指派侄儿哈康伯爵——也就是埃里克伯爵的儿子——做自己不在期间的摄政王。

　　对奥拉夫来说，此时别无他法，唯有离开这个国家。不过他决心做最后一次努力，于是带了几艘船和所有留下来的忠诚之士沿着海岸上行，希望可以重整一支足够大的军队去赶走哈康伯爵。当厄尔林·斯珈格松听说他行迹渐近，召集了自己的近卫军，布置了舰队各人员就位。可那国王却无意与厄尔林一战，早就溜了，只是距离还不太远，很容易被追上。厄尔林发起追击，却因中了诡计脱离了主力部队，经过一番英勇的战斗，他所有的手下都死了，自己也被奥拉夫抓住。他孑然独立于满地尸群中，灰白的头发垂到肩上，国王向他发话：

　　"你今天是在直接与我作对，厄尔林。"

　　"像鹰眼一样直接，"厄尔林回答说，"那你会与我和解吗？"

　　奥拉夫思考了一会儿，声明说他会的，但回头一想，他又有点后悔这个慷慨宽大的决定。他拿出斧头，轻轻擦过这位老者的面颊，说："总得做点什么来给背叛国王的人做个标记吧。"

一名站在国王旁边的手下突然举起斧头劈开了厄尔林的头颅，并说："就应该这样给背叛国王的人做标记。"

就这样，全挪威最厉害的酋长死了。作为部落贵族的代表，能拥有如厄尔林·斯珈格松一般强大力量的，前无古人，亦后无来者。

奥拉夫继续向北航行，到桑德摩尔时一大批追随者离他而去，而当厄尔林的死讯传开，无论奥拉夫转去哪里，敌人都堵住了他的前路。他知道最后的机会已然逝去，便与几个朋友借道瓦达伦，翻越山区逃往瑞典，将妻子和女儿留在那里。随后他去了罗斯（1029年），得到连襟兄弟雅罗斯拉夫国王的欢迎。雅罗斯拉夫国王的妻子是英格格尔德，阿农德·雅各布的妹妹。

如今挪威沦为一个外国强权的行省。旧部落权贵的分裂主义倾向战胜了奥拉夫国王所代表的民族主义理念。正是这些人，而非克努特国王，为了满足自己对权势的贪欲，毁掉了全国的统一。为了保证他们在各自郡的独立，他们牺牲了国家的独立。克努特的统治权就建立在他们的支持之上，自然愿意许他们以许多特权。他巧言奉承艾纳·泰姆巴斯克威尔，暗示说哈康伯爵若非自己的侄子，挪威的摄政王便非艾纳莫属。他还把特伦德人中最强大的首领卡尔夫·阿内松召到英格兰，也对他保证说他就该坐上哈康伯爵那个位置。至于为何任命哈康伯爵，他说那是因为他不敢打破对奥拉夫·哈拉尔德松的誓言，害怕后者会回来重夺王位。也许事实上他的确隐约有点不太信任伯爵，因为他用了一个小借口将他召来英格兰，派他远征，其真实意图不明。然而哈康伯爵没能从这次远征中回来，据说他和他手下所有人都在海上淹死了。奥拉夫的朋友比约恩·斯塔拉尔连忙带着这个消息去了罗斯，在雅罗斯拉夫国王的王宫找到了昔日的主人。奥拉夫向他询问了故乡的消息,以及原来的朋友们是否还遵守效忠的誓言。

"有的人很忠诚,有的人却不然,"比约恩回答道,他跪在国王的脚边,抱住他的双膝,"一切尽在上帝和你的掌中,国王。我已从克努特的人那里得了钱并向他誓忠,但现在我会跟随你,不会弃你而去——只要你我还活着。"

"连你这样的人都被引入歧途,在挪威依然忠诚于我的人所剩无几了啊。"国王伤感地说。

起初他并不打算接受比约恩的邀请返回祖国。在他被迫赋闲期间,成为僧侣和去圣地朝拜的决心在他脑中逐渐形成。他拒绝了雅罗斯拉夫要他接受罗斯一个省作为封邑的提议。宗教式的冥想占了他许多时间,他获得了圣人的名声。在这样的思想状态下,他在幻觉中见到奥拉夫·特里格瓦松命令他回到挪威,要么征服它,要么身死。他便再也不能犹豫。奥拉夫不顾雅罗斯拉夫和英格格尔德反对,起身回挪威,而把幼子马格努斯留在了罗斯王宫。在瑞典,阿农德国王允许他征募一切他能征募的新兵,但他接收愿意受洗的强盗与亡命之徒,而有魄力地拒绝了大批不愿放弃异教信仰的勇士。

传说与实录中记载了奥拉夫国王经过瑞典去往沃尔达伦那命定之地途中发生的几件插曲。当他带着基督的福音回到那些曾拒绝他的人们身边,他周身都发出一种忧郁的光辉,就像黄昏落日。最初,西格德主教来见他,强烈劝阻他进入挪威。但他不理会任何劝诫。他路过森林与荒原,一路披荆斩棘,于最困苦的艰难处境中他仍是愉快的,鼓励着所有人,从不表露出那笼罩着他灵魂的厄运预感,只除了一次。当他翻越挪威和瑞典之间的山时,瞥见这片生他的土地上的河流、山川还有阳光下的峡谷,他勒住马缰,凝视眼前的美景出了神。他的面容上显出一种深沉的悲伤。最后是主教将他

圣奥拉夫像,出自特隆赫姆大教堂圣坛的帷幔,于 1691 年迁至哥本哈根

从沉思中唤醒，问他在想什么。

"刚刚我脑海中闪过了奇怪的景象。"国王回答，"就好像我望见的不仅是特隆赫姆，而是整个挪威。随着幻象持续越久，这些景象便越发辽阔，直到我看见了全世界，所有陆地和海洋。我认出了所有我曾经去过的地方，也清晰地看到了那些我从未到过的或有人居住或尚无人烟的地方——其中有一些我甚至闻所未闻，直至世界的尽头。"

据说主教从马上下来，抱住国王的脚说道："我们追随着的是一位圣人啊。"

在奥拉夫跨越国界之前就加入他队伍的人中，身份高贵的挪威人寥寥无几，其中就有他同母异父的弟弟哈拉尔德，是西格德·希尔的儿子。他只有15岁，但在同龄人中显得非常高大。他旗下率领了720人。大战的前一天，国王集结全体军队，发现人数已达4 100人，但其中500人都因是异教徒而被遣散，无疑这些人当中有许多后来就加入了敌方军队。大战当天国王起了个大早，唤来吟游诗人索尔莫德·寇布鲁纳，叫他为自己唱歌。索尔莫德起身用响亮的声音唱起了古老的比雅克马尔之歌，歌声在林野间回荡。士兵们都醒了，在沃尔达伦的史提克列斯塔高地按照作战队形部署好，远远看见超过万人的农民军正行军而来。伴随着战斗口号："向前冲啊，基督的子民，斗士们，国王的信徒！"奥拉夫的战士们冲下山坡。而农民军一边猛攻迎击而来，一边喊着："向前，向前，农民军们！"战斗漫长而胶着，虽然国王一方占据了地理上的优势，一开始就取得了先机，但农民们却有着顽强的决心，且人数众多，战时愈长战况愈惨烈。奥拉夫一方的军心开始动摇，人员减少。而后，国王以孤注一掷的勇气突破了将他团团护住的盾牌屏障，领了一小队忠士冲向农民军前阵。身边的人一个接一个倒下，他的旗手也一次次被砍倒。奥拉夫严重受伤，倚靠住一块大圆石，这时，托雷·亨德跳出来，猛力用矛刺入了他的腹部。这已经是一个致命伤了，但紧接着卡尔夫·阿内松就割破了他的喉咙，使他命毙当场。对于随后发生的情形有这样的记载：太阳变成了血红色，令天地之间都笼罩了一层奇异的红色光辉。黑暗降临于酣战中的双方军队，太阳黑了下来。巨大的恐慌吞没了农民军，这场日食[1][2]令他们看到的是奥拉夫信仰之上帝的愤怒。

国王一死，战争实际上已经结束。农民军取得了战场上的胜利。双方的伤兵在树木及乱石之间缓慢行进，有一些成功走到一个临时营房，那里有一位女医生忙着为他们清洗和包扎伤口。吟游诗人索尔莫德·寇布鲁纳也来到了这里，他的左边身体被一支箭贯穿了。他在一个板凳上坐下来，有一个站在他身边的农民兵对他说："你的脸色怎么这么苍白，伤得很重吗？"他用诗文回答说他被丹麦武器伤到了——这其实是对农民军与丹麦王联盟的嘲讽性影射。那名女医生不知道他的伤有多重，叫他出去抱些柴火。等他回来时，看上去白得就像个鬼。她请求查看他的伤口，并试图用一把夹钳将箭头取出，因为箭杆已经折断了。但她却没能成功。这时，这位吟游诗人将手臂上那沉甸甸的金环取下来递给了她，那金环是国王因赞赏他的诗歌而赠予他的。

"它来自一个好人，"他说，"它是奥拉夫国王今天早上送给我的。"

他拿过夹钳，钳住箭头的剩余部分拔了出来，倒钩上还沾了一些碎肉和红的白的纤维质。他看了一会儿，说："国王把我们养得

---

[1] 这次日食从1030年8月31日下午1点31分持续到4点58分，确凿地定位了这场战役的时间。此役全程发生在沃尔达伦。
[2] 另一说认为史提克列斯塔之战发生在1030年7月29日，与日食实际发生的时间相差一个月。——编者注

圣奥拉夫与特洛德人,来自乌普兰的特格尔斯莫拉教堂的壁画

很好啊,我连心窝附近都这么有肉。"随后便倒下死去。

　　国王的遗体是被一个名叫索尔吉斯的农民找到的,这个农民在开战之前就向奥拉夫承诺过若他倒下会为他下葬。根据后来的经外传说,国王的血液,以及仅是碰触到他失去生命的手都引发了许多奇迹。数不清的故事讲述了他生前死后的神奇力量,亦有传说将雷神托尔之力加诸其身,频繁地提及他的名字。他杀死了被其教堂钟声惹恼的特洛德人,将他们变成了石头。留着火红胡子的圣奥拉夫不仅成为国民圣徒,也成了民族英雄。他悲剧性的死亡与他推进基督教事业的英勇行为一样,在人们心中留下了深深的记忆。

第十四章
斯温·阿菲法松（1030—1035 年）

克努特国王领地辽阔，不可能把大量时间花来治理挪威。于是他让儿子斯温在挪威代为称帝。陪同斯温去这个新王国的是他的母亲阿尔吉法，北安普敦一位郡长的女儿。不过挪威人都叫她阿菲法，而把她的儿子叫作斯温·阿菲法松。正是早前酋长们的叛乱造就了这样的局面——由一个外国国王的女人和她掌中傀儡一样的男孩来公然统治他们。这耻辱令他们不能忍。只要阿菲法对她接手统治的人们有最微末的了解，她或许都可能为儿子保住一时的王位，可是当她以封建精神为本着手挪威的法律改制，她所打击到的却正是作为她力量支柱的那一部分人。酋长们渴望的是地区独立——拥有管理本地事务的权利，尽可能地不受外界干涉。

天高皇帝远，这就是酋长们所希望得到的自由。但现在斯温来了，他还带来一帮迅速变身显赫人物的丹麦人，这些人劝使国王修订挪威法律以达到与丹麦法律的最大统一。随之而来颁布的法规规定所有人未经国王许可不得离开这个国家，违反者将处以财产充公。与此类似，杀人罪的惩罚也是没收财产。于是一名逃犯继承的遗产都将进入国王的金库。船只、渔场、牧场，甚至农民的炉底石都得交税,一个强取豪夺的体系建立了起来,这使自由民恼怒。就算是农民们要送给国王的圣诞节礼物都以法律形式做了规定。政府的主要目的似乎就是将钱财从人民的口袋中转移到国王那里。更有甚者,虽然法律没有明文规定,但据称在斯温当政期间,在法庭上一个丹麦人的证词足以推翻10个挪威人的。

立法的中心原则就是这么一个封建思想:一切土地归国王所有,持有者作为其承租人必须付钱以换取使用权。这是国王对所有自由地权利的挪用侵占,第一次有此先例则是出现在"金发王"哈拉尔德在位期间。

人们认为是阿菲法制定了这些法规,实际上她或许有所参与,却远没有人们普遍认为的那么多。毫无疑问,意图粉碎挪威酋长们的反抗精神并为自己谋利的是克努特,斯温与阿菲法只是他的代理人。

在这种形势下,酋长们开始后悔他们对奥拉夫国王的反叛,便是再自然不过的了。艾纳·泰姆巴斯克威尔以未曾参加史提克列斯塔之战而自豪,并在激发特伦德人对奥拉夫之死的悔恨与对丹麦人管辖的愤慨上表现得尤其活跃。他派人请来被流放到瑞典的格里姆寇主教,与他就一个行动计划达成了共识。主教又找来了农民索尔吉斯,索尔吉斯透露了埋葬国王的地点。他们从斯温国王那里获得批准,将奥拉夫的尸身带到尼德罗斯,放进一个壮观的石棺置于圣克莱蒙教堂的圣坛之下(1031年8月)。虽然此时距离第一次下葬已经过去了一年时间,但据说尸体毫无腐败迹象,毛发指甲亦有生长。不管怎样,在艾纳和主教的鼓励下,这类传闻日益喧嚣尘上,且不断增加微末细节,令人信服。如今格里姆寇宣布奥拉夫为圣徒,斯温和阿菲法虽多次反对,却也不敢公开表明他们的质疑。7月29日被选来纪念他的殉道。这是历史上第一次挪威人感到他们属于一个国家,愤慨以及对已殉道的国王的愧疚与尊崇,使他们团结起来对抗外国统治者。

　　斯温和阿菲法即便意识到人们对他们的态度和情绪，也选择了回避。但他们对公然的反抗是毫无准备的，因此1033年的事件定是令他们颇为意外。那一年，一个自称是奥拉夫·特里格瓦松与妻子居达之子特里格瓦的年轻人带着一班武士从英格兰或爱尔兰而来，声称挪威王位本是他的继承之物。斯温号召酋长们助他惩罚冒充者，但艾纳·泰姆巴斯克威尔和卡尔夫·阿内松及其他许多权贵拒绝听从。斯温国王带领那些仍认可其权威的人向南航去，在松恩海峡的一场小战役中击败了特里格瓦。返回之后他和阿菲法与特伦德人在"庭"会聚头，听其抱怨，却没法使其满意。随后艾纳·泰姆巴斯克威尔大声发言，许多人都听到了他的话："我并非奥拉夫的朋友，但特伦德人真的是糟糕的商人，因为他们出卖了他们的国王，而代之以一匹母马和她的小马驹。新国王不言，其母则唯愿大权在握，可干尽坏事。"

　　阿菲法也起身发言，但没人听她说话。艾纳·泰姆巴斯克威尔公然地嘲弄她，敌意之甚，令她不敢责备。国王产生了强烈的不安全感，携全家离开特伦德拉格去了他们在该国南部的住处。虽然名义上还是国王，但实际上已权力全无。1034年，艾纳·泰姆巴斯克威尔、卡尔夫·阿内松和另外几名酋长出发去了罗斯，邀请奥拉夫唯一的儿子马格努斯随他们回去，成为挪威国王。对于他们曾与其父对抗之事，他们请求并得到他的原谅，又向他发誓会忠诚于他，保护他不受任何伤害。马格努斯时年十岁，随他们一同回到祖国，在欧雷"庭"受到人们热烈的致敬，宣布成为国王。因无人响应，斯温和阿菲法试图组建一支军队不成，被迫逃往丹麦。1036年，斯温死于丹麦。因父亲克努特已于1035年去世，他同父异母的兄弟哈德克努特成为其挪威所有权的继承者，而正如我们将会看到的，他很快便采取措施欲强行继承。

第十五章
"好王"马格努斯（1035—1047 年）

马格努斯·奥拉夫松是一名私生子。他的母亲阿尔菲雅德一说是一名出身高贵的英格兰女人，一说是王后的洗衣女。他刚出生时又小又弱，看起来活不了几个小时。那时候正是半夜，没人敢去叫醒国王。于是国王的朋友吟游诗人西格瓦特被叫来，他便自作主张给孩子起名为马格努斯，这是参照了神圣罗马帝国皇帝加洛林·马格努斯[1]的名字。然后找来一名神父给孩子施了洗礼。当国王听说了发生的事，大为光火，责骂了这位吟游诗人。他的家族里从未有人用过马格努斯这名字，而且有可能他还怀疑西格瓦特是错误地选用了皇帝的拉丁姓而非他的真名卡尔。就是在这样不顺遂的情况下，这个男孩出生了，他继承了圣奥拉夫的王国，也继承了满怀追悔的人民那泛滥的纪念与爱。马格努斯在欧雷"庭"宣布成为国王时还不足 11 岁，但已发育得很好并且很聪明。继位的第一年他接受了艾纳·泰姆巴斯克威尔和卡尔夫·阿内松的意见与指导，但很快他

---

[1] 即查理大帝（742—814），或称"查理曼"，法兰克加洛林王朝的国王。——编者注

就具备了足够的独立性，按照自己的意志来做判断。

马格努斯宣布为王之后不久哈德克努特就准备入侵挪威了。急于惩罚暗中为害了父亲的克努特一族，马格努斯也做好了战斗准备，侵略丹麦的企图显而易见。究竟是不是发生过实质性的战争已未可知。有过一些无足轻重的小冲突也不无可能，但在还没爆发任何决定性战役之前，两国的酋长们已出手干预，说服两位斗气满满的年轻人言和。在哥达河河口的布雷恩群岛召开的一次会议中双方达成了协议，根据这个协议，两人都无条件地把对方定为自己一旦死亡的继任者（1038年）。这看起来可能会是一个概率极小的事件，但事实就是4年之后（1042年）当哈德克努特去世，马格努斯在维堡"庭"毫无异议地宣布成为丹麦国王，受到人们的拥戴。就这样，挪威和丹麦第一次统一了，"金发王"哈拉尔德的后裔得到拉格纳·罗德布洛克一族在丹麦这一支系的承认——认可其与自己的地位同等，而在此之前他们亦已得到了统治瑞典的那一支系的认可。

马格努斯一定明白是父亲的圣徒身份为自己赢得了认可，于是他也不失时机地表现出对他的敬仰与缅怀。他在尼德罗斯着手建造了一座教堂，以圣奥拉夫命名，又为父亲做了一个新的石棺，装饰以金银宝石。自然地，他喜欢与那些曾跟随父亲并与之在史提克列斯塔并肩作战的人们交好。但那场战役所引起的敌意以及曾导致那场战役的事由，亦多少尚存，便有一伙人对着国王心中那点猜疑之烬煽风点火，鼓动他去向另外一伙人施行报复。年轻如马格努斯，他会受到这些恶毒劝言的影响，毫不令人感到诧异。尽管早前他在罗斯时赦免了那些曾拿起武器反对圣奥拉夫的人们，但现在他开始以极大的严苛去惩罚所有的反叛头子。在他的盛怒面前，特伦德人尤其首当其冲，因为正是他们成了克努特的同谋，是令圣奥拉夫流亡他乡的主犯。最先体验到马格努斯国王性情大变的人中就有卡尔夫·阿内松。他与艾纳·泰姆巴斯克威尔本来就相互妒忌，两人都称国王为义子，并以得其信任而自豪。据说，有一次卡尔夫坐在了国王旁边艾纳的座位上，于是艾纳就在卡尔夫的上首坐了下来，说："老公牛就是应该坐在小牛犊的前面。"

在沃尔达伦的豪格庄园的一场聚会上，国王向艾纳诉说了想去拜访父亲殒世的那片战场的愿望。

"对此我没法给你提供信息，"艾纳回答说，"因为我当时并不在场。但你可以让卡尔夫同去，他能告诉你许多细节详情。"

"那就你陪我去吧，卡尔夫，"国王说。卡尔夫虽不情愿，却不得不跟从。

当他们到达那片战场，国王下了马，让卡尔夫指出父亲受到致命伤的地点。

"他就躺在那里。"卡尔夫用长矛指着说。

"当时你又站在哪里呢，卡尔夫？"马格努斯问。

"就是我现在站着这个位置。"

"那你的斧头完全可以够到他。"国王大喊起来，激动得满脸涨红。

"我的斧头没有伸向他。"卡尔夫回道，跳上马就骑走了。他早已下令备好船，装载了他所有能带走的家产。等他一到家便出海去了奥克尼。而他留下的大量财产都被马格努斯没收充公了。

托雷·亨德以去耶路撒冷朝圣不归而逃脱了惩罚。在国王的授意之下，索约塔的哈莱克被人寻私仇而死，其他许多人则被没收了牲畜以及受到凌虐。斯温·阿菲法松所立的那些令人发指的法律并未被废除，国王的作为就好像他把自己视作所有人财产、生命和自由的主人。但挪威人不是一个习惯于忍受国王专横专制的民族。全国都弥漫着不满的情绪，很有爆发叛乱的势头。松恩的农民们已经处于备战状态，而特伦德拉格郡召开了一场与会人数众多的会议，发表了对国王最尖锐激烈的谴责。不过幸运的是，一些对马格努斯心怀善意的人也在场，他们决意让他知道人们是如何看待他的。随后的问题就是到底让谁来担任这个危险的任务，因为马格努斯性急易怒，且他已打定主意惩罚反叛的松恩人以儆效尤。他们决定让运气来做选择。抽签的结果选出了吟游诗人西格瓦特，他用一首名叫《直谏诗》的歌令国王开始认真反思他轻率的严厉做法，并对后果提出了警告，还提醒他对当初自愿立他为王的人们所应担负的责任。这首歌对马格努斯产生了深刻的影响，从那天起他就像变了一个人。他放弃了所有的复仇计划，变得温和宽容，完全依法治国。如今他的仁慈善行和仪态魅力令他大受欢迎，对他的溢美赞颂之辞已不足言表。人们称他为"好王"马格努斯。

1042年，马格努斯成为丹麦国王，他的野心令他不但做了哈德克努特的继任者，还宣称要得到英格兰的王位。哈德克努特去世时登上王位的"忏悔者"爱德华在道义上本不必理会这么一个宣言，但他也不得不备好舰队用以逐退可预见的挪威人入侵。毫无疑问，马格努斯确实是试图篡他位的——要不是丹麦发生的事件令他不得不暂时放弃一切征服计划的话。在那些向马格努斯誓忠并致力于得他宠信的丹麦人里有一个名叫斯温·厄斯特里德松的，是乌尔夫伯爵和厄斯特里德的儿子，而厄斯特里德是克努特国王的妹妹。他的父母双方都是拉格纳·罗德布洛克家族的后裔，因此要说得到丹麦王位，他比挪威国王更名正言顺。斯温和他的父亲乌尔夫一样是一个精明的阴谋家，说话圆滑，一表人才，但却不忠无信。他对马格努斯大表忠诚，赢得了他的信任。马格努斯不顾众友臣反对，立斯温为封臣，任他为伯爵，将其父乌尔夫早前的封邑都给了他。他的特别责任便是保卫日德兰不受温德人和撒克逊人侵害。授爵仪式

"好王"马格努斯和卡尔夫·阿内松在史提克列斯塔

时,艾纳·泰姆巴斯克威尔向国王大喊:"伯爵太过位高权重啊,义子!"国王对此生气地答道:"你完全不相信我看人识人的能力。我不明白你所谓的把一些伯爵抬太高,又把一些踩太低是什么意思。"

斯温原本几乎都待在马格努斯左近,但随后他便迫不及待地证实了艾纳的担忧不是多余。重获父亲的封地,国王又给了他权力,于是他召集丹麦酋长们在维堡开"庭",宣布成为丹麦国王。马格努斯对他的背叛非常愤怒,率一支大型舰队去惩罚他,但斯温却逃走了,他先是到了瑞典,之后去了波罗的海沿岸的一些温德人所在的省份。于是马格努斯并没有遇上什么抵抗,他在责罚了许多认斯温为国王的人之后就动身去了约姆斯堡,那里也在反叛其权威。他攻占并摧毁了维京人老巢,对那里的留居人或杀死或驱散。与此同时,以斯温·厄斯特里德松本人为首领之一的一支庞大的温德人军队经由石勒苏益格大肆涌入,与马格努斯遭遇在利司寇格斯荒地(1043年),尽管拥有数量上的优势,但他们还是被压倒性地击败了。据说整个战场被近万具尸体覆盖。这一次的胜利在很大程度上是因马格努斯国王个人的英勇表现,也为他带来了巨大的威望,更有甚者,它遏止了北方的斯拉夫移民潮。如果当时温德人在日德兰站稳了脚跟,那么今日的丹麦恐怕就会是一个斯拉夫国家了,而整个斯堪的纳维亚北部的命运都会被改写。马格努斯在石勒苏益格驻扎冬营,但他刚解散部分军队,斯温便再次集结了武装,随后在阿洛斯和黑尔格内斯两次海战中斯温战败。1044年春天,20岁的马格努斯回到了挪威。他在北方享有盛名,因为来自他们家族的国王们还从没有哪一位能在这么小的年纪就取得如此大的成就。尽管他脾气暴躁,所有人都非常爱戴他。因为尽管暴烈,他却是正直的、慷慨的、高贵的。这里有一个很好的故事能展现出马格努斯的为人。

马格努斯的近卫中有一个出身高贵的冰岛人,名叫索尔斯坦,是希德霍尔的儿子。和他的许多同胞一样，索尔斯坦野性难驯，还因未经允许就去了都柏林而冒犯了国王。他因此被流放，但他靠着朋友和族亲返回了挪威，无视流放的裁决。他带回了一些上好的种马，作为礼物献给了艾纳·泰姆巴斯克威尔，而众所周知艾纳与国王关系很好。艾纳拒绝了这馈赠，但他的儿子因德里德在不知情的情况下愉快地接受了。在那个冬天，他甚至邀请索尔斯坦作为自己的客人，大胆地让他随自己去了国王的冬宴。不过他的父亲说服了他在国王看见之前带这逃犯先回家。圣诞节之后的第四天，坐在马格努斯旁边的艾纳冒险为索尔斯坦说了几句好话，国王对此的回应是：

"让我们聊点别的吧，因为我不想与你怄气。"

4天之后，艾纳又一次提到了这个冰岛人，但国王以非常友善的态度打发了这个话题。随后艾纳又等了5天，再次提出宽恕这个冰岛人的要求。

"我们不谈这事，"马格努斯略带恼怒地说，"我不明白你为何要放肆地去保护一个触怒了我的人。"

"这么做的不是我，是我的儿子因德里德，"艾纳答道，"但我还以为我只是求你放过一个人而已，会有点说话的分量。因为我们过去和将来所做的一切都是为了给你赢得更多的声望。我的国王，如果你不接受我的儿子为索尔斯坦交的赎罪金而与他开战，就会把我置于一个罪恶的困境。因我不能违心地对你刀枪相向。但是我得说，我想你已不记得我是如何去罗斯东部找到你，成为你的义父，并从此扶持建设你的王国，不分晨昏地思考如何为你带来更多的荣誉。如今我要离开这个国家了，没人再佐助你，但有人会说你不配得到这一切。"

艾纳生气地说完这番话，从他的座位上一跃而起，走向大门。

然而国王站了起来，快速追上他，用手臂环住他的脖子。"快回来吧，我亲爱的义父，"他大喊道，"任何事情都永不能破坏我们的感情。放那人自由吧，就如你所愿。"

马格努斯成为国王的第九年，他的叔叔，也就是西格德·希尔和阿斯塔之子哈拉尔德·西格德松来到挪威，要求分得一半的王国。如我们所见，哈拉尔德15岁时参加了史提克列斯塔那场战役并受了重伤。身体恢复之后他去了罗斯，在雅罗斯拉夫手下待了一些年，然后去了君士坦丁堡，成为拜占庭帝国皇帝请的外国保镖团瓦朗几亚人的首领。他身形魁梧高大，面容俊美，留着金色的长发，不可一世的眼神暴露了他的家族出身。根据萨迦传说，仅凭外貌就令他在君士坦丁堡造成了轰动，而他的机智、力量和不顾一切的英勇更令他的前途一片光明。作为瓦朗几亚人的首领，他在亚洲和西西里岛参加了许多对抗撒拉逊人的战役，积累了大量财富。他与拜占庭的大将军吉奥吉奥斯·曼尼亚克斯之间一定是存在着某种敌对关系，这点在所存萨迦传说的逸事记载中非常明显，这些记载把所有胜利的荣耀都归于哈拉尔德，而表现出挪威人对南方国家那位最显赫人物的轻视。哈拉尔德在这些战役中的重要性被他的北欧同胞们夸大了，这也很正常，而萨迦作者们的记录又正是基于他们的描述。但即便是考虑到这些夸大，他为自己赢得了斐然声名也是明显的事实，并且只要他想，他也的确有能力违抗那位拜占庭指挥官。不过，如果萨迦的说法属实，他还是选择了用智谋战胜曼尼亚克斯而非公然对抗他。

哈拉尔德在西西里岛有诸多奇遇，例如他的那些攻城妙计，他与玛利亚的爱情冒险，玛利亚的亲戚佐伊女皇的嫉妒与如何试图毁了他，他的牢狱之灾，勇斗大蛇，飞逃，对皇帝的复仇，等等，这些奇遇都太典型了，以至于其真实性多少令人有些怀疑。许多日耳

来自比雷埃夫斯的大理石狮子，于 1687 年迁至威尼斯至今，立于军械库[1]入口处。鲁纳文字由一些瓦朗几亚人所刻，现已被部分磨蚀而不可辨认

---

[1] 威尼斯军械库是位于意大利威尼斯的历史建筑群，始建于 1104 年。——编者注

曼式英雄，包括挪威人和日耳曼人[1]，在去东方时都有过这一系列的冒险故事，奇怪的是降临于他们的命运是如此一致，无论事关爱情还是战争。令这个套路更加完整的情节是，哈拉尔德一路追名逐利、积累财富只是为了令自己配得上伊丽莎白，或称伊丽丝芙，即雅罗斯拉夫的女儿。而他也成功地拥有了她，带她回到自己祖辈生活的土地上。在丹麦，当他正沿着斯科讷海岸驶过松德海峡时，他遇见了侄子马格努斯国王。他满载财富的船是北方世界从未见过的奢华宏伟，所过之处必引起轰动。当马格努斯见到那漂亮的战船，便派人去登船查明它从哪儿来、属于谁。一名非常高大英俊的年轻人很有礼貌地走上前来，说他是马格努斯国王的叔叔哈拉尔德·西格德松的一名大使，他的使命便是打听国王会如何对待他的主人。宽宏的马格努斯回应说他会张开双臂欢迎他的叔叔，因为他期待有个像他一样的人，既是他强有力的朋友和支持者，又是他的族亲。这个高个男人正是哈拉尔德本人。随后他们安排了会面，族亲两人都很高兴。但也有人不那么高兴，那就是艾纳·泰姆巴斯克威尔。他预见了会发生的事。当哈拉尔德过了一会儿便提出想分得半个王国的要求时，艾纳几乎控制不住盛怒。然而，与这个要求最利益相关的国王温和地回答说，他不会匆忙草率地驳回这个要求，但是要听一下他的顾问们的意见。艾纳是最重要的顾问，被问起时他便起身说，如果马格努斯要转让半个挪威王国给哈拉尔德，那么就只有哈拉尔德将其财富与马格努斯分享，这样才公平。但这却不是一个哈拉尔德会喜欢的提议。他说，他英勇犯险积敛起来的财富可不是为了拿来造福侄子的手下的。

---

[1] 日耳曼故事如《赫佐格·爱恩斯特国王》和《哈格迪忒赫》，尤其是《罗瑟国王》，其多处情节都与有关哈拉尔德·西格德松的萨迦记载异曲同工。

"但是,"艾纳立刻接上了话,"当我们从克努特一族手中赢回这国家时你还身在远方呢,哈拉尔德,我们现在可没有要把这土地分割的想法。一直以来我们在同一时间只效忠于一位国王,今后也应该是这样,只要马格努斯国王还活着在治理这个国家。我会不遗余力,阻止你从这王国分走任何一点。"

其他顾问们都认可这一意见是明智的,并表明了他们同声同气的立场。这是哈拉尔德·西格德松与艾纳·泰姆巴斯克威尔之间尖锐矛盾的开始,导致了在不久将来的许多不愉快事件。哈拉尔德在他成功的人生经历当中没受过这样的断然拒绝,对于侄子对他的态度,他极其怀恨在心,为使其屈服,哈拉尔德与斯温·厄斯特里德松结成了同盟。巨大的财富使他轻易地组建了一支相当规模的部队,与斯温一同攻打丹麦,残酷无情地劫掠西兰岛和菲英岛。但当他得知马格努斯带舰队迫近,便弃他的盟友而去,匆忙回到了挪威。为了替自己背信的行为找理由,他散布了斯温试图暗杀他的谣言。确实是有个人趁夜从斯温的船划到了哈拉尔德的船上,并偷摸进了船舱。而哈拉尔德假装不知有人要他的命,其实早已在自己床上放了一根木头,用被毯仔细地盖好了。刺客悄悄爬过地板,将斧头扎进木头就溜走了。次日清晨哈拉尔德将还扎着斧子的木头给手下的人看,谴责斯温不忠,然后就起航去了挪威。不过是否他本人自导自演了这出戏,值得怀疑。

回到挪威之后,哈拉尔德在灵厄里克找到他的旧部亲族,许以重赏,要他们认他为国王。然而,因为马格努斯广受爱戴,也因为害怕承担后果,这些酋长们对这个王位觊觎者敬而远之,令他壮志不得偿。在古尔布兰达尔他受到优待,成功纠集了一班意在分其财富的党羽。他召开了一次"庭"会,会上他15岁的表兄弟托雷·史塔克宣布他为国王。而当马格努斯一听说叔叔的作为,便起帆去了维肯。哈拉尔德率人向南迎击国王，战争似乎一触即发。但马格努斯不愿与父亲的弟弟打仗，于是，经过数轮谈判，双方达成一致：两人共同为王，共同治国，平分税收及王室的地产收入（1046年）。基于此，挪威没有被分为两半、各有其王，而是王权由两位国王共掌，他们都可以对整个国家行使权力。历史将证明这是一个最最灾难性的惯例，其首位开创者正是"金发王"哈拉尔德本人。

为回报侄子的让步，哈拉尔德同意与之分享自己的财富，据说这真是一笔非常庞大的财富，使得马格努斯得以更加精力充沛地与斯温·厄斯特里德松交战。然而两位国王之间的友情持续时间并不长。不仅他们的许多利益点有冲突，他们的性格也很容易产生矛盾。哈拉尔德贪财，压榨农民，对原本就是由马格努斯所赋予的每一分权利斤斤计较地猜忌，都给后者留下了非常不好的印象。尽管如此，马格努斯天性里的慷慨与宽容让他拒绝相信他听到的许多怨言。他实在是不喜口角，因此只要是不伤及尊严，他对于冒犯都是宁可忽视而不愿记恨。从另一方面看来，哈拉尔德却似乎已预见到这样紧张的关系不可能持续长久，甚至他可能还期望着结束这样的关系。对于他傲慢的秉性而言，行使权力时的任何约束都是烦恼。

讲述他与马格努斯及其手下之间论战的故事有很多。例如有一次，艾纳·泰姆巴斯克威尔为了令义子相信哈拉尔德不值得信赖，就去参加了一次哈拉尔德召集的庭会，观摩进程。艾纳戴了个镀金头盔，领了60名武装人员。哈拉尔德对于他的出席非常恼怒，对农民们提出了愈发严苛的要求，激起了公愤。一位名叫托克的老农起身说："我活了这么久，当了那么多年农民，已经经历过好几位国王的任期。我认为当我们已经有一位完全有权接手这个王国，并且已经通过酋长们的商讨和人民的赞同在欧雷'庭'宣布为王的国王时，一个后来者又跑来要求得到国王之名与权，对于我们这些他的子民而言，权力最大的是前者而不是后者。所以我的建议是，农民们，对于哈拉尔德国王的要求和敲诈勒索，我们还是等待马格努斯国王的决定吧，让我们做任何事情都继续以马格努斯国王为敬。"

当这位老人说完，艾纳·泰姆巴斯克威尔站起来感谢了他和所有农民对马格努斯国王的支持。这令哈拉尔德国王完全不能忍了。他跳起来怒吼道："现在你高傲地戴着个头盔，艾纳，你总是跟我作对。我倒是乐于见到你的头盔放低的那一日。你现在比其他人高一个头，到时候你就会矮一个头。"

多少带着严肃性质的分歧在两位国王之间频频发生，往往是多亏了马格努斯的谨慎与自制才避免了他们关系的公然决裂。关于他们联手对抗斯温·厄斯特里德松的战争并没有流传下任何记录。我们猜测，更多的丹麦人在马格努斯与斯温之间选择了站在前者身后，因此没有发生什么重要战争。据说有一天挪威舰队正停泊在岸边，一名穿着华丽盔甲的骑手从树林里骑马而来，开始展现他的马术，令挪威战士们大为赞叹。过了一会儿，他骑马来到水边，对着正看得开心的挪威人喊道："我曾背叛了马格努斯国王，但哈拉尔德国王也背叛了我，这两位国王之间差距如鸿沟。"

这时马格努斯国王来到甲板上，他认出了斯温。但斯温策马消失在树林中。马格努斯也无意追他。

"斯温·乌尔夫松是一个很优秀的人，"马格努斯说，"若是他的人手有他的勇气和胆量那么多，他会赢得更多胜利。"

正是他心中因叔叔的事而激起的苦楚令他在评判斯温时变得宽容。我们将看到，不久之后，这样的感情用事就影响了他的作为。一天，他带着许多人去了岸上，在西兰岛的阿尔斯特镇附近骑行时，他的马受到惊吓将他甩了出去。他头部撞上树桩，昏了过去，但后来显然又苏醒了。尽管如此，一种病态的感觉缠住了他，对死亡的预感令他情绪阴郁。他做了一个梦，这个梦与其说是他忧郁的不祥预感所产生的原因还不如说是其结果。在梦里，好像他的父亲圣奥拉夫走过来给了他两个选择：要么现在就跟他走，要么活得更久而成为最强大的国王，但其灵魂却要承载不可宽恕之罪。

"你替我选吧，父亲。"他好像是这么回答的。

"那就现在跟我走。"圣奥拉夫说。

不难猜出那不可饶恕的大罪是什么。马格努斯脑中时常会产生对那恼人赘人的对手诉诸武力的诱惑，对此我们并不惊讶。而这诱惑被克制了，才真是令人惊讶。

马格努斯沉浸在对那个梦的沉思中，度过了数日。而后的一个早上，他醒来时发烧得很厉害。艾纳·泰姆巴斯克威尔站在床边，问他是不是生病了。

"并不是什么大病，亲爱的义父。"他答道。

"如果失去了你，我们将无法从那悲痛中恢复过来。"艾纳说。

马格努斯请求将他从船的一处移到另外一处，但后来又改变主意，希望移回他原先躺着的地方。艾纳便开始警觉。

"现在就告诉你的朋友们谁是你心中最亲近的那一位吧，我的国王，"他说，"给我们以忠告吧，因为有可能我们的谈话不会太长了。"

"亲爱的朋友，"国王回道，"我担心这场病随时会令我们的交谈中断。"

当马格努斯生病的流言传来，哈拉尔德登上了他的船，询问其状况。

"是的，我确实生病了，我的族人，"国王说，"我有一事相求，请你不要冷待我的朋友们。"

"你既然说了，我义不容辞，"哈拉尔德回答，"但有一些人好像永远都以自己为大,完全无视我。"

"现在说这些做什么呢?"艾纳说,"无论哈拉尔德做出怎样的承诺,他心里早已决定好将要怎么做了。"

哈拉尔德就所剩不多的事宜与垂死的国王陷入争执,丹麦的王位已被马格努斯交给了斯温·厄斯特里德松,此外还有他们当初共掌政权时内部分配的黄金。将礼物和纪念品分发给手下的人之后,马格努斯国王就去世了(1047年),时年24岁,统治挪威12年半,统治丹麦5年。他刚一闭眼,哈拉尔德就派人去拦截被遣往斯温·厄斯特里德松通知其继承丹麦王位的使者。

吹响的鲁尔号[1]向舰队的人们传达着马格努斯国王的死讯,据说全体人民都在为他默哀,就马格努斯国王而言,这的确是千真万确的。

维京时代的镀铜鞍头

---

[1] 鲁尔号(loors)是长的阿尔卑斯号角,用木头与桦皮绑在一起制成,或用金属制成。其声音非常洪亮。

第十六章
"铁腕王"哈拉尔德·西格德松
（1047—1066年）

"好王"马格努斯未曾留下子嗣，哈拉尔德·西格德松是"金发王"哈拉尔德现存的后裔中唯一的男性，便成了毫无争议的王位继承人。这是因为虽然挪威的君主制从最早期起便并没有严格地遵照世袭，但国家土地的所有权属于其最初征服者的男性后裔这一观念却已逐渐深入人心。而从表面上看与这一观念相矛盾的是，各个郡都分别召开"庭"以宣布承认某位国王及发誓效忠于他，条件就是他得承诺依照法律和传统来统治。如我们屡次所见，部落贵族从来都不是世袭制度的盲从者，他们没有放弃一些有利的惯例特权，如规定条件，又如在各个王位竞争者中做出选择——这样的例子有很多。要不是"金发王"哈拉尔德定下的那条不恰当的前例——国王的所有儿子，无论婚生子还是私生子，都能继承王位——那么这种权力的平衡办法将能通过阻止国王对权威的专制妄为而带来有益的效果。而事实上，立宪自由的大原则牵扯进了利益冲突以及贵族阶层侵犯王权而产生的天然对立。挪威的情形及其人民的性格都有利于一个君主立宪制国家的渐进和不断发展，就像英格兰那样。而若不是王位继承者们的竞争所引起的漫长内战令这片土地精疲力竭，那么这个国家在当今时代的复苏之前根本不该有那400年的政治沦丧。

哈拉尔德·西格德松很快便体会到同时作为"金发王"哈拉尔德和圣奥拉夫双方的唯一继承人的好处。因为圣奥拉夫的神圣之誉为王室增添了新的光辉，大大增强了其在人民当中的凝聚力。事实上，后世的国王们更多地将他们继承来的权力追溯至圣奥拉夫而非"金发王"哈拉尔德。当马格努斯国王去世的消息传到国外时，他的继任者召集了一次"庭"，声明他无意遵从侄子要将丹麦放手给斯温·厄斯特里德松的决定。从继承权角度而言丹麦是他的囊中之物，他打算立刻去往维堡"庭"，宣布成为丹麦国王。马格努斯国王的友党们对这一声明不以为意，艾纳·泰姆巴斯克威尔代言了他们的想法，他提醒哈拉尔德其第一要务是将国王遗体带去尼德罗斯并葬之以礼。舰队解散了，而哈拉尔德只带了一小支军队，便只得接受艾纳的意见。他先后在波格尔"庭"和欧雷"庭"上依照古法宣布为王，对于他的继任没有出现任何异议。不过农民们并未对他表示效忠，因为他们知其甚深，对他没有指望。他的治理理念汲取自南方民族，这些民族常因缺乏自尊心和北方人那种强健的男子气概而总是滋生暴政专制。实际上，相比于前辈们而言，哈拉尔德有一套更加明确的政治方案，只可惜这是一套与自由的日耳曼民族精神相背离的方案。

哈拉尔德的第一个目标，也是他整个统治期间一直以不懈的热情追求的目标，就是打破部落贵族的势力。那些小郡王的影响力、权势和蔑视态度，就是他的眼中钉肉中刺。他高大强壮，并且迄今为止他所追求之物都轻易到手，这使得他自恃甚高而轻视所有与自己相对立的势力和利益集团。为了达到目标，他残酷无情，因此树立了许多敌人,还得了"哈德罗德"(Haardraade)的绰号[1],意即铁腕统治者、暴君。然而他却能维持对一国人民如此严苛的统治,且这些人民还对已有的权利甘之若饴,是因为他超然卓越的才智。斯诺里说过:"他极其聪明,以至于所有人都认同在北方世界的国王中未曾出现过才智胜于哈拉尔德者。此外,他还是一名优秀的剑客,强壮,善于战术,总而言之就是一个知道如何实现自己目标的人。"

有意思的是他非常喜爱诗歌并具有吟游诗人之能。据说他与眼盲的冰岛吟游诗人斯图夫·卡特松坐到半夜,让斯图夫对他诵诗而不愿睡觉。这个小特征使他的性格生动了起来,让我们更容易产生同感和理解了。

作为对抗哈拉尔德的反对派代表人,艾纳·泰姆巴斯克威尔积名已久。他是哈康伯爵的女婿、埃里克伯爵的朋友以及马格努斯国王的义父,地位卓然,深受敬仰。他的个人品质也是令他备受尊重的原因。论天赋他完全与哈拉尔德国王有得一拼,在傲慢自信和独断专行方面他也不相上下。此外,他还深谙律法,因此常常在国王对农民提出过分要求时,站出来以民众代言人之姿喝止其肆意苛索。哈拉尔德会憎恨他并不奇怪,但他受到的尊敬和赞美太盛,所以这位国王才忍了这么久都没对他动手。哈拉尔德的缺点中并没有鲁莽这一条。他完全能预计到自己行为的后果。他感觉到要想摆脱这个时刻处于备战和警醒状态的敌人要冒的险太大了。出于削弱其势力的想法,哈拉尔德将冰岛人乌尔夫·乌斯帕克松变为臣下,赐他大片特伦德拉格郡的封邑,远超艾纳所有。并且,为了打破那部分地区的部落权贵的坚固阵线,使他们产生利益分歧,他娶了来自

---

[1] 英文史书中称他为"傲慢王"哈拉尔德,而日耳曼历史中称他为"刚毅王"。

伟大的阿恩莫德林家族的[1]、埃斯泰因·奥勒美丽的妹妹索拉。当时这位国王并未与他的第一任妻子伊丽丝芙王后离婚，因此有人认为索拉只是他的情妇。但她骄傲的族人们不太可能让她处在这么一个地位[2]，而且似乎在所有提到她的时候都给了她王后的头衔。因此我们只能得出一个结论，哈拉尔德同时拥有两位合法的妻子。

哈拉尔德在对婚姻的处理上表现出一个倾向，即一切考量都从属于政治需求，这个倾向在他花力气在挪威南部塑造一个可以与圣奥拉夫相匹的圣徒一事中也能看出来。国民圣徒之圣殿的存在使特伦德拉格郡的地位超然于南方各地区而招来妒忌，而在一个联合本就不紧密的国家，这种妒忌往往会变得很盛行。曾属于丹麦的维肯，与挪威王国及"金发王"哈拉尔德的家族从来就谈不上关系亲密，而哈拉尔德·西格德松的判断是正确的：一个出自自己家族的当地圣徒应当可以达到一石二鸟的效果。符合这一要求的人很快就被找到：哈尔瓦德，他是维比约恩的儿子，也是国王的堂兄弟。其个人经历乏善可陈，他的殉道即便有了那许多传奇色彩的润色，也不足以令他被封为圣者。但他的存在刚好迎合了国王的需求，于是一些既定的"神迹"便在"圣哈尔瓦德"的圣地以惯常的方式显现。"人们"在没有就此提呈问询教皇的情况下，宣布他为圣徒，国王建立了奥斯陆城，大概是为了给新的圣殿提供庇护（1051年或1052年）。而这个城市的选址很好，位于福尔登峡湾的尽头，也就是如今挪威首都之所在。

思及哈拉尔德执行他那些国内外事务计划时的无尽精力与才智，我们不得不对他的能力予以高度评价。而他的活动是否是为他

---

[1] 菲恩·阿内松和卡尔夫·阿内松就属于这个家族，前者曾在史提克列斯塔之役中作为圣奥拉夫一方而战斗，后者被"好王"马格努斯流放。
[2] 见孟克：《挪威民间故事》，ii., 180。

的臣民们谋福利，就另当别论了。无可否认的是，他与丹麦之间长久持续的战争无论对其本人还是人民来说都是灾难性的。曾有段时间，他每年夏天的消遣就是突袭丹麦海岸那些无从遮蔽的港口，以野蛮而残酷的方式施行侵扰。最后，双方都厌倦了这种无目的的破坏，商定好斯温·厄斯特里德松与哈拉尔德在哥达河河口会面，以战争来决定后者能不能问鼎丹麦王位。可是到了约定的时间，斯温却并未现身，哈拉尔德等待未果，便率舰队航行向南，劫掠了日德兰海岸，烧毁了大城市黑德比（石勒苏益格），带走了一批名门出身的女人以及大量战利品（1049年）。他完全不曾料想会有丹麦人追来，因此在回航路上他的船队是四散航行的。逆风行驶和多雾天气延误了这些挪威人，有天早上，当时他们正停泊在莱索岛，突然看到大雾中有光一闪而过，这令他们警醒。有人告诉了国王，问他认为那是什么。

"丹麦舰队追来了，"他说，"那是船队的金色龙头在朝阳下闪耀。"

抵抗是不能奢想了，逃跑也看似无望了。但国王的理智还在。他下令众人用力划桨，但那些船很沉，又因为长久泡在水中而发胀，因此前行缓慢，随着大雾消散，他们发现丹麦舰队就在后面，有几百艘战船之众。哈拉尔德命人将光鲜的衣服和其他值钱的东西钉在木头上扔下船。不抵诱惑的丹麦人停船去捡，耽搁了时间，他们的愚行遭到斯温的指责。丹麦人再次发起追击，哈拉尔德不得不将麦芽酒、啤酒和猪肉都扔下船以减轻负重。可即便如此，斯温还是渐渐追赶上来，而哈拉尔德的龙首船在最末尾，眼看就要被逮住。这时，绝境之中，他用木桶和木板做成筏子，让那些已婚和未婚的丹麦女人坐上去，然后把筏子降到海里。一艘艘木筏相继放出，而当见到自己的妻子、女儿向他们伸出双臂哭着求救，有的甚至在水里挣扎，那些追兵再也不能克制，停下船来救人。哈拉尔德就这样逃脱了，斯温只得暗咒运气不好。尽管如此，当捕获一些掉队的挪威战船时，他并未对他们施行报复。

在稍后的一次远征丹麦过程中（1060年），哈拉尔德再次展现了他的理智与胆识。那时候他刚在蒂尤尔撒战役中打败了斯温，于是在进入狭长的利姆水道意欲抢掠时觉得应当非常安全。但当斯温听说他的对手进了这么一个陷阱之地，便迫不及待地集结了所有他能掌握的军队，停泊在哈尔斯，那处的峡湾非常之窄，正是适合以少胜多的绝佳位置。哈拉尔德察觉到自己陷入的境地，下令航行穿过峡湾至最尽头处，那里的一条地峡分隔着峡湾与北海。他费尽艰难才将船拖过地峡，愉悦地向北驶去，而斯温还在守着一个人去牢空的囚笼。然而，正是为了结束这费时费力的战事，哈拉尔德向斯温提议以各自的王国为赌注，在哥达河打一场决定性战役。

我们无从确定斯温是否接受了这挑战，不过有很大可能是他接受了，因为如若不然，哈拉尔德就不会到约定的开战地点。然而就像上次一样，他又一次没有等来他的对手，只得解散了大半部队，只带着180艘船沿着斯科讷海岸线行驶，不料行至尼萨时遭到斯温的突袭，其舰队规模达到360艘船。那是一场血腥的战争，打了一整个晚上（1062年），最后以丹麦人的溃败告终。胜仗在很大程度上是因为挪威酋长哈康·伊瓦松，虽然哈拉尔德曾严苛待他，但他却仍在国王需要之际前来营救。斯温的安然无恙也要归功于哈康，他正是藏匿在哈康的船上并在其帮助下才得以逃离。

然而在哈拉尔德看来，大胜尼萨之战并没有产生什么重要意义。哪怕斯温还有一点点反抗之力，指望他会弃绝王权都是不可能的，而即便他愿意信守这样一个协定，挪威人的诸多劫掠行径早已让丹麦人深恶痛绝，以至于不靠占领军就不能令这国家服于统治。

然而，对于持续不断的战争，挪威人的厌倦感并不亚于丹麦人，于是哈拉尔德不情不愿地被迫于1064年在哥达河和谈。他承认斯温为丹麦国王，承诺不再侵扰他。

为了支撑战争，哈拉尔德已经在人民身上加诸过多的负担，令农民产生了强烈的不满。现在让我们把注意力投向两国和谈之前在挪威国内发生的一些重大事件。在战争期间，最让国王头疼的莫过于酋长们那些找茬一样的批评与反对，其中又尤以其领头人艾纳·泰姆巴斯克威尔为甚。艾纳带着600名武装人员，国王走到哪儿，他们便跟到哪儿，这简直是蔑视国王权威的集中体现。而哈拉尔德呢，据说他一见艾纳以当面彰显个人权势的姿态在尼德罗斯码头登陆，便大声说道："瞧啊，傲慢的艾纳带着一帮大老粗（hus-carles）登陆了，还真是人数众多，如果人少一些的话会更令众伯爵们踏实满意的吧。他大概是想自立为王呢，在将我赶下王位之前他是不会止步的，除非他先舐斧而亡了。"

虽然没有事实依据，但我们非常确信艾纳不放弃任何机会来表现对国王的敌意。有一次，他破坏了一场有哈拉尔德出席的会议，带着他的一众武装随员释放了一名已经宣判有罪的窃贼，而此人曾服役于他。另有一次，他以威胁的态度强迫国王将一大笔宝藏让给他。这笔宝藏发掘于地下，根据法律，所有这样的财产都应判归国王所有，但艾纳却声称装财宝的箱子箱盖上有一些鲁纳文字，显示这些东西属于自己的岳父哈康伯爵，而哈康伯爵现存于世的唯一继承人就是自己的妻子伯格略特。

国王会对如此傲慢无礼之举怀恨在心，实在无可厚非，但他选择的报复方式却是有失身份。他碰巧抓住了几个身怀斯温国王印章的丹麦人。不无可能的是，他们或许是丹麦国王派来的密使。斯温的叔叔克努特曾用贿赂成功离间众挪威酋长与"圣徒"奥拉夫，斯温也许想故技重演。哈拉尔德想到一个主意，他可以利用这些人来考验酋长们对自己的态度，更为重要的是，如果出现了叛徒，他就找到了一个摧毁他们的正当理由。这个阴谋特别针对艾纳·泰姆巴斯克威尔。于是这些人声称是由斯温国王派来的，他们带来了充满奉承讨好之承诺的伪造信件，以及作为国王对艾纳友谊信物的大量钱财。但艾纳却经受住了考验。他说："众所周知，哈拉尔德国王非我友类，而斯温国王常善言于我，我当欣然友之。但如若他带军前来挪威，以图与哈拉尔德国王一战，夺其王国，我必全力抗之，我会倾我全力以助哈拉尔德国王保家卫国。"

这些丹麦人将这信息带回给哈拉尔德国王，国王说："他会给出这样一番重信义的回答倒是不令人意外，虽然他的信义并非出于对我的爱戴。"

这次事件中还有其他的意外在等着哈拉尔德。他的朋友和族亲托雷·史塔克曾率先认可了他对王国的继承权，却在这次接受了贿赂。当得到哈拉尔德正赶来处罚他的消息，他欣然接见，交出了钱财，并说："前不久有几个丹麦人来我家，他们带来了斯温国王的友好来信和钱财。我接受了那些钱，因为我觉得那是外国国王为了从你手中窃取国家而献上的东西，你坦然收下岂不妙哉。"

此举之精明，虽然哈拉尔德看穿了这件事，却也不得不很不情愿地表示佩服。

在密使拜访的人里面，第三个我们要提到的是一个农民，名叫赫格尼·朗比约恩松，他的答复是："我只是一个普通的农民，想必斯温国王应该从未听说过我，但我可以告诉他：如果他带着战盾前来挪威，我将给予他最沉重的伤害，那将是其他农民无人可及的。"

这回答汇报给哈拉尔德时，他感到非常高兴，作为对其忠贞的奖赏，他当即要给他封臣之衔，这是仅次于伯爵的封号。但赫格尼也不为这诱惑所动。

"我接受并感谢你对我的所有友善之意,我的国王,"他说道,"但我不会接受封臣之衔,因为我深知事情将如何发展。当封臣们汇聚一堂,他们会说:'就让赫格尼居于末席吧,因为他出身农民,理当是封臣中最低位的。'这么一来,我的封号带给我的将不是荣誉而是羞辱。还是继续当农民能给我带来更多荣誉,因为当农民们聚在一起,赫格尼就是其中最杰出的。"

正是农民们这种坚如磐石的独立意识令挪威历史不同于其他任何国家的历史,亦令挪威成为欧洲宪政自由之源头。封建主义在挪威触到了这块礁石,而另一方面它却顺着历史的潮流一路凯歌地驶入了瑞典、丹麦,以及其他所有欧洲国家。

哈拉尔德国王无法不赏识这样的自尊与正直,即使拥有这样品质的是他的敌人。在确认了艾纳·泰姆巴斯克威尔的忠诚之后,他对他多了一些好感。为了给两人间所有的不和划上句点,他在尼德罗斯的王室府邸宴请了这位老者,让他坐在自己身边的尊位,以王侯之礼款待了他。畅快地干了数杯酒之后,当时将近80岁的艾纳就昏昏欲睡。糟糕的是,当时国王正在讲他在君士坦丁堡的冒险经历,便认定艾纳这一睡是对自己的不敬。他指使一名手下给睡着了的客人开了个粗野的玩笑,换来的却是艾纳在次日竟杀掉了这个人。旧恨更添新仇,哈拉尔德厌倦了忍受屈辱,决意要除掉这敌人。他借口想修好,邀其会面。艾纳带着儿子因德里德及一大群追随者来赴约。国王在会堂藏了些刺客,掩住了通风孔以避光。艾纳把儿子留在门外,当他走进会堂,便对这里漆黑一片表示惊讶。

"国王的厅堂很暗啊。"他说。

杀手们立即发起攻击,将他砍倒。

"国王的走狗牙齿好锋利啊。"他喊道。听见父亲的声音,因德里德便冲进去保护他,却顷刻就被围住并杀死了。国王马上大步跨出会堂,下令众人准备迎击,可是艾纳的随众们却站在那里失了决断,毫无追击之意,哈拉尔德便得以带着护卫走到河边,划船离去。当年老的伯格略特听说国王背信弃义,便跑着穿过城市的街道,无望地号召人们为她的丈夫儿子报仇。她跑到国王的府邸时,刚好看到哈拉尔德的船顺河滑下。"此刻我多么想念我的亲人哈康·伊瓦松啊,"她哭喊道,"因为如果是他站在这山坡,定不会让杀害艾纳的凶手划过这条河。"

在以这样卑劣的行为激起特伦德人的盛怒之后,哈拉尔德选择离开是明智之举。他去了他的姻亲菲恩·阿内松处,劝他以其权势平息民愤,而作为回报,他承诺召回他的兄弟卡尔夫,并还他曾被马格努斯国王剥夺的财产与地位。此外,菲恩还得接受使命去找哈康·伊瓦松,劝诱他放弃替他的族人艾纳报仇,并接受来自国王的血罚金,即可以向他提出任何一个他力所能及的要求。菲恩成功完成了这两项使命:他平息了特伦德人,也与哈康达成了和解。作为代价,哈康要求娶"好王"马格努斯之女朗希尔德为妻。尽管如此,国王因谋杀艾纳而大大失信于民众。杀人本身犹可宽恕,但背信弃义则被认为是种罪恶,与体面的武士身份不符。哈拉尔德罔顾信义与荣誉,引发了罔顾道义之潮。对于一个不忠不义的国王,叛国似乎都可以原谅。发现他的两面三刀后,他的封臣们一个接一个地离他而去,他们离开祖国,投奔了丹麦的斯温国王,斯温很好地接待了他们。首先离开的是菲恩·阿内松。他的兄弟卡尔夫是一个勇敢能干的人,在回归之后,哈拉尔德国王看似对他很好。但是在一次远征丹麦时,国王派他带一小队人上岸,命他攻打一支强大得多的丹麦部队,并承诺说如有必要他定会前来相助。卡尔夫服从了命令,却几乎全军覆没,其本人亦死于此役。最后,国王登陆入侵了该国实施劫掠，而此举本毫无必要。之后，他自豪于只损失了13个人，而菲恩正确地料到自己的兄弟便是其中之一。对于国王的背信他非常愤怒，简直无法忍受再与其当面相见。于是他带着所有可带走的财产去了丹麦，斯温国王便封了他为哈兰伯爵——哈兰如今是瑞典的一个省，毗邻挪威的维肯。

哈康·伊瓦松也有与此类似的经历。他追求马格努斯国王的女儿朗希尔德，得到的回复却是她不会和任何低于伯爵之尊的男人结婚。哈康于是请求国王封自己为伯爵，但哈拉尔德回答说，在那段时间他不希望自己的王国出现一个以上的伯爵。盛怒之下，哈康投奔了斯温国王，不过在尼萨战役中他又站在了哈拉尔德一方，助他免于战败。他也履行了对斯温的义务，在战争结束后救了他并把他安全送达其朋友处。哈康因这些功劳而得来的声名却远远没有为他带来国王的好感，反而激起了他的敌意。事实上，当初哈拉尔德的确劝朗希尔德嫁给他，也明确地承诺要封他为伯爵，但在婚礼举行完之后，却用一个又一个的借口对他敷衍拖延。而当哈康逼他给个说法时，他给出的却是断然拒绝。哈康的妻子显然对结果有着截然相反的预想，因此当他回家时，她欢快地大声唤他："欢迎回家，我的伯爵。"他不得不告诉她发生的事，因他不愿显得自己是靠骗婚赢得了她，便主动提出离婚，且自己的财产全部归她所有。但朗希尔德拒绝接受这个慷慨的提议。于是，哈康开始暗中变卖财产，希望在不引起国王注意的情况下逃离这个国家。然而哈拉尔德听到了风声，带240名人手于夜里动手去杀他。哈康得了一个朋友的预警，逃往瑞典，然后借道去了丹麦。斯温在菲恩·阿内松死后封了哈康为哈兰伯爵，而瑞典国王斯滕克尔将西哥得兰和韦姆兰两个大省给了他。哈康如今的权势几乎媲美王权，他利用自己的地位尽可能地坏哈拉尔德国王的事。他一直在奥普兰很受欢迎，而国王却因为剥夺了农民们某些曾被"圣徒"奥拉夫赋予的特权而深受憎恶。于是，哈康便大胆地在这个省征收赋税，当国王的收税官来时，就被告知已经没有钱可以给他了，因为税赋已交给了哈康伯爵。但哈拉尔德国王不是一个能忍受如此侮辱的人。他集结军队入侵了瑞典，打败了哈康及西哥得兰人，他更严惩了奥普兰人，以儆效尤。

1066年，英格兰国王哈罗德·戈德温森[1]的兄弟托斯提哥伯爵来到挪威，向哈拉尔德·西格德松寻求帮助，意图征服英格兰。他之前已经在丹麦试过一次，可惜只说动了一小部分人。斯温·厄斯特里德松表明了自己的态度：他并无意效仿叔叔克努特国王的作为，能保护好自己的王国便足以令他感到满足。哈拉尔德·西格德松从来就不反对冒险事业，对伯爵的要求他欣然听之，并于1066年9月率舰队驶向英格兰。那是挪威海岸到那时为止所驶出的最大规模的一支舰队。登船的2 000名战士，加上他从奥克尼诸伯爵处强要来的部队以及托斯提哥自己的力量，整个军队定然达到了300—350艘船与3 000人之众。他带上王后伊丽丝芙与两个女儿玛丽亚和英格格尔德，将她们留在了奥克尼，自己则沿着苏格兰海岸下行至诺森伯兰郡。他在富尔福德遇到马尔科勒和埃德温伯爵的部队，大胜一场，约克城便因此投降了。他在距离约克7里之遥的斯坦姆福德桥扎营，却留下了自己部队的1/3兵力看守船只，交由儿子奥拉夫指挥。由于天气温暖，士兵们全无危险意识，都没穿戴盔甲。但就在斯坦姆福德桥，他们遭到一支由哈罗德·戈德温森带领的庞大军队的突袭。托斯提哥建议迅速返回船上，但哈拉尔德·西格德松的骄傲令他不愿在任何敌人面前望风而逃，他便下令等待英格兰

---

[1] 哈罗德·戈德温森（1022—1066），英格兰的盎格鲁-萨克逊时期最后一位君王，在位仅9个多月，在黑斯廷斯与"征服者"威廉一方战斗，战败殒命。——编者注

人来袭。当部队正在组成战斗阵列时，20名英格兰骑手策马而来，其中一人询问托斯提哥伯爵是否在场。

"他就在你们眼前。"托斯提哥回答。

"我们给你带来了你兄弟哈罗德的致意，"那英格兰人说，"他提议与你和好并将诺森伯兰郡给你。不仅如此，只要能得你友情，即使转让他1/3的王国给你，他都觉得无甚不可。"

"这可实在与去年秋天他对我的鄙夷和攻击完全不同啊。假设我现在接受了这个提议，我的这位兄弟又将许何物给挪威国王呢？"

"他曾透露说要送一块英格兰的土地给哈拉尔德·西格德松，有七尺见方，也可能更多一点儿，因为哈拉尔德国王可比一般人高啊。"

"如果是这样，"托斯提哥答复说，"你们还是回去请哈罗德国王开战吧。"

一直在听他们对话的哈拉尔德·西格德松问托斯提哥这个发言人是谁。

"就是我的兄弟，哈罗德·戈德温森本人。"伯爵回答。

"我知道得太迟了。"哈拉尔德国王说道。

英格兰骑兵首先发起一轮猛攻，却被击退。挪威人认为他们的撤退就是一场普通的败逃，开始追击，战斗阵列便被打破了，而国王本打算保持阵列直到增援部队从船上赶来。哈拉尔德国王以狂战士般的盛怒加入战斗，他冲进战场腹地，对着周围狂砍。英格兰的队列乱了，一切迹象都显示着挪威人的胜利。这时，一支箭射穿了国王的喉咙，他摔下马来就要死了。托斯提哥拒绝了他的兄弟关于停战的提议，接下了指挥棒。他英勇地战了一阵，而挪威人虽然又累又伤，却喊着战斗口号再次冲上前去，迫切地想要为他们的国王报仇。然后托斯提哥也被砍倒了，宽阔的战场上铺满了死尸。就在这时，哈拉尔德国王的连襟兄弟埃斯泰因·奥勒带着增援部队赶到了，接下来便是一场短暂而险恶的决斗，直到他也倒下。暮色笼罩之下，庞大军队剩下的一小支余部成功回到船上。有一个名叫斯蒂卡尔·斯泰拉雷的人找到了一匹马，他疯狂地骑马疾驰离开战场。他只穿着衬衣，戴了头盔，衣服早就在激烈的战斗中撕毁了。一阵冷风刮来，他感觉冻到了骨子里。途中，他遇到了一个身穿温暖的羊皮无袖外套的英格兰自耕农。斯蒂卡尔便问他多少钱肯卖他的衣服。

"我不会卖给你的，"自耕农回答，"听你的口音就知道你是一个挪威人。"

海蚀柱"霍伊老人"，位于奥克尼岛

"这样的话,你要怎么做呢?"斯蒂卡尔说。

"我会杀了你,只可惜我没有合手的武器。"

"那么,既然你觉得杀不了我,"这个挪威人回道,"就让我试试能不能杀了你吧。"

他举剑砍下那自耕农的头,穿着他的外套匆匆离开了。

这场战争之后过了许多年,战场上还散落着成堆的人骨,因为无人留下来埋葬死者。"征服者"威廉一世的登陆(9月29日)使哈罗德·戈德温森赶去了黑斯廷斯,斯坦姆福德桥之战的胜利成果便在那儿付诸东流。

哈拉尔德·西格德松的儿子奥拉夫·哈拉尔德松先是去了奥克尼,他同父异母的姐妹玛利亚刚刚在那里去世。他在该处度过了一冬一春,然后在次年夏天带着伊丽丝芙王后和妹妹英格格尔德去了挪威。他的父亲曾率那么华丽的一支舰队离开,回来的却只剩24艘船了。

哈拉尔德国王殒世时时年51岁。在他统治期间,虽然酋长们多有不满,但挪威全国的局势朝着趋于稳定的方向大步迈进。各部落正融合成一个民族。政府的各个部门都感受到了国王的强硬手段。他发动的战争虽然在某种意义上是灾难性的,但在总体上却使挪威在诸国之中立于安全之地。他与不来梅的阿达尔贝特大主教之间关于教会事务的漫长争论以他的胜利告终,虽然没有正式的决议,挪威教会一度停止承认不来梅大主教的至高地位。哈拉尔德国王无疑非常有才干,如果他同时还能足够高尚,那么他留下的名声会更伟大吧。

第十七章
"静安王"奥拉夫（凯里）(1066—1093年)
与马格努斯·哈拉尔德松（1066—1069年）

奥拉夫·哈拉尔德松回到挪威，找到他的哥哥马格努斯，而早在父亲去世之前，马格努斯便已继位为公认的国王，手掌朝权。几番磋商之后，两兄弟达成将王国分而治之的协议：马格努斯得到西北部大的那一份，奥拉夫则满足于守着维肯。如果是基于两兄弟平等的土地所有权来做划分，那么这样的结果显然是不公平的。但就我们所知，不欲争吵的奥拉夫却毫无异议地接受了。

与英格兰的战争极大地消耗了这个国家的资源。丹麦的斯温·厄斯特里德松认为，要想报复他曾在哈拉尔德国王那儿吃过的苦头，现在时机正好。两兄弟接着在全国范围内大量征税，但斯温在哈兰海岸之外成功地用一支舰队截住了奥拉夫（1067年），马格努斯尚不及与之会合。这应该不是一场决定性的战斗，因双方都自称打了胜仗。不过很可能奥拉夫的损失较大，因为他最先提议和谈。与此同时，马格努斯带着联合舰队赶到，其规模必然能与斯温一拼甚至更胜一筹。不管怎样，斯温突然失去了作战的欲望，于是和谈的一幕在康格海尔上演（1068年），双方相互做出了友好与亲善的保证。据说奥拉夫在谈判过程中表现出坚定勇敢的气度,赢得了斯温的尊敬。作为双方会面最初成果的是两场婚姻:其一是"铁腕王"哈拉尔德的遗孀伊丽丝芙嫁与斯温国王;其二是奥拉夫迎娶斯温的女儿英格丽。

我们无从得知马格努斯是否出席了康格海尔的和谈。即便他在,想必也因为糟糕的健康状况而无法处理事务,因为在有关条约的部分都只提到了奥拉夫的名字。次年,所有的公共事务仍旧是移交给了奥拉夫,而马格努斯在尼德罗斯卧病不起,最终于1069年春天去世。他留下一个儿子哈康,当时还只是一个婴儿,托雷·史塔克收养了他。没有人提出让哈康继位的说法,于是奥拉夫便成为整个国家的国王。

除了继位早年时一星半点的武力骚动,奥拉夫·哈拉尔德松在位的27年中再没发生过一起战事。关于他的萨迦充满了和平与安宁——那是对他在文明事业上的成就所作的长篇赞誉和记载。慎重的节制是他的性格基调。他笃信宗教,但并不狂热;虔诚,却不偏执。他天性随和,又从不疏于责任,怡然但不作乐,沉着但不懒散,在"金发王"哈拉尔德一众好斗尚武的子孙中,他实在是独特但却富有吸引力的一位。他引人注目,因为他性格中的重要特征与他那个时代的人身上的主流性格形成了强烈对比。灵魂里的安详平静透过他的话语彰显出来,而萨迦记载认为这些话语值得保留。他说过这样一段话,包含了远远超前于其时代的一个清醒的信念:

"我正与你同坐享宴——献给我的亲族圣奥拉夫之宴,而且我在我的臣民身上看到的是欢乐与自由,如此,我为何要不开心呢?在我父亲的时代,人民都生活在强制与忧虑之中,多数人都把他们的金银财宝藏了起来,而现在我却看到每个人身上都闪耀着自家饰品的光彩。你们的自由与快乐就是我的享受和快乐所在。"

人们给了他凯里（Kyrre）的绰号，意思是宁静的、安静的，无论最初是否是出于赞美，随着时间推移，这个名字成了一个荣誉的勋章，因为在他之后一个世纪的纷争杀戮中，所有人都视他那没有流血的统治期为一个和平的黄金时代。[1] 正如后来的一位作者[2] 所述："他爱上帝，亦爱人民；他注重和平与宁静，让每个人都能保有其所有之物，并只坚决镇压罪恶。当时农业丰收，各方面都达到辉煌，自'金发王'哈拉尔德以来，挪威未有人达到过如他治下这样的繁荣。人们都热爱他，因为他为人民之便利做出了诸多让步，而之前哈拉尔德却是坚持严厉苛刻。他对金银珠宝是很慷慨的，只紧守着土地，这体现了他的聪明才能，因他看到的是王国的福祉。"

"静安王"奥拉夫的故事在萨迦中只占了寥寥数页，而他的父亲和儿子都是伟大的战士，他们的故事篇幅大得多。后者所擅长的摧毁生命之事，与奥拉夫倾力而为的默默地维护生命、改善弊病的事业相比，更加吸引喜好记录战争的挪威国王的史学家们的眼球。斯诺里对他着墨不多，却尽是赞美之言，很可能那个年代根本没人想到要为此颂唱赞歌或为后世留存下除拔剑相战以外的任何记录。于是，唱颂奥拉夫的吟游诗人仔细描写的也只是他参与了父亲对英格兰的莽撞远征，以及他与斯温·厄斯特里德松之战。

性格如奥拉夫，他会不赞同当时在某种程度上还很盛行的维京精神实属自然。虽然不清楚他是怎么阻碍维京海盗之旅的，但我们得知在他的统治期间，这种形式的海盗行为极大地减少了。不利于维京人的一个形势是他们所冒的风险大了许多，这是由于他们惯常侵袭的那些国家联合巩固起来，实力大增。"征服者"威廉一世治下

---

[1] 见孟克（ii., 430）。
[2] 特约德雷克·孟可（Cap. 29）。转引自孟克：《挪威民间故事》。

的英格兰对挪威海盗们而言不再是一个宜人的歇脚之地,法兰西、西班牙和德意志也采取类似的举措以保护其海岸,这也大大地妨碍了这些挪威酋长们夏季的消遣活动。诚然,去爱尔兰的劫掠因其奴隶和所获战利品还是很有诱惑力的,但瑞典和罗斯在波罗的海一侧海岸沿线,却有土著部落成为维京人的聪明学生,施行劫掠,这样也减少了挪威人得益的机会。如果不是随后有漫长的杀戮嘉年华作为反证,我们也是愿意欣然相信基督教对这些人放弃掠夺习性起了积极影响的。不过刚刚引证的这些事实和因素显然更加有力。虽然就国王本人而言,他树立了献身和平事业的榜样,宗教毫无疑问影响着他的生活,巩固了他性格中不欲战争的一面。他证明了自己作为一个基督徒的真挚,不仅因为他偏爱教士,经常帮助教士穿戴法衣,更因为他为了改变和压制一切他认为有悖于基督教精神之事所做出的努力。他是第一位致力于终结农奴制的挪威国王。他制定了法律,即王国的每一个郡都应当每年解放一名奴隶。然而他定下这一法令的首个目的,却是为他的城镇争取来市民,以此鼓励商业及和平的职业发展。许多奴隶都是工匠,而很多曾因战争而沦为阶下囚的人都具备才智和进取心。

早在"静安王"奥拉夫继位之前,商业就有过蓬勃的发展。维京人往往既是商人又是海盗,他们用钱和货物去换得用剑得不来的东西。另一方面,不是维京人的商人,身边却也总是带着剑,用以保护货物。武士阶层和商人阶层之间鲜明的界限已不复存在,我们会发现,大首领甚至国王们自己都参与了商业,且并不以从贸易事业中获益为耻。于是我们会听说"圣徒"奥拉夫在一次航海活动中与商人古德莱克·格兹克是伙伴关系,而"铁腕王"哈拉尔德将与芬兰人的贸易变成了王室垄断,分包给了其手下。挪威与丹麦之间,瑞典与英格兰之间,以物易物非常之多,而随着海盗衰落,贵

奥克尼群岛上的古挪威住宅（Orkhaugen）内部

重金属得到普遍应用，且更多地用到了贸易往来之中。更有序的社会组织方式产生的影响在"静安王"奥拉夫统治期间初现端倪，正因为此，我们可听到诸多关于商业进步与城镇繁荣之事。比约格温市（如今的卑尔根）由他一手建立（1070—1075年），并很快成了非常重要的商业中心。

当他们的职业就是战争，而把实业开发留给奴隶时，挪威人对家庭的舒适感是毫无概念的。事实就是，在"静安王"奥拉夫之前，即便是最有钱的人，其生活也很原始：食物粗糙，环境简陋。他们的房子只有一个房间，在四周墙壁上凿有封闭式的凹壁做床。地板就是光秃秃的大地，踩着很硬，铺了干草，其中间位置烧了火，时时为房间带来阵阵烟和火星。屋顶有一个大洞，是为了排烟和采光。没有天花板，覆盖了一层熏烟的橡木从一堵墙伸到另一堵墙上，上面挂着渔具、毛皮及衣物。屋顶上靠近屋檐的地方有一些方形的洞，用遮板遮着。火堆的两边都有长度贯穿厅堂的桌子和凳子。这两条靠墙放着的长凳中部，分别有一个雕刻更精心一点并带有高椅架的座位，称为高座。坐北朝南的这个高座属于房子的主人；坐南的那一个留给尊贵的客人。在首领的房子里，墙上还装饰着做工精良的武器，挂着染色的帷幔。主居所（skâli）之外还有一些小点的房子，如浴室、厨房、女性的闺房、仆人宿舍，有时还有客房。在附属建筑物中，最重要的是贮藏室、粮仓和牛舍。由此可见，一个生活富足农民的农场看上去得像是一个小村庄了。

奥拉夫在这样的居室布置上做了一些改动，都是为了提高舒适度。首先，他把屋子中间的火炉移到了角落里，又造了一个烟囱以作排烟之用。这样一来用石头或木材作地板就变得可行，于是这一创新随之实现。墙上凿出了窗户，装饰以窗格玻璃或半透膜。又建了天花板，这样屋里的温度更稳定。慢慢地，几个房间被聚拢到同一个屋顶下。主人的高座被迁到西（？）[1]墙的平凳上。而在国王的大厅内，高座则被置于一个高出地面的平台上，留给国王、王后或显贵。在此之前的时代，参宴者满足于火焰的光亮，而奥拉夫推介了蜡烛及细烛，在座多少位血统尊贵的宾客，就在王家餐桌上摆放多少盏烛台。侍臣们受委派伺候在旁，而朝廷官员（hird）得到的待遇又高于其他人。

这些创新无疑远远有别于旧的民主主义式的简朴。朝廷必要的开销更加铺张，我们发现奥拉夫将侍臣（hirdmennir）人数从当时法定的60人增加到了120人。更加奢侈的直接后果就是更加繁复的礼节，人为的等级差别比从前更为突出。国王的温厚和善在很大程度上掩盖了这一切的真实意味，让人们看不到其害处。事实上，那时候的挪威人爱好华丽，尽管他们十分独立，但却是非常为光彩光鲜之物着迷。奥拉夫的府邸富丽堂皇，这使他声望更高，因他并未加诸更多负担给民众以支付他增加的开销。

我们已经得知"静安王"奥拉夫是充满热忱的基督徒，并热衷于为他的人民带来精神福祉。带着柔化民风、防止产生容易扰乱社交之血腥争斗这样的想法，他建立了社团或者说协会，但以严格的规章加以管控。这些所谓的社团或行会最初的聚会地点是在成员的家里，但随着其发展逐渐繁盛，便开始修建独立的会所甚或是向他们的主保圣人致敬的教堂。圣奥拉夫是他们最爱的守护神，但也有蒙其他圣人保护的行会。由神职人员对成员们进行督导，平和安抚的做法受到极力主张。行会会馆里禁止携带武器，只要是在双方都有时间冷静下来的情况下，所有争执都必须得到解决。声望良好的女性被选来防止冲突，对骚乱者的行为做约束，而聚会以简洁的宗

---

[1] 原文如此。——译者注

教仪式开篇。集会最初只是为了社交，但随着行会的壮大，无可避免地带上了半政治的色彩。法规令成员们许诺相互保护，往往还替对方的死报仇。他们完全可能对国家构成威胁——若不是国王及其主要顾问们本身也是其成员，因而能够管控他们的行为。

工匠们的行会在后来的中世纪开始取得政治重要性，而它们就是从这些社交行会发展而来的，但在最初，它们并没有把自己的定位局限为专为某一个行业或职业的人而设。我们对奥拉夫统治期间的部落酋长们所闻甚少，很可能是因为许多其中最杰出者已陨落于斯坦姆福德桥，而国王的声望又太好，显得剩下来的这些继续反抗的人不值一提。为数不多有所记载的人里就有托斯提哥伯爵的儿子斯库勒，奥拉夫在他的父亲去世后将他从英格兰带回。斯库勒在1069年被派往威廉一世处执行使命，要将"铁腕王"哈拉尔德的遗体带回挪威。他完成了任务，国王很满意。他是英奇·博尔德松国王以及徒然垂涎王位的极恶密谋者斯库勒的祖先。

"静安王"奥拉夫于1093年9月22日在他位于朗里克的霍克比庄园内去世。他的遗体被运到尼德罗斯，葬在他自己修建的基督教堂中。

第十八章
"赤足王"马格努斯(1093—1103年)与哈康·马格努松(1093—1095年)

当奥拉夫国王的死讯传到国外时,维肯居民承认他的儿子马格努斯作为国王,而特伦德人则匆忙宣布以他的侄子哈康·马格努松为王。这么一来,国家再次分裂:包括特伦德拉格郡、奥普兰和所有北方的郡在内的 2/3 国土属于哈康,另 1/3 归于马格努斯。马格努斯对于这位堂兄弟竟会成为自己的王位竞争对手毫无准备,因为在奥拉夫漫长的统治期内,哈康从未表露出这一野心。就他而言,对哈康意图的失察是唯一能解释他会离开国家前往苏格兰冒险远征的理由。他身上有祖父那种不安分的好战精神,并且已经在父亲强加而来的和平政策下压抑已久。如今他自由了,再也受不了任何对蹉跎岁月的虚度。于是一旦能放手自己干,他便开始了对荣耀劳而无功的追求。他帮助苏格兰王唐纳德·贝恩在战争中对付埃德加亲王和其兄马尔科姆的子嗣,并(成功地)宣布对苏格兰群岛拥有主权,这些地方在"铁腕王"哈拉尔德统治时期已取得独立。他帮助爱尔兰国王穆尔克塔赫对抗古德罗德·梅朗纳格伯爵。而等他最后在 1094 年夏回国,却发现 2/3 的王国已落入竞争对手手中。他直接带了7艘船驶往尼德罗斯，在新的王宫府邸住了下来，决意要令特伦德人感受到他深沉的愤怒。哈康和义父托雷·史塔克也匆匆赶到这城市，住进了旧王宫。双方关系非常紧张，人们每日都觉得可能爆发冲突。最后哈康提议与他的堂兄弟谈判，主动提出两人平分王国，但马格努斯拒绝了他的示好，不愿意承认对方有任何掌管朝政的权力。出乎意料地，马格努斯于1095年2月的一天半夜在全城放了大火，哈康一方以为他会发起攻击，都抓起武器冲到街上。但没有袭击发生，双方在没有发生任何冲突的情况下离开了这座城市。哈康在以雪鞋徒步穿越多夫勒山途中染病去世。

　　有人一定会想，特伦德人如今已经没有任何坚持抗拒马格努斯的借口了。但他们明显对他既恨又怕，怕他会因为他们之前支持了他的堂兄弟而施加报复性的严惩。于是他们征询了托雷·史塔克的建议，托雷要求他们转而拥戴一个名叫斯温的王位觊觎者，而这个斯温是丹麦人，与挪威王室毫无关系。叛军在奥普兰找到众多支持者，其中就有封臣埃吉尔·阿斯拉克松。在托雷和斯温的领导下，他们出发前往诺尔默勒和特伦德拉格郡，洗劫抢掠。他们只给农民们两个选择，要么加入他们，要么眼睁睁看着房子被他们烧掉。许多人都选了前者。马格努斯的封臣和忠实的朋友西格德·乌尔施特伦发出战争集结令，但他的军队势单力薄，被叛军完败。他逃到马格努斯那里，马格努斯立即动身追击，抓住了托雷·史塔克和埃吉尔，绞死了他们。参加叛乱的其他许多人要么被杀，要么被剥夺了财产，而作为对特伦德人的惩罚，斯温·阿菲法松的律法被重启。

　　马格努斯如今是全挪威毫无争议的主宰者，他便将精力转向严惩恶人、维护秩序。然而轻松地坐镇在家惩罚叛党和强盗，默默无闻，这完全不符合他的风格。他的父亲对和平有多爱好，他就有多厌恶。于是，在无人挑衅的情况下，他决定再次前往苏格兰和爱尔兰，想在那里建立主权。他似乎还计划入侵英格兰以报复祖父死于斯坦姆福德桥战役之仇。奥克尼的保尔伯爵有个儿子叫作哈康·保尔松，他来到挪威，激起马格努斯的野心，希望自己能多少从中获益。1098年春，好战的国王带着160艘船和多达1.4万人组成的舰队前往奥克尼，借道去向赫布里底，在那里冷血残暴地施行侵扰。他还征服了英格兰的马恩岛和安格尔西岛，费尽力气将后者变为了殖民地。1099年夏，他返回挪威，以一个非常站不住脚的借口占有了瑞典国王英奇的一个省（达斯兰）而成功与其失和。他在福克瑟内大胜瑞典人，便在韦纳湖的一个岛上建了个要塞，留了一支由360人组成的卫戍部队。但冬天来时英奇国王迫使这支卫戍部队以屈辱的条件投了降。马格努斯为了报复这耻辱，再次入侵了瑞典，却在离特罗尔海坦不远的地方战败。他几乎丢了性命，却被阿格蒙德·斯科夫特松救了——阿格蒙德与他交换了斗篷，故意引人耳目地与其他逃亡者一路，引走了追兵。这种战争自然只是浪费生命和财富，于是在丹麦王埃里克·艾格德的斡旋下，双方最终在康格海尔和谈（1100年）。马格努斯欲娶英奇国王的女儿玛格丽特为妻，女方则将收下那个引发争议的省为嫁妆。但这场婚姻并未诞下子嗣，于是在马格努斯死后，达斯兰再次成为瑞典的一部分。由于玛格丽特王后带来了和平，便被挪威人称作弗里德库拉（Fridkulla），意思是和平使者。

我们不能指望马格努斯会就此满足于已有的声望而转为追求和平。他在这方面的态度在他自己的一段话中表露无遗："一个国王应当追求的是荣耀而非长生！"他急于为开战找个借口，据说最后他派人把自己的一双鞋送到了爱尔兰国王穆尔克塔赫处，要求他在圣诞节时当着挪威使者们的面把这双鞋扛在肩上，以示他承认马格努斯作为其大领主。爱尔兰人对这一要求非常愤怒，但穆尔克塔赫却了解马格努斯的战争作风，宣称他不仅愿意扛着鞋子，甚至愿意吃下去，也不愿国土受到挪威国王的再访。但这谦恭的态度并没能令他避免那可怕的灾祸。马格努斯决意征服爱尔兰，毫无拖延地带着大支舰队向西驶去（1102年）。在奥克尼几无停留之后，他登陆马恩岛，让他的儿子西格德在此称王并娶了穆尔克塔赫年仅9岁的女儿比亚德穆因为妻。他在阿尔斯特打了一段时期的仗，胜负不定，与穆尔克塔赫达成名义上的同盟，但我们完全有理由相信后者只是在等一个摧毁他的机会。这个机会很快便来了：马格努斯在阿尔斯特之滨，等人送来承诺给他的牛群。他带着一小支部队登陆了一片沼泽区，遭到藏身于灌木丛中的爱尔兰人突袭，爱尔兰人对地形非常了解，占尽优势。马格努斯在一番英勇奋战之后陨落于此，他的军队余部匆忙逃回了挪威。

马格努斯死时仅30岁。他是一个高大健硕的男人，面容俊美，引人注目。他有一个"赤足王"的绰号，因为他自从第一次苏格兰战役回来后，便穿起了高地服饰，以苏格兰褶裥短裙换下了裤装。

第十九章
埃斯泰因（1103—1122年）、"圣战王"西格德（1103—1130年）及奥拉夫·马格努松（1103—1115年）

根据已有的惯例，"赤足王"马格努斯的三个儿子宣告继承王位，他们将土地进行了划分。不过这里说的划分可能主要是针对王室地产，而不是把整个国家一分而为三个王国，因为王室地产是他们主要的税收来源。即位时埃斯泰因14岁，西格德13岁，最小的奥拉夫才三四岁。三人都不是婚生嫡子，不过都得到了其父的承认。那时候，整个欧洲正处于一片鼓吹圣战[1]的盛大浪潮之中。出于拯救自己灵魂的急切，国王、骑士，甚至孩子都丧失了理性，他们寄托于超自然之力，仓促准备便踏上冒险的征程。这股巨大的宗教狂热在漫漫路途中逐渐磨蚀，在到达北方时热度已打折。有些曾到过耶路撒冷的人回到家，但他们显然很少在宗教层面受到这场针对非信徒的战争的影响。这些人谈论更多的是圣战所带来的现实的功成名就的机会，这唤起了他们许多同胞的欲望，也想远征圣地，成为

---

[1] 即十字军东征。——译者注

灵魂光辉、身家光彩的人生赢家。民众希望能有一位君主来号令远征军，而点头承担了这一角色的是继承了其父之风的西格德。对于西格德而言，完备的装备需要财力支撑，生财之道又非投民众之所好而不可得。聪明的西格德认识到迁就让步比威逼榨取更利于实现他的生财大计，于是他一次性地彻底废除了斯温·阿菲法松那些压迫性法规，因此获得了巨大的声望。埃斯泰因也积极协助了弟弟的装备工作，于是，1107年秋，西格德带着一支由60艘大船及一万人组成的舰队启航了。他先是友好地访问了英格兰，获得国王亨利一世的特别接待。随后他驶向西班牙，历经了许多冒险，与摩尔人短兵相接，还在福门特拉岛上端掉了一个海盗巢穴。当他到达意大利时，罗杰公爵给了他一个盛大的款待，罗杰公爵是罗伯特·吉斯卡尔的儿子，他以自己具有北欧血统而自豪，于是像见亲人一样迎接了这位挪威国王的到来。他甚至（如果萨迦传说的记载属实）承认西格德为最高领主，同意接受其所赐予的王室封号。但罗杰公爵未曾有机会宣告这个新的尊贵身份，因为他不久后便去世了。1110年8月，西格德终于抵达圣地。他在雅法登陆，迎接他的是鲍德温国王。鲍德温国王陪同他到了耶路撒冷，领他参观了圣墓及一切与救世主生前逝后有关的地点。耶路撒冷大主教向西格德呈示了一块取自真十字架[1]的薄木片，表示愿意将其放到圣奥拉夫圣殿中保存，但有一个条件，即西格德国王回国之后须征收什一税[2]用以支持教会。在踏上回程之前，西格德协助鲍德温与的黎波里的贝特兰德伯爵围攻西顿和阿克伦，并分得了相应份额的战利品。随后他前往君士坦丁堡，亚历克修斯皇帝为向他表达敬意举办了运动会，其阵仗

---

[1] 真十字架，基督教圣物之一，据信是钉死耶稣基督的十字架。——译者注
[2] 什一税，或称十一奉献、十一捐，基督教会所采用的宗教奉献和赋税制度，信徒捐纳本人收入的1/10供宗教事业之用。——译者注

之盛大、场面之奢华，挪威人前所未见。但西格德不准他们对任何见闻流露出惊讶之意，以免当地人将他们看作没见过世面的野蛮人。1111年6月，西格德国王在阔别三年半之后，终回到挪威。自此他便得了绰号"圣战王"（Jorsalfar）。

对荣耀的渴求激励西格德奋进，与之形成鲜明对比的是，他的哥哥埃斯泰因的身体里似乎住着一个安详的灵魂。前者遗传了"赤足王"马格努斯那不安分的雄心，后者则继承了祖父"静安王"奥拉夫对建筑的品位以及乐善好施的平和。当西格德跨越陆地与海洋以求扬名，埃斯泰因却是安静地坐守家中，修筑教堂，鼓励贸易与工业，改善法律。耶姆特兰是"好王"哈康在位时期划归挪威的瑞典遗省，埃斯泰因全凭劝服、赠予和满足人民的切身利益，得到了耶姆特兰居民的拥护。因为了解渔业的重要性，其是国家财富的一大来源，他便在瓦根搭起售货棚供渔民住宿，又建了一座教堂及教士们的住所，以便给予他们精神福祉。在多有船只失事的阿格德内斯，他通过修筑防波堤，建成了一个人造港。为了在危险的海岸沿线为船员们做指引，他在一些岩石和海岬上立起航标和原始的灯塔，每到天黑之后便能看到火焰燃烧。为了给奥拉夫圣殿的朝圣者及其他旅人提供庇护之所，他在多夫勒山修建了客栈。由于多雪无路，在此之前多夫勒山的旅途是充满危险的。他兴建了许多教堂，包括使徒教堂、卑尔根的圣米迦勒教堂、尼德罗斯的圣尼古拉斯教堂，以及富丽奢华的本笃会修道院门克里夫。

虽然挪威人爱好战争，崇尚暴力，但他们还是情不自禁地爱上了这位明智、平和的国王，因为他始终予人以关怀和幸福。人们曾经好战的思想逐渐被更加温和、高尚的理想所取代。要看出这一点并不难，因为他们热爱这两位不喜战的国王——"静安王"奥拉夫和埃斯泰因·马格努松。而在这两位当中，埃斯泰因从才智和个性上看更显卓越。他追求的政策是"立"非"破"，且不是出于一时之好，而是眼光敏锐、坚守信念。在这个方面，他对法律研究的爱好和对法律知识的重视影响甚大。他的祖父曾因良好的判断力和稳健的作风而卓尔超群，埃斯泰因身上同样具备这些特点，此外，那种温雅的性格和迷人的风度也是一脉相承。他的外貌与大多数族人一样，高大英俊，有一双蓝色的眼睛，金色的卷发，气度尊贵不凡。

像这样性情迥异的两兄弟，我们几可预见西格德与埃斯泰因之间的冲突在所难免。西格德认为自己曾在外国的土地上大展风头，是一个见过世面的真男人，在他看来，埃斯泰因长期宅在家中，完全没有可引以为荣的经历。虽然也可能在途中设过阻碍，但这位兄长最终确是真心诚意地迎接他回归并主动与他分享权力，对此西格德毫无感激之心。相反，他不能理解安静如埃斯泰因，又毫无建树以自夸，何德何能享有与自己同等的敬重与爱戴呢？最重要的是，埃斯泰因坚持以法律手段来处理一切国民与国王之间的关系，这一点在西格德看来完全是对自己权威的妨碍，他被惹怒了。这个导火索在不久之后就引发了一次重大的龃龉。有一次，西格德身在特伦德拉格，他在将属臣伊瓦尔·弗约德派往危险的爱尔兰征途之后，侮辱了其美貌的妻子希格里德。希格里德的哥哥西格德·雷讷松心怀愤恨，却反遭国王报复，被控告在"赤足王"马格努斯外包给他的芬兰贸易中盗用公款。困境中的西格德·雷讷松向埃斯泰因国王求助，埃斯泰因听完这事，答应帮助他。西格德·雷讷松三次被西格德国王传唤上庭，但每次都被埃斯泰因高超的法律知识所救。这次事件的法律程序被详详细细地记录了下来，其过程相当有意思，为我们展现了当时社会组织的发展，而考虑到那个年代，这种发展称得上显著。然而到了最后，埃斯泰因不仅主持了审理，还作为案件的当事人站在委托人一边。西格德国王被大大激怒了。为了避免造成流血事件，西格德·雷讷松于深夜造访对手的船，向他下跪道："国王陛下，我不愿您和兄长因为我而针锋相对，我愿意任您处置，将我的头颅双手奉上。因为与其成为您和埃斯泰因国王敌对的元凶，我宁可死。"

西格德国王沉思良久，回答说："你实在是一个高尚的人，西格德，你选择了一条对我们各方都好的路。我原本已下定决心，明天就要带上我的所有人手前往伊勒沃兹与埃斯泰因国王一战的。"

这么一来，他做出的判决就是要对方支付15马克的黄金，交由三位国王平分。但埃斯泰因和奥拉夫都拒绝接受他们的份额，于是，不想在慷慨大度上落人下风的西格德也随即声明放弃属于他的那一份。

而今虽无战争之虞，但两兄弟间的关系远谈不上亲密友好了。很快又爆发了新一轮的不和，且肇事方仍然是西格德。他听到有流言说埃斯泰因非常喜爱一位名叫波格希尔德的少女，是达尔的富农奥拉夫的女儿。流言还说埃斯泰因喜欢坐在她身旁与她聊天，常常流连于她的社交圈，并因此招来了流言蜚语。为了证明自己的清白，波格希尔德选择走过烧得发红的犁铧，经受住了试炼。西格德见有机会报复哥哥曾经对西格德·雷讷松的保护，便绑走了波格希尔德，将她变成自己的情妇。波格希尔德后来生下马格努斯，后者曾在父亲去世后短暂地登上过挪威王位。埃斯泰因将这事深埋于心中，却并未对自己遭受的不公加以报复。但人之常情，他对此心痛万分，而这情绪在一个最意想不到的场合爆发了——虽然当时必然无人去挑明那埋藏于表象背后的积怨。

事情是这样发生的，有一年冬天，两位国王在埃斯泰因的一处庄园共享盛宴。西格德的属下和主人的脾性如出一辙，他们在埃斯泰因国王的人面前趾高气昂，喜欢以贬低埃斯泰因的方式来吹捧他的弟弟。埃斯泰因也听到手下人的诸多控诉，但他选择置之不理。然而双方间的剑拔弩张终究毁了一桌佳肴，杯盏之间，人人面色阴沉、局促不安。这时候，埃斯泰因或许是别有深意地提议进行一场"男人的较量"，即比拼功绩，这是那个时代非常流行的一项社交消遣活动。需要说明的是，当时的礼仪并不排斥男性夸耀自己的事迹和成就。正好相反，毫不掩饰地强调自己的功绩是从异教信仰时代便延续下来的传统，如遇情景需要，还可以向对手发起强势的谩骂叱责攻击。

"你还记不记得，"西格德响应哥哥的挑战说道，"我是如何在格斗时将你摔倒的？虽然你还比我年长一岁呢。"

"当然记得，你的敏捷度可比不上我。"埃斯泰因如是回应。

就这样，两人一项项地从年少时说到长大后，从游泳、滑冰、射击、竞速滑雪比拼到个人外貌。最后，西格德触及了争论的重点，他说：

"众所周知，我在外国的战斗是真正配得上首领身份的，而你呢，只是留在国内坐在家中，就像是父亲的女儿。"

"我想我还记得，是我为你整理行装送你离家去战场的，就像送一个女儿离家那样。"埃斯泰因反驳道。

"但我去过圣地，到过非洲，我可没在那里看到你的身影。我打了8次胜仗，你一次也没参加。我去过圣墓，你没有。我沿着主曾经走过的路去了约旦河，还跨河游过，你没有。我在河岸上的灌木丛里特意为你打了一个结，那个结至今还在等着你去解开。我和耶路撒冷的国王一起征服了西顿城，你可是既无援助也没出谋划策。"

希特达尔教堂,展现了古北欧教堂建筑的式样

　　埃斯泰因平静地听完弟弟的一长串事迹,最后回答道:"我的确听说你在国外打了几场仗,我能拿来与之一比的只是一些琐事。在北方的瓦根,我为渔民们建了售货棚,让那些穷人可以安身立命。我修了教堂,指派了教士,划了土地用于支持教会。那些因此享到实惠的人们会记得,埃斯泰因是挪威的国王。跨越多夫勒山的交通多有不便,人们四肢并用攀爬岩石,历尽艰难。我修建并资助了一个客栈。那些现在因此得到方便的旅行者们会铭记埃斯泰因国王。在阿格德内斯有一片海岸非常危险,没有港口,因此常有船只失事。我在那里建造港口,为所有船只提供了很好的停泊之所。我

还在那里修了教堂，在高山上都设立了航标。所有这些如今已为装载着货物往来各地的渔民和商人们所用，他们从中得到益处，会记得我。我还让耶姆特兰的居民臣服于我国，并非靠暴力强迫，而是以温和的言语以理服人。这一切或许都是小事，但我认为这些事情为我的国家与人民带来的好处，为我的灵魂带来的益处，相比你将摩尔人送给魔鬼，令他们加速栽进地狱，这些只好不差。至于你为我打的那个结，我想，我本来也可以为你打这么一个，让你做不成挪威国王，因为当初你从战场归来，只得孤零零一艘船回到这里。现在，就让明智的人们来做个判断，你到底哪点胜过我了？而你们，你们这些散发着铜臭气的自大狂，也好知道在挪威还是有人敢和你们平起平坐的。"

这场"男人的较量"至此收官，两位国王都满腔怒火。

其他有记载的几次事件也都显示了西格德对其兄长的嫉妒之心，长此以往，或终将引致二人的决裂，要不是突如其来的死亡将他们分开。埃斯泰因于1122年8月29日去世，年仅33岁。三兄弟里最小的奥拉夫未及成年便已夭折（1115年），于是西格德顺理成章地成为挪威的唯一统治者。这下没有了生性爱好和平的埃斯泰因强加约束，西格德很快便随心所欲地向尚有异教残余的瑞典行省斯莫兰发起了一次圣战（1123年）。他攻打了卡尔马城，这次事件因此被称为卡尔马之战。我们无从得知他到底有没有成功地令异教徒们转变信仰，关于这次圣战的其他结果也都没有留下记录。就在他打完仗回归之后，一场巨大的灾难降临到他身上。据说有一次他正在沐浴，突然大喊起来，说浴缸里有一条鱼，随后便四处乱跑要去将鱼捉住。这是他第一次表现出疯癫的症状，而精神错乱从此便笼罩了他的余生。他往往可以长时期地保持清醒，但有时会坐着坐着就眼珠子骨碌碌四处打转，陷入焦虑的沉思，又或者突然就爆发狂怒。一次，适逢圣灵降临节[1]，他突然疯病发作，当时他手里拿着一本从君士坦丁堡带回的珍本书，那是一本金字的圣书抄本，其内容很可能包含了《圣经》的一部分。他面色阴郁地瞪视着坐在他身侧的玛姆弗里德王后，说："人的一生真是世事无常！当初我回国之际，拥有两样我曾认为最宝贵的事物——这本书和我的王后。而现在呢，真是一个比一个不值了。王后不知她自己有多丑陋可怖，她的头上竟生出了一个山羊角。这本书也是，一无是处！"

然后他起身就扇了王后一耳光，又将书扔入火中。就在此时，一位名叫奥塔尔·比汀的年轻掌灯侍者跳出来，从火焰中抢救出那本书，毫无惧色地走到国王面前，说道："今时已不同往日了，我的国王。当初您满载荣耀回到挪威，光芒万丈，所有您的朋友都争相迎接，一派喜气洋洋。如今我们的日子以忧伤相伴，虽然您的朋友们来到这华丽的盛宴，但由于您那忧人的状况，他们是不可能真正高兴起来的。我的好国王，请您宽容地接受我的建议吧。请用您的仁爱与慈悲抚慰王后——她因您刚才的冒犯而深受伤害，还请抚慰您辖下所有的部落首领、您的战士、朋友以及随从。"

"你这个丑陋、低贱的佃农之子，哪来的胆子竟敢对我指手画脚？"国王一边大喊，一边跳起来拔剑出鞘。

所有的宾客都以为接下来会看到奥塔尔的脑袋滚落地上的场景，但奥塔尔站在那里平静地凝视国王，一动未动。然后，西格德的手竟突然停在半空，宝剑随即轻轻地落在他的肩上。他叱责属臣们没有反对自己神志不清时的作为，并感谢这位年轻人的勇气。

他最后说："奥塔尔，去吧，你去属臣之中找个位置坐下。你

---

[1] 圣灵降临节，或称五旬节，基督教节日，为纪念耶稣复活后差遣圣灵降临而设立的节日。——译者注

不必再侍奉他人了。"

数年后，奥塔尔·比汀成为一个权势极盛、声名显赫的人。

或许正是因为神志不清，西格德在他生前的最后几年里做了一个看似慷慨大度的决定，此举从政治角度来说却是毫不可取。1129年，一位名叫哈拉尔德·吉尔克里斯特的爱尔兰青年来到挪威，宣称自己是"赤足王"马格努斯的儿子。马格努斯国王曾在爱尔兰有过一个情妇的事并非秘密，据说他曾在他的最后一战中咏诵过一首描写一位爱尔兰女孩的诗，他爱她甚于其他所有人。这么一来，哈拉尔德确有可能属于挪威王位的继承人，至少他自己是这么想的。他找上了西格德国王，国王听完他的故事，许他以古老的烈火神裁法来证明自己所言非虚。哈拉尔德走过炽热的犁铧，成功地经受住了试炼。负责执行神裁法的只能是教士，也有人认为他们利用职权，操纵了试炼结果。于是哈拉尔德·吉尔克里斯特——挪威人称其为吉勒——被国王认作王弟，但有一个条件，即只要西格德或其子马格努斯还活着，哈拉尔德就不能染指王权政事。然而要确保这个颈长腿细、瘦高得过分的爱尔兰人得到一个王室成员应得的尊敬，即便对国王而言也并非易事。首先，哈拉尔德的外表样貌与国王相去甚远，其次，他说话结结巴巴的，完全无法用挪威语与人交流。国王的儿子马格努斯憎恶且嘲讽他，属臣之中认为他是一个不择手段的投机者的也大有人在。在西格德死前数年，他抛弃了玛姆弗里德王后，并不顾曼讷主教的劝诫，娶了美丽又出身高贵的塞西莉亚为妻，不过这段婚姻并未能维持很久。他的许多朋友为他的精神灵魂着想，力劝他解除婚姻。但塞西莉亚是如此诱人，令西格德神魂颠倒，他连试想一下失去她都无法忍受。最后，有一次他突然发病，塞西莉亚主动提出要分手。

"想不到你竟和其他那些人一样轻视我。"西格德伤心地回答。

他气得脸色发紫，转而不再理她。自此他的病情急转直下，最后逝世于 1130 年 3 月 26 日，终年 40 岁。放纵的生活挥霍耗损了他的健康，神志错乱令他久不适于料理政事。然而尽管如此，他的名字似乎依然笼罩着荣耀的光环，一方面是由于他早年的英名，另一方面则是他在位期间的挪威普遍农业丰收、商业繁荣。虽然也犯过重大的错误，但他仍是民众眼中的伟人，是一位十足的王者。而让后世数代挪威人纪念缅怀他的最重要的原因，却是因为在他死后，艰难与不幸几乎倾覆了这片土地。西格德本人似乎早已预见了这一点，他曾说过：

"挪威人，你们穷困潦倒，因为你们的国王是一个疯子，但我想，过不了多久，你们就会情愿以纯金换回我来做国王，而不是哈拉尔德或马格努斯，因为哈拉尔德残暴，而马格努斯不智且无能。"

第二十章
"盲王"马格努斯(1130—1135年)和哈拉尔德·吉勒(1130—1136年)

当父亲去世的消息传来,马格努斯连忙在奥斯陆召集庭会,正式宣布继位为整个国家的国王。而一直在等待这个机会打破曾经誓言的哈拉尔德也在腾斯贝格做了同样的事,不过最初,他只是宣告成为半个王国的王,就满足了。马格努斯自然不可能承认他的声明,挪威民众也很快分成两大阵营,分别支持马格努斯和哈拉尔德。

从性格角度来看,这两位都不适合领导一个国家。马格努斯粗鄙贪婪、目中无人,喜欢酒后喧哗、作威作福,又嗜酒成瘾,没有任何高尚的志向。哈拉尔德呢,则是懦弱、优柔寡断,他性格里体现更多的是爱尔兰人的欢快、自由和逍遥闲散。他在属臣手中柔软如蜡,把国家事务全权交付给了他们,所谓王室的尊贵在他心目中仅仅是享有特权去过奢侈的生活、穿精致的华服以及在日常交往中享受相应的尊崇。因此他吸引来一些部落权贵——这些人长久地被排除在国家权力圈子之外,自认权利应得,又因马格努斯的傲慢与贪婪而分不到一杯羹。

这两位对手维持了三年的和平,但在他们继位后的第四年冬天，马格努斯开始招兵买马，在维肯的弗里雷夫袭击了哈拉尔德（1134年），大胜了一场。马格努斯对于这场胜利得意非常，于是不顾属臣们反对，解散了军队，他本人则去了卑尔根，在那里过上了放纵狂欢的生活，全然不理会哈拉尔德的动向。而与此同时，哈拉尔德却在丹麦寻到庇护，并且还收下哈兰省为封地。他很快便集结到足够的力量侵入挪威，并在一路向北驶往卑尔根的途中收获了沿海诸郡的许多追随者。当听到对手临近的消息，马格努斯理智尽失，他拒绝接受他的朋友西格德·西格德松的建议，而在全城散布一种锋利的、铁做的"脚钩"以及将港口用铁链封锁起来，他对此扬扬得意，却没料到最后铁钩伤到的都是自己人，铁链阻止的则是他本人的逃亡之路。这座城市很快便落入敌手。他手下许多人都抛弃了他，只有他忠实的朋友伊瓦尔·奥瑟松还随他留在船上，最后哈拉尔德的人登上了他的船。

哈拉尔德称他是受到了朋友们的怂恿，但这并不能成为他残暴行为的借口。他抠出马格努斯的双眼尚不满足，又砍断了他一条腿，并令他遭受了那更低劣可鄙的去势之辱。伊瓦尔·奥瑟松与马格努斯国王有惊人相似的外貌，当被问到他现在是否还愿意像马格努斯时，这个勇敢的男人毫不畏缩地回答愿意，于是他也被弄瞎了。可怜的马格努斯被迫穿上僧侣的衣服，关在尼达霍姆的修道院里面。被怀疑保管了王室财富的雷纳德主教，因不愿透露藏宝地点而被处以绞刑。

这些罪行很快便等来了报复。1136年夏，一个名叫西格德的人来到挪威，亦宣称自己是"赤足王"马格努斯的儿子。西格德是一个有大智、大勇和大抱负的人，至少从这些方面看来，同为觊觎王位者，他比懦弱又恶毒的哈拉尔德·吉勒要值得尊敬得多。他早年的生活充满新奇的冒险，他在奥克尼伯爵们的相争之中扮演过重要角色，游历过罗马和圣地，沐浴过约旦河。"铁腕王"哈拉尔德的能力与"赤足王"马格努斯的不安分及进取精神似乎在他身上得到了融合。据说他的母亲，即萨克斯的女儿索拉，曾一直隐瞒他父亲是谁的真相直到他长大，因为"赤足王"马格努斯与她的姐姐还育有一个孩子，耻辱感让她选择了沉默。当西格德还是一个小男孩时便已是桀骜不驯，为了驯化他的野性，他的养父送他接受教育并令其献身教会。当他最终闯出一片天来，便得到了西格德·斯勒姆贝登之名，意思是"坏教士"。

  1136年，西格德回到挪威，在取得安全通行许可之后他去见了哈拉尔德·吉勒，申明了自己的出身。这是一个可以让哈拉尔德回报他曾受到的宽容慷慨对待的机会。当年他从爱尔兰而来，只是一个自称是挪威王位继承人的名不见经传的穷小子，"圣战王"西格德就曾慷慨地接受了他。但是，虽然西格德·斯勒姆贝登拿出了似乎是足够的证据来证明其说辞，哈拉尔德却很可能正是由于这一点而更加忌惮他。而他的谋臣们现在打着国王的名头，却是毫无约束的实际掌权者，他们自然害怕出现一个像西格德这样有可能终结他们权力的人。于是对于这个新出现的觊觎王位的野心家，他们建议哈拉尔德国王要不择手段地将之清除。哈拉尔德假借西格德涉嫌参与一起谋杀案的由头，企图抓捕他，但西格德游泳逃走了，为报复国王的背信，他将之杀死在其情妇——古托姆的女儿索拉——家中。随后他将卑尔根的市民召集起来，站在他的船上公开承认了此次谋杀行为，并要他们拥自己为王。然而事实却有悖于他的预期，人们对他义愤填膺，加上朝臣们的有意煽动，他在这个城市继续待下去已不再安全。市民们说："如果你真是马格努斯国王的儿子，那你刺死的是你的亲兄弟啊。"他们即刻宣布这个弑君者及其党羽为不法之徒。西格德匆忙率船北逃，最后到了北霍达兰地区。

哈拉尔德·吉勒被杀时正当32岁。他是史上最卑劣无德、令挪威王座蒙辱的国王之一。在他死前不久（1136年）挪威还发生过一件事，温德人在其王子拉蒂博尔的带领下洗劫了繁荣的康格海尔城，将这个曾经由"圣战王"西格德扩建和美化过的城市付之一炬。

第二十一章
哈拉尔德·吉勒诸子（1137—1161年）

哈拉尔德·吉勒死后，他的遗孀英格丽王后利用人们对西格德·斯勒姆贝登的愤怒情绪，将自己年仅两岁的儿子英奇推上了王位。她还派遣快船到尼德罗斯，请求特伦德人向哈拉尔德国王5岁的儿子西格德效忠。对于手握权势的朝臣们来说，这样的安排是极好的，于是他们迫不及待地着手确保这两个男孩在全国范围内得到认可。

西格德·斯勒姆贝登成为国王的机会变得非常渺茫。但他仍寄希望于能够唤醒人们对哈拉尔德·吉勒的愤慨，从而冲淡自己的罪行，于是他将"圣战王"西格德的儿子——又瞎又残的马格努斯带离修道院，企图重新召集其旧部老友。在这件事上他倒也有所收获，却是不及预期。为扩充兵力，他随后将马格努斯留给比约恩·艾吉尔松和希姆塞的贡纳代为照管，自己则去了赫布里底。然而在西格德回归之前，马格努斯就在奥普兰的明讷遭遇英奇国王的监护人索斯图夫·阿勒松，经过一场血腥的战斗而被击败（1137年）。在这一战中，或许是为了亲身激励士气，抑或是不放心交与他人，索斯图夫全程将两岁的国王绑在腰带上，一边还要手持剑与矛退敌，致命的箭矢矛石如雨般袭来。可怜的小男孩哪能受得了这样的折腾呢，过早的战场经历所带来的影响很快便在他身上得到了显现。他的背部弓起了一个驼包，有一条腿也未能发育良好。他因此得了"钩背"的绰号。

战争过后，"盲王"马格努斯逃往瑞典，说服西哥得兰的卡尔·苏尼森伯爵帮他，但却在克鲁加斯科根再次被索斯图夫·阿勒松压倒性地击败（1137年）。年幼的国王也再度被其监护人随身绑在披风之下，不无恐惧地听着耳边兵器撞击的铿锵和战场的喧嚣。这一次，马格努斯逃去了丹麦，成功劝使埃里克·埃姆纳国王率一支由240艘船组成的舰队开往挪威。但挪威人对海岸的防守非常完备，丹麦王在很长一段时间都不敢冒险登陆。最后他烧了奥斯陆城，却随即就在霍恩博桑遭到英奇国王与其属臣阿蒙德·吉德松的攻击，庞大的舰队全军覆没。与此同时，西格德·斯勒姆贝登已从赫布里底返回，他徘徊在波罗的海附近，以维京人的方式与温德人组成的海盗相战，时而侵扰一下挪威海岸，或给尚年幼的两位国王的友党们制造点伤害。不久他与马格努斯会合，随后与西格德和英奇两位国王的舰队相遇于霍尔门格拉（1139年）。在这一战中，双方都开足火力，打得异常猛烈，直到后来丹麦人突然全员逃离，置其盟友于危难中而不顾。为救出失明的马格努斯，里德·格约噶尔松将他从一直躺着的床上扶起，企图将他带上另一艘船。但一支长矛飞来将二人双双刺穿，他们摔倒在地，眼看就要死了。感受到刺入要害的冰冷长矛，马格努斯放声喊道："迟了7年，这一刻终于来了啊！"

西格德·斯勒姆贝登跳下船，眼看就能逃走，不料遭到手下一人的背叛而失败。他被朝臣们处以最令人毛骨悚然的酷刑折磨至死。他遭到鞭笞，周身皮肤破烂如碎布，骨头遭石头碾碎，最后被施以绞刑而死。他在整个苦难的受刑过程中表现出不可思议的坚毅，连行刑者也对他充满钦佩。他说话的声音完全听不出异常，面部肌肉也从未流露出他正承受的痛苦。他数次陷入昏厥，然而一旦醒来，便必是平静坚定，恍若无事。从未有人遭遇过比这更残酷骇人的死亡，亦从未有人在如此境遇面前表现出比这更加充满英雄气概的大义凛然。西格德·斯勒姆贝登身上具备成为一代伟大君王的特质，如果当他表明身份、要求权力时，在位的是"圣战王"西格德而不是那个爱尔兰人哈拉尔德·吉尔克里斯特，那么挪威的历史或许会从此不同，他的名字也或将成为挪威史书中伟大的名字之一。事实上，许多人，其中有敌有友，都在他死后说过：论才能，无人能出其右，从各个意义上讲皆是如此，只可惜他生不逢时啊。

在那之后，这个国家获得了数年安宁，主要是因为国王们尚小，还生不出多少严重的争斗。然而到了1142年，哈拉尔德·吉勒的另一个儿子埃斯泰因从苏格兰跑来，要求分享王权。他比另两位年长不少，大概其父在世时也常常提到他，因为当时并没有人想过要质疑他的说辞，也无人要求他拿出任何关于出身的证据。埃斯泰因是一个黑发、肥胖、有点懒散的年轻人，极其贪婪，全无任何个人魅力。由于其后一段时间他并未对国家事务产生什么影响，我们此处暂且抛开他不谈，等到后文他与兄弟们的争斗部分再说。

王室第一次不合的起因是先王遗孀英格丽王后嫁给了前文提到过的朝臣奥塔尔·比汀。于是英奇国王的监护权就落入了继父手中，这激起了其他朝臣的不满。其中最愤愤不平的要属西格德国王，因为在此之前奥塔尔一直是自己最强有力的拥护者之一，现在他却变成与英奇息息相关。在这样纷乱不安的局势下，奥塔尔·比汀突遭刺杀而死，人人便都明白这是西格德国王的手笔。除此之外还有许多其他事件，共同导致了西格德的不受欢迎，而他本身的个人品质

鱼汛期罗弗敦的村庄

也确实使他人见人厌。他的伤风败俗尤其令朋友们疏远。当他还只有15岁时便已有了一个儿子,起名叫作哈康,其母是一位漂亮的侍女。后来还出现过许多觊觎王位者,都声称是西格德的孩子。从长相上看西格德比他的兄弟们更像一个北欧人:浅色头发、蓝色眼睛,身材高大,精力充沛。然而,于其美貌中煞风景的却是两片难看的厚唇,他因此得了一个绰号:大嘴。

他憎恨弟弟英奇,因其深孚众望,令他感到不自在。想必埃斯泰因对此也是感同身受,于是西格德便接近后者,与他协商,想将英奇从王位上挤出去。两人很快达成共识,也许本来就要施行他们的计划,所幸英奇忠实的朋友格列高利·戴格森(也是继奥塔尔·比汀之后他的监护人和顾问)听到了风声。于是当西格德到达卑尔根时,发现英奇已准备好接待他。他眼见事机败露,只好满足于杀了对方的一个手下,并威胁说"要让格列高利的金色头盔滚落在尘土之中"来自我安慰,不过他矢口否认自己和埃斯泰因之间存在任何对英奇不利的协议。只是对于他做的保证,英奇和格列高利都不相信。在双方之间发生多次口角和敌对行为之后,格列高利得到英奇首肯,可以对后者的这位兄长发起攻击。而后西格德在家里遭到突袭,乞求饶恕但无济于事,终被杀死(1155年)。据说那些妻子曾遭其凌辱的男人们蜂拥而至,急切地想要报仇,用他们手中的剑刺穿了他。这时,西格德才不过21岁。埃斯泰因心知下一个就轮到自己,匆忙拉来了尽可能多的人手,就为报复格列高利。但格列高利及时收到了他杀过来的消息,带着所有人马逃走了,然而其家族拥有的庄园布拉兹伯格未能幸免,被埃斯泰因烧毁,家畜也尽被砍倒。接下来,英奇名下由埃斯泰因一世建造的装备精良的造船所也被付之一炬,两位国王之间的战争眼看在所难免,这时,埃斯泰因眼见弟弟的力量占了优势,便提议和解。他同意支付给英奇

360马克的白银，其中1/3是给格列高利的，用于补偿布拉兹伯格的损失。可是他最终并未支付这笔罚金。而英奇后悔自己轻易宽恕，向对方发出消息，语带敌意，指责对方违约。他们就这样"礼尚往来"了差不多一年，而后各自带舰队在福什附近的拉纳郡（1157年）对峙，准备一战。然而埃斯泰因的大部分军队却抛弃了他，使他不得不选择逃跑。他的妹夫西蒙·斯卡普抓住他，在允许他听完弥撒之后，冷酷地将其杀害。传说在他被杀的地点迸出了一眼泉水，具有治愈疾病的效用。有人认为，他生前应当是一位圣徒。

如今英奇成为整个王国的君主——虽然政府实则由高贵能干的格列高利·戴格森管理，他才是实际上的统治者。深厚的友谊将二人紧密联系在一起，其基础不仅源自共同的利益，也有真正的依赖关系。糟糕的健康状况令英奇不适于处理他人生中多次遭遇的重大危机，这让他依赖于这位精明果敢的顾问。而格列高利完全胜任自己的职责，他一方面警惕地替国王盯住敌人，另一方面聪明适度地操作自己手中的权力。身居如此高位，必然有许多人希望看到他倒霉遭殃，这是再自然不过的事了。有些人妒忌他能被国王引为知己心腹。大酋长厄尔林·斯加科（"歪脖子"）就是其中之一，他因娶了"圣战王"西格德的女儿克里斯蒂娜为妻，认为自己有资格成为本国朝臣中之第一人。在他看来，自己的血统可以追溯到了不起的霍达卡勒（霍达卡勒生活在"黑王"哈夫丹和"金发王"哈拉尔德当政的年代），那么按理说来，他就应当与索勒的厄尔林·斯珈格松有亲缘关系，后者曾在奥拉夫·特里格瓦松和"圣徒"奥拉夫时代扮演过重要历史角色。他向地中海的撒拉逊人发动过一次圣战，脖子在那次战争中受了伤，以至于头不得不偏向一边，于是有了绰号"歪脖子"。如今他巨大的财富与名望让他成为全国风头最盛的人，很明显，无论他加入哪一方都会使那方势力膨胀，占据优势。厄尔林本人也深谙这一点，因此他在一段时间内都按捺住不做出任何表态。人们认为他对英奇国王抱有好感，他也合乎礼俗地对其表现出谦恭，但却有迹象表明英奇并不信任他。英奇心知要换得厄尔林的明确支持，需要付出的代价，也是唯一的代价，就是摒弃格列高利，而不管怎样，英奇都是不愿这么做的。

这就是当时的大背景。埃斯泰因国王死后，其残余势力与"大嘴"西格德一党以后者10岁的儿子哈康为中心重整旗鼓，想要为他在王权中分出第三杯羹来。英奇对此的回应是直接宣布他这个侄子及其支持者非法。当时格列高利身在康格海尔忙于捍卫边疆，抗击已在瑞典寻求到庇护的哈康叛党，厄尔林·斯加科则赶赴国王身边填补空缺。虽然这两位朝臣之间紧张的关系愈演愈烈，但面临哈康一党，共同的危机令他们推迟了开战。哈康与英奇国王之间的关键一战最终在康格海尔打响（1159年），哈康战败。厄尔林和格列高利都参与了这场战斗，他们的英勇表现是胜利的主要原因。如今两人之间爆发冲突只需要一个小小的导火索而已，这个契机随着他们手下人的一次口角而产生，随后演变成群斗，要不是英奇国王亲自干预这件事，可能真的就要开战了。与此同时，哈康在自己旗下汇聚了强盗、逃犯和各类投机分子和冒险家，开始侵扰维肯边界各郡，需要格列高利现身管束。哈康还袭击了格列高利的妹夫哈德·布吕诺尔夫松的庄园，令格列高利的妹妹希格里德不得不穿着睡衣，抱着5岁的儿子逃离燃烧的房子。格列高利决意报复这肆无忌惮的破坏，但在追击哈康的强盗团伙时，他在贝维耶奥不牢固的冰面上过于冒险，掉了下去。在挣扎着上岸的过程中，格列高利被一箭射死（1161年）。当听到这位挚友去世的噩耗，英奇国王痛苦万分，哭得像一个孩子。他发誓报仇，不成功便成仁。此后不到一个月，英奇国王在奥斯陆遇到哈康团伙的袭击，在福尔登峡湾的冰面上打了残酷血腥的一仗。英奇在这一战中遭到赫布里底国王古德罗德背弃（1161年），拼命防守后终究阵亡。古德罗德的背叛令战争的胜利偏向了哈康一方（1161年）。

"钩背王"英奇是哈拉尔德·吉勒诸子中唯一值得尊敬的一位。尽管有身体上的缺憾，但他有勇气有胆识，并且对善待自己的人绝不背弃，信赖有加。他去世时年仅25岁。

当英奇在位期间，他的兄弟们也都还在世的时候，红衣主教尼古拉斯·布雷克斯皮尔受教皇尤金三世派遣，前往挪威（1152年）安排宗教事务。他在尼德罗斯建立了大主教教区，其管辖范围包括挪威及冰岛、格陵兰岛、法罗群岛和马恩岛等挪威在苏格兰群岛之间的所有属地。按照英奇国王的意愿，他任命的首任大主教是斯塔万格的约翰·比耶松主教。莫约森湖的哈马尔主教辖区的建立同样源于这位红衣主教的探访。尼古拉斯·布雷克斯皮尔后来成为教皇哈德良四世，他一直保持了对挪威基督教事业的高度关心。

第二十二章
"宽肩王"哈康（1161—1162年）

哈康·西格德松迫不及待地宣布继位为全挪威的国王，只是他省掉了在欧雷"庭"会举行一场正式登基典礼的步骤。他不过是一名14岁少年，行动自然都是听从谋士们指挥。于是哈康便成为那些野心勃勃的、曾倾囊而出赌他能赢得统治权的朝臣们手中的工具。为了将那些有利可图的部门在自己的追随者中进行分配，哈康在奥斯陆的圣哈尔瓦德教堂召开了一次秘密会议。对厄尔林·斯加科而言，了解这群人对自己的态度非常重要，于是他的妻子克里斯蒂娜买通了保管这间教堂钥匙的神父，让她的一个朋友藏在后面偷听会议进程。随后她派一名信使前去嘱咐丈夫，在任何情况下都绝不能相信哈康或其同党。但树大招风，显贵如厄尔林是不可能保持中立的。在不能表明支持哈康的情况下，他不得不声明站在了其对立面。随后他别有用心地提议让尼古拉斯·西蒙松成为在野党的头儿并拥其为王。尼古拉斯还是个小孩儿，他是西蒙·斯卡普与哈拉尔德·吉勒之女玛利亚的儿子。这一过程并未遇到什么激烈的反对。经过多次磋商之后，厄尔林看似受人再三敦促而正式宣布自己的儿子马格努斯成为国王，而这其实从一开始就是他的本意。马格努斯肯定不是王室出身，但作为"圣战王"西格德的孙子，他的身体里也流淌着王室之血。经过精心高明的策划，厄尔林成功将英奇国王一党的大部分势力聚集到自己儿子身边，并诱使朝臣们发誓效忠于他，彼时马格努斯才5岁。随后在卑尔根召集的一场庭会上，马格努斯作为国王得到了正式的承认（1161年）。

如今国土一分为二，对立的两方阵营势力大体平衡，唯有剑戟才能决定政权的最终归属。然而英奇一党在奥斯陆大败一场之后威望已大打折扣，厄尔林认为，为确保霸业，他们还需要外国势力的帮助。于是他和儿子率大规模贵族使团行驶至丹麦，以让出维肯省大部分地区为代价，获得了丹麦国王瓦尔德马大帝出手相助的承诺。与此同时，哈康趁其不在，将曾归属英奇旗下的舰队据为己有，还在欧雷庭会上宣布为王。哈康将他的朋友，雷尔的西格德提拔为伯爵之尊，并将盯着厄尔林的任务委派给他，因为他们料到厄尔林必从丹麦返回。但厄尔林非常精明，行事总是出人意表。他确实从丹麦回来了，走的却不是一条寻常路。他穿越日德兰的斯卡恩到达阿格德，再北上卑尔根，在那里或杀或惩了许多效忠哈康的人。随后，赶在西格德伯爵还没来得及得知自己行踪之前，就在腾斯贝格袭击了哈康，将其打败。完成此事并确保了儿子在维肯、阿格德、罗加兰和霍达兰郡的身份地位得到认可之后，他返回卑尔根，在那里过冬。另一方面，哈康在特伦德拉格郡找到了自己最大的支持力量，于是选择在尼德罗斯度过冬季的蛰伏期。

两王相见——或者说他们代表的双方势力的最终对决——只是一个时间问题了。等到开春一破冰，双方便如火如荼地展开了战斗准备。厄尔林的诡诈老练再次为他赢得优势。他施了一计，在桑德摩尔的瑟肯成功突袭哈康并彻底击垮了他（1162年）。可怜的孩子才15岁，他跳到离得最近的另一艘船上，不料却恰好令自己身陷图圈。他对那些人表明了身份，并向他们投降。这时战争已差不多到了尾声，但当厄尔林发现接受了哈康投降的那帮人竟决意保他不死时，就又开始了新一轮的攻击，而后于一片混乱之中将那少年国王杀死。而他自己先前曾提出推选的那位王位候选者尼古拉斯·西蒙松，也被人强行从卑尔根绑来并在此战中"解决"，幕后黑手无疑也就是厄尔林。

挪威国王哈康·西格德松在位期共一年又三个月。他的身形比同龄人高大，因腰细肩宽而被称为"宽肩王"（Herdebred）哈康。

第二十三章
马格努斯·厄林松（1162—1184年）

厄尔林·斯加科杀掉了他能抓获的一切王室后裔，以强势之姿为儿子扫清了通向王位之路。但也有漏网之鱼，有一位确定是"大嘴王"西格德的另一个儿子无疑，却不在厄尔林势力范围之内。此外还有几人幸运逃脱，虽然其身份真假未有定论。厄尔林与哈康两派之间怨恨深重，绝无可能和解。哈康一派抓住机会，拥立一个毋庸置疑具有王室血脉的人作为国王以重整旗鼓。这个新的王位索权人是一个名叫西格德·马库斯弗斯特（意思是马库斯的养子）的男孩，大概10—12岁，由雷尔的西格德伯爵的朋友，也是其亲戚马库斯·司寇格（意为"森林"）养大。当时的另一位权贵，游历四方、结交甚广的小因德里德也转而效忠西格德，另有大批生性骄傲、热衷冒险的人，因不能忍受厄尔林的霸权，也加入了这个新党。然而一直饱受摧残的农民们由于并未在之前国王们的长期相争中受苦，开始觉得那些徘徊游荡的团伙很讨厌，而且这帮人还征收贡税，走到哪儿抢到哪儿。厄尔林利用这种情形，煽动农民对所谓"西格德党"的愤慨，很快就成功迫使敌方各首领与之会战于腾斯贝格附近一个叫"里"的地方。西格德伯爵在此战败，小因德里德、马库斯·司寇格与少年国王西格德也被抓获并处死。

虽然这时值得惧怕的王位觊觎者已一个不剩,但厄尔林野心之大,不啻想建立一个新王朝,并不安于已有权力。特伦德人原本就追随"大嘴王"西格德,至今也还是心向着代表了他的一派;另一方面,丹麦国王瓦尔德马对厄尔林在让出维肯一事上违背诺言感到非常气愤。在这种情况下,为了增强防御,以备不测,厄尔林认为有必要寻求一个新的盟友,而他最终的选择可谓是极其狡诈精明。

当时的尼德罗斯大主教是能干但专横跋扈的埃斯泰因·厄兰松,来自特伦德拉格一个强大的家族,所以即便撇开他的主教身份不谈,他也是一个有巨大影响力的人物。他在政治上同情所在地区的公众,因此更倾向于认为厄尔林是敌非友。但厄尔林作为一位睿智精明的首领,成功讨好了埃斯泰因,并基于共同的利益与之组成同盟。两人协商的成果是在卑尔根召集了一次大会,会上宣布挪威是圣奥拉夫之遗产,主教们作为他的代表,一旦发现法定的王位继承人不值,便有权拒绝其继任。当国王去世,教会和民间的权贵们应当共同从他的子嗣中选出王位继承人,优先考虑婚生嫡子中的最年长者,除非此人被宣告不值。为防意见不统一,当选人须得到多数选票,当然前提是大主教和其他主教投赞成票。如果国王子嗣中无一人得到认可,权贵们可以任选一位他们认为适合守卫"上帝之权利与本国之法律"的人。

很明显,这是世俗和教会的权贵们对王权的联手侵占。而为回报厄尔林做出的让步,大主教作为其明面上的代表,在卑尔根为马格努斯加冕成王(1164年),使后者的头衔在许多人眼中变得名正言顺。如今厄尔林获得了教会的友谊,教会的巨大影响力能让民众倾心于他。这么一来,他就能无所畏惧地与丹麦王交锋了。而此时,丹麦王正准备强占那个曾被允诺给自己的行省。为试探民众对马格努斯的态度，瓦尔德马派密使捎带礼物，访问了许多有名望的特伦德人，其中一些人写信做出承诺，一旦瓦尔德马侵入挪威，他们就将加入其阵营。然而这些信落到了厄尔林手中，触犯了他的人都遭到严惩。有的被杀，有的流亡，还有的被处以巨额的罚款。瓦尔德马国王最终于1165年率大支舰队抵达挪威，但他的遭遇却完全有悖于预期。在那些心存叛意的人当中，预备效忠他、追随他的人远远少于打算与他为敌的。于是他不等厄尔林到来，便返回了丹麦。据说瓦尔德马粮草不足，且他原本期望该省会很快被自己纳入囊中，所以并未劫掠。

在厄尔林腾出手脚对丹麦王的这次来访进行礼尚往来之前，一帮叛乱者在奥普兰集结，领军人物叫奥拉夫·古尔布兰德松，是"圣战王"西格德的哥哥埃斯泰因一世的外孙。这位新的王位觊觎者企图重新召集那些对现状不满的酋长加入自己麾下。他的追随者被称为"头巾男团"（Hette-sveiner），他本人则得了一个"不走运"（Ugaeva）的绰号，因为他在欧耶仁湖以北的莱德约科农场几乎都要抓住厄尔林了，却差点运气，不幸失败（1166年）。之后的一段时期，头巾男团在森林和野地勉力维持，状态绝对算不上安稳。由于非常畏惧厄尔林，只要不是一无所有，没有什么可以失去，少有人敢与这些亡命之徒合作。厄尔林可能本来也想即刻剿灭这个团伙，但与丹麦的敌对关系显然更令他心牵。当时正是攻打丹麦的最佳时机，因为瓦尔德马本人远在温德兰，其族人布利斯·亨里克松握有日德兰大部分地区作为封邑，他曾承诺会与挪威人合作，甚至可以在国王返程途中协助他们将其抓获杀死。与此同时，厄尔林率舰队抵达丹麦，在蒂尤尔撒击败了丹麦人，但由于对方有阿布萨隆主教果毅的指挥，他并未从这场胜利中得益。瓦尔德马在挪威的第二场战役和第一场一样不具决定性。最后，双方都厌倦了这种漫无目的的战事，握手言和（1171年），条件是厄尔林从瓦尔德马那里接受伯爵的封衔，以其属臣的身份执政维肯。厄尔林在回国之后很可能只公开了这次和平协议的部分条款，因为挪威国内已经开始产生民族意识，维肯人民不久前才刚对丹麦王表露敌意，很难想象他们此时会心甘情愿地委身成为他的国民。厄尔林的所作所为其实就是以国家的完整和独立性为代价，以确保自己和儿子的权利。而这种做法也不过是承袭了他这一阶层的传统。挪威的贵族阶级往往（尽管也有许多值得尊敬的例外）将自身的独立与权利摆在比国家的独立和权利更重要的位置。因此这也并非部落权贵第一次出卖信仰和荣誉换取个人利益。这种做法在古代尚可以宽恕，因为那时挪威还只是松散地集聚了一些部落，与他们相互间的地理隔绝相比，这些部落与丹麦人和瑞典人更有强烈的亲切感。但到了厄尔林·斯加科的时代，挪威人已然形成了一个民族、一个国家，截然有别于他们的邻居。此时将一个富饶如维肯的省份让出去，就给了丹麦人踏足半岛的垫脚石。狡诈精明如厄尔林，必然明白此举意味着将来无限的纷乱、战争隐患，以及丧失主权独立的可能性。

安抚了外敌之后，厄尔林开始着手消除内患。在和平协议谈妥之前，他已经以两战（分别是在斯坦格和达夫，1168年）击败了"不走运"的奥拉夫，摧毁了他的团伙。奥拉夫逃到丹麦，并在那里去世（1169年）。然而还剩下几名王权觊觎者，他们继承王位的资格并不逊于马格努斯·厄林松。厄尔林没有坐等他们发展壮大，而是在他们变得真正危险之前就先行解决。他把"大嘴王"西格德的女儿塞西莉亚送去韦姆兰，给一个叫弗柯维德·洛曼（意思是执法官）的人做了情妇。他自己有一个继子哈拉尔德，即妻子克里斯蒂娜的私生子，可算是"圣战王"西格德的外孙，厄尔林不顾马格努斯国王的再三祈求和反对，将其砍头处决。他公然宣称自己完全不

韦斯特峡湾的拉夫特海峡，位于罗弗敦和西奥弗伦群岛之间

懂那种会令自己将来涉险的所谓仁慈。

"如果我留下他性命，"他告诉儿子，"人们就会希望由他来当国王，到时候你就只能以身试斧了。"

不过虽然厄尔林做了各种防备，仍有一名王室子孙不在他掌控，而他却最具威胁性。当时在法罗群岛住着一个年轻人，名叫斯韦雷·西格德松，挪威此后三十年的历史，将主要是他的故事。不过在他出场之前，还出现过一个王位觊觎者，名叫埃斯泰因·梅拉（意思是小女孩），自称是哈拉尔德·吉勒之子埃斯泰因的儿子，他掀起点小风浪，将叛党余孽聚集了起来。他试图向瑞典寻求帮助，在哥得兰得到了比耶伯爵的款待。比耶伯爵的妻子是哈拉尔德·吉勒的女儿布丽吉德。但埃斯泰因·梅拉无法招架厄尔林的势力，不得不带着他的团伙在山野之间流窜，靠抢掠勉强果腹。因此这帮人名声很坏，由于他们颓败褴褛的样子和用桦树皮做鞋的习惯，农民们嘲讽地称他们为毕克贝讷（Birkebeiner），意思是桦皮腿儿。艰苦生活的无奈，使他们练就出纪律性以应对艰难险阻，这一点后来却给他们带来好处。虽然他们人数不多，但厄尔林在吃过苦头之后才意识到这帮人不容小觑。无论他如何三番五次击败他们，他们从不会被彻底打垮。他们的刚勇和耐力超乎常人，每次战败之后又会重振，一旦下次机会来临便又能投入战斗。他们中的许多人无疑就跟拦路强盗差不多，称他们是政党都太过溢美。在相当长的一段时期内，他们的主要政治目的就是避免身首异处。然而由于不满政治现状者的加入，这一团伙逐渐壮大，甚至还有一些出身高贵的人加入其中，这些人要么是跟厄尔林闹翻了，要么想为亲人的死报仇。1176年夏，他们的规模已经大到足以突袭尼德罗斯城，并在欧雷庭会宣布首领埃斯泰因·梅拉为王。但此后一年，好运似乎离开了他们，他们在腾斯贝格附近的"里"遭遇惨败，被马格努斯国王压倒性地击败，埃斯泰因·梅拉亦被杀（1177年），这个团伙随即解散。如无意外，他们的名声本将就此消散于历史，然而这些人的命运却因和一个伟人的命运联系在一起而发生改变，这个人就是斯韦雷·西格德松。

斯韦雷出生于法罗群岛。据传说，他的母亲贡希尔德是"大嘴王"西格德的厨娘，长得并不算特别标致，但却机敏聪慧。国王请求她在孩子出生之后就将其杀死，她不愿听从，乘船逃到了法罗群岛，跟随马蒂亚斯主教做了一名挤奶女工。她在那里产下一个儿子，取名斯韦雷。第二年春天，从挪威来了一个名叫乌纳斯的人，大概是一名铁匠或制梳人。她怀疑是国王派他来杀害自己的孩子，便将孩子藏进一个山洞（这个山洞至今被称作斯韦雷山洞）。但乌纳斯却跟踪了她，发现了孩子的藏身之处。他承诺不伤他，不过条件是要娶她为妻。虽不情愿，但她还是同意了，然后随乌纳斯返回了挪威。那时"大嘴王"西格德已经过世，她再没什么好怕。小男孩5岁时，和母亲及继父一起回到了法罗群岛。当时，乌纳斯的哥哥鲁已经继马蒂亚斯去世之后成为新的主教。与这样一个位高权重的亲戚比邻而居，乌纳斯却对近水楼台的优势毫无所觉。慢慢长大的斯韦雷以为自己就是乌纳斯的儿子，而鲁主教见这个男孩儿异常聪慧，非常喜欢他，开始教导他成为神职人员。根据斯韦雷本人的说法，他当时的野心最多也就是做个主教，或者如有可能的话，成为红衣主教而已。但当他被授以执事（diaconus，最低阶的神职之一）之职时，母亲大哭，他问她为什么看到儿子得了荣誉却不开心呢，她回答说："与本该属于你的那些相比，这点荣誉实在微不足道。你的亲生父亲非你所想，而是挪威的西格德国王。我一直没让你知道，因为你尚未成年。"

从那天起，斯韦雷的内心再无宁静。他的脑中激荡着宏大的愿景，萦绕不去，但眼前的生活却贫瘠又没有价值。野心使他彻夜无眠，对未来成就一片光明的展望，令他心驰神往。

他对母亲说："如果我就是为了王权而生，那么我必努力去赢取，无论代价是什么。若得不到王冠，我的生活再不会快乐，所以我愿以命相赌。"

他不顾主教的告诫，动身去了挪威，但他并没有一开始就透露自己的身份，而是花了些时间调查人们对马格努斯国王的态度。这很体现斯韦雷的性格。他不会轻举妄动，而是会周密地估算敌人实力。他得到的结论并不容乐观。各地的人们似乎都忠于马格努斯国王，对他的统治相当满意。斯韦雷甚至去结识了厄尔林·斯加科，全面地研究他。他与厄尔林的士兵们攀谈，那些人觉得这个从法罗群岛来的教士是一个有趣的人，便把所有王室八卦一股脑儿都讲给他听。身无分文便想以一己之力对抗如此强大慑人的势力，几乎是痴人说梦。精明如斯韦雷，必然看到此途是无望的。但同时，在做过王室梦之后，他也无意再回到北海荒凉的群岛上，去继续那前景晦暗的神职之路。他知道瑞典的比耶伯爵娶了"大嘴王"西格德的一个妹妹，于是，抱着孤注一掷的希望，他跨越国界，将自己的出身告知伯爵，恳请他相助。这位伯爵此前在与埃斯泰因·梅拉的联盟中没有任何值得夸耀的收获，对斯韦雷的请求就表现得并不热衷，甚至疑心他是厄尔林派来嘲弄自己的。斯韦雷便转头找上了自己同父异母的姐姐，当时是弗柯维德·洛曼情妇的塞西莉亚，在那里得到的待遇还不错。与此同时，"大嘴王"西格德有一个儿子现身瑞典的消息传出了国门，传到了"桦皮腿儿"一伙人耳中。他们赶忙找到斯韦雷，要求他成为本团伙首领，可斯韦雷看到他们那般的生存现状便拒绝了。他对他们讲了一番话，表示自己与他们唯一的共同点不过是"贫穷"，随后还建议他们从比耶伯爵的儿子中选一个来做首领，因为比耶的儿子和自己一样，也是哈拉尔德·吉勒的后人。桦皮腿儿们听从了这个建议，可惜伯爵却不干了。

比耶说，斯韦雷才是他们的不二人选，并建议他们可以要挟其性命，以防他坚持拒绝。他说这番话时也许不无玩笑的意味，但这伙人真的又回头去找斯韦雷。而这次，斯韦雷屈从了他们的劝说。他这时的年纪大概在二十四五岁。就这样，斯韦雷仅凭赤手空拳和衣衫褴褛、装备拙劣的70人，开始了为夺取挪威王冠的奋斗。他从韦姆兰出发，南下维肯，一路收编了许多人，到得索比格德时，已达到420人规模。这些人不顾斯韦雷反对，宣布他为国王，并触其佩剑以示效忠。但当斯韦雷下令禁止抢掠农民时，大多数人就心存不满，离他而去了。为了测试忠心，他命众人返回韦姆兰，等到他抵达埃兹库格，团伙规模又回到了最初的70人。如今斯韦雷真是进退两难。他已经宣布成为王位竞争者之一，加入了权力的游戏，就意味着把自己置于一个可能随时遭人杀害的境地。仅凭70人与马格努斯国王和厄尔林·斯加科交战未免太过荒诞。极度窘迫之下，他派使者去泰勒马克，因为他曾听闻有些桦皮腿儿自"里"一战之后便隐匿于此，且那里的人们对马格努斯国王据说多有不满。然而斯韦雷无论现身哪里，农民们都对他表露敌意，其中还有许多人希望通过消灭这个逃亡的教士及其强盗团伙，来得到厄尔林伯爵青睐。也正是经历了这些绝望的非常时刻，才让斯韦雷卓越的智谋得以显露。虽然他时常不得不以树皮果腹，要么就得吃从雪地里挖出来的冰冻浆果，但他从未丧失过勇气。在无路可遁的山间野地，他的团员就在他的眼前因寒冷或饥饿而掉队、死去，他本人也得用盾牌蔽体，任由积雪覆盖，但他始终保持了坚定的心，并喝止那些轻言自杀的人。据说在从瑞典行军至尼德罗斯的途中，他们来到了一片必须跨越的巨大山湖前。木筏做好了，但砍倒木头花了他们很长时间，大家都疲惫至极。木筏一只接一只地下水离岸。斯韦雷本人乘坐的

霍讷伦峰一处峭壁,位于北峡湾口的布雷芒厄岛上

是最后一只筏子，当他登上去时已经有点超重了，水漫过了他的脚踝。可这时还有一个人没上船，这人已经处于累得半死的状态，他爬到水边，乞求国王把他带上，否则他将必死无疑。桦皮腿儿们牢骚四起，一片喧哗，但斯韦雷命他们停船，让那最后一人也上来。这时筏子又沉了沉，冰冷的水已经漫到了国王的膝盖处。有那么一阵子，人们都觉得要沉船了，斯韦雷却始终没有改变主意。最后他们到达了对岸，那处有一棵巨大的松树倒在水中，渴求脱离险境的人们纷纷攀爬到树上。斯韦雷最后一个离开筏子，就在他后脚抬起的那一刻，筏子沉了。这一事件被桦皮腿儿们视为奇迹，更坚定了他们对斯韦雷的信仰，相信他身负使命。

历经了难以想象的苦难，斯韦雷最终于1177年6月初抵达目的地。他那时率领了120人，幸运的是他传往泰勒马克的消息又为这个队伍增加了80人。他就是带着这些人完成了一个惊人之举：避开了厄尔林的党羽派来对付他的一支1 400人之众的部队。他总能轻易地预料到对手的行动，而对方却对他的计划毫无头绪。这些农民军四散寻他，却被他轻松地各个击破。以200—250名战士打败六七倍之多的敌人，简直不可思议。原因其实也很简单，虽然许多特伦德人慑于厄尔林之威，不敢公然拥护斯韦雷，但他们暗地里是支持他的。胜利让桦皮腿儿们大受鼓舞，他们一路欢欣地涌向欧雷庭会，斯韦雷从特伦德拉格的8个郡县分别召集代表，共计12人聚于此，宣布自己成为挪威国王（1177年）。

但桦皮腿儿们高兴得太早了。厄尔林·斯加科还没死，他一听到斯韦雷在特伦德拉格的动作，即刻集结了一大支舰队，北上找他算账。斯韦雷当时不愿与那位冷酷无情的伯爵碰面，于是再次隐匿山区。此后他过了两年狗嫌猫弃的生活，一时下到山谷探险以搜寻食物，一时又撤退到荒野中，经历无法言说的物资匮乏煎熬。有时候，饥饿驱使他对农民们恶作剧：在他们的冬季庆典上他不期而至，和桦皮腿儿们一起坐在席桌上狼吞虎咽。但总的来说，苦难并不因幽默感而得到半分缓解。和罗宾汉及其伙伴一样，他同情弱者，严裁强者。从王国的一端到另一端，他的名字有如诅咒，正如他自己所说，许多人视他为魔鬼的化身。保姆会吓唬调皮的小孩说斯韦雷要来把他们带走；女孩儿们在河边捶打湿衣服时，也总是希望手中砧杵之下是斯韦雷的头颅。不过与此同时，这个男人强大的力量和无畏的精神也一直影响着那些没有直接遭到他劫掠的人们。他和马格努斯国王一派的许多战役和游击斗争，他第二次尝试占领尼德罗斯却以失败告终，以及他和农民们之间的小规模战争在此处就不赘述了，但他的所有活动，我们都能从他督导完成的萨迦传说中看到还算准确的记录。直到1179年6月，他打了一场对其未来有决定性意义的战役。他从高卢达尔对厄尔林发动了一次突袭，当时厄尔林正在尼德罗斯享受盛宴。

据说当桦皮腿团逼近的消息报来，这位伯爵表示："如果这是真的，不会有他们的好果子吃。但说到这事，我们今晚大可以安稳入眠，因为我知道他们已远撤山区，而且我们一直盯得死死的，斯韦雷不可能冒险来犯。"

他于是让手下们去睡觉，大家也就心安理得地沉沉睡去。斯韦雷一如既往地得知了对手的情况，在准备进攻之前，他对战士们这样说道：

"这场仗我们一定要打得好、打得英勇，因为迎接我们的将是美妙的胜利。让我来告诉你们英勇将为你们赢得什么吧：谁能确凿地证明自己杀死一个朝臣，谁就将成为朝臣；无论是谁都可以得到手刃之人的头衔与地位。"

桦皮腿儿们得到莫大鼓舞。虽然装备不精，但他们一路跨越山岭，如暴风骤雨般猛攻进城。一名男子手持木棒沿街飞奔，有人问他他自己的武器呢，他说:"武器都在城里，用在伯爵的人身上了。"

警报已拉响，晕头转向、尚未睡醒的伯爵士兵们跌跌撞撞地来到街上。马格努斯国王也到了现场，但场面太过混乱，难以将人手集结起来。

许多部落首领建议厄尔林登船出逃。

厄尔林回答说:"我不否认那可能是最好的办法。但我不能忍受，斯韦雷那个教士中的魔鬼，竟然踏足我儿子的地盘!"

他于是出城来到卡夫斯金德，等待一战。可是，虽然兵力远超斯韦雷，他却没能抵挡桦皮腿团狂暴的猛攻。短时间的防御之后，厄尔林被杀，其麾下之军随即纷纷溃逃。当马格努斯国王看到父亲面朝天空、沾满血污的脸，便停下逃离的步子，弯下腰亲吻他。

"我们会在一个欢乐的日子重逢的，我的父亲。"他说道。随后在不情愿之下匆匆离去。

当桦皮腿儿们得知厄尔林已死，欣喜欢呼，兴奋莫名。斯韦雷本就是一个喜欢发表演说的人，并且凭他的身份，主持丧礼也再恰当不过，他为阵亡的仇敌发表了悼词。斯韦雷描述了这位伯爵一生的品行，还讲述了一些无疑是真实的事情。但讲到后来，他便越来越多地用了刻薄的讽刺，作为对一位逝者的评价，就显得不够豁达了。

从这时起斯韦雷便占了上风，虽然战争又持续了数年，但性质已经变了。这不再是一场法律与秩序对阵一伙亡命之徒的战争，而成了地位对等的两党之间的一场内战。平心而论，马格努斯斗不过斯韦雷，但作为旧秩序——从部落贵族中获取权力与支持的君主政体[1]——的代言人，他并非一个平庸的对手。一个较低的社会阶

---

[1] 孟克:《挪威民间故事》，iii., 107。萨斯:《挪威史一览》，ii., Cap. iv。

层——粗俗、吃不饱饭的民众——随着斯韦雷及桦皮腿团的兴起而兴起,并要求共享好生活,这在此前是他们想都不敢想的。斯韦雷懂得如何管束这群狂暴、贪婪的人,并强制他们接受法律与秩序,这是他的长处。早在卡夫斯金德一战之前,他就提出杀了谁就可以得到谁的荣耀和地位,以刺激大家的贪欲,当胜利来临时,他非常小心地将他们的贪心维持在限度以内。他信守承诺,将地位低的人提升至高位,奖励忠诚与英勇,以民主精神推进社会变革。考虑到他当时所处的时代以及他在战争中取得的是相当彻底的胜利,他的改革又表现出了惊人的温和节制。他希望自己建立的新秩序是可以长久持续下去的,与其放纵打了胜仗的桦皮腿团,使之变成掠夺国家的蛀虫,他选择委之以重任,让他们成为维护法律与秩序的主体,让他们充满责任感,如果他们滥用职权,则将受到惩罚。他可以没有顾忌地做这件事,因为人们有多敬他爱他,就有多怕他。在他们眼里,他的权威是至高无上的,因为斯韦雷与他们共同度过了那些倒霉的时日,和他们一起冒过险、历过难,检验了他们的男子气概。在他们之间产生了亲密的同志情与依赖感,而这种情感又不妨碍其中一方的权威和另一方的尊敬与服从。

  马格努斯在卡夫斯金德一役中的损失有多大呢?从其追随者现在得了一个党派名称,并沦为此前他们对手那样的地位这一点上就可以看得出来。他们被称为"斗篷党"(Heklungs),因为据说他们曾抢过一个女乞丐的钱,那钱是用一件斗篷包裹起来的。"桦皮腿团"也从一个耻辱的词变成了一个光荣的称呼,令斯韦雷手下的老兵们倍感自豪[1]。

  战败后的一年里,马格努斯大多待在支持者最多的卑尔根,随

---

[1] 孟克:《挪威民间故事》,iii., 106。

后他去往维肯，费尽一切力气募集军队，意图摧毁对手。招兵成果是显著的，因为当他北上至尼德罗斯时，其部队规模远超斯韦雷。尽管如此，他还是在尼德罗斯附近的伊勒沃兹（1180 年）遭到了可耻的失败，不得不连滚带爬地逃回卑尔根。斯韦雷在追击他的途中曾险遭不测，落入陷阱，设下陷阱的是马格努斯的追随者乔恩·库蒂扎，他带了一帮农民军要杀那个"魔鬼的教士"。可惜对于斗篷党来说，这个魔鬼的教士如往常一样太聪明，他一旦举起剑就打得他们望风而逃。与此同时，马格努斯在丹麦寻到庇护，瓦尔德马国王对他加以优待，丹麦王国成为他对抗斯韦雷的后盾。不久之后，斗篷党带了 32 艘船再次北上，他们几乎就要终结斯韦雷于萨尔托海峡了，但斯韦雷又一次凭借一个大胆的计策逃出了困境。随后，马格努斯在卑尔根附近的诺德内斯突袭桦皮腿团（1181 年）。这一次，虽然舰队规模仅有敌方的一半，但不愿丧失威望的斯韦雷决心留下，与之一战。桦皮腿儿们不是水手，他们的海战总是不如陆战那么厉害。斗篷党发起猛攻并逐渐显出几分优势，这时斯韦雷走到战火最盛的地方，向天举起双手，清晰洪亮地唱起了拉丁语的赞美诗《伟大的主之歌》(Alma chorus domini)。敌人的箭矢如瀑如雹般袭来，可是毫无防御的斯韦雷却并没有受伤。就在这时，激战渐酣的马格努斯猛攻疾走，眼看着将要登上一艘敌船，却突然手腕受伤。马格努斯因疼痛而停下脚步，不料却滑倒在充满血污的甲板上，向后仰倒。桦皮腿儿们爆发出巨大的胜利欢呼，哈拉尔德·吉勒之子中同母异父的兄弟奥莫听说国王被杀，大喊道："王国命运已定啊！"

奥莫当下便斩断了将船只连在一起的绳子，破坏了战线，以最快的速度逃了。等马格努斯站起身来，对士兵们大喊自己还活着，求他们不要从一个将胜之局逃走，已是徒劳。混乱很快扩散，斯韦雷第一时间利用了这机会，夺取了一艘又一艘的敌船，迫得剩下的船可耻地逃走。

战争持续了三年，双方互有胜负。丹麦成了马格努斯每遭败仗之后的旅居地，他每次从丹麦回来，看起来又像以往那样强大、难对付，轻而易举就能在旗下聚集一支军队。为了终止这场逐渐掏空国家的自相残杀，斯韦雷提出与对方分享王国。遭到马格努斯拒绝之后，他又提议两人轮流执政，每期三年。这个好心的提议再次被马格努斯驳回，经过反复的会谈和无果的协商，双方重返战场。1181—1182年之间，斗篷党三次攻打桦皮腿团总部所在的尼德罗斯，胜负无常。1183年，斯韦雷发起主动攻击，突袭马格努斯于卑尔根，迫使他抛弃了舰队、财富、王冠王袍，逃往丹麦。作为斗篷党最坚定支持者之一的埃斯泰因大主教曾在数年前逃至英格兰，他希望通过颁布教会的驱逐令以打击斯韦雷。但斯韦雷却一点都没有受到驱逐令影响，反倒是大主教本人因为失去其教区而大受所累。这个狡猾的高位神职者意识到马格努斯重拾权力的机会越来越渺茫了，便与被开除教籍的国王协商，接受他重回教会怀抱，条件是要让自己恢复往日尊贵。

马格努斯收复失地的最后尝试是在1184年夏天。他率领一支由26艘船以及约3 200人组成的舰队北上卑尔根。据他所知，斯韦雷为惩罚杀害了地方长官伊瓦尔·达雷的松恩人，带着几艘船和少量兵力驶入了诺雷峡湾（松恩峡湾的一个狭长分支）。要突袭斯韦雷并不容易。但这一次斯韦雷对危险毫无所觉，直到看见斗篷党的大帆船径直向自己驶来。逃跑已无可能，他的所有方位都被锁死。斗篷党们见他只有14艘船，且人手只有略多于己方一半的样子，简直要感谢上帝终于把敌人交到了自己手中。但当敌人是桦皮腿团的时候，被交到手里的到底是祸是福还未可知。战争一开始，马格努斯就开始怀疑究竟谁是猎手，谁是猎物了。桦皮腿儿们战得英勇，斗篷团大批人倒下，还有许多人跳进了海里，其中就包括马格努斯国王。这场血腥的战争打到了午夜，结束时已有两千人命丧于此。斗篷团的所有战船及大量战利品落入斯韦雷手中。破晓之后，透过松恩峡湾清澈的水面能看见被杀的酋长们的尸体，四肢伸展地躺在水底，鱼儿们在这些尸体之间穿梭游动。马格努斯国王的遗体直到战后两天才找到，随后被带回卑尔根，予以庄严厚葬。

诺雷峡湾一战中，随着马格努斯国王陨落的还有古挪威贵族阶层之盛世。英奇国王的儿子哈拉尔德、奥莫及其子伊瓦尔·斯泰格，还有一大批高高在上的酋长们都进了死亡名单。他们将希望寄托在马格努斯国王身上，国王一死，他们的统治也到了头。斯韦雷·西格德松的上位揭开了挪威史上新的纪元。

第二十四章
斯韦雷·西格德松（1182—1202 年）

除了他本人的说辞，斯韦雷没有任何证据能证明自己出身王室，他登上了挪威王位，这就开了一个危险的先例。诸多野心勃勃、擅长撒谎和挥舞刀枪的投机者就好似看到了前景，他们举起武器，剑指王座。许多人对斯韦雷的出身确实心存疑惑，这本身足以令士气低落。向"金发王"哈拉尔德之后裔效忠的思想如带如束，令人民世代团结，但如今猜疑的情绪破坏了这一纽带，使肆无忌惮的王位觊觎者们能轻易地以战利品为饵，诱使人们叛乱。正因如此，在斯韦雷及紧随其后的继位者们在位期间，我们看到成群的王位觊觎者和叛党在国家四处蜂起，势力也多多少少有所壮大，但最终逃不过被当权者消灭的命运。

斯韦雷可能也明白这种状况多少是拜自己所赐。他频频出手，急于令挪威脱离厄尔林·斯加科之子的非法统治，生怕其他人也想到了这一层。虽然他是"大嘴王"西格德的儿子（这一点确实极有可能并非捏造），但他一定也看到，马格努斯的温和统治并没有令人民遭罪，撼动王国之根本的反而是他本人觊觎王位而直接或间接引发的那些战争。因此斯韦雷作为王权的救主，其真心并不纯粹，他对自己的地位缺乏安全感，这或许来自他内心的犹疑。在我们的期望中，一个像他那样的天才和强者应该是体面的、尊贵的，而他有时候表现得配不上我们的期待，这也都是因为安全感的缺失。也因此，在1181年，当一个出身不明的年轻人埃里克被允许以神裁法试炼证明其是"大嘴王"西格德的儿子时，斯韦雷坚持要他在誓词中插入"以及斯韦雷的弟弟"这样的语句，想以一种不足挂齿的方式隐秘地证明自己的王室出身。但埃里克拒绝为这个双重身份做担保，不过，他还是成功地证明了他本身的说辞。从那时开始，他就被称为埃里克·金森（意思是国王之子），但他承诺永不以王冠为志。斯韦雷先是把自己的王室近卫队交给他号令，后来又让他做了维肯伯爵。

在成为国家的唯一统治者之后，斯韦雷奋力做的第一件事是稳固自己的王位基础。他完全不考虑与至今影响力最大的贵族阶层结盟。因为，首先，这些权贵是马格努斯的支持者；其次，与他们联盟必然会令曾帮助斯韦雷打下这片江山的桦皮腿团反感。于是，斯韦雷决定从桦皮腿团的同一阶层中寻求自己王位的支撑，也就是佃户、小农，以及总的来说较底层的人群。在此之前，这些人受酋长们支配，酋长们可以凭心情决定要不要伤害或虐待他们，他们处于依附地位，又赤贫。他们实际上游离在法律的保护之外，因为即便遭到高位者的不公平对待，也缺乏起诉至庭会，要求审判的途径和影响力。为了改善这些底层民众的处境以博得好感，斯韦雷指派了新一级的官员，即所谓的执法官，他们的职责是替被压迫的人们谋求公正，且不用破费，无有拖延。作为首批任命的执法官之一，特伦德拉格郡的贡纳·格伦巴克说："斯韦雷给我这个职务时，嘱我为佃农们伸张正义，而不是为酋长们。"所以这些执法官也就是有国王权威支持的法官，他们为小人物的利益代言——无论是在小人物之间的争吵中，还是对上了大人物时。站在斯韦雷的角度，这种做法显然非常之精明。

还有另外一级的官员，虽然最初不是由斯韦雷任命，但是他令他们的责任和职能更加明确，这些人即地方总督[1]。他们和朝臣不同，朝臣是有封地、有独立权力的王室诸侯或封臣，而他们则是国王的仆吏，是国王权力的代言人[2]。他们在各自的地区征收王室的税收，守护王权利益。因此他们等于夺取了原本属于封臣们的主要职权，分走了他们很大一部分收入。作为旨在弱化贵族影响力的一大措施，委任这些地方总督是最有效的。斯韦雷无意将自己的权力分与那些傲慢自大的权贵，他们中有许多早就毫无顾忌地贱卖州省，与外族王侯结盟来与本国国王作对。他希望王权能强大到可以管缚这些任性难驭的因素，合小人物之助力，防止大人物爬到自己头上去。斯韦雷以极大的精明与政治家的洞察力开启了这一事业，并贯穿他在位时期，耗费了他大量时间和精力。

眼见国王打算剥夺自己自古便享有的特权，封臣一党的残余势力开始寻求一名新的王位觊觎者，用以对付斯韦雷。这个人很快出现了，是一个名叫乔恩的修道士，自称是"钩背王"英奇的儿子。虽然他的故事一听就是假的，不过在他身边还是聚起了一个相当大的团伙，得名"僧袍团"（Kuvlungs）。并非所有过去马格努斯的追随者都加入了此列，但不管怎样也是来了足够多的人，令这个团伙变得强大难缠。他们开始了惯常的沿海劫掠，袭击攻击卑尔根和尼德罗斯，小打小闹又突然撤退，偶有得胜，还发动了大量破坏性的

---

[1] 原词是 syslu-madr，作者取了 prefect 一词作为英译，类似的职务如今在法国尚存。但他对这个词也并不十分满意，提到维格富松既把 syslu-madr 译作"地方首长、市镇执行官、国王的干事"（prefect, bailiff, king's steward），又把 gjald-keri 和 ar-madr 也译作干事（steward），后一种应该更准确。——译者注
[2] 孟克：iii., 108。

游击战。有人怀疑隐藏在僧袍团一系列行动背后的势力是憎恨斯韦雷的埃斯泰因大主教，他显然暗中支持该团。但这位大主教在1188年去世，据斯韦雷称，他在临终之时与他达成了和解。不久之后，该叛党在卑尔根被摧毁（1188年），首领被杀。

如果说斯韦雷当初的理想是轻松惬意地享受权力带来的快感，那么这时他应该已经醒悟了。他自己吹了一阵风，如今风却生成了巨浪。刚解决完僧袍团，就又出现了一个新的团伙。西蒙·卡勒松酋长组建了"狼皮帮"（Varbelgs），找来一个名叫维卡尔的孩子做傀儡。这个男孩才不过几岁，出生于丹麦，对外宣称是马格努斯·厄林松国王的儿子。但这个谎言编得有点太厚颜无耻了，没人相信，狼皮帮的结局也颇不光彩，最后小维卡尔和西蒙·卡勒松在腾斯贝格（1190年）附近的布里斯坦双双被杀。到了这个时期，叛乱盛行，任何一个表面上讲得通的冒牌货，只要冒了这个险，都有可能获得相当数量的追随者。许多不能或者不愿忍受新秩序的人宁可孤注一掷赌上一把，也不想卑恭地顺从斯韦雷的赦免条件。于是，由谁来带头叛乱变得并不重要，反叛精神一旦传开便一定会开花结果，而且从来都不缺首领。继狼皮帮之后出现的是"岛帮"（Oyeskeggs），因为该团伙的人员多从奥克尼群岛招募，也就是他们的支持者哈拉尔德伯爵之所在。这帮人的头领包括马格努斯国王的妹夫霍尔科尔·乔恩松、厄尔林·斯加科的私生子西格德·雅尔松[1]，以及奥克尼群岛上哈拉尔德伯爵的妹夫奥拉夫。这几人在名义上都归顺斯韦雷并从他手里得到许多好处。即便他们已经在密谋反叛，奥拉夫还在国王面前扮演朋友，与他同坐一桌。但斯韦雷并没有被这个两面派蒙蔽。有一天，两人正在谈话，国王说："奥拉夫，

---

[1] Jarlsson，意思是伯爵之子。

你本该忠诚于我的。"

"吾王,您为何这么说呢?"奥拉夫问道。

国王并没有直接回答,而是拿起小刀在空中戳刺,说道:"如今,我们敌人的追随者们正蜂拥而至。"

听到此话,这个叛徒顿感惊恐,飞快地离开了大厅。他在外面碰见了养子西格德。西格德据说是马格努斯国王的儿子,后来被"岛帮"的人推上了王位觊觎者的位置。

"我的养子啊,刚才我们真是死里逃生。"他说着,牵了那男孩的手匆匆离去。他立即起帆去了设得兰群岛,在那里,他可以不受干扰地酝酿大计。1193年夏天,他和霍尔科尔及西格德·雅尔松带着一大帮叛党出现在维肯。维肯的人没有抵抗,一个郡接一个郡地顺从了他们。维肯那时可能没有王室部队,而那里的居民们早前曾是马格努斯国王的党羽,如今尚未对斯韦雷产生多少忠心。当粮草渐少,叛党首领们就登船出航,开始掠夺贝茨(海峡)里的船只。他们以这种方式获取了大量物品钱财,于是"金腿帮"(Gullbeiner)之名便传开了。1193年秋,他们信心满满地出发北上。听说斯韦雷身边人手不多,他们希望能很快了结他。他们在卑尔根附近的弗罗瓦格遇到了仅带着200人迎战的斯韦雷,而"岛帮"一方则多达2 000人。当双方舰队靠近时,天色已晚,不宜开战,斯韦雷便带着一些追随者去了城市,以求获得增援。在回来的路上,他突然想去探一探敌情。在夜色的掩护下,他偷偷划一只小船靠近了几位头领正在开作战会议的船,心情愉快地偷听霍尔科尔·乔恩松阐释战斗的全盘计划。根据这些情报,他后来采取了相应的措施,精打细算的调度使得对方大为受挫。不过这场战争还是相当血腥,双方争斗异常激烈。情势一度不利于桦皮腿团,但城里又来了90名装备精良的人员增援,令胜利最终偏向斯韦雷。"岛帮"推选的国王跳下船，但却在朝岸边游去的过程中被一支长矛射穿。除西格德·雅尔松以外，全部叛党头子以及几乎所有的士兵都死了（1194年）。

斯韦雷一边日以继夜平息叛乱，一边还有另外一件麻烦事更需要他保持警惕，付出精力。教会是不愿支持一个背弃了它的人的，即便这个人是君王，此前斯韦雷被许可进入最低阶的神职人员之列，但这远没能让神父们接受他的权威，反倒令他们产生敌意。尽管如此，只要肯做出适当的让步，他无疑还是有机会收买到他们的友谊。如果他肯承认埃斯泰因大主教和厄尔林·斯加科之间的那个协议，在圣奥拉夫给予的封地上（而这其实只是教士统治的另一个说法而已）好好做他的国王，并且授权主教们能从其后的王位继承者们那里讨到类似的条件，那么他之前曾获得的执事职位将完全不会成为教会支持他的障碍。然而斯韦雷太了解教士那一套了，因此不愿冒险做出这种让步。他的政策是让君主政治强大到足以压制贵族阶级，还人民以和平安宁。教会从一开始就站在他的对立面，或明或暗地帮助了每一个致力于推翻斯韦雷统治的叛党。这就难怪抛除一切其他考量，斯韦雷也是对教会毫无好感。

埃斯泰因大主教试图与国王谈和而不成，在他死后，斯塔万格的埃里克主教被选为他的继任者。据说埃斯泰因在临终之际才得到斯韦雷勉强同意这个选择。不管怎样，埃里克当选了，他位子都还没坐热就表现出了对国王的态度。他指定尼古拉斯·阿内松作为他在斯塔万格的主教之位的继任者，尼古拉斯是"钩背王"英奇国王同母异父的弟弟，是斯韦雷最大的死敌之一。斯韦雷自然反对，首先，因为尼古拉斯从未领受过圣职；其次，他的选举过程是不合法的，因为国王当时并不在场。但他最终还是不再反对，因为他的王后玛格丽特（瑞典国王克努特·埃里克松的一个妹妹）介入，为尼古拉斯说话。尼古拉斯可谓是一个钩心斗角的行家，他以谦逊与阿谀获取了王后的好感，即便斯韦雷一直精于识人，对他的猜疑心也有所动摇。但接下来发生的事令他很快看清了他。尼古拉斯一参加完授职仪式，就再次加入与国王作对的行列，与大主教联合起来。而大主教就其职务的所谓特权问题一直孜孜不倦地与斯韦雷争论。首先，他要求交予特伦德拉格教会的地租、罚金和补赎礼要用实际重量的纯银来缴纳，而不是王国的铸币，因其真实价值只得面值的一半。其次，他希望保留他本人及其主教同事对一切神职的任命权。然后，他还要求享有一个特权，即拥有自己的宗教法庭，把听命于自己的士兵队伍扩充到90—100人，尽管法律规定只许30人。为解决这些问题，斯韦雷将这位大主教召到弗罗斯塔"庭"会，先是宣读法律给他听，随后否决了他的要求。这位傲慢的高位神职者满腔怒火，离开了这个国家，到丹麦向阿布萨隆大主教寻求庇护，阿布萨隆诚挚地接待了他。他给罗马教皇写了一封信，痛陈国王是如何篡夺和侵害了教会的权利。教皇回复宣布将斯韦雷驱逐出教，解除国民对他效忠的誓约。然而在教皇诏书抵达挪威之前，斯韦雷已诱使留在国内的主教们在卑尔根为他加冕为王（1194年6月29日）。连近期被从斯塔万格调去奥斯陆的尼古拉斯主教也参加了这个仪式——尽管他很可能并非出于自愿。斯韦雷最初仅仅将罗马教皇的诏书当成红衣主教埃里克和阿布萨隆的诈术来处理，但我们能从他的举动看出他内心并不这么认为，他派大使到罗马去反诉埃里克大主教，从自己的角度将此次争端的缘由做了解释。据我们所知，这些大使们一无所成，并且在回程时暴毙于丹麦（1197年），大约是被毒死的。不久，斯韦雷将一份伪造的罗马教皇诏书公之于众，其中撤销了对自己的驱逐令。其实伪造这份诏书的极有可能就是斯韦雷本人。对他而言这只是一个动不动手的问题，他与教会打过太多交道，太懂得如何问心无愧地干这种事。而且也很难想象还有谁会帮他搞这个骗局。

他的敌人眼见仅凭精神上的武器无法将他摧毁，便再次拾起了剑戟，而这次，他们抓住了一个绝妙的机会。拜占庭皇帝亚历克修斯派了一个名叫里德的挪威人作使者（Sendemand），到挪威去为他招募200名雇佣兵。斯韦雷虽然认为挪威没有军力上的余裕，却也受劝准许皇帝特使如愿行事。里德片刻不拖延地着手此事，招集了一支相当数量的队伍，但与此同时，尼古拉斯主教与他套近乎，诱使他加入了一个联盟，旨在推翻斯韦雷的统治。除了尼古拉斯本人，联盟最重要的人物就是厄尔林·斯加科之子、"岛帮"前首领西格德·雅尔松。一名对外宣称是马格努斯·厄林松国王之子的男孩儿英奇，成为他们推举的王位候选人。这帮人先被称作"杖帮"[1]或主教之兵，后来便得名"贼子帮"（Bagler）。拜里德的雇佣兵加盟所赐，他们比之前所有反对斯韦雷的叛党都要难缠可畏。在他们与国王的第一次交战中，他们就拥有不少于125艘船和5 000号人。这次发生在维肯（1196年）萨尔托海峡的交锋并不算关键，但"贼子帮"似乎略占了上风。不管怎样，斯韦雷不敢再留在维肯，他转舵北上，去了尼德罗斯，让叛党掌控了南边的所有省份。这帮人得到当地人的承认，毫不费劲就让王位觊觎者英奇在波格尔"庭"宣布成为国王。与此同时，斯韦雷在北方诸省召集部队，于1197年夏攻打叛党于奥斯陆，将其击垮。在这一战中，他的审慎远见与战略才能，使他得以获得辉煌胜利，而尼古拉斯的表现说明他就是一个只擅自夸的懦夫，毫无将才之能。尼古拉斯对士兵说"桦皮腿儿"们的剑刺不过来的，因为他们身上还背着教会的禁令，但当这个谎言被事实戳破，这位主教却率先溜之大吉。

---

[1] Bagall，因主教常持类似牧羊人的曲柄杖象征教会权力，故有此称。——编者注

"拍马向前进啊,大人,"一名"贼子"向他喊道,"我们的士兵非常需要您的帮助和劝勉,因为我觉得桦皮腿儿们的剑其实刺得可狠了。"

"不不,让我们赶紧调转马头离开吧,"尼古拉斯回答,"因为魔鬼出笼啦。"

这场战役之后,这位高级神职者派了一名神父去斯韦雷那儿求和,但斯韦雷太了解这个死敌反复无常的性格,他拒绝谈判,除非其亲自现身。他保证会让他一路平安,断言就算是为了自己的名声考虑也是不会杀他的。对此提议,尼古拉斯并未回应,他没有去国王那里,而是带着人马经由陆路去了尼德罗斯,袭击城市,烧了斯韦雷泊在峡湾里的舰队,围攻堡垒,并最终依靠指挥官索尔斯坦·库加尔的通敌变节将之攻了下来。这次行动给了国王沉重的打击,让他在接下来的斗争当中处于相当不利的位置。以手头留有的小船在海上对阵叛党非常冒险,这一点在第二年(1198年)特隆赫姆峡湾河口附近的托尔斯贝格一役中表现得很明显。尽管"桦皮腿儿"们极其英勇,却还是被打败了,国王的许多最忠诚的朋友和追随者战死。斯韦雷迅速赶往卑尔根,此时,"贼子帮"首领西格德·雅尔松正在那里恃火与剑肆意妄为。他烧掉了在港口发现的斯韦雷的船只,以及桦皮腿团员们在城里的房子,然后又围困了玛格丽特王后及其全家所在的堡垒。由于这个堡垒是木头搭建成的,他起先打算火攻,开始堆叠木头,企图在靠近城壁的地方燃起巨大的篝火。堡垒的指挥官西格德·伯尔加克雷成功地提前将木堆点燃,避免它造成真正的损害。贼子帮众又开始重新堆木头,但困守堡垒的人们把燃烧的焦油桶扔向他们,再次将他们击退。多次尝试未果之后,西格德·雅尔松放弃了火烧堡垒的计划。

然而给西格德·伯尔加克雷添乱的可不仅仅是敌人。王后一见

托嘉顿岛,拥有一个天然隧道的著名岛屿,位于诺尔兰郡

到火，便疯了似的坚决主张投降，她身边的女人们也都将英勇的指挥官团团围住，哭着求他不要让她们被活活烧死。斯韦雷有一个朋友名叫奥拉保罗，深受信任，王后就被特别托付给他。他担心这些女人的哀号会影响驻守士兵的士气，又想将指挥官从她们的包围中救出来，便劝说她们进入大门之上曾被用作牢房的那个房间，等待与"贼子帮"谈判。这些女人欣然同意，随后奥拉保罗就把她们锁了起来，让她们在里面想怎么哭就怎么哭。当火攻的危险过去，奥拉保罗找到王后，问她如果他能诱使"贼子帮"离开，会得到什么奖赏。王后表示愿意给他一大笔钱，奥拉保罗便向王后借了她的印章。他着手以王后的名义写了封信，致城中的两位神父，要他们想尽一切办法拖住敌人，因为国王正带着一支大军前来，将在次日赶到，届时必能了结这些敌人。他派了一个小男孩去送信，故意让他被"贼子帮"抓住搜身，男孩儿只得上交了信件。西格德·雅尔松不知有诈，以最快的速度撤离了，走之前还不忘惩罚了那两个明明声称是自己的朋友，却暗中与王后互通有无的神父。这件事成了令"桦皮腿儿"们非常愉快的笑料，因为这两个神父和他们的大多数同僚一样，都是国王的敌人。戏剧化的是，斯韦雷真的在信中所说的那一天赶来了，甚至出乎自己人的预料。但不管怎样，西格德·雅尔松溜走了却是一件幸事，因为"贼子帮"的主力部队正向南追击斯韦雷，如果这两支兵力在卑尔根会师，斯韦雷将难以应付。

1198年的夏天后来被人们称为卑尔根之夏，因为敌对双方的军队在卑尔根的城里城外打了一整个夏天，既有无休无止的小规模战争，还有几场硬仗。发生在乔恩沃兹的一战结果偏向了"桦皮腿团"一方，却也并没有打到令"贼子帮"毫无招架之力。

到这个夏天结束时，双方都没有占到什么大便宜。尼古拉斯主教认为，只要对方还有这座城市做后盾，想要打垮桦皮腿团就是无望的，于是决定要先毁掉他们这个庇护之所。他放火烧掉了大半的城市。桦皮腿团只能勉力护住了堡垒区域，对于帮助市民们救火却无能为力。不过，"贼子帮"在这次毫无道理的破坏行动中是得是失却很难说，因为卑尔根的市民中很大一部分人原本是倾向于支持他们的，而现在却都成了他们的敌人。斯韦雷确实被迫放弃了据点，但也在堡垒中留下了一支驻守部队。他的离开并没有给贼子帮带来什么益处，因为周边地区已经没有粮草储备，极度的物资缺乏使他们不得不转移。尼古拉斯主教随后乘船北上诺尔默勒和哈罗加兰郡，在那里他没有遇到反抗，从桦皮腿团中退出的士兵加入了他的军队，数量过多，反而成了难题。奇怪的是，就在此时，就在国王最倒霉的时候，曾在尼德罗斯堡垒倒戈投降的叛徒索尔斯坦·库加尔竟又归顺了他。他跪在斯韦雷脚边，抱住他的膝盖哭道："离您如此靠近，还能触摸到您，我的国王啊，我是多么开心。亲爱的国王，接受我吧，我再也不会弃您而去。"

虽然他以前的战友全都要求将其处死，但斯韦雷完全原谅了他。国王目前的境况十分危险，索尔斯坦能在这时回归，本身就足以显示其悔悟的诚意。如今除特伦德拉格之外，全国已落入叛党手中。王室舰队被烧，连许多桦皮腿团的老兵都已不辞而别。其后，作为最后一击，罗马教皇英诺森三世传来诏书，对全国下了禁令，宣布禁止在王国内所有仍忠诚于斯韦雷的地区举行公开的礼拜仪式和施行圣礼。如果这位教皇只是将神怒之火砸到国王身上就能满足，那他本来也许已轻松达到目的。但由于他发现前任者的诏书并没有产生实际的效用，所以他这次下诏的目的是想触动大众，而他的说辞却证明他已被斯韦雷的敌人们彻底蒙蔽了。在诏书中，他对国王的描述失实，在熟悉国王的人看来简直荒谬，他把众所周知国王并未犯下的罪行强加其身。这么一来，他揭露的并不是斯韦雷的邪恶，而是他自己多易犯错以及多么心存偏袒。与其温顺地屈从于不公正的判决，国王觉得完全可以站出来为自己辩护。他写了——或者是他口述命人记下——一本论战小册子，在其中回顾了自己与教会的关系，巧妙地为自己进行辩护。他不留情面地批评了神父们的行为，描述了他们作为贼子帮的支持者，立场如何前后不一，揭露了他们各种动作之后的真正动机。字里行间，无一处不体现出作者的机敏、才干与学识；清晰的表述加上朴实易懂的论据，似又展现和呼应了斯韦雷广为人知的品格个性。很可能正是因为这本册子，令许多原来会因害怕而出逃的人们最终留了下来。然而，比起少数仍然忠诚的人，不忠的教士在接触大众方面拥有更有利的条件，他们煽动农民们对被革除教籍的国王产生一种毫无道理的、魔怔般的敌意，以使己方更具优势。同一时间，罗马教皇积极地挑动外国敌对势力来对付斯韦雷，他分别写信给瑞典和丹麦的国王，用最激昂急迫的笔调规劝他们积德，消灭渎神的恶魔斯韦雷，做一件值得上帝及其代理人即罗马教皇感激的事。幸运的是，这些规劝并没有起效，因为克努特国王忙于内政，自顾不暇，而瑞典的斯维克国王实际上更倾向于支持他这个邻居。

　　正是这样的绝境，将斯韦雷真正的伟大之处展露无遗。他已习惯于以寡敌众，危机感只会助他全身心投入战斗。他以百折不挠的决心着手补救损失，重新武装起来准备迎敌。他的首要任务是重建舰队，以代替被贼子帮毁掉的那支，因为如果没有船，便只能任人宰割。特伦德人受其号召，全心全意地协助他，到1199年开春时，他已有了8艘大战舰整装待发。除了这些，全特伦德拉格的农民们还在帮他造更多的战舰。他在尼德罗斯城加强防御，新修了一座大碉堡，并配备许多投掷机，用于朝敌人扔石头。6月上旬，贼子帮的大型舰队现身峡湾，像往常一样发动了小规模战争。但他们所有夺城的努力都成了徒劳，在斯特林德索（1199年6月）一战中，早前令他们在桦皮腿团面前占尽优势的大舰队，落入了斯韦雷手中。这一仗，双方都战得执着，杀气腾腾，决不接受任何一方妥协投降。一直以来，国王都有坚毅的决心和胆量，他的温和与仁慈又令这种坚毅更加受人赞颂，但这一次，他清白的名誉却染上了污点。他屈服于手下兵士们的蛮缠强求，准许他们为了死去的族人而去向那些俘虏复仇。平心而论，唯一的这次残忍破例，源于他面对导致他一切苦难罪魁祸首时爆发的怒火和无法抑制的仇恨。

斯特林德索一战之后，贼子帮带着剩下的几艘船向南逃走，斯韦雷紧追其后，但没能追上。贼子帮像以前一样在丹麦找到庇护之所，继续密谋为祸。他们自认为在力量和资源方面胜过斯韦雷太多，获得整个王国似乎只是一个时间问题。即使是在仍然由国王控制大局的尼德罗斯，叛党也在神父之中颇受同情。斯韦雷在斯特林德索打了胜仗之后，向南航行到了奥斯陆的冬季营地。贼子帮看准他不在尼德罗斯，趁机挑起战端，1800名农民组成的城市守卫军抵御了这些非决定性的攻击。

与此同时，一场风暴降临斯韦雷头上，比他此前经受的任何一次都更具威胁。对国王不忠的神父们所做的布道开始显现效用，维肯和奥普兰的农民们发动起义，如洪流一般涌向奥斯陆，旨在消灭被革除教籍的国王。他们的部队从三个不同的方向行军而至，意欲在离城市不远的地方来一个大会合，然后以压倒性的人数击垮斯韦雷。此时，国王手下只有3 000人，而农民军的兵力总共有4万或5万人之众。想打赢相差如此悬殊的仗如同痴人说梦。尽管如此，斯韦雷还是决定，就算死也要死得够本。在这危急时刻，他的才华迸发出前所未有的光辉。他冷静自信地向战士们致辞，给每个指挥官分派任务，勉励桦皮腿儿们要英勇，要相信上帝。随后，他飞快

赫讷福斯

做出的一系列调遣，成功阻止了敌军的会合，他命儿子西格德·拉瓦德和哈康留下来看住他的后方，自己与农民军的两大主力交战并将之击败。同一时间，第三支敌军共2 400人，对上了西格德和哈康手下仅有的480人兵力，倘若农民们有足够的才智，能将他们的优势贯彻到底，那么国王将很难脱身。但这些农民们却早早地开始在城里狂饮作乐，甚至没有烧掉已落入他们掌握的王室舰队，因为他们认为这已是囊中之物。然而，当城外冰面上进行的血腥战争收场，狂欢闹腾的农民们才意识到自己的错误。斯韦雷出现在他们面前，却不是以败寇的身份，而是以胜利者之姿。随后，战争的喧嚣便再次响起——战斗，逃亡，追击。这些自耕农虽然都是些身体健壮的家伙，并且对战争也并不陌生，但他们缺乏纪律，最重要的是，他们缺少一个足以胜任的指挥官。在斯韦雷的穷追猛打之下，他们不得不丢刀弃盾，只求以最快的速度逃生。

精疲力尽的桦皮腿团员现在非常需要休整，国王下令吹响了有名的安德瓦克之号，将军队聚集在自己身边。食物与酒水从城里运来，饥肠辘辘的战士们正要补充些体力，就发觉几支农民军的逃亡人员联合了起来，他们去而复返，想要在战场上再试试运气。叛党们发现，只要他们计划得当，还是有足够的力量打败桦皮腿团的。眼下他们的主要目的是杀死斯韦雷，因为一旦斯韦雷死了，其部队的抵抗之力将瞬间瓦解。桦皮腿团员们虽然不乐意又要战斗，但还是英勇地响应了国王的号召。正当农民们在结冰的峡湾组织战线，他们便如暴风骤雨般一路猛攻而至。斯韦雷就像他所习惯的那样，骑马梭巡于战士们之间，时而在队伍前面，时而在后面，目光炯炯地发出每一道调遣指令。农民军一看到他便喊道："刺死他，把他劈倒，杀了他，把他的马削了！"他们嘶哑的喊声回响在四面八方："捅死他！杀了他！"但过于渴望杀掉斯韦雷，令他们忘了维持秩序。他们的作战队列变成了狂乱失控、毫无纪律的乌合之众，各处分散冲锋，斯韦雷很快便发现了他们的弱点。桦皮腿团员冲进敌人的队伍，以大屠杀打乱了他们的路线。有一个名叫阿勒·哈尔瓦德松的属臣，因为穿着相似，被叛军误以为是国王，他经过一番英勇抵抗终被杀害，而后便有人欣喜若狂地高喊"国王被杀死啦"。一时之间，桦皮腿团员们大为惊恐，停止了追击。但就在这时，斯韦雷却突然骑着马冲了出来，战士们欢欣地聚在他周围。新一轮攻击的号角吹响了，国王在队伍的最前面再次发起冲锋，粉碎了狼狈的农民军最后的抵抗。

这是斯韦雷所赢得的最大胜仗，也是整个挪威历史上最了不起的战役之一。对于农民们来说，算总账的一刻来临了，国王的重罚令他们感受到他的怒火。温和与赦免会被他们误读为惧怕，而只有严刑苛法才能唤起他们的敬畏。许多农场被烧，那些参加过叛乱的人都被强征了大量罚金或粮草作为惩罚。然而，有一件事却足以说明斯韦雷无意此举。那时他快到一个农场了，一个男孩儿从灌木林中跑出来，可怜兮兮地求他不要烧掉自己的家。

"既然你都开口了，我一定会放过你家，"斯韦雷温和地答道，"如果那些农民当初就待在家里乞求和平，便也不会有谁的农场会被烧了。去告诉他们，剩下的就全都赦免了吧。"

他立刻传令下去，让手下停止进一步的破坏。

漫长、耗神的斗争磨炼了斯韦雷的坚韧意志和决心，令贼子帮大受打击，但却并没有令他们丧失勇气。比起国际争端，像这样的一场内战，尤其是阶级间的战争，常会激发更加强烈的仇恨和激愤，必会绵绵不休，直到其中一方完全臣服或覆灭。挪威权贵们构成了贼子帮的主心骨，他们憎恨斯韦雷，因为在他们心目中，他不但是一个暴发户和投机分子，还是旧日寡头统治的破坏者，而在寡头统治中获得最大一杯羹的正是那些权贵。一个如此强大且植根于国家的政治制度与社会传统中的阶级，是不可能一举便被推翻的，也不可能仅因逆境和挫折就一落千丈。尼古拉斯主教成为这些人的领袖，不因他的宗教号召力，而是因为他是旧贵族里最知名的代表人物。至于教会之所以选择仰仗贼子帮，大半也不是由于主教本人同情他们，而是基于对斯韦雷——那位民主做派的国王，平等的提倡者和下等民众的捍卫者——的共同的敌视。这些挪威历史上伟大家族的后裔们自恃甚高，他们的身体里流着和英格兰的诺曼贵族相同的血，尽管他们不住城堡，不穿锦缎貂皮，但一样的精神气魄驱使着他们。他们已做好了为维护自身权益而战的准备——不管这权益是真实的还是只存在于想象中——为此他们不惜与自己的国王和国家为敌。

1201 年春天，斯韦雷从向来忠诚的北方征募新兵，随后再次向南驶去，只在卑尔根留下一支驻守部队，由他的朋友——达格芬·农和他绰号"教士"的妹夫艾纳共同指挥。斯韦雷得知贼子帮首领"使者"里德带着约莫 240 人占领了腾斯贝格的堡垒，认为这是一个好机会，可以歼灭他最危险的一个敌人。为了达到这个目的，他包围了那堡垒，然而那堡垒建在山上，能俯瞰城区，近乎坚不可摧。他试图以突袭迅速攻占目标的计划宣告破产，各种别出心裁的计策也没有成功。贼子帮的人被围困了 20 周之久，落魄到了一个相当的窘境，他们的圣诞晚餐只能把用海象和海豹皮做的绳索剁碎、煮熟了吃。再也无法忍受的贼子帮众开始一个接一个地趁深夜弃守而逃，但他们并没有像想象中那样被捉住杀死，国王好心地收容了他们。桦皮腿团员们大声地抱怨国王太过宽容，不过在被国王严厉地斥责之后，他们还是得承认他是对的。最后投诚的是"使者"里德和一小队还留在他身边的人。斯韦雷不仅饶过他性命，还对他极尽关怀。他告诫贼子帮众不要在挨饿过久之后一下子吃太多，并且关照其中那些生了病的。有许多人无视他的建议，最后都死了，其他的人虽然健康状况很糟，却得以渡过了鬼门关。首领本人也受苦甚多，尽管斯韦雷已倾尽全部医术为他治疗。

与此同时，战争带来的无尽艰辛加上精力透支与过劳给国王的身体健康埋下了隐患，过了一段时间，他便被迫卧床了。1202年1月或2月，当他们乘船离开腾斯贝格，斯韦雷命人将他的床安在加高的甲板尾部，又把贼子帮首领的床安放在旁边。胜者与败者并排躺着，凝望冬日的天空，看冷风刮过的穹隆之下互相追逐的云。他们时常愉快地交谈，彼此都看到对方身上的卓越品质，颇为欣赏。里德曾是一名圣战者，他讲述了自己在君士坦丁堡和圣地的历险和见闻，国王听着那些娱人有趣的故事，时日就这样飞快地度过。待到舰队抵达卑尔根，国王便被转移到了王室官邸，他的床就安在大厅里。他感到死神的脚步已近，便叫来几位信任的朋友，当着他们的面，庄严声明自己只有哈康这一个儿子还活着，如果有其他任何人宣称是他的儿子，必定是叛乱之徒，是冒名顶替的骗子。他口述了一封给哈康的信，让人宣读并密封，随后委派侄子哈康·盖伦和彼得·斯泰普将信送至他手中。

"在临终的涂油礼之前，"他说，"我希望我能坐在我的御座高位之上，在那里听由天命。"

尽管已被开除教籍，但他还是接受了这项圣礼，他又继续说道："我这君主身份带给我的磨难、忧虑与危险，胜过安逸和快乐，我想，驱使许多人与我为敌的只是嫉妒而已，愿上帝此时已原谅这条罪，在他们和我之间，以及对我的整个事业，做出裁决。"

斯韦雷国王逝于1202年3月9日。论才华，他是统治过挪威的国王中之最杰出者。在他并不宏伟的身躯里却住着一个聪颖、清明和坚毅的灵魂。他的理智与足智多谋令他多次于最绝望的境地脱身。坚定与温和在他的性格中达到了极好的统一。随机应变和坚定信念的精明政策，自始至终指引着他的行动，贯穿他整个统治期。他有让人们依附于他的才能，即便当他惩罚他们，管束他们无法无天的激情时，这点也不会动摇。他没有从前挪威国王们那般俊美和健壮迷人的外表，但却懂得如何让人敬他爱他。他的谈吐富有魅力，态度和蔼可亲，足以感染每一个与之接触的人。"在他的性格中尤其有意思的一点，"孟克说，"就是严肃与幽默的奇妙融合，这似乎是挪威人民族性格中的独特之处，而他把这一点展现得如此淋漓尽致，以至于大可以被看作是这种精神的化身。"[1]

他在许多方面都超前于时代。据说当时大有人把嗜好酗酒常醉这一民族恶习，当成是个令人亲切的小嗜好，认为嗜酒并不会让人变坏，但斯韦雷不这么想，他认真地力图加以控制，严厉地惩罚那些酒后寻衅滋事的人。他总是忙于战事，但一有机会便会鼓励发展贸易和一切工业生产。斯韦雷极为推崇学习，他本人就是一个很棒的拉丁文学者，且广读律法。在为儿子们创造那个时代最好的教育条件方面，他表现出了极大的热情。尽管长期与艰苦和危险相伴，斯韦雷还是活到了 50 岁——自"金发王"哈拉尔德过世以后，活到这个岁数的挪威国王也就仅此一位。

---

[1] 见孟克（iii., 391）。

第二十五章
哈康·斯韦雷松（1202—1204 年）

在给儿子的临终留言中，斯韦雷建议他与教会讲和。他预见到教会禁令在本国分量颇重，会成为"贼子帮"手中越来越厉害的武器，且会继续疏离民众对国王的忠诚心。由于哈康本人并未参与过争端，他可以不失尊严地提议和解，如有必要，还可以做出让步。而主教们早已厌倦了长期背井离乡、依附他国的流放生活，他们热切地接受了和平的提议，急忙赶回了他们的主教辖区。和解条款的内容我们无从得知。如今已经又老又瞎的埃里克大主教尤其开心能重回故里，因为他的庇护人阿布萨隆大主教最近去世了，而身为国王的依附者，他在丹麦的处境实在算不得惬意。他一踏上挪威的土地，便宣布废除禁令，甚至还没等罗马教皇同意——这一草率行动后来遭到了英诺森三世的斥责。罗马教皇的盛怒就是大杀器，虽然教皇无疑很享受这种权力带来的快感，但还是默认了和平条款，并且新王对教会的态度也让他挑不出错处来。事实上，哈康·斯韦雷松是一个温和、惹人爱的人，他乐见和平，不喜战争。所有的人都对长久以来血腥的内战心生厌烦，他们被新王吸引，急切地认可了他。在欧雷"庭"会上宣布为王以及禁令废除之后，哈康成为毫无争议的一国之主,"贼子帮"之星似已永寂。许多有影响力的首领弃而投奔哈康,他们所谓的国王英奇也在莫约森湖的一个岛上被其手下及一些农民杀死。尼古拉斯主教暂时换上了主教法冠,在他那不安于本分的性子之下,尽其可能地保持了安分。"使者"里德在腾斯贝格的投降协议之后,便誓言效忠斯韦雷,亦有意守忠于他的儿子。这么一来,所有的危险仿佛都已消除,年轻又深得人心的国王可展望的似是一个漫长且愉快的执政期。但随后,一场无妄之灾却如晴空霹雳,令这个国家再次陷入战争和苦难。

我们知道,斯韦雷娶了瑞典国王"圣徒"埃里克的女儿玛格丽特。但他们没有生下儿子,只有一个女儿克里斯蒂娜。斯韦雷的两个儿子西格德·拉瓦德和哈康都出生于法罗岛(其中西格德·拉瓦德已先于父亲去世),他们的母亲是鲁主教的女儿阿斯特里德。斯韦雷很可能与阿斯特里德结了婚,但据说他并未带她去挪威,原因是她的不忠。不过,根据传统,她后来被儿子接到了挪威,还得到一座位于尼德罗斯附近的宅子,受到体贴亲切的对待。哈康的继母——先王遗孀玛格丽特——认为新王的这个做法冒犯了自己,决意离开这个国家。玛格丽特是一个蛮横易怒的女人,很以自己的出身为傲,她的恨意强烈,认为自己在王宫内没有得到应有的尊敬,尤其对哈康提出国王权力优先于她而感到气愤。哈康不愿争吵,尽力安抚她,却收获甚微。先王遗孀带着女儿去了奥斯陆,打算借道去瑞典,她在瑞典还拥有大片地产。国王并未质疑她离开的权力,但却不许她带走自己同父异母的妹妹,因为他是她的自然监护人。他派堂兄弟彼得·斯泰普去劝玛格丽特打消念头。但王后却顽固不化,决不让哈康对自己的孩子有任何话语权。彼得·斯泰普见其软硬不吃,便想出一计。他闯入公主房间,彼时她的母亲正在沐浴,他高声大喊:"贼子帮进城啦。"惊慌的克里斯蒂娜求他救命,他便抓住她的胳膊,带她奔向码头,跳上自己的船就启航。王后一听到声响便冲到街上,等她到达码头,只看见船正滑离停泊处。她气得发狂,对桦皮腿儿们尖叫道:"今日你们令我有多悲痛,总有一日我也要教你们有多悲痛!"

他们没有听到她还喊了些什么,因为距离渐远,她的声音在风中变得越发微弱。从那天起她便恨上了国王,虽然国王其实并不赞同彼得·斯泰普这一粗暴之举。王后在瑞典发现自己的处境不及预期,很快只好在他人的劝说下回到了挪威,成为恶意密谋的核心。她的支持者中有国王的堂弟哈康·盖伦,此人是"大嘴王"西格德之女塞西莉亚与弗柯维德·洛曼的儿子,是一个勇敢鲁莽的年轻人,深深爱慕王后的侄女克里斯蒂娜[1]。这两个女人都是大阴谋家,她们对他影响颇大。她们心中升腾起欲望,想将其推上王位,代替他的堂兄。如果当时哈康国王对继母的计划有所察觉,应该就会设防,但事实上他却为她实现邪恶的目的提供了机会。哈康邀请继母和她的女儿来参加他的冬季庆典盛宴,想安排她坐上高位,就在自己身侧。王后对这样的盛情招待却不为所动,而是突然激烈地爆发了:"我记得许久之前的圣诞前夕,我是和我的国王斯韦雷坐在高位之上的。替我问候哈康国王,告诉他今晚我不会坐他的高位的。"

被断然拒绝的国王感到很伤心,再次传信,恳请她至少让他妹妹[2]克里斯蒂娜现身,令这个盛宴锦上添花。报信者还补充说国王非常生气。

玛格丽特叫道:"难道他认为,我已经不记得他是如何招呼都不打,便把我的女儿带离我身边的吗?"

---

[1] 这个克里斯蒂娜并不是斯韦雷与玛格丽特的女儿克里斯蒂娜公主。
[2] 原文如此。——编者注

然而出乎所有人的意料，她接下来便开始为赴宴而盛装打扮。不一会儿，母女两人走进宴会厅，她们受到尊贵的接待。

这是一场欢乐的盛宴，会厅里众人兴高采烈。然而圣诞节次日快到傍晚的时候，国王开始感到身体不适，随着夜晚的到来，情况变得更糟。他叫人为他放了血，但病情还是迅速恶化，他很快失去了知觉。他的身体变得青紫并且肿胀得厉害。1204年，就在新年的第一天，哈康去世。很明显他是被人下了毒，很快便有流言四处传开，说是王后杀了他。虽然哈康·盖伦已尽力帮她撇清干系，但民怨沸腾，要求她身负炙铁以证清白。王后拒绝了。考虑到她的身份，她获得准许可以指定一个人代替她接受神裁法的试炼。然而，这个替代者虽然表现得对结果并不担心，却仍被发现严重烧伤，于是人们普遍相信王后确实有罪。哈康·盖伦不得不秘密护送她离开了尼德罗斯，将她藏在自己在乡下的族人家中。后来王后逃到瑞典，大概在她的庄园里度过了余生。克里斯蒂娜公主和与她同名的表姐都留在了挪威，后者成了哈康·盖伦的情妇。

哈康·斯韦雷松之死让全国陷入沉痛，不仅因为他本人很受敬爱，还因为大家认为他尚未留下子女。

新一批的王位觊觎者们看到了触手可及的机会，他们为夺取王冠而争斗，令无政府主义的混乱与荒芜再次在这片土地上蔓延。

第二十六章
古托姆·西格德松（1204 年）与英奇·博尔德松（1204—1217 年）

哈康·斯韦雷松去世之后，他的侄子，即他哥哥西格德·拉瓦德的儿子古托姆·西格德松成为合法的王位继承人。尽管古托姆年纪尚幼，桦皮腿团迫不及待地推举他为王，也明白在这种情况下应该让拥有伯爵之衔的哈康·盖伦充当执政。但也有些桦皮腿团员不满这一安排，半是出于对哈康·盖伦的嫉妒，半是因为在他们看来，乱世如此，他们需要的是一位真正的国王，而不仅仅是一个名头或一具傀儡。奇怪的是，"贼子帮"的人也感到不安，他们害怕没有了哈康·斯韦雷松的制约，桦皮腿团的首领们将如脱缰之马，肆无忌惮地放纵贪婪与复仇之欲。于是，带着半自卫的考量，他们在一个冒牌货的带领下重建了部队，此人自称厄尔林·斯通沃[1]，以马格努斯·厄林松国王之子的身份自居。事实上，当斯韦雷还在位时，便已有人用这个名字搅起过风浪，他曾被瑞典的克努特国王关进塔中，后来用床单做成绳子逃了出来，可惜那绳子太短，他在落地时

---

[1] Steinvegg，意思是"石墙"。

摔坏了屁股。他在逃亡过程中被斯韦雷的人抓住，极有可能就被杀死了。不过在当时那个年代，要成为一名王位觊觎者，需要的是大胆而非出身王室的确切证据。所以当这第二个厄尔林·斯通沃出现时，虽然一开始少有人相信他，但他也很快拥有了相当数量的追随者。尼古拉斯主教抵制他，力推自己的侄子，也是哈拉尔德·吉勒的王后英格丽的一个孙子——菲利普做酋长，但并没什么用。当厄尔林要求以神裁法证明出身时，这位主教直白地告诉他结果全在自己掌握。在这种情形下，这个王位觊觎者发现对自己更有利的做法就是与主教达成协议，得到他的保证以令试炼结果成功。于是，厄尔林许诺一旦自己成为国王，就让菲利普做伯爵，并在其他方面满足尼古拉斯的要求。同时，尼古拉斯通过与农民们会谈，探明了菲利普的候选形势非常不利，因为他毫无王室血脉，并且也从未在这一点上隐瞒冒充。农民们拒绝承认他，并威胁说一旦他上位，他们就造反。这一点倒是有助于主教履行与厄尔林之约。于是神裁法的试炼在丹麦国王——"胜利王"瓦尔德马在场的情况下庄严举行，并顺利通过。

　　随后厄尔林被宣立为王，并收到瓦尔德马的一份礼物，是30艘良船组成的舰队。作为回报，他认瓦尔德马为自己的封建领主，还送给他人质做抵押。就这样，权贵一党一如其传统，牺牲爱国之心以满足私利。在强大的丹麦王的帮助下，他们想要粉碎桦皮腿团实在是大有希望。此时桦皮腿团正因他们所选的新王去世倍受打击，消沉分裂。事情起于哈康·盖伦的情妇克里斯蒂娜不能容许一个小孩子横在面前，成为自己达到目的途中一个微小的障碍。如果古托姆死了，她的情人将是最佳继位者，因为他是"大嘴王"西格德的外孙。于是，古托姆之死便绝非偶然，各种症状都符合中毒。据他说，那个"瑞典女人"将自己抱在膝上爱抚。过了不久，他感到似乎有针刺穿了皮肉。他很快便在极大的痛苦中死去。虽然克里斯蒂娜罪恶昭然,但她的情人却有足够的能力掩盖这件事,为了将她完全护在自己的羽翼之下,哈康很快娶了她。如今为选立新王,一场集会在尼德罗斯召开。得到军队喜爱的哈康伯爵看似胜算最大,如果不是埃里克大主教因他与克里斯蒂娜的关系而反对他的话,他本来大有可能会被桦皮腿团选中。这就是所谓作恶反累其主。会上讨论了数位候选人,其中几位却只是斯韦雷母方的亲戚,因此与王室并无血缘关系。其中最引人瞩目的是彼得·斯泰普,他有一个别人没有的优势,就是他娶了马格努斯·厄林松的一个女儿为妻。漫长的审议之后,首领们最终决定把选择权交给农民们,因为如果是他们自己做出的选择,将来他们必会对其效忠。于是农民们被召集到欧雷"庭"会,他们将国王之尊授予英奇·博尔德松。这个年轻人是哈康·盖伦同母异父的兄弟,并和他一样是"大嘴王"西格德的外孙。贼子帮一听说桦皮腿团选了新王,便从腾斯贝格北上,欲试探其脾性。然而,尼古拉斯主教的谨慎胜过了好战的首领们的意见,因此在卑尔根内外打过几场小仗之后,叛党便奔赴丹麦,他们总能在那里找到安全的庇护之所。这么一来,英奇国王和哈康伯爵到访维肯时并没有遇到抵抗,那里的农民虽然多数都同情"贼子帮",却都没有顾虑地宣誓效忠了国王和伯爵。事实上,长期的战争消磨了人民的士气与信念,它带来的倒退开始在许多方面显现出来。为了保命,自耕农不得不假意友待每一个携帮带伙前来的王位觊觎者,向其宣誓效忠,要么就逃进树林,把自己的农场留作掠夺者的战利品。随着同一个家庭的成员因利益分歧而被迫加入不同党派,即使是古挪威人格外看重的血缘纽带也开始遭到漠视。兄弟相争、父子对峙并不罕见。据传1206年"贼子帮"攻打尼德罗斯时,一名"贼子"猛追一个"桦皮腿儿"并最终杀了他。他弯下腰想从这个将死之人身上抢走兵器和衣服，却发现此人竟是自己的亲兄弟。这种种情形的结果就是礼崩乐坏。国王与酋长言出不行，明明许诺会得到赦免之人，在投降之后却被残忍地杀害。谋杀与抢劫横行全国。

在这种形势之下，年轻又毫无经验的英奇登上王位并非一大幸事，他头上的王冠无异于给他的脑袋开了一个高价悬赏。1206年春，他正在尼德罗斯庆贺妹妹的婚礼，"贼子帮"趁夜突袭了他，杀了他许多士兵。国王本人能逃脱出来纯属侥幸，他跳进河里，衣衫不整地在冰冷的水中游到一艘船边，紧抓锚缆待了好一阵子。等他到达岸边时已奄奄一息，要不是同时逃命的桦皮腿团员雷杜夫发现了他，用自己的斗篷将他包裹起来背到安全的地方，也许他那时就会暴露行踪而死了。但英奇没能克服这一晚的阴影。他变得抑郁沮丧，再也不能重拾往日的无忧无虑。身为一名领袖，竟然在醉宿情妇家里时被敌人突袭，他深感耻辱；另一方面，他的健康也因此遭到打击且恢复缓慢。

从尼德罗斯回来的路上，"贼子帮"造访了卑尔根，他们围困住驻守堡垒的桦皮腿团，希望可以饿得他们投降。但这只是他们的一厢情愿。哈康伯爵虽然在国王遇袭时并没有现身尼德罗斯，但却感到必须进行报复。于是他带着一小支舰队及700人南下，突袭并大败叛党于卑尔根。贼子帮和桦皮腿团不停地相互杀害，盲目地追求党派优势，忘了他们彼此都是挪威人，终将因他们共同的国家所受的浩劫和内耗而吃到苦头。他们年复一年地突袭对方，在尼德罗斯，在卑尔根，还有腾斯贝格和奥斯陆，烧对方的船，抢对方的财物。虽然争斗得激烈，但他们看起来就像是在逃避，逃避打一场可以使其中一方压倒性地胜出、能给国家带来和平的决定性战役。1207年，厄尔林·斯通沃去世，尼古拉斯主教得偿所愿，将侄子菲利普·西蒙松扶为贼子帮的国王。但菲利普不改前任做派，仍是漫无目的地劫掠，所作所为简直称不上是打仗。两个党派实在是势均力敌，任何一方想要击垮另一方都似是无望，正因如此，在这场战争中已看不到政治利害，仅为满足一时利益，足以成为继续作战的动机。

无政府状态下的暴乱与悲观情绪盛行全国，突然出现的一点希望便如深沉暗夜中一颗闪耀的星星一般。众所周知，哈康·斯韦雷松国王在1203年造访萨普斯堡时，迷恋上瓦泰格美丽的英嘉，私底下也有人说她回应了国王的爱意。哈康去世后不久，她生下一子，虽然孩子的父亲理所当然应该是国王，但这件事被隐瞒起来，以防入主维肯的"贼子帮"得知王室诞下了继承人。英嘉在神父索隆德家里生下这个男孩。索隆德为男孩施了洗礼并以其父的名字为他起名为哈康，但他建议将其身世绝对保密，除了直系亲属，他没让任何人知道这孩子的存在。然而，要一直保守这种秘密甚为困难，过了一阵子，神父将这秘密告知了哈斯比的厄伦德，他名声很好，而且是斯韦雷家的朋友。厄伦德很开心斯韦雷家族的血脉未断，同时却也担心身处敌人腹地之中，孩子的处境会很危险。于是，他说服索隆德将这母子俩送到英奇国王处，并毛遂自荐，愿意护送他们翻山越岭。小哈康这时候（1205年12月）大约一岁半。当时必定有什么迫在眉睫的危机，迫使神父在等待了这么久之后，选择在一年中气候最恶劣严酷的季节踏上行程，途中还得穿越积雪覆盖、路都没有的荒野。两个朋友身负重任，开始北上，历经艰难，终于到达尼德罗斯，得到英奇国王盛情接待。小哈康和母亲如今要寄居王宫一阵子，他们得到和善亲切的照料。老桦皮腿团员们常常过来看他，开玩笑地分别抓住他的胳膊和腿儿拉扯，说是要让他长快点。因为他们迫不及待地想要再次辅佐一位传承了古老王室血脉的国王。哈康·盖伦也非常喜欢这位小亲人，只不过在那些心系小男孩福祉的人看来，他所展现出的爱无疑让人忧惧。不管怎么说，伯爵看上去确实是真心的，也许他就是被小男孩的无助打动了，想要保护他。冥冥中似乎有天意守护，虽然小哈康生活在互为对手的首领们的密谋与诡计漩涡之中，这些人一定都视他为最危险的竞争对手，但他仍好好地活了下来，毫发无伤地逃过了多次危机。甚至1206年当他在卑尔根堡垒投降事件中落到"贼子帮"手里，"贼子帮"的人也没有杀他。也许要一口咬定这说明"天将降大任于是人也"，说挪威的未来将与这个男孩息息相关，这个国家将有赖于他而从内战之祸中解脱，还为时过早。更可能的是，他俊美的外貌和能够赢得人心的作风吸引着他的朋友甚至敌人，而另一方面，桦皮腿团的爱戴是他最好的护身符，因为它让那些盼他倒霉的人深信，所有冒险想伤害他的人都将即刻遭受厄运。

1206—1207年满是各种小打小闹，胜与败、困与降、逃与追不断上演，但没有哪一次足以奠定其中某一方的绝对优势，于是便也不值得在此长篇赘述。那些都是徒劳无果的战事，结果只是白白浪费人命，耗费资源，从长远来看对任何一方都没有益处。在这种情况下，"桦皮腿团"与"贼子帮"双方都渴望进行和谈便不是奇事了。即便像尼古拉斯主教这样激进的党派支持者也清晰地看到，继续战争对双方都意味着毁灭，胜者的战利品将是一片惨遭践踏的土地和陷入蛮荒倒退的民族。英奇国王也真心厌倦了这些毫无目的的战争，连他好斗的兄弟哈康·盖伦也不再抗拒和平的提议。新任大主教托雷做了两党的调停人，运用他的影响力与雄辩之才，硬是令双方都做了些必要的让步。最后，当充分周知了和谈的条件，"桦皮腿团"与"贼子帮"首领在赫维庭瑟会晤（1208年），"贼子帮"的国王菲利普·西蒙松在会上对英奇誓忠，成为他册封的伯爵。作为回报，他得到维肯与奥普兰为封地，并娶得斯韦雷的女儿克里斯蒂娜为妻。

对于许多因战争失去财富，只能希望通过同样的方式致富的人来说，重获和平并非纯粹的福音，可令他们欢呼雀跃。其他人则用惯了武器，完全丧失了投身和平建设的意向。于是其中有大批人不计党派前嫌，开始了一种旧式的维京远征，去到奥克尼、赫布里底及马恩，破坏掠夺，迫使这些群岛的伯爵们不得不再次承认挪威国王的至高权威。尽管他们为国王做了这些，回国之后却遭到严厉的谴责，并受主教们的逼迫而将战利品交给了教会。

英奇国王在位的最后几年因他与哈康伯爵的紧张关系而甚为痛苦。哈康伯爵觉得自己具备作为一个有魅力国王的所有特质，并且在这些方面都优于英奇，因此不甘心居于从属的地位。他开始背着自己的弟弟密谋，私下试探那些有名望的农民和首领对自己觊觎王位一事的态度。许多人都给了他满意的答复，他的密谋大有成功的可能，但随后却意外地被国王发现了。英奇十分信任这位哥哥，面对其背叛的证据，他是惊大于怒。他召集手下所有人参加王室庭会，呼吁大家支持自己，声明只要自己还活着，就绝不容忍这片土地上有第二个国王。这番演说赢得了普遍的支持，迫使哈康此后的阴谋只得更加隐秘地进行。一年之后国王曾遭到刺杀，事件的煽动者究竟是不是哈康我们无从得知，但他或他的妻子克里斯蒂娜必定在某种程度上牵涉此案，因为在出现了自称刺客的人之后，国王并不愿审判或惩罚此人。英奇的兄弟斯库勒·博尔德松力劝他加以严惩，以儆效尤，他答应说会调查此事、流放罪犯，等等，后来却什么也没做。最后，斯库勒失了耐性，亲自出马杀了那人。

总的来说，英奇身上有一种值得赞许的精神，使他即便以自我牺牲为代价也想避免与哈康伯爵公然决裂。他深知内战的可怕，他竭尽所能，万万不愿扮演破坏和平的角色。他身体不好，哈康确有继承他的可能，也许这一事实也让他不愿败坏哈康在民众心中的形象。哈康的党羽中还包括托雷大主教，在很大程度上就是因为他的干预，国王与伯爵在 1212 年签下一个协定,根据这个协定,私生子被排除在继承名单之外,且这两兄弟中活得更久的那位将继任王位。这一协议在欧雷庭会上正式宣布,并得到主教们与本国权贵的认可,它针对的主要是年幼的哈康·哈康松王子,因为虽然从父系血统看来他是古老王室的直系后裔,但他却是个私生子。基于同样的理由,该协议也排除了英奇的儿子古托姆,继承权落到了哈康·盖伦和他的婚生子克努特身上。不过在达成这一协定时,他们低估了斯韦雷的老兵们与小男孩哈康之间的感情。其中有一个名叫海格·瓦瑟的,常常去探望王子,与他玩耍。他听说了这个协议,非常气愤。当小哈康奔向他,想同往常一样与他顽皮嬉闹,他没好气地推开他,叫他走开。男孩不习惯被这样对待,有些责怪地看着他,问他为什么生气。

"走开,"海格喊道,"今天,你父亲的遗产被夺走啦,我再也不想管你了。"

"这是在哪里发生的事?是谁做的呢?"哈康问。

"在欧雷庭会上,做这件事的就是英奇国王和哈康伯爵那两兄弟。"

"不要生我的气,我亲爱的海格,"男孩说,"也不要为这件事烦心,他们的判决是不可能生效的,因为我的监护人并没有代表我出席表态。"

"那你的监护人又是谁呢?"海格问道。

"我的监护人就是上帝、圣母马利亚和圣奥拉夫,"哈康庄严地大声说道,"我已将我的事业交给我的监护人们保管,他们会守护我的利益,不管是国家的划分,还是我的一切福祉。"

老兵被深深打动,抓住男孩的胳膊亲吻了他。

"谢谢你的这番话,我的王子,"他说,"说出来比憋着强多了。"

克里斯蒂娜听人禀报了这件事,她训斥了小哈康,并从此对他

哈康·哈康松与海格·瓦瑟

粗暴对待。但她不敢当着自己丈夫的面表现出对他的恶意。因为伯爵虽然毫不犹疑地阻断了男孩的王位之路，却仍是喜欢他的，不许别人伤害他。小哈康的早熟懂事令他开怀，他手下的所有人也是如此。至今仍有几则关于小哈康逗趣言行的逸事保存了下来。比如有一次，天气太冷以至于黄油都冻上了，没法涂抹面包，小王子拿了一片面包，裹在黄油外包住，说："那我们就用面包来捆住黄油吧，桦皮腿儿们。"

王子与老兵海格·瓦瑟的这番对话，随后在桦皮腿团军营中人尽皆知。

在继位一事上，国王的迁就纵容并没有使他的哥哥安心，反而更刺激了他的野心。通过不断的策划，哈康伯爵成功地在特伦德拉格郡煽起了一场农民起义，但却被镇压了，并没有造成严重的人员伤亡。这次冒险之后不久，他突然生病，1214年便在卑尔根去世了，终年38岁。他的妻子心知桦皮腿团员们有很大一笔账要跟她算，连忙带着儿子离开了这个国家。先前寄养在伯爵家的小哈康，即哈康·哈康松被迁至王宫，得到与其如今身份相称的待遇。桦皮腿儿们再次聚集在他身边，警惕地盯着每一个接近他的人。他们在许多方面都不满英奇国王，认为他就是一个贵族，觉得其糟糕的健康状况以及温和的性情都不适合首领之位。此外，国王的兄弟斯库勒还公然策划把哈康推到一边，将自己置于继承人之列。随着不满情绪的膨胀，一些桦皮腿团员在安德烈斯·斯加达班德的领导下，极力劝说哈康成立叛军，自立领袖，但哈康拒绝了这些建议。

国王的健康状况恶化，感觉自己死期将至，他很喜欢让小哈康待在身边，听他滑稽又活泼的声音。这期间，所有的公共事务都由斯库勒·博尔德松经手处理，他同时也是英奇册封的伯爵及其儿子的监护人。国王最终逝于1217年4月，那时他不过才30岁。

乔茵海峡景色

第二十七章
"老者"哈康·哈康松（1217—1263年）

英奇国王死后，桦皮腿团做的第一件事就是给哈康配了一个保镖，日夜跟随。斯库勒伯爵一方则开始了他的密谋诡计，他的行动得到新任大主教古托姆以及尼德罗斯的主教座堂参事会的教士们衷心支持。然而，尽管他们在背后搞了许多小动作，哈康还是在欧雷庭会被桦皮腿团宣立为王，斯库勒自知无力抵抗民意，对于事态发展便只好选择了默认。参事会的教士将国王宣誓维护法律时需要用到的圣奥拉夫的圣龛锁了起来，却并没有用。比起抛弃国王，桦皮腿团毅然选了摒弃圣龛。伯爵与"贼子帮"的所谓国王菲利普也没有协商出什么成果，因为菲利普在英奇国王逝后不久也死了，且没有留下子嗣。哈康带着大支舰队南下，占领了自1208年赫维庭瑟条约以来便处于"贼子帮"统治之下的维肯和奥普兰。他施行了明智的怀柔政策，诱使叛军首领们承认了自己的统领地位，条件就是他们可以得到昔日菲利普的封地的一半。第二年，他们还同意放弃会令人联想到内战时期的纷争与冲突的旧党派名，与桦皮腿团并肩作战，对抗一个名为"褴褛帮"（Slittungs）的新叛党，此党由神父贝内迪克特组织统领，他也被称作"皮刀"贝内（Bene

Skindkniv）。像他的无数前辈一样，这个声名狼藉的冒牌货宣称自己是马格努斯·厄林松国王的儿子，尽管此事毫无可能，但他身边很快就聚了多达千人，并开始行抢劫掠夺之事。他们之所以宣称相信贝内的冒名之举，不过是为破坏和平寻一个借口。在那个时期，强盗、拦路贼以及各路流荡的无业游民，只要找来一个王位候选人，就好似有了体面的伪装。随后大批不明真相的群众便受诱加入其中，而他们实施的掠夺破坏也被美其名曰是作战而非抢劫。

战争尤其是内战，总是带来一系列灾难性的后果，这个过程漫长且影响深远。拖得越久，重返和平就变得愈发艰难。自1130年哈拉尔德·吉勒即位起，除去偶有的短暂间隙，痛苦的自相残杀便一直笼罩着这个国家，令一整代挪威人都断绝了追求和平的念想，对杀戮与暴力习以为常。踏实苦干反而要冒更大风险，叛乱闹事竟成了一种合法职业。每一个组织不善的社会都会出现数以千计无家可归的游民，而乌合之众在骨子中就有犯罪倾向，他们总会抓住这种机会，牺牲社会整体的利益以满足自己，与其忍受乏味磨人的陈规与经久的和平，他们更乐见无休止的战争带来危险与艰辛。因此叛乱的条件就像是现成的，只要还有觊觎王位的人出现，国王就一定会忙得不可开交。只有随着骚乱一方的逐渐毁灭和守序一方更多幸存，局势才会逐渐对后者有利。然而事态发展比看起来更加复杂，因为随着时间的推移，骚乱一方的逐渐毁灭也意味着好战精神本身的衰亡。暌违和平一个世纪之后，一个将持续400年的衰退期开始了。

而哈康国王正面临一个更大的威胁，甚于"褴褛帮"的叛乱，它源自一个自称朋友的人。当英奇国王在位时，密谋家和挑事者的角色是由哈康·盖伦来充当的，如今这个角色似乎随着他的其他贵族特质一起移交给了他的兄弟——斯库勒伯爵。眼见一国之王的荣耀被赋予一名毫无作为的14岁少年，骄傲的斯库勒十分恼怒。和哈康·盖伦一样，长久以来他都仅离王位咫尺之距，他想不通为什么那个位置总是可望不可及。在与"褴褛帮"短暂交战之后，他重拾图谋，这次依旧有大主教和教士们做帮手——这些人似乎仍对斯韦雷家族抱有怨恨，念念不忘。1218年复活节之前两周，哈康抵达尼德罗斯，大主教有意冷待了他，另一方面则竭尽所能地凸显伯爵之尊贵。棕枝主日[1]那天，当国王走上圣坛献上贡品，大主教甚至不曾转身看他，完全无视他的存在。有人批评他的无礼，大主教大胆地回答说，他是基于所有主教和许多酋长的建议故意这么做的，那些人和他一样，对于国王是否真是哈康·斯韦雷松的儿子心存怀疑。哈康虽然年幼，却也当即看出了掩藏其后的阴谋。但是他深信正义站在自己这一方，竟同意让母亲承受烙铁之试炼来证明自己的出身。英嘉早前就曾主动提出过要接受这神裁法，但当时大主教阻止了她，出于某种原因，他那时并不想就英嘉之子的出身表态，或许是因为当时他和斯库勒还没有谈好条件。一位已然王权在握的国王竟还要蒙受自证身份的屈辱，这种事真是闻所未闻。作为国王的朋友，达格芬·农的一段话代表了当时的舆论："再难找到第二件这样的事例，农民和乡下人的儿子竟对一位绝对的君王提出这般羞辱人的条件。我想倒还不如就直接付诸另一种铁，那就是刀剑，让上帝在国王与那些敌人之间做出判决。"

如今斯库勒伯爵的阴谋似乎大有成功的可能，于是他突然对国王表现得亲切慈爱了起来。他相信他的教士朋友会让试炼得出一个合自己心意的结果。不过出于双重保险，他又付钱给一个效力于他的外国人，来自布拉班特的西加尔，让他接近国王的母亲，给她一种号称能修复烧伤的草药，但包括达格芬在内的一班忠心的桦皮腿

---

[1] 即复活节前的那个星期日，又称"主进圣城节"。——编者注

特隆赫姆大教堂西侧

团员将她准备试炼前禁食所在的教堂围了起来,于是伯爵派的这个密使便不得不招供了他的企图。达格芬说:"除了仁慈基督的赐予,我们不会用任何诡计或草药。带着你的废话滚吧,再敢多讲一句这种话,你就糟了。"

随后英嘉收到警告,让她当心。因为如果她被证实使用了草药,那么试炼就是无效的,她和儿子都将背上沉重的骂名。然而敌人的一切阴谋都没有奏效,她成功地经受住了试炼。很难解释为什么结果会是这样,因为当时的情况确实对她不利。或许伯爵太过自信,在他的诸多前期准备当中忽视了哪个环节。不管怎样,在这次苛刻的检验之后,他不得不一切从头开始,谨小慎微地编织一张新的阴谋之网,暗中削弱国王的力量。他的计划大致是要离间哈康与他最信任的朋友们,或者把他们调到无法帮上忙的地方,然后让这些人相互之间产生不和,自相残杀,随后再使国王惩罚那些活下来的人。计划虽然精巧,却没有完全成功。国王性情宽容,且他也怀疑这些神秘的反目与杀害事件背后其实是伯爵在做推手,使得他的做法有悖伯爵的预期。所有人都清晰地看出,为维持伯爵那虚伪的友谊,国王付出的代价太高,与其像这样压抑怀疑,曲意亲善,他手下许多人更倾向于公然开战。双方也确实多有冲突,"伯爵党"和"国王党"之间的争吵和流血事件时常发生。事实上,新一轮内战的一切条件都具备了,只是国王不愿见到战祸兵燹,才令和平的假象勉强维持。国王的监护人整天都算计着如何跟他作对,这一点令桦皮腿团的首领们不得不琢磨对策。他们想到一个办法,为了将斯库勒化敌为友,就要把他和国王的利益统一起来。出于此,他们提议哈康娶伯爵12岁的女儿玛格丽特为妻。国王虽然并不渴望这样一场婚姻,却也听从了幕僚们的劝说,斯库勒则略有犹豫,随后亦同意了这个婚约(1219年)。由于考虑到新娘年纪还太小,真正的婚礼从一开始就延期了。不过那些认为斯库勒会因为国王成了自己的女婿便会放弃原本图谋的人却是失算了。情势所迫,订婚之后不久他便要与一帮新的叛军作战,以卫王权,新叛军叫作"肋帮",其前身是"褴褛帮",但人数更众。这个团伙的发起人是前"贼子帮"首领,来自布莱克斯塔德的古道夫,哈康曾委任他做地方总督,后因不受农民欢迎被免职。出于报复,他举起叛旗,找来一个名叫西格德的人充当他推举的王位候选人,此人号称是"贼子帮"推选的国王厄尔林·斯通沃之子。所有那些确有理由或只是因为自作多情而感到不满的人,以及许多只是想要趁火打劫的人,如今都聚到"肋帮"旗下。这些人在维肯颇有成就,得了大量战利品。而背地里支持他们的是老得头发都花白了的"挑事精"尼古拉斯主教,虽然他自称友好,却始终仇恨着斯韦雷一族。被派去剿灭叛党的伯爵也是阳奉阴违,他并不积极,表面装出代表国王、热忱奋勇的样子,实际上却无意重拳出击。出于私利,他更愿意留着叛党,让他们消耗国王,以防国王变强。1221年他在维肯与"肋帮"多次交战,也确实给他们造成了重大损伤,在莫约森湖的斯旺一役(1222年)里,便杀了对方150人。但此役之后,他随即与"肋帮"的西格德达成和解,西格德厚颜无耻地要求分得王国的1/3,并求娶伯爵之女为妻。伯爵否决了这两个要求,不过却承诺,但凡国王有考虑西格德提议的意思,自己将尽力帮他说服自己的女婿。基于这些条件,叛党首领解散了帮众,并在得到安全通行的保证之后进入伯爵的营地,得到极好的待遇。但这时的形势却并不适合兑现他的索求,因为国王和伯爵的关系突然急转直下。伯爵似乎在自己的封地之外招兵征贡,等于是把手伸到了国王的领地,国王对这种新的侵权行为大为光火,他写了一封信,威胁说如果伯爵执意无视他们的协定,就只有一战了。伯爵对此的回应是即刻起航去往丹麦。他显然已经打定

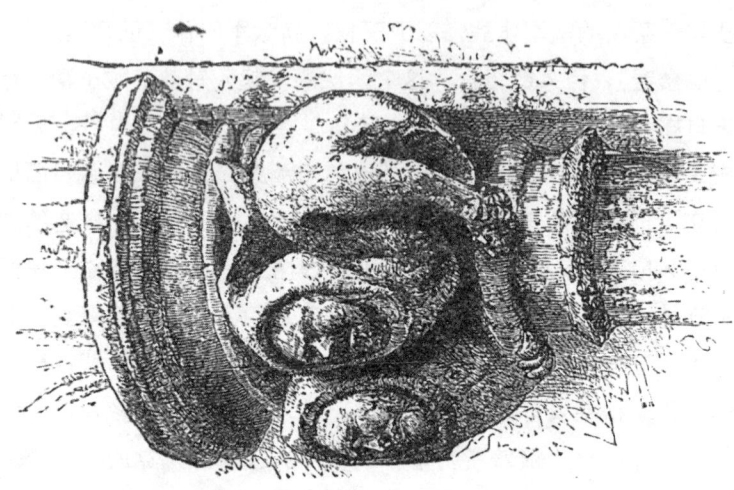

古挪威建筑的柱顶

了主意。至于是什么主意，应该很好猜。

自"蓝牙王"哈拉尔德时代起，丹麦的历代国王就以维肯的大领主自居，他们不断煽动挪威国内的叛乱，以达到重获失地的目的。斯库勒如今的打算是借"胜利王"瓦尔德马之助力将哈康挤下王位，并从他那里拿到整个王国做封地。但让他惊讶却有苦说不出的是，等他到了丹麦，却遍寻瓦尔德马不着。原来就在5天之前，瓦尔德马被什未林的亨利克伯爵抓了，眼下正和儿子一起在梅克伦堡的某监狱里遭罪。失望的斯库勒只好打道回府，再次戴上面具，假装好心关心女婿的事务。哈康这时刚满18岁，这个年龄被视为王储成年之际。这么一来他就不再需要监护人了，而按照惯例，大约需要某种仪式来作为他正式掌权的标志。于是名人显贵汇聚卑尔根（1223年），于此之际，被收买的古托姆大主教做出让步，他站在国王一方，庄严重申哈康的王位继承权。"肋帮"西格德的索求被宣告无效，得到同样结果的还有哈康·盖伦和克里斯蒂娜之子斯奎雷·克努特，他也派了代表来参加这次集会。斯库勒伯爵从一开始就看出了名人显贵们的意向，这些人压倒性地支持哈康，自己的任何图谋都必将无果。于是他心安理得地趁与国王续订协约之机，索取尽可能多的有利条件。经过多次商讨，他以其南方的封地换得北方1/3的国土，即从"北角"向南延展至桑德摩尔为界。但他仍然是王室封臣，至少名义上是如此，并被迫向国王誓忠，不过他得以独享其封地上的一切王室收益，而无须向任何人缴税纳贡。

基于这一协约，哈康南迁并入住奥斯陆的宅邸。不久之前这座城市才被烧过，他花了许多气力重建，其间便要频繁与家族宿敌尼古拉斯主教打交道。这个道貌岸然的无赖确实一度得到了信任，并在那短暂的友好期内为自己及其主教教区争取到大量好处。哈康总是乐于慷慨对待教会，以示宗教热忱，狡猾的主教就是利用了他这一脾性。尼古拉斯趁古托姆大主教去世（1223年）之机劝说国王同意推荐了他的敌人——来自胡萨斯塔德的彼得继任，这个人按照尼古拉斯的建议假装友好，直到戴稳了大主教的教冠。

国王安然无事地坐镇维肯，人气与势力见涨，这可不符合伯爵的计划。于是当他听说"肋帮"的西格德逃走时一点也不难过；不，应该说可能正是伯爵给了那个叛党头子逃走的机会，或者说他没去主动劝他再次叛乱，已经是种抬举。"肋帮"对于重操旧业岂有不愿，他们在首领身边再次聚起大批人马，开始像从前一样劫掠和杀害国王的支持者。一旦遇到追击，他们就跨过边界进入瑞典行省韦姆兰，而只要追击的人撤离，他们就即刻折返。哈康国王再三写信给瑞典国王——或者说是写给他的监护人们，因为国王本人还是个孩子——抗议瑞典对他的敌人提供保护。埃里克国王的幕僚中有个显赫的人，名叫埃斯基尔·洛曼（意即执法官），他娶了哈康·盖伦的遗孀克里斯蒂娜。这个肆无忌惮的女人从哈康还是个孩子的时候就仇视他，现在她身在瑞典宫廷，亦不遗余力地抹黑他，引人反感他，其结果就是瑞典谋臣们对他的抗议不予理会，继续为"肋帮"提供政治庇护。仗着这层保护，"肋帮"帮众的胆子自然变得更大，最后，哈康被迫于隆冬之际（1225年）率2 400人的军队侵入韦姆兰。他烧了许多农场，破坏了几个教区，却没能找到机会打一场决定性战役，无论是与"肋帮"还是与瑞典人，都是一样。瑞典人逃进了树林，"肋帮"则利用国王出走瑞典的机会突袭西福尔，攻打腾斯贝格。前"贼子帮"首领阿比约恩·乔恩松的部队紧追其后，却被尼古拉斯主教滞留在奥斯陆，尼古拉斯运用两面派手法成功确保了叛军的脱逃。

1225年4月，国王于他和"肋帮"绵延冗长的战事之中，在卑尔根与未婚妻——斯库勒伯爵之女举行了婚礼。这一年新娘17岁，新郎20岁。如果当初斯库勒同意这场婚姻的初衷是要在王宫中安插一个内应,那么他就要失望了。因为玛格丽特自成为王后的那一刻起便站在了丈夫身边,她对父亲的计划一点也不赞同。玛格丽特是一个温柔深情的妻子,也是一位好母亲。

与此同时,"肋帮"继续打游击战,他们占领了莫约森湖上一个名叫海尔格奥的岛,以此为据点突袭临湖几个富饶多产的教区,几近掌控了奥普兰。斯库勒伯爵被派去平息叛乱,他照例磨蹭虚耗,暗中蓄养造反力量,内心比敌人更渴望重创国王。要摧毁"肋帮",必须要上到那个岛上,于是,为了佯装准备登岛,他开始在湖岸建造船只。但他故意将船造漏水,根本无法浮在水面。"肋帮"见此,非但不感到害怕,反而日益胆大,他们派了使者去奥斯陆见国王,与之约战。哈康接受了约战,把军队开到约定的会战地点埃兹沃尔德[1],而伯爵却并没有急于与之会合,他在烧毁了那些无用的船之后,经由陆路穿越山区去往尼德罗斯。这就是最无可辩驳的叛国造反之证了,并且国王手中还截获了一封尼古拉斯主教与"肋帮"的通信,信中各种迹象显示伯爵大有嫌疑。尽管如此,哈康仍选择了装瞎,而不是责问这个叛国者。或许他觉得自己还没有强大到可以同时应付斯库勒和"肋帮"的程度,更倾向于一步步来,各个击破。

在埃兹沃尔德等待无果之后,哈康带着军队回到奥斯陆,得到尼古拉斯主教弥留将死的消息。这个以谎言和两面派作风为第二天性的老教士似乎也对自己死后的命运感到些许担忧。于是他将国王召到他的床边,对自己做过的坏事供认不讳(但那也是在国王拿出他叛国的证据之后),并恳求他原谅。国王当即宽恕了他。尼古拉斯主教死于 1225 年 11 月,享年 75 岁,终其一生都在煽动叛乱、劫掠与破坏自己的祖国。他杰出的才能对其本人和其国民而言都是祸不是福。他

---

[1] 即今埃兹伏尔,位于奥斯陆东北面的劳姆莱克地区。——编者注

死后不久,"肋帮"的西格德也死了(1226年),哈康·盖伦的儿子斯奎雷·克努特受其狡猾的母亲唆使,接替了首领的位置。由于他率领的是一大帮瑞典人,因此他发起的战争更像是外国入侵,激起了原本对"肋帮"友好的奥普兰农民阶层的敌意。在阿克的一场战斗中,他被一支桦皮腿团和农民组成的联合部队打败。在接下来的几个月里,他又屡遭挫败,许多优秀的追随者也离他而去。他又邀请国王会谈,满口保证其安全,实际上却卑鄙地企图杀害他。这次尝试归于失败,纯属偶然。而在这次之后,斯奎雷·克努特便解散了帮团(1227年),归顺哈康。哈康国王不仅宽恕了他,并且看在他父亲的份上予他以封地,优待有加。这个年轻人在摆脱了母亲的影响之后,便放弃了所有反叛的想法,并在几年之后与斯库勒伯爵的一个小女儿结了婚,成为国王最忠实的一位朋友。

如今"肋帮"已除,不再能为己所用,伯爵便暗中策划新的阴谋,这个阴谋的巧妙之处在于其隐蔽性,被提早察觉的风险更小。伯爵声称希望参加十字军,开始了大规模的战事准备。他获得教皇许可,取得尼德罗斯省所有教会税收的1/20来促进自己的事业,为了让自己心安理得,他将家族庄园雷因捐赠给教会作为回报,雷因随后被改建成一座女修道院。斯库勒有极端谨慎的特点,这一次他不想出任何纰漏。他即刻开始造船,从全国各地征集战士。丹麦国王即"胜利王"瓦尔德马现已重获自由,伯爵还能指望从他那里得到助力,两人之间签下一个正式协议,内容包括斯库勒应当协助丹麦国王收复他丢失的那些省份。作为回报,瓦尔德马承诺助斯库勒登上挪威王座。虽然未曾公开,但显而易见,必然是有这么一个协议存在的,因为伯爵在1227年起航去往丹麦时根本不请示哈康同意,不过,他却在途中遇到了哈康,并被告知他的那位盟友在博恩霍维德遭遇惨败的消息。他决定静待事态发展,因为此时瓦尔德马

松恩峡湾

的敌家占了上风,再去丹麦就太冒险了。他厚脸皮地将自己的舰队并入女婿的队伍,回了卑尔根。国王虽然对斯库勒的企图心知肚明,但还是假装不知情。确切地说,他甚至慷慨到在这个叛国者次年(1228年)再访丹麦国王时,还借了船只和粮草给他。实际上,瓦尔德马在博恩霍维德战败之后便再也不像他被囚之前那么强大难缠了,好战的精神所剩无几。因此,哈康大可以认为,就算他已被西、南两方的敌人包围,也不必介意北边再多这么一个。除此之外,这时的哈康已与神圣罗马帝国皇帝腓特烈二世建立友谊,对于丹麦来说,腓特烈二世是一个棘手的敌人,这就约束了瓦尔德马,以防他耳根一软又听了伯爵的劝。在这样的境况下,哈康国王便不会再遭遇什么风险了,非但如此,他或许还希望通过帮岳父接近丹麦国王,让伯爵明白他所有的阴谋都是徒劳。如果这就是他的目的,那么他对于结果一定很失望。因为当斯库勒回来时势力又增长了,他获得丹麦哈兰省的北半部分作为封地,成了一个外国国君的封臣,并且这个外国国君还正是本国国王的敌人。

人们可能认为斯库勒现在已经准备好开展致命一击。可是他却再次犹疑了,看起来似乎还有点想撤的意思。他的准备工作总是还缺点什么不够完备,总是需要一次次地推迟。事实上,他是一个很有意思的人物,作为一个阴谋家,他狡猾、野心勃勃,有叛国篡位的胆量,并且热衷于不断完善计划的一切细节,使其臻于完美,但他却总是在踏出那不可挽回的一步之前踌躇止步。就像席勒笔下的华伦斯坦[1],他喜欢这个念头,以之为乐,谈及的时候既慎重又敢

---

[1] 德国著名诗人、戏剧家弗里德里希·席勒(1759—1805)创作的《华伦斯坦》三部曲的主人公,其原型为欧洲三十年战争中神圣罗马帝国哈布斯堡王朝军队著名将领,在剧中他是一个哈姆雷特式的悲剧人物,复杂多面、矛盾重重。——编者注

峡湾风暴

想，但又永远自认为留了一条退路，而实际上多年的暗地操作如作茧自缚，逐渐阻断了他全身而退的路。年复一年，他退到越来越无法回头的位置，他谋反的那些信件落入国王手中，在22年遮遮掩掩的阴谋颠覆之后，他终于走到了公然反叛这一步，因为除此之外，他显然已别无选择。

与此同时，国王已尝试过所有可能令伯爵忠诚于他的办法。1233年，他召集伯爵至卑尔根与各方要人集会一堂，大主教、主教们以及大批非宗教尊贵人士都到会了。国王在此正式要求他的岳父对其行为做出解释，属臣们也一个接一个地站起来列举伯爵不忠的证据。当轮到斯库勒为自己辩解时，他用了一种聪明的方式开场："我知道一首小调：'鹰栖于石'，我还知道另外一首小调也是这样唱的：'鹰栖于石'，还有许多其他的小调，都是这样。今天便是如此。每个人说的都不同，但却是同一个调子，也就是给我安上罪名。"

他的演说很长且雄辩有力，据说极好地为自己做了辩护。然而是不是有人相信他就未必了，如之前许多次一样，他得以保全性命的原因不过是国王不愿付诸剑戟罢了。他们签了一个新的协定，只是在约束伯爵叛国阴谋的效力方面，也并不比之前的那些协定更高。相反的，他一被放任自便，就重新开始了推翻国王的活动。这一次，他的目的是让哈康和教会闹翻，以便将来可以借教会手中的强大武器来摧毁他。他狡猾地找了一个傀儡，即来自哈马尔的保罗主教，这个人是他忠实的拥护者。当时的大主教西格德·塔夫塞虽是国王党羽，却热衷于为教会谋利，于是斯库勒推断，可以借一场阴谋引发教会利益与国王利益相冲突来离间他们。同时，保罗主教伪造了一份文件，声称是由"贼子帮"推选的国王英奇在1226年颁布的，其中提到把本属于王室所有的、位于莫约森湖的海尔格奥，赠予哈马尔主教教区。国王自然对这份文件的合法性提出了质疑，因为英奇作为一个叛党头子,从不曾拥有王室地产,自然也没有权力将王室产业送出。此事上诉到了罗马教皇格列高利四世那里,而一场阴谋与谎言交织的行动才刚刚上演。可敬的好国王哈康遭到有组织有计划的诽谤中伤,直到最后教皇也信了他是一个穷凶极恶的坏蛋。作为伯爵实际上的特派大使,保罗主教打着为教会谋利益的名头赶赴罗马,成功使教皇对国王的一切支持者,甚至是保罗主教本人的上级——大主教都产生了偏见。另一方面,他用最奉承的溢美之词,将斯库勒描绘成了教会慷慨的朋友,是对抗不择手段的国王侵蚀教会的保卫者。这样做的目的是为了获得开除哈康教籍的教皇诏书。

然而,这个计划却因为提早泄露而流产。有一个名叫斯图拉·西格瓦特松的冰岛人,是历史学家斯诺里·斯图鲁松的侄子和对头,他在罗马碰到保罗主教并与之结伴回家。究竟是他获取了这个旅伴的信任,从而得知了秘密,还是在罗马教廷就看穿了他的阴谋,已不可考。不管怎样,他一到挪威便立刻找到国王,告知其敌人的所作所为。国王再次召集伯爵来卑尔根与自己会面,但这次斯库勒却失了勇气。他没有去卑尔根,却带着军队去往尼德罗斯,从那里跨越山区到达奥普兰,而奥普兰是属于国王的领地。这就等同于开战宣言,但和往常一样,他又搞了个折中,态度犹豫不决,嘴上很凶,却避免采取实际的军事行动。在西格德大主教的斡旋之下,他承诺在这个冬天(1235—1236年)维持和平,条件是要获得王室在奥普兰和维肯1/3的直辖行政区(Sysler)。这件事的处置似乎揭示了哈康一方的弱点,他竟愿意做出这般的让步,而他答应得如此爽快,自然也鼓励了伯爵的拥护者们,让他们胃口大开。第二年(1237年),他们签了一份新的协定,确认斯库勒拥有他在南方的领地,而且还把他提升至公爵之尊——挪威此前还从来没有将这个头衔授予过任何人。但是能满足斯库勒野心的却只有那个唯一的位置，只要哈康不给他，他就心安理得地继续兴风作浪。他愈发地无所顾忌，违抗国王意志，集聚大量士兵，建造船只，方方面面的做派都像是一个独立的统治者。他的宫中形成了嘲笑国王的风气，国王在人们嘴里成了一个懦弱的好事者，只会说，不敢做。"狼皮帮"[1]——人们这么称呼公爵的党羽——还给国王起了个绰号：梦虫哈康。哈康本来不愿意发动内战，但这却被曲解为害怕，他的认真尽责则被误认为是怯懦。

当公爵蓄意纵容身边人滋长的叛逆情绪摆脱了一切束缚，便开始反过来鼓动他付诸行动，抵消了他性格中犹豫不决的特点。如今他已经快50岁了，如果还想获得王权，时间已不容浪费。于是，他在1239年鼓起勇气，召集特伦德人到欧雷庭会，宣布成为全挪威的国王。大教堂的教士们拒绝将圣奥拉夫的圣龛用于典礼，斯库勒的儿子彼得[2]便跳上圣坛，拉起圣龛的棺木[3]，强行搬至"庭"内。为了不让哈康得到任何情报，所有出城的路都有人把守，尽管如此，还是有一个名叫格林姆·凯康的人得以逃出，跑去警告国王这迫在眉睫的威胁即将来临。国王得到消息时正是半夜，他当即来到王后的房间征求同意。刚从睡梦中醒来的王后担忧地问他带来了什么消息。

"只是小事一桩，"他说，"就是现在挪威有两个国王了。"

"真正的国王只有一个，"她严肃地说，"那就是你。"

斯库勒计划好的第一个方案是突袭国王于卑尔根，将其抓获。但他很快便得知，国王已经听说了他的蠢蠢欲动并且准备好迎接他

---

[1] 曾经有另一帮叛党用过同样的名字，以男孩维卡尔为首，与斯韦雷国王作对。
[2] 彼得是个私生子。他的母亲是安德烈斯·斯加达班德的妻子。
[3] 圣奥拉夫的圣龛（St. Olav's shrine）即其棺木，是挪威中世纪时期最重要的文物，现安放于尼德罗斯主教座堂（又译"尼达洛斯主教座堂"）祭坛后面，该教堂自1400年起成为挪威国王的加冕教堂。——编者注

了。他随即派多支军队去全国各地，杀害王室的地方总督们和所有那些有名望的国王之友党。众多杰出人士对战争的爆发毫无准备，就这样被卑鄙地谋杀了，教堂遭到亵渎，暴行四处发生。与此同时，公爵静守尼德罗斯，忙于给外国的国君与当权者写信，告知他们自己已实施的举措，力图以无耻的不实陈述给哈康制造麻烦。然而当他得知国王正带着一支大军来袭，便带着 600 人翻山越岭去往奥普兰（1240 年 2 月）。他遇上了顶替他原本的位置被授予伯爵之位的女婿斯奎雷·克努特，在拉卡将后者和其能干的指挥官阿比约恩·乔恩松击败。事已至此，国王必须出击了，否则将难以阻止叛军规模扩大到一个无力镇压的地步。危机让国王突然下了决心，并迅速采取行动，此举大大提升了战士们受挫的士气。他驳回了大主教关于再次和谈的提议，以空前的快速航行至维肯，又在雾气的掩护之下溯水而上，经由福尔登峡湾到达奥斯陆。由于预见到自己可能会死，他为继位一事已做好一切准备，但他决心必须让对方也付出极大代价。"狼皮帮"对国王的接近毫无所觉，在狂欢痛饮一夜之后，他们睡得正酣，突然之间，战号回响，预示风暴来临的警钟狂鸣。王室舰队的船头从雾中显出身形，正向码头逼近。公爵在警铃响起的一刻便从床上跌下来，匆匆穿上衣服。黎明的曙光在东方的天空渐变渐红，大雾正在消散。船只已达码头，部队正在登陆。"狼皮帮"们最初还以为是克努特伯爵为拉卡一战的失利前来报复，但他们很快就醒悟了过来。当他们见到王室的旗帜，便知道哈康国王已在不远处。奇怪的是，虽然这些人眼见国王本人气势汹汹而来，冲在所有战士的最前面，分分钟将自己暴露于危机之中，但"狼皮帮"竟不想杀他。因为他们担心公爵的大势已去，虽然他们也英勇地作战，却毫无胜算。公爵一路逃跑，桦皮腿团紧追不舍，但并没追上。这一战中死了许多人，但也有许多人到教堂寻求庇护并得到宽恕。

如我们所见，这一叛乱的发起人和领导者都只是公爵自己。他并不像之前的许多王位觊觎者那样是民众的不忠情绪的表现和化身，叛乱不过是出于他本人的野心。因此，只要他还活着，内战之炬就随时可能重燃。正是出于这一考虑，国王压抑住对岳父的所有感情，坚定心意，要让他罪有应得。奥斯陆一役之后7日，哈康派出15艘装配精兵的船去往尼德罗斯——公爵的逃亡地，指挥官是果决的阿苏特·奥斯特拉，也是斯库勒最大的死敌之一。

当他抵达尼德罗斯，斯库勒便逃往树林，带着那些不肯舍他而去的人游荡了两个日夜。最后，埃格瑟特修道院的行乞修士[1]见他可怜，送了兜帽僧袍给他和他的追随者，让他们藏进一个塔里。消息很快传至阿苏特处，说是有人看见一些样子奇怪的修道士进了修道院，阿苏特立即带人前往，要求他们投降。见行乞修士们拒绝接受要求，一些桦皮腿团员便在修道院放了火。其他人努力灭火却是徒劳。浓烟与高热迫得公爵及其同伴下了塔。他一边走出大门一边用盾牌护住脑袋，说道："不要劈我的脸，那不是一个首领该有的待遇。"

就在此时，桦皮腿儿们向他猛扑过去，将他杀死（1240年）。

斯库勒之死是叛乱的终结，此后挪威再没有人强大到能与国王一拼，也可能是没人有这个心思吧。值得一提的是，考虑到内战持续的时间，自"圣战王"西格德之死开始，这个国家恢复的速度可谓相当快。经济停滞和下滑直到差不多一个世纪后才出现，而出现的原因又要部分归因于其他的问题以及更直接爆发的事件。然而破坏的种子在这个灾难频发的时代已然种下，虽然它花了一个世纪才生根发芽。

---

[1] friar，又译托钵修士，不同于传统修道士（monk），专注于传道，居无定所，一般靠化缘度日。——编者注

和平的回归让国王得空去实现他久植于心的热望。半是无意识间,他将私生子身份视作自己纹章盾徽上的一个污点,急切地想要抹去。为此,他渴望完成正式的加冕。当斯库勒还在世时,国王就曾尝试过获取教皇同意举行这么一场仪式,但他那一直活跃着的敌人破坏了他的计划。如今格列高利九世已死,连他的继任者西莱斯廷四世都已经死了,圣彼得的位子上现在坐的是对哈康没有偏见的英诺森四世。主教们则和从前一样,因在这件事上起到调停作用,想要索求新的特权作为回报,他们提议国王若要加冕,便要像马格努斯·厄林松那样发誓,承认自己附庸于教会,接手王权乃是继得圣奥拉夫的封邑。但这样的要求遭到断然拒绝。

"如果我像马格努斯国王那样宣誓,"哈康回复说,"那么我想,加冕带给我的将是荣誉的不升反降。因为马格努斯国王为了得到他无权得到的东西,不惜做任何事。但我有上帝的帮助,无须从你那里交易才能得到上帝原本就赋予我的先祖、我的父亲和我的一切。"

加冕一事得到教皇首肯,来自沙比那的红衣主教威廉便被派往挪威,去为国王戴上王冠。但他到达后却受到当地高级教士们煽动,想要榨取一些交换条件。不过哈康对自己应得的权利很有把握,态度十分坚决并维护了尊严。最后,那位红衣主教只得接受他的条件。加冕礼于1247年的圣奥拉夫日,即7月29日,在卑尔根的基督教堂盛大举行。到场观看仪式的宾客人数太多,王宫根本容不下,还需要将一个巨大的船库充作临时的宴客厅。盛宴持续了三天,其壮观程度在北欧大地上前所未见。随后还举行了5天的庆祝会,向红衣主教和其他高官贵人致敬。等到庆典活动结束,一场讨论国家事务的会议随即召开,国王主动向神职者做出了一些让步。教会自主选择仆从的权力以及独立的审判权都得到确认。神裁法被严肃地废除了,因为正如红衣主教所述,基督徒去要求上帝来裁决人类俗务,是不恰当的。

这位红衣主教在离开挪威时，收到重达15 000马克的纯银（15 000 marks sterling）作为送给教皇的礼物，相当于大约50万法郎，而他本人也因其所做的工作而得到一笔非常慷慨的报酬。

哈康余下的统治期在表面上是太平无事的，这正有利于国家的发展。国王英明地看到，战争的喧嚣带不来任何持久的好处，而和平的殖产兴业则会带来繁荣与进步。于是，他孜孜不倦地投入到促进农业与贸易发展的大业之中。不过他主要的兴趣点却是在建筑营造方面。全国各地筑立起修道院、教堂和防御工事。他爱好华美壮观，便在卑尔根建了一座富丽堂皇的王室宅邸。他乐于行善，于是为麻风病患者建了一所医院。他在特隆姆瑟造了一座教堂，长期享有全世界最北端教堂的盛名。针对非婚生子被排除在继承人之外这一条，继位法得到了部分修订。民法与刑法得到改进，执法官的人数增加至11人。一支由300艘装备精良的船组成的舰队被保留下来。在一位爱好和平的国王手中，这样的一支舰队就是和平的保证而非战争的威胁。通过派遣大使，与外国君主礼尚往来，以及其本人在国内外展现出来的卓越能力和强大实力，哈康在欧洲的统治者中占得了一席之地，而在此前，挪威国王的地位从未被承认过。神圣罗马帝国皇帝——高贵而有才华的腓特烈二世也与他交好，并与他保持联系直至去世。俄国大公亚历山大·涅夫斯基为自己的儿子向他的女儿克里斯蒂娜求婚，卡斯蒂利亚王国[1]的国王——"智者"阿方索也帮自己的兄弟追求她。后者的请求被接受，克里斯蒂娜于1257年嫁给了西班牙的堂·菲利普亲王。教皇亚历山大四世也致力于从哈康处求得他承诺参加一场改革运动，法国国王路易九世"考

---

[1] 今日西班牙的前身之一。——编者注

虑到他的权力和海上的经验",主动将一支挪法联合舰队的指挥权交给他。而超乎所有这些荣誉之上的是,据说教皇在1256年力陈由他来做神圣罗马帝国皇帝的候选人。

尽管国土偏远,哈康国王在海外仍享有非凡影响力,究其缘由,他的舰队尤其功不可没。在1256—1257年与丹麦的短暂交火中,他强大的海军力量让世人只惊鸿一瞥便心生巨大敬畏,促使丹麦国王克里斯托弗与之和谈,并完全接受哈康的条件而不敢冒险一战。因无休止的自相残杀而陷入衰弱冷酷的冰岛人承认了他的最高主权之尊,并保证向他进贡(1261年)。格陵兰岛稀少分散的居民也同样认可了他的大领主地位。关于奥克尼群岛和设得兰群岛的归属争议,引发他与苏格兰国王亚历山大三世的战争。哈康决意维护自己在这些遥远属地的权利,虽然那本身就已耗费了挪威太多的人命与财富,他带着舰队向苏格兰出发(1263年),却在一场风暴中损失惨重,许多船只遇难。他绕到苏格兰的西边,洗劫了坎泰尔和比特岛海岸,又在拉格斯(克莱德湾入口附近)打了一仗,在苏格兰人的描述中,这一仗挪威人吃了败仗,但在萨迦记载中,他们却是胜了。然而不管怎么描述,他们也并未从这一战中捞到任何好处。因为这次之后哈康随即就撤退至奥克尼群岛,打算在那里过冬,希望可以在来年春天重新开战。但他却突然得了病,并在1263年12月15日逝于柯尔克瓦格。生病期间,他命人大声朗读先祖们的萨迦故事,从"黑王"哈夫丹直到祖父斯韦雷国王。正当读到斯韦雷的萨迦时,他安静地去世了。

所有的记载都一致判定哈康·哈康松是一位睿智又品德高尚的国王。他不是一个天才,没有他祖父那样傲人的天赋。但他便是我们所谓稳健可靠的人。他很接地气,慷慨、宽容,却又能在严执正义时做到果决坚定。他内心高尚又明察秋毫,令他总是能做出正确

挪威的食塔铺[1],即储放食物的房屋

的选择。因此,他无疑是一个伟大的王,但未必称得上是一个伟大的人,除非我们认为所有平淡无奇的好品格可以通过绝好的平衡达成完美。作为其敌人,斯库勒公爵在许多方面更显卓越,但假设斯库勒替代了哈康之位,那将是挪威的灾难!

哈康在外貌上肖似他的祖父。和祖父一样,他中等个头,一双妙然传神的大眼睛也是如出一辙。他坐着给人的感觉比站着时高,但他每每出现总是尊贵气派,令人心生敬畏。哈康去世时59岁,统治挪威46年。

---

[1] 食塔铺(Stabbur),是一种以木头和石头建成的谷仓。

第二十八章
冰岛之斯图隆家族

著名的冰岛历史学家斯诺里·斯图鲁松就生活在哈康·哈康松在位期间。正是因为有他,古挪威的历史才免于遭世人遗忘。他的著作《挪威列王传》[1]除了开篇的文字之外,连贯且忠实地记载了从"金发王"哈拉尔德起,至1177年"里之战"(Battle of Re)止,在挪威发生的事件。书里也包含了在哈拉尔德统治以前的那些多少带了点神话色彩的历史——虽然这一部分的诸多描述都不足为信。这本书的风格清晰生动,人物刻画栩栩如生。书中引入了当时流传的吟唱叙事诗以表明记叙的真实性,还原原本本地保留了逸事趣闻,令英雄们的性格更加丰满。因此,这本书不像中世纪修道院的编年史家们惯于编写的那种实与虚的松散聚合,而是一部高阶的史学著作,在风格和编排上都透露出成熟的批判精神与艺术品位。一些吟唱叙事诗本身便出自斯诺里之手,其中也包括部分《新埃达》——有关古阿萨神族信仰之传统神话与传说集。不过总的来说,我们还是把他定位为一个编纂者,而不是一个创

---

[1] *Heimskringla*,本书作者译为 *Circle of the Earth*。

作者。

斯诺里·斯图鲁松1178年出生于冰岛，三岁时被"博学者"萨蒙德的孙子，也就是大酋长乔恩·洛夫松收养。斯诺里的父亲是斯图拉·索尔德松，出身高贵但一生动荡，母亲则是古德尼·博德瓦尔之女。乔恩·洛夫松从祖父萨蒙德那里继承了数量非常可观的历史手稿，他家也是当时岛上最富文化之所在。书虫斯诺里逐渐对异教的神话和故事产生兴趣，并且在与养父的交流中爱上了历史研究。1198年养父去世，父亲遗留的财富又被母亲耗尽，斯诺里变得身无分文。为了维系尊贵的身份地位，他不得不寻找一门有钱的婚事，在兄弟们的帮助下，斯诺里成功求娶到冰岛最富有的女继承人，随后他致力于让自己强大起来。他通过精明的交涉、威胁以及公然付诸暴力等方式得到6座大庄园，积敛了巨大的财富。当时的冰岛苦陷于派系之争，斯诺里将浑水摸鱼的艺术发挥到了极致。他是一个精力旺盛、心意坚定的人，怀有大谋略而少有顾忌。我们在他的所作所为中都能看到一种富有魄力的老练世故，以及选择成事手段时的审慎。他将自己的居住地雷克亚霍特以一种在冰岛前所未有的方式做了修整，建造防御工事，改进设施，他像王族一样保留了一支武装势力，几乎对共和政体形成了威胁。我们至今仍能看到他的浴室遗迹，并以他的名字命名（斯诺里拉格，即斯诺里之池）。浴池凿石而建，热水从附近的天然热喷泉经过石头渡槽导入此处。

斯诺里有两个兄弟，托德和西格瓦特。前者性情安静，没什么大的抱负。后者却很像斯诺里，也和他一样忙于以诡计和暴力敛财。

像这样的两个人，一旦发生利益冲突，是少有能顾念兄弟之情的。不久，西格瓦特和斯诺里的关系便变得剑拔弩张。

由于在国民中的影响力，斯诺里渐渐权势甚重。他在1215年

冰岛北部的霍加达尔

被选为"宣法官"（speaker of law）[1]，却在这一职位上与对他的一项裁决提出异议的、自己的养父之子萨蒙德·乔恩松产生了矛盾。阿尔庭（冰岛议会）既是立法机构也是最高法庭，"宣法官"的职责便包括对案件依法裁决。如果争执的任一方拒绝接受阿尔庭的裁决，都可以选择诉诸武力。法律只是参考性质，不具备绝对约束力，公不公平取决于谁更有权威。斯诺里的职责虽是维护法律的权威性，却对自己的职责并不看重，他带着 840 名武装人员，打定主意要威慑对手。虽然双方历经困难达成了妥协和解，但祸患的种子已然种下，离发芽结果便也不远了。

与此同时，斯诺里的名气传到了挪威，国内最强大的酋长们纷纷向他发出邀请，将他奉为贵宾。于是，他于 1218 年带着大批追随者起航，拜访了哈康国王和斯库勒伯爵，并与伯爵交好。国王将他列为属臣，据说斯诺里向斯库勒承诺会让冰岛置于母国挪威的统治之下。这是一个诱人的计划。如果只是放弃冰岛的自由权就能成为伯爵之尊，那他就可以在斯库勒的帮助下一举击垮所有敌人，以第一人的身份无可非议地统治冰岛。然而，等他回到家却发现阻碍比预期的要大得多。他似乎甚至有些后悔自己做出轻率承诺，迫切希望拖延兑现的时间。在他后来的图谋中，他确保自己优势地位的种种举动，究竟是不是为了兑现与伯爵的交易，就很难确定了。

1222 年，斯诺里的对手，与他斗得最凶的敌人萨蒙德·乔恩松去世了，他的子女们就叔叔奥莫·乔恩松的遗产分配一事意见相左，请来斯诺里仲裁。他们这样做并非是出于爱他或信他，而是因为怕他，急于想让旧怨做个了结。斯诺里深谙此理，毫不犹豫地利

---

[1] 英文又作 lawspeaker，古代冰岛人没有成文法律，全靠"宣法官"在需要的时候根据记忆引用并加以解释，因此该职位权势极大。——编者注

俯瞰特兰达尔

用了自己的身份优势。他最近刚和妻子分手,发现眼前有一个让自己变得更有钱的机会,就是娶走这争吵的兄弟姐妹中美丽的妹妹索尔维格。于是,他在分遗产时将最大的一份给了她。然而正当斯诺里觉得稳操胜券时,他的侄子斯图拉·西格瓦特松竟然半路杀出,从他手中抢走了那女孩儿。由于他的仲裁不公,得益最大的人从此成了他最危险的敌人。然而斯诺里并不气馁,他将注意力投向另一位更加富有的女继承人,并成功娶到她。他通过一系列的交易继续积敛财富,其间不乏大肆利用自己名望给人带来的威慑力,直到他的实力大到令岛上所有其他酋长们都黯然失色。与此同时,斯图拉的精明与胆识看起来更甚他的叔叔,发家的轨迹也类似,随着两人的利益一再冲突,他们之间的敌意愈加凸显。那时候,斯诺里因为与斯库勒伯爵交好而招致哈康国王的敌意。而斯图拉从罗马的朝圣之旅归来后,成功得到国王信任并加深了后者对斯诺里的怀疑。他与国王达成了一个类似于他叔叔早前与斯库勒达成的交易,承诺将本国交予挪威王权统治之下,以换取冰岛伯爵这一尊位。

不过在回国后,斯图拉并没有立刻就冒险打击他的敌人,而是跑去冲敌人的儿子欧诺加及敌人的女婿吉苏尔·托瓦德松寻衅滋事。他抓了欧诺加,弄残了他,但他本人后来却死在了与吉苏尔的冲突中。在1238年的一次常规战中,斯图拉和他的父亲西格瓦特都死了。斯诺里当时身在挪威,在那儿轻率地坐实了自己是斯库勒的党羽,因此更加激怒了挪威国王。他违背国王命令,回到了冰岛,如今他在这里的主导地位已然确立。但国王从此将他视作一个公开的敌人,并为他铺就了一条毁灭之路。斯诺里本来便因贪婪惹来女婿吉苏尔·托瓦德松的敌意,国王与吉苏尔展开谈判,要求他要么杀了岳父,要么将其以罪犯之身遣送挪威。于是,吉苏尔带着70名武装人员攻入雷克亚霍特,杀了斯诺里(1241年)。

阿曼那乔裂谷与律山

斯诺里的侄子斯图拉·索尔德松曾一度是杰出的酋长和冰岛独立主权的捍卫者，他承叔叔之精神续写《挪威列王传》，记载下哈康·哈康松的萨迦。这是一部堪称典范之传记，内容清晰生动又充满了有意思的细节。哈康在位期间，挪威还有人写成了一本颇值得一提的书，便是所谓《王者之鉴》[1]。这本书采取父子对话的形式，包含了有关人生与道德品行的教诲和准则。书中关于处世智慧的格言以及礼仪标准，为我们生动地勾勒出 13 世纪时人们的生活与思想。

---

[1] *Konungs skuggsjá*，本书作者译为 *King's Mirror*。

第二十九章
"修法者"马格努斯(1263—1280年)

哈康·哈康松一死,连续的萨迦也就中断了。斯图拉·索尔德松对于哈康之子马格努斯·拉伽波特(意为"修订法律的人")的记载有一部分被保留了下来,但大部分已不幸丢失。我们对其后独立时期国王们的了解,都来源于零散且往往不太可靠的原始资料。衰退期随着马格努斯国王的继位悄然来临,这个过程最初缓慢而不易察觉,最终以国家丧失独立的形式达到高潮。

马格努斯在父亲在世时就已经宣布为王,等他年龄一到,政权便毫无争议地传到他手中。由于不想继续花费巨资与苏格兰人打仗,他派大臣阿斯卡汀去见亚历山大三世并取得了和解,条件是挪威割让出马恩岛和设得兰群岛,换取苏格兰4 000马克纯银以及每年100马克纯银作为贡赋。后一项条款意在捞回点面子,因为每年上贡大可以被解读为苏格兰继续认可挪威国王的至高主权。

常有人质疑马格努斯拒绝以武力维护领土完整性的做法是否明智。人们普遍认为挪威耗费在苏格兰群岛的血汗与财富早已超出其所值,并且随着苏格兰变强,很可能挪威还需要投入更多,以维持对那些偏远属国的支配关系。更有甚者,后来英格兰崛起,成为欧洲一霸且吞并了苏格兰，挪威被迫对这些群岛放手便只是一个时间问题了。无论促使马格努斯背离父亲政策的原因究竟是国民不愿打仗，还是对成本的精打细算，时间似乎已证明选择这条路线实属明智。尽管如此，无可否认的是，正因儿子缺失了战斗精神，当年哈康维护国家尊严，为挪威在海外博得的尊重与影响力也大打折扣。事实上，马格努斯倒也妥妥地掌控了冰岛。但即便是这件事也并非他本人的能力或功绩。乍一看，这是哈康国王介入斯图隆家族恩怨的结果，但从更深层面分析的话，原因却远不像表面上看到的那么简单。在"金发王"哈拉尔德统治时期，一些自傲的人只是因为不愿放弃自主权便离开挪威移民来此，但他们的后人却已悲哀地退化堕落，否则他们是不会毫无抵抗就放弃自由的。

在冰岛，自由早就降格成了一种特许。法律根本无权制约强者，国家制度绝非民主。虽然理论上承认每个自由人的权利，但实际上这权利几可忽略。冰岛社会一早就分裂成自由民或者说是农民与贵族阶级两大阵营。贵族阶级将一切统治权紧握手中，却又相互残杀。经过一系列流血争斗，原本的50多个执权家族只剩下大约6个还保有尊贵地位与强大实力。随着时间的推移，这六大家族致力于相互绝杀，且斗争日渐凶残，他们乐见助力而不问出处、不计代价。于追求个人权势的激烈冲突中，他们完全看不到公众利益。不屈的独立意识曾被这个民族引以为荣，而今却演变成仅仅是对权力的极度渴求以及想要碾压对手的原始欲望。公民权、道义责任与血缘纽带遭到漠视；兄弟相战，父子相争。谋杀与纵火事件每天都有发生，整个社会呈现出完全的无政府主义。哈康·哈康松利用了这个状况，他通过帮一个派系打击另一派系而得到获胜方的效忠，以此令冰岛归顺挪威王权。斯诺里的女婿暨终结者吉苏尔·托瓦德松便是第一代冰岛伯爵。而当他从哈康国王手中接过爵位时（1258

年），他的国民还尚未认可后者的最高统治权。

有人说没有历史的国家就是最幸福的国家，虽然这一说法不大可信，但我们至少能说一个国家最幸福的时期，当属其最太平无事，无动荡之事可书于历史之时。这么说来，"修法者"马格努斯，即马格努斯·哈康松在统治时期已极力为国民争取了幸福。农民们安居乐业，商人与工匠追求理想。国家资源的开发让国王感到满意，他不遗余力地发展每一项和平产业。为了殖产兴业，马格努斯对立法产生兴趣，花费多年时间修正和统一法律。在此之前，全国被分为4个司法辖区，各有自己的"庭"（议会）和法律。弗罗斯塔庭法典是特伦德拉格郡的法律，古拉庭法典适用于西海岸，埃兹维尔法典限于奥普兰，而波格尔庭法典用于维肯。基于这四大法典，马格努斯用心打造出一套详细且适用于全国的通用法规，废除了陈旧过时的部分，排除矛盾之处，以适应时代需求作为立法之精神。他的法律在400年后仍然有效，有些部分甚至沿用到近代。事无大小，只要与国民生活有关，他都感兴趣。他对法律之力有些许盲目自信，认为法律能规范一切人们所关心的事，这一点可以从他的工作中看出来。他为城市制定了国内法，又将斯诺里时代便有的一部法规做了改编，为附庸国封臣们与侍臣制定了朝廷法。朝廷法涉及封地税以及封臣特权，并对王室宫廷交往的礼仪、国王继位的仪式、授予封建爵位等做了规定。条款甚多，其中一条规定将不再选一个农民作为群众代表为王位继承人授衔，而代之以在场地位最高的那个人。

从马格努斯国王的立法中我们可以看出一个趋势就是与往昔的民主告别，而尽可能地按照外国模式重塑挪威。英格兰的封建制度尤其让他觉得值得效仿。虽然挪威此前奉行的绝不是纯粹的民主制，但人民是力量之源的观念深入人心，而且作为农民的根本特征，古老而顽强的独立意识也从未消失。在这之前，法律在"庭"会上提交给人民，每一个自由民都有权发声。如今这一值得尊重的传统被废除了，国王及其议会将制定与废止法律的权力握在自己手中，根本不征求民众的意见。然而，这一改弦易辙的法令被民众接受起来却毫无阻力，应该说根本就没引起什么特别的反响，这只能表明挪威人的精神已经发生了变化。在"好王"哈康或奥拉夫·特里格瓦松的时代，如果国王提出这么一项法律，那么他无异于是在以王位和生命冒险。无论是因为王族的地位和权力已经升至一个旁人绝无反抗之希望的程度，还是部落贵族不再与民众同心协力，转而与王权相勾结，我们可以确定的是，人们无所作为便默默接受了如此激进的改变，这证明了某种退化，而这种退化也对随后发生的事件做出了解释。

  13世纪时，封建制度在整个欧洲范围内兴起，也毫无悬念地对挪威的体制产生了影响。马格努斯在法律中体现的想法还未落到实地，与英格兰的商业往来已让挪威人对骑士制度的头衔、荣华与境况不再陌生。于是，由总理、诸伯爵、朝臣组成的王室议会显然就复刻了英格兰的同名机构，为了仿得更彻底，古老的朝臣一衔被废除，取而代之的是男爵。朝廷官员变成骑士和侍卫[1]。一个地位超然于民众的特权阶级产生了，且世袭贵族的基础已然奠下。男爵和骑士得以豁免部分纳税，王权之下的那些获利颇丰的部门也在这群人中进行分配。虽然新的秩序也吸取了古代部落贵族制的一些元素，但大部分还是源于王室偏好。需要指出的是，挪威的新贵族从主体上讲属于宫廷贵族，他们的尊贵地位有赖于王权，因此不大可能出现一旦遇到时局需要，他们就会代表人民的利益与国王作对的局面。

---

[1] 挪威语原词是 herra，头衔名，地位介于男爵与骑士之间。

于是贵族与王室命运相连，王室一旦灭亡，贵族便也失去了权力。后来，统治者变成丹麦国王，这些国王身边原本就围着一群嗷嗷待养的贵族，挪威的"冗员"便只得被忽视。这么一来，挪威的贵族最初便来自民众，后来又只好回归于民众。他们逐渐被农民阶层吸纳结合，使其所得更甚于那些早前的贵族。"一个紧密团结的自由产权人阶层形成了，他们数量庞大，远离公共事务，从这个角度上看应当划归农民，但他们又拥有自由权且坚持自我，几乎又保持了贵族的级别"。[1]

正是这些骄傲的农民贵族，至今仍构成了挪威民族的中坚力量以及重生的自由之堡垒。贯穿所有年代，即便是在与丹麦结合的最黑暗的日子里，他们始终构成了一股不容政府忽视的力量。

尽管马格努斯国王性情温和，在他的统治期间仍然存在争吵和动乱。其中最大的一次当属他与教会的争议，这件事以他卑躬地屈服告终。当时的大主教是傲慢自大、野心勃勃的"红"乔恩（Röde），他在同意继位法的某个改动之前，逼迫非常在意此事的国王做出了一系列屈辱的让步。在参加腾斯贝格的一场名人显贵的会议时（1277年），马格努斯强忍住不对主教选举做任何干预，并将所有职务的任命权如其所愿地让给了这些主教。更有甚者，他还将铸造货币的特权让给大主教，并允许他保有100人作为私用，这100人对国王将不再有封建义务。

马格努斯在与外国势力的关系中同样没能成功维护王权尊严。他的妹夫，即瑞典国王瓦尔德马求他帮忙对抗自己的兄弟马格努斯，因为此人从他手里夺走了大半个王国。原本大打一仗的准备都已做

---

[1] J. Sars: *Udsigh over Norge's Historie*, ii., 399.
　　此处书名疑是拼法不同，即指萨斯：《挪威史一览》（Sars: *Udsigt over den Norske Historie*）。——编者注

好，但在几次未果的会议和多次谈话之后，挪威舰队收到打道回府的命令，留下那位瑞典国王独自面对悲惨的命运。挪威人是一个骄傲和爱冒险的民族，他们珍视自己在国内国外的尊严，而这次身不由己地没能拔剑开战，对他们来说一定很丢脸。尊崇荣誉和擅长战斗是这个民族从古至今的特征，无论一个人有多么不认同战争，却也无法否认有时候和平的代价太高。拥有能抬起头来的权利，能够为自己的国家和历史感到自豪，其实是一种宝贵的恩典和荣耀，任何民族若缺了它都将无法成就伟业。马格努斯国王令这个国家在其父统治期间所享有的声望下降，因此，他是造成国家接下来陷入衰落期的重要原因。

　　无论是身体还是心智，挪威的王室血脉都开始显露出退化的迹象。事实上，马格努斯国王具备优秀的才智，在道德方面也无可指责。不过他的个性远不如他的父亲那样刚毅和令人敬畏，而他与曾祖父——明智且英勇、温和又不可战胜的斯韦雷相比，差距就更远了。他的许多轻率行为都可以以他一直精力不济来解释。当他还处在壮年期时，便开始遭受疾病的折磨，这也让他的议会成员们警醒地意识到他恐怕时日无多。马格努斯死于 1280 年，终年 41 岁。

第三十章
"仇恨教士者"埃里克（1280—1299年）

男爵们在马格努斯国王的统治期便获得了许多特权。马格努斯去世时，他的儿子埃里克才12岁，男爵们趁埃里克还未成年，抓住机会建立并稳固自己的势力。傲慢专横的先王遗孀英格堡同样影响力巨大，她与男爵们串通一气，成为实际上的摄政者。她有两个儿子还活着，其中小儿子哈康公爵身心强健，更适合坐上王位。哈康公爵拥有大片封邑，他虽然承认埃里克的最高统治者地位，但举手投足全是独立君主的做派。他颁布法令，铸造货币，自主地与小国君主结盟。他的哥哥埃里克是一个软弱而温厚的人，不知如何在母亲和横暴的议员面前发表异议。在议员之中，哈尔克·阿蒙德松、奥顿·赫格里克松和来自吉斯克和比亚寇的比亚内·厄林松这几位男爵最有声望，他们非常不认同马格努斯国王对教会做出的退让，一直伺机打击神职阶层，想压制他们的力量和傲慢态度。但他们发现，在乔恩大主教为国王戴上王冠之前，先将计划隐藏起来是有必要的，他们甚至同意让他在加冕誓词中加入承诺："让神职者与主教们得到一切应得的尊重；废除一切恶法，尤其是可能与教会之自由权产生冲突的内容。"

大主教从字面上解读了这一承诺，于是在加冕礼之后便要求废除有关法律。但王后和男爵们却寸步不让，反而迫不及待地想要与那些飞扬跋扈的高位神职者们较量。大主教对哈尔克·阿蒙德松下了禁令，但却并没什么用，反而使其同僚更加敬佩他。英格堡王后和比亚内·厄林松也受到同样的惩罚，不过他们和民众都不甚在意，让大主教也无可奈何。向教皇申诉未果以及在罗马教廷遭到男爵派出的使者阻挠之后，"红"乔恩和另外两名主教被宣布不再受到任何法律保护，被迫离开本国。这位大主教后来在流亡途中死于瑞典（1282年）。

国王当时还只是一个男孩，他在这场争斗中是中立的。如果由他来做决定，很可能他就延续父亲的让步政策了，因此他那"仇恨教士者"的称号是名不副实的。

埃里克14岁时娶了苏格兰的玛格丽特，也就是他祖父的敌人亚历山大三世的女儿。但年轻的王后却在一年之后死于分娩，她诞下一个女儿。1284年亚历山大国王去世，这个女儿便成为苏格兰王位的继承人。人们称呼她为"挪威少女"。她还是一个孩子，便要乘船前往将要统治的国家（1290年），可惜不幸死在了途中。作为女儿的继承人，埃里克要求得到苏格兰王权，但英格兰的爱德华一世以武力相阻，迫使他不得不放弃继承资格。而当时，他还陷身于另一场可能带来严重后果的争议之中。

先王遗孀英格堡王后是丹麦国王埃里克·普劳佩尼之女。这位丹麦国王的侄子埃里克·格力平承袭了父亲克里斯托弗一世的一切，他不愿放弃英格堡继承到的王国各地的那些地产。"修法者"马格努斯曾主张放弃这些财产而归于徒劳，儿子埃里克则在母亲的教唆下开始了新的谈判，当谈判未果，便放言威胁。被王后青睐有加的挪威男爵——阿尔夫·厄林松爵士开始在松德海峡掠夺货船，他鲁莽大胆，成为海员与商人的噩梦。事实上，他的确让丹麦蒙受巨大商业损失,且对日德兰和哈兰沿岸地区造成了破坏,但受害最深的却是汉萨同盟的那些城市,由于"修法者"马格努斯之前的退让,该同盟实际上垄断了挪威的对外贸易。如今那个贵族海盗毫不留情地扣押他们的船只,损失之外还大加侮辱,有一次他竟隐姓埋名地公然出现在他们的船上,与他们就自己人头的悬赏价格进行讨价还价。同盟派出战船去抓他却也无用,他根本就应付自如,并设下圈套,行踪不定,最后反而抓住了这些追捕者。虽然并未得到就此开战的正式授权,但阿尔夫爵士心里明白自己的表现是被英格堡王后默许了的,事实上,王后对他取得的胜绩十分满意,将他封为伯爵,并劝服国王任用他做大使,出使英格兰。作为丹麦国王的盟友,汉萨同盟那些城市在王后看来不足为惧,但盲目的敌意让她忽视了他们的复仇之力。一方面基于减少风险的考量,另一方面作为报复手段,汉萨公会禁止挪威进口谷物及其他主食必需品,饥荒和痛苦随之而来。与此同时,挪威和丹麦的敌对状态还在继续,只是在英格堡王后死后(1287年),海盗抢掠变成了双方之间公然的战事。有人将阴谋瞄准了埃里克·格力平,于是他在一场追逐战中被梅夏尔·斯蒂格、哈兰的雅各布伯爵等人联合谋杀(1286年)。[1] 这些刽子手被丹麦放逐,却在挪威寻得庇护,他们还在1289年陪同埃里克国王与他们自己的祖国开战。埃尔西诺城被烧,而挪威舰队停靠哥本哈根长达4周,充当了这几个弑君的不法之徒的行动基地,他们以放火烧城市和城堡来满足个人的报复心理。接下来的6年间还有过三次类似的远征,由于耗资颇大,并未对埃里克带来什么实际的荣誉或利益,不过到了最后,丹麦国王埃里克六世也被迫在菲英岛的辛斯加沃签下一份三年休战条约(1295年),明确承诺

---

[1] 另一说认为他是在睡梦中遇刺的。——编者注

放弃那些有争议的土地财产。那些弑君者得以不受阻挠地回归故里，遭没收的地产也归还给了他们。

与汉萨同盟城市的战争早已结束，和谈在卡尔马举行（1285年）。有能力切断物资供给这一招，令汉萨同盟城市占尽优势，埃里克国王别无选择，只能接受他们的条件。基于双方同意，瑞典的马格努斯国王被选为和谈的仲裁人，和谈条件是埃里克国王必须将所有夺取的船只退回其所有者，支付6 000马克赔偿金，并大大扩展汉萨公会的商业特权。于是，对于那位人称"小个子阿尔夫爵士"的海盗伯爵而言，他的无法无天之勇为其本人和国家都带来了灾难。他没有意识到王后之死对他地位的影响，而是继续目中无人地将法律和荣誉践踏于脚下。哈尔克·阿蒙德松男爵是奥斯陆城堡的指挥官，不知何故招惹到了他。阿尔夫伯爵沿用老掉牙的做法，召来一帮冒险分子，向哈尔克爵士的保护者哈康公爵发起叛乱。他甚至大胆地攻打了奥斯陆，放火烧城，抓了自己的仇敌，将他短暂关押之后就处决了。这次胆大妄为的谋杀让他被判失去一切法律庇护，他不得不到瑞典避难，被马格努斯国王纳入保护。当他再次以海盗之姿出现在丹麦水域上时，他的好运似乎到了尽头，他被人抓了起来，戴上镣铐押至阿格内斯王后面前。根据有关民谣的说法，王后嘲笑他个头矮小，他则回应说王后大概有生之年也生不出一个儿子。他还说了更加粗野挑衅的话，激得王后怒不可遏，她一拳捶到桌子上，下令用拉肢刑架来折磨阿尔夫爵士，再用滚轮碾碎他的骨头。这一判决于次日执行（1290年）。

在第一位王后去世之后，埃里克国王又娶了伊莎贝拉·布鲁斯，即后来的苏格兰国王罗伯特的妹妹。这次婚姻为他带来一个女儿英格堡，后来嫁给了瑞典国王比耶·马格努松之弟瓦尔德马公爵为妻。埃里克国王死时31岁（1299年），在位时间19年。

第三十一章
"长腿王"哈康（1299—1319年）

"修法者"马格努斯的二儿子哈康公爵毫无阻力地继承了哥哥的王位。当时他29岁，身材高大，器宇不凡。继位后不久，他便让傲慢自大的男爵们明白他有心要跟他们算算账了。他首先将奥顿·赫格里克松爵士召到卑尔根面见自己，判他犯有叛国罪并将其处决（1302年）。在那之前两年，一个来自吕贝克的女人现身挪威，自称是玛格丽特公主——也就是已经死于奥克尼群岛的"挪威少女"，此事造成了一时轰动。经过审讯，她被证实只是一个冒牌货，被烧死在火刑柱上。有一种猜测是，奥顿爵士当时在她的审讯过程中做了点什么私了折中的手脚，要说是他怂恿这女人冒名行骗也不无可能。但根据传奇文学的说法，奥顿爵士之死是因为冒犯了国王的新娘，也就是他于1295年从德意志带回国的阿恩斯坦女伯爵尤菲米娅。

随心所欲已久的男爵们惊讶地发现，新王是一个严厉果决的国王，这一点真是令人高兴不起来。更有甚者，国王不理他们的敌意，敦促他们同意改动继承法，以利于他的女儿英格堡及其子女。由于他是古老王室直系的唯一男性后裔，因此没有儿子这件事令他非常困扰。他预见到，避免国家在自己死后发生内战的唯一方法就是保证女儿将来生的儿子享有继位权，而万一她也一个儿子都没有，那么便得由她自己来继承王位。在英格堡公主还只是一个孩子的时候，她就与瑞典国王马格努斯·比耶松的次子——有才华有抱负的埃里克公爵有了婚约。因为这场婚约，哈康国王便卷进了埃里克公爵和瓦尔德马公爵与其兄弟比耶·马格努松国王的争端之中，两人致力于将其拖下王位。两位公爵憎恶国王，而国王则嫉妒埃里克在骑士成就方面的显赫声望，对他们的厌恶也是不相上下。长久积郁的敌意最终于1306年爆发，公爵们背信弃义，突袭国王，将其俘虏，囚禁长达18个月。哈康国王受诱在这场争斗中站在了公爵们一方，也许主要是因为他的敌人——丹麦国王与比耶国王结成了同盟。但他们之间的良好协议关系并未维持太久，因为当埃里克开始显露意图，想将三个斯堪的纳维亚王国置于自己一人权柄之下，哈康作为有利害关系的一方，便不能再无动于衷。他要求公爵归还其流放期间从自己那里得到的封邑。被拒绝后，哈康便与身为比耶国王妹夫的丹麦国王展开了磋商，并在哥本哈根达成了初步协定（1308年），拟将英格堡公主嫁与比耶国王之子马格努斯。随后埃里克公爵带军队侵入了挪威，突袭奥斯陆，围攻阿克什胡斯要塞而未得。耶姆特兰省也遭到瑞典人攻击，公爵还于1309年在卡尔夫海峡与挪威舰队的一支小战了一场。最后，在另一场埃里克占了上风的战斗之后，双方重回谈判桌，各有让步并重归和平（1310年）。埃里克公爵在挪威王宫中有一个强大的同盟，那便是尤菲米娅王后，她对他的情感可不是纯粹出于母亲般的慈爱。于是他并没有花费多大的力气便安抚了哈康国王，重新赢得了他女儿的婚约。婚礼最终于1312年在奥斯陆盛大举行。瓦尔德马公爵于同日迎娶了国王的侄女——"仇恨教士者"埃里克国王的女儿英格堡。大约4年之后，就在大家快要放弃希望之际，两位公爵夫人分别产下一子。哈康国王开心得不得了，这件喜事解除了他对后继无人的担忧。但他没能开心太久。在瑞典，有一个人对小王子们的诞生并不乐见，这个人就是比耶国王。不过他假装很高兴，邀请自己的兄弟们来到尼雪平城堡，举办了一场和解的盛宴。当欢宴结束，伯爵们便被扔进大牢并丢了性命。由于他们的尸身不见伤痕，于是有流言传开，说他们是被活活饿死。这一点很可能是真的。这个不幸的消息令哈康国王大为震惊，再也没能缓过来。1319年，哈康国王去世，终年49岁。"金发王"哈拉尔德一脉的男嗣从此断绝。

　　之前挪威曾与丹麦打了二十八年仗，在哈康的统治期内，战争仍以一种断断续续的方式进行，但并未出现什么决定性的战役。舰队主要用于震慑，以便国王对一些地方宣称主权。而究其所得，不过是暂时占有北哈兰省，保住了他母亲留下的最后遗产。就其年龄而言，哈康国王在国内事务方面展现出不错的政治家才能。他的施政稳健而有力。汉萨同盟城市欲将挪威本土商人挤出对外贸易，独占肥油。他阻止了他们的强取豪夺，并剥夺了他们的一些特权。坦率正直，一心要做正确之事，再结合相当的能力，成为他处理公共事务与私人生活的特征。但他专横的脾性使民众远离了公共事务，也为接下来数世纪的屈辱埋下了伏笔。

第三十二章
马格努斯·斯麦克（1319—1374年）、哈康·马格努松（1355—1380年）及小奥拉夫（1381—1387年）

埃里克公爵与英格堡之子马格努斯·埃里克松三岁时，他的祖父去世了，于是国家进入了摄政统治时期，哈康国王早已指定了摄政人员。此前不久，瑞典爆发了一场叛乱，比耶国王因谋杀兄弟一事招致人民痛恨。比耶被废黜，他的儿子虽然完全是无辜的，亦遭处死。根据摄政者马茨·克蒂尔蒙德松的要求，马格努斯·埃里克松被宣立为国王。就这样，挪威和瑞典有了第一次联合，共享同一个统治者。但这个联合只是名义上的，两个国家各有自己的法律和行政机构，唯一的共同之处只是国王，国王应当一半时间待在挪威，一半时间在瑞典。但在马格努斯尚未成年时，他的母亲英格堡公爵夫人对挪威的统治可谓肆意至极，全然不顾后果，她爱上了丹麦贵族——哈兰公爵克努特·波尔塞，传出极大的丑闻，后来她还嫁给了克努特·波尔塞。她挥霍税收来为他敛财，人心尽失。国库亏空，国家濒临破产边缘，不满之声从四面八方涌来，公爵夫人终被夺权。来自比亚寇和吉斯克的厄尔林·维德昆松爵士取而代之，成为摄政者。

等到马格努斯·斯麦克国王，也就是马格努斯·埃里克松成年，便承担起两个国家的政务（1332年）。由于他生在瑞典，不大能理解挪威人的想法，对他们的事也不感兴趣。他性格软弱，本性纯良，想讨所有人的喜欢，却反而连一个人都没能讨好。在瑞典时，他致力于控制那些受其长子埃里克支持而无法无天的贵族，忙得不可开交。正因如此，他很少去挪威，而不在的时候便对政务疏于监管。厄尔林·维德昆松代表大众表达了不满，在卑尔根的一次会议上（1350年），他联合其他权贵迫使国王立次子哈康为共同摄政者，且一旦哈康成年便要让位给他。那时人们便认为埃里克会继承父亲在瑞典的王位。可惜人算不如天算。1359年，马格努斯国王与狡猾恶毒的王后——来自那慕尔的布兰卡一同前往哥本哈根，拜访瓦尔德马·阿特达格国王。这次拜访决定，哈康将娶瓦尔德马之长女暨继承人玛格丽特为妻，而丹麦王则需要护佑最受布兰卡王后偏爱的本特·阿尔戈特松，此人已被埃里克公开宣布为仇敌并志在消灭。不过在瓦尔德马国王的撺掇之下，王后选择了最简单的方式来达成她恶毒的目的：她毒死了自己的儿子埃里克。这么一来哈康就成了挪威与瑞典两国的王权继承人，可想而知，他与玛格丽特的子嗣则将继承丹麦的王权。瑞典人自然是不满这一安排的，挪威的权贵们若能发声，对这一安排的反对必然也是只多不少。他们一定预见到，这种联合难免会磨蚀挪威民族的精神，令其民族脾性逐渐消亡。相较之下，瑞典人则会变成一个大民族，他们倒不用担心这一点，但仍认为这一做法有损他们的利益。在当时，瑞典民众对丹麦无甚好感，主要是因为自家国王因胆怯而将斯科讷、哈兰和布莱金厄几省拱手相让，却没有换回任何好处。或者说就算是有，那也是从瓦尔德马国王那里得来，用于对抗本国国民。马格努斯对他的新盟友非常放心，甚至还帮丹麦王征服瑞典的哥特兰岛，并允许他劫掠作为波罗的海贸易主要补给地之一的维斯比城。

　　瑞典人的耐性终被耗尽。受贵族支持的王室议会宣布免去马格努斯国王及其子哈康的王位资格（1363年），让来自梅克伦堡的阿尔布雷克特公爵继位。然而，即使软弱如马格努斯，也不想毫无反抗地放弃王位。他带着不知如何从几个仍忠心于他的省份凑来的部队，袭击阿尔布雷克特国王于恩雪平，却一败涂地并沦为阶下囚。受了重伤的哈康则逃往挪威。挪威人并不怎么在乎马格努斯，但忠诚心令他们无法拒绝哈康的求助去帮助日渐憔悴的马格努斯从可怕的牢狱中解脱出来。于是战争继续，而双方各有胜负，直到汉萨同盟介入，决定了最后的胜利倒向阿尔布雷克特。马格努斯的无能之治期间，德意志商人在挪威获得了太多的权力，因此他们践踏正义，碾压对手，拒绝接受国王（并不丰厚）的金钱，且联合起来藐视法纪，相互包庇。国王被他们的这种傲慢自大激怒，颁布了一项法令，欲将所有德意志人逐出本国。不幸的是他并没有那么大的能耐让这条指令付诸实施，而当汉萨同盟向他开战，他不得不以更大的让步来换取和平。不过这也让他能相对自如地与阿尔布雷克特国王作战了，当所有的谈判都被证明无效，他率军队开往斯德哥尔摩，所经之处，国土皆变荒地。最后双方达成和解（1371年），条件是哈康须支付12 000马克以赎回他的父亲，并且声明放弃瑞典王位。作为回报，马格努斯得到了斯卡拉斯蒂夫特、西哥得兰和韦姆兰。可惜的是，对于这来之不易的自由，老国王并没能享受太久。三年之后，他溺死于挪威的博梅尔峡湾（1374年），而他的儿子也不过比他多活了6年。和挪威的许多国王一样，哈康国王死的时候正值盛年（1380年）。

　　马格努斯·埃里克松及其子在位期间是挪威历史上的大灾难期。1344年，由于一块巨石落入河床，古拉河突然改道，毁了48

个农场，250人及大批牲畜被淹。在冰岛，一场地震及海克拉火山的爆发带来一片恐慌与荒芜。然而在所有的灾难之中，最糟糕的当属黑死病，这种可怕的瘟疫在德意志、英格兰和欧洲南部肆虐，随后于1349年抵临挪威。最初是一艘英格兰商船把疫病带到了卑尔根，然后便从这里迅速蔓延至全国。在特隆赫姆，大主教和主教座堂参事会所有教士都死了，只剩一个人活下来，随后这个人独自选立了新的大主教。许多地区的人都成批地死去，马匹和家畜因无人照料而饿死，尸体烂在林中。数世纪的劳动成果毁于一旦。那些曾经熙熙攘攘、充满生机的肥沃谷地，一不留神竟长成了森林。狐狸在废弃的农舍鸣叫，狼潜行于空无一人的教堂。许多地方的尸体无人埋葬，只能等到漫长的分解作用令其归于尘土。而懒惰与冷漠侵染了幸存者的精神。因为找不到帮忙的马匹和劳力，农民不再耕地，随之而来的便是饥荒与死亡。所有产业都停滞不前，剩下的挪威商业全部落入了外国人之手。就好像大瘟疫时期经常能见到的那样，当来自社会秩序的制约有所松懈，罪行便狂野地滋长，一切无法无天的欲念也放纵地展现到极致。这个国家用了好几个世纪才从这场浩劫的影响中恢复过来。但除了瘟疫之外，还有其他一些因素造成后来的政治不力与社会陷入蛮荒。历史的评说难免会有夸大不公之处，对于黑死病也是如此，直到近年来，它还常被错怪成是导致挪威荣光黯灭的唯一原因。

在哈康·马格努松死后，他和玛格丽特的独子奥拉夫便被宣立为挪威国王。而在此之前5年，当他外祖父死的时候，他便已经被选作丹麦国王了。由于奥拉夫还是一个孩子，他的母亲玛格丽特和摄政委员会便以他的名义代理政务。就这样，挪威和丹麦的联合时期便开始了，这个时期未有间断地持续了长达434年，成为挪威的莫大灾难。奥拉夫死于斯科讷的阿尔斯特布鲁，那一年他17岁。

第三十三章
卡尔马联盟时期的挪威

奥拉夫的母亲玛格丽特继承了儿子在丹麦和挪威的王位，成为女王。而根据继承法，挪威王位的真正继承人其实是王室总管大臣[1]哈康·乔恩松，他是"长腿王"哈康的私生女阿格内斯之孙。但他却无力申诉，因为手腕高超的玛格丽特早就将大主教维纳尔德和绝大多数神职人员拉到了自己一边。同样以女王党羽占据优势的挪威摄政委员会似乎随时对她唯命是从，甚至依照她的意愿，保证选择她的侄孙——来自波美拉尼亚的埃里克来做继位者（1388年）。基于这一承诺，他们于次年（1389年）宣布：埃里克成为挪威国王，受玛格丽特监护，直至成年。

野心勃勃的女王继而将注意力转向瑞典，她在那里遇到一个顽固棘手的敌人——来自梅克伦堡的阿尔布雷克特。此人算是挪威王室的远亲，因此自认是王位最靠谱的继承者。他对玛格丽特憎恶到无以复加，把她叫作"无节操女王"，一旦提及她必然冠以侮辱性的诨号。这种嘴上的炮仗自然是无用的，然而他竟大胆妄想成为

---

[1] 原文为 Drost，是一种类似庄园主管的职位，也用作姓氏。——编者注

丹麦和挪威两国国王,并准备付诸行动。不过他自以为会得到瑞典人的支持,却是未考虑到东道主的感受。瑞典贵族比国王的权力更大,他们对阿尔布雷克特不满久矣,因为他身边围满了德意志人,还赐其封地,封官封爵。瑞典人早就想要摆脱他,于是玛格丽特一提议,他们便抓住机会达成自己的目的。1389年2月,阿尔布雷克特被迫对抗一支瑞典、丹麦和挪威的联合军队。战争发生在西哥得兰的法尔雪平,影响重大。对地形不熟的阿尔布雷克特带着他的重骑兵冒险进入一片结冰的沼泽,却掉了下去,沦为囚犯。如今玛格丽特将他拿捏在手,决意要令他为乱改自己的名字付出代价。于是,阿尔布雷克特没能如愿戴上丹麦王冠,反而被玛格丽特戴上了一顶小丑的帽子,身后还拖着一条28英尺长的尾巴,遭到无情的嘲讽。随后他被关进位于斯科讷的林霍尔姆城堡,一关便是6年。

法尔雪平一战之后,玛格丽特的军队在南方各省未遇阻力,但对斯德哥尔摩却陷入了长时间的包围战。内乱带来的破坏超乎外敌。相争两党之间的嗜血仇怨在城里肆虐。一个叫作维塔利兄弟会的海盗帮会给市民们发放物资,推迟了投降。这些海盗彼时是与梅克伦堡州的两个城市——罗斯托克和维斯马达成了同盟,这两个城市同情被囚的阿尔布雷克特。最后,基于1395年缔结的和解方案,斯德哥尔摩还是被迫向玛格丽特女王敞开了大门。阿尔布雷克特须支付6万马克赎金,如果支付不了,三年之内他就得选择要么回到监禁地,要么将斯德哥尔摩拱手相让。阿尔布雷克特选择了后者。

如今玛格丽特已得偿所愿,成为整个斯堪的纳维亚民族的统治者。她大可以自己戴上这三重王冠,但她却将这份荣耀给了侄子——来自波美拉尼亚的埃里克,并在自己的有生之年便令他加冕。为此,她召集三个王国的代表在卡尔马开会,起草宪法,作为联盟之基。虽然这个文件由在场的挪威、瑞典与丹麦权贵们签了字,但对他们的国民少有法律约束力。该文件的签订日期是1397年7月20日,包含以下条款:

1. 三个王国将永久性联合,由同一个国王统治。
2. 如果国王去世时没有留下子嗣,则由三国权贵汇聚一堂,和平地选举出一名继位者。
3. 三个王国依照各自的法律和惯例治理国家,但如果其中一国遭到侵袭,其他两国应当真诚地帮忙抵抗。
4. 国王及其议员有权与外国结盟,且签订的一切协约将对三国同时生效。

这便是著名的卡尔马联盟的成立,对于兄弟王国来说它也许曾是一件幸事,但对其中至少两国而言,这件事在后来却变成一个祸端。乍看之下,它似乎是保障胜利的一个理性的约定。三个国家在种族上如此相近,以至于他们能毫不费力地听懂对方的语言,因为他们的语言本就基于同一种原始语系,只是各自做了微小的改动。如果他们能够将浪费在相互战争与对抗上的力气联合起来,互相帮助,共谋发展,那么斯堪的纳维亚王国说不定便能繁荣强大起来,或可在欧洲强国之中占据一席之地。假如当时能有一个明智而有远见的政策出现,三个王国的社会也许会逐渐融合,相同之处与共同利益凸显出来,而差异就慢慢消除。但凡联盟的国王们对他们面临的任务有最微末的洞察,并且能够不囿于自己的丹麦出身,那么上述远景也许是可以实现的。可惜纵观历史,除去其中一位之外,这些国王完全缺乏政治才能与深谋远虑。他们一心想将丹麦提升至宗主地位,而将挪威和瑞典降至附属的行省级别。如此他们便唤醒了古老的妒忌之心。他们派出一支丹麦和德意志贵族军队去掠夺后两国,视其为被征服地。瑞典人对于自己被迫纳税用以支付丹麦战事

玛格丽特女王

的开销多有怨言,他们还强烈谴责丹麦官员的压榨,这些官员掠夺诸多省份的行为与罗马的那些地方总督无异。

　　挪威人一开始表现得更能忍耐一些,主要是因为他们没找到代言人,旧贵族的残存者们力量太弱,无以对丹麦人开腔。而且在玛格丽特女王还在世时,也不能说他们的境况就糟糕到无法容忍。然而玛格丽特在59岁时逝于弗伦斯堡（1412年），将大片领土交到了埃里克那软弱无力的手中。

埃里克从玛格丽特那里一并继承来的还有与石勒苏益格公爵们的战争，这一战事持续了25年，穷尽了王国资源，也充分显示出他毫无治国之能。瑞典人对于负担战争必需的课税满腹牢骚，便在恩格尔布雷克特·恩格尔布雷克特松的领导下造反了。有一个名叫乔瑟·埃里克松的地方总督，是个丹麦人，他对达拉那的农民十分残暴，收走了他们耕地上的马和牛，拴住他们怀有身孕的妻子去推拉干草堆，将那些胆敢抱怨的人严重致残。恩格尔布雷克特两次到丹麦要求国王撤掉这个恶棍，然而第一次他被几句许诺打发，第二次更是被直接拒绝。于是他变身叛党头子，势力从达拉那扩散至全国。在挪威也爆发了一场类似的叛乱（1436年），只是势头没那么大，叛乱由阿蒙德·西格德松·博尔特领导，其初衷同样是想要革除丹麦的地方行政官。可是国王只知道放任自己人为所欲为，他听厌了无休止的抱怨，干脆带上国库中所有剩下的钱，住到哥特兰岛上一座设防城堡里去了（1438年）。如今他在丹麦和瑞典都已被正式废黜，而在挪威，摄政者暨统治者西格德·乔恩松仍以他的名义代理了一段时间的政务。不过当人们普遍了解到国王已沦为海盗，挪威人便也不再对他效忠（1442年）。埃里克在哥特兰岛的城堡中住了十年，靠海盗行径自给自足，但最终还是被驱逐离开。他后来回到波美拉尼亚，于1459年去世。

在这个毫无优点的国王的任期内，卑尔根城遭到两次劫掠，被部分烧毁，罪魁祸首就是维塔利兄弟会，这些人杀害市民，抢劫教堂与主教住所，带走了大量的战利品。

由于民族特有的顽固忠诚心，挪威人坚守着埃里克的国家大业，哪怕是在其本人都已弃之而去的时候。埃里克死后，他们也别无选择，只得承认他的侄子——来自巴伐利亚的克里斯托弗为新的继位者，克里斯托弗此前便已在丹麦和瑞典正式宣布成为国王。在瑞典，农民[1]卡尔·克努特松在恩格尔布雷克特被杀之后成为叛党首领，随后又成为摄政者，他曾致力于破坏联盟，但未成功。神职者们与克里斯托弗合作，确保他当选。

克里斯托弗是个乐呵呵的人，本性善良，并没有处理国家事务的才能。当瑞典人抱怨埃里克的海盗行径时，他还愉快地回答说："我们的叔叔现在身在一块岩石之上，他也需要谋生啊。"

不过，就治理挪威而言，他还是值得被夸一句"意图是好的"。他给予阿姆斯特丹市民以同等特权，以努力打破汉萨同盟城市在贸易上的垄断，虽然这番努力功效不大。由于荷兰人在其他市场上与之竞争并获胜，当时的汉萨同盟并没有之前那么强大。很难说如果克里斯托弗活久一些，这场争斗会有怎样的后续，但1448年，死亡突然降临了他，彼时他不过32岁。

---

[1] 原文为 bonde，意为种田人。——编者注

第三十四章
与丹麦联盟

有人说，挪威在与丹麦联盟的时期是没有历史的，这种说法并非全无道理。奥登堡[1]诸国王的历史，那些有关他们的战争、宫斗与情人的琐事，怎能拿来充当挪威历史呢？在这些国王在位期间，挪威的社会发展也完全无法与丹麦相比。不过，虽然受到压迫，政治乏力，这个偏远的王国却也躲过了令其压迫者措手不及的那种深重的痛苦与潦倒。丹麦的贵族像饿狼一样挥霍人民的财产物资，他们令本国的农民降格成了农奴，但却没能在挪威做到这一点。在丹麦，所谓"Vornedskab"[2]不过是农奴制的别称。掌握了土地的贵族们有100种方法压迫和虐待手下的农民。虽然他们无权随意将其杀害，却可以把他们卖掉。作为一个对王位实行选举制而非世袭制的王国，丹麦为贵族提供了不断稳固其地位的机会，因为它硬生生地令每位王位候选人在获选之前都特权大涨。这种由国王授予贵族的

---

[1] 奥登堡又译奥尔登堡，位于今德国西北部，历史上曾是奥登堡伯爵国首府，其家族极其显赫，曾出过挪威、丹麦、瑞典、希腊等国国王。——编者注
[2] J. E. 萨斯教授：《丹麦笼罩下的挪威》，挪威大学杂志，1858、1861年。

契约或者说是特许状[1]，成为压迫那些无人代言或在王室议会没有势力阶层的工具。议会最初是一个附属于国王的机构，逐渐发展成与之平起平坐，到最后地位比国王还高。在这种情况下，国王便需要一些支持力量来帮助他制衡议会过分膨胀的影响力，他在挪威找到了这种助力。选举在挪威仅是一种形式，继位还是基于世袭权的。如果国王有意缓解百姓冤苦，他便能获得其忠诚作为依仗。即便他听不到百姓的抱怨，他们也倾向于为他辩护，将他做得不好的地方归咎于其议臣。但奥登堡家族的国王们往往更关心挪威国民的疾苦和怨言，多于关心自己本国的国民，他们这么做的原因之一是保住挪威人的忠诚对他们来说颇为重要，原因之二是挪威人属于那种一旦诉求被忽视，便会随时拿起武器作斗争的民族。他们自古便深谙如何保卫自己的权利，如果这权利受到外国官员不断侵犯，农场迟早会一个接一个地起而祭出战争之箭，那么国王也将遭遇武装叛乱。曾以为这些五大三粗的山里人会像丹麦同胞那样逆来顺受、任劳任怨的那些地方行政官们，一再被无情殴打、致残和杀死。政府曾不愿给予请愿者的东西，也最终被迫再三做出让步，直至拱手相让。不受待见的法律被废除，压迫的重负被移除，改善行政管理的承诺也拿到了手。

然而，虽然有这些改善，挪威在丹麦统治期的状况仍是悲惨的。国家财政收入被用于哥本哈根的开销，人民被苛以重税却只是为了支撑一个外国皇廷和一伙只关心私人腰包的饥渴外国官员。丹麦贵族们与挪威的大家族联姻，并在哥本哈根通过贿赂和耍手段的方式，获取了坏事做尽却安然无恙的特权。大量地产集聚到文森茨·朗基、

---

[1] 原文为 Haandfestning，即 Haandfæstning，类似于英格兰的《大宪章》。——编者注

哈维克·克鲁梅迪克和汉尼拔·谢斯泰德这样的人手中,法庭自甘沦落,偏袒帮助贵族投机家们攫取土地。曾在古代警惕地守护王国利益的公共精神,在末代国王们初现的暴政之下已遭弱化。如今,余下的这种精神也逐渐消逝。最显著的一个证据就是,1537 年,挪威成为丹麦的一个省,丧失了最后一丝独立性,该法令竟没有引起任何抗议或轰动。这一变动来得如此渐进平缓,无人感到惊讶。那些公然声讨任何对其个人权益的侵害、对课税过重的地方行政官除之后快的农民们,在听到国家沦丧的消息时却默不开腔。对于这样的昏沉懈怠,有一种猜测是他们根本没收到消息——至少不是当时就听说,而是逐渐地、偶然地、历经数年才知道。不够发达的通信手段才是他们表现出默许态度的真正原因,这倒也是不无可能。

我无意在此花费数页去讲述丹麦的历史,除非是其中对挪威历史产生了直接影响的部分,接下来我将仅仅对社会状况做一个最概括的描述。因此,虽然联盟时期很长,有关篇幅却会很短。

巴伐利亚的克里斯托弗之死为瑞典人提供了再次奋起维护自身独立的机会。反对丹麦、同仇敌忾让那些敌对的阶层得以忘却分歧,联合起来选举农民卡尔·克努特松作为瑞典国王。在挪威,民众也有一个本土的王位候选人,即摄政者西格德·乔恩松,他是"长腿王"哈康之女阿格内斯的后裔,但他们却没能支撑起他。一派想要与瑞典人合作,推举卡尔·克努特松,而另一派则倾向于支持刚刚在丹麦当选的来自奥登堡的克里斯蒂安伯爵。后一派受到本已影响力巨大的丹麦贵族支持,取得了最终的胜利。克里斯蒂安一世(1450—1481 年)于 1450 年夏抵达挪威,在特隆赫姆大教堂进行了加冕。在卑尔根举行的一场摄政委员会会议决定,挪威将永久性地与丹麦保持联合,接受同一个国王的统治,但两国都是自由平等的,且应当依照本国法律由本土官员进行管理。

克里斯蒂安放不下重建卡尔马联盟的念头，因此与卡尔·克努特松国王战斗数年。1452 年，卡尔·克努特松国王攻入挪威，征服了特隆赫姆，但卑尔根的指挥官奥拉夫·尼尔松爵士又把他赶出了边境。很快，瑞典的内部纠纷给了克里斯蒂安打败卡尔的机会，并将其赶出国去（1457 年）。于是，三个王国在 1458 年再次统一。然而克里斯蒂安强取豪夺且无耻无信，农民和贵族很快便对他深恶痛绝，继而爆发了叛乱。卡尔随即被召了回来，虽然他并没能立

克里斯蒂安一世

刻掌控全局，但却成功地困住了丹麦人。1470 年，他以瑞典国王的身份去世。次年，克里斯蒂安试图征服瑞典，却被摄政者大斯蒂恩·斯图雷大败于斯德哥尔摩附近的布鲁克贝里。

在挪威，克里斯蒂安也像他在瑞典那样，见利忘义，违背承诺。他没有指派本土官员，而是允许丹麦贵族像以前一样掠夺，丝毫不加管制。身处卑尔根的德意志商人在对待市民的态度上也不断变得愈加无礼无耻，他们把人赶出码头，像沦陷地人民一样对待，而克里斯蒂安却不敢阻止他们的违法乱纪，因为他担心汉萨同盟冲他报复、干扰他与瑞典的战争。甚至当德意志人谋杀了他的朋友奥

拉夫·尼尔松爵士、托雷夫主教及60名其他公民，还烧了门克里夫修道院，国王仍是忍气吞声，没有处罚他们。

克里斯蒂安与苏格兰的詹姆斯三世所做的交易，充分体现了丹麦诸国王对挪威的态度。詹姆斯三世与克里斯蒂安的女儿玛格丽特之间有一场联姻，嫁妆定为6万基尔德。由于丹麦国王拿不出这么多钱，他便免除了苏格兰因获得赫布里底群岛而须支付的贡税，并以5万基尔德和一笔额外入账分别典当了奥克尼群岛与设得兰群岛。就这样，挪威失去了这些古老的属地，不用说，这些地方后来再也没被赎回。

克里斯蒂安一世的继位者是他的儿子汉斯，或称约翰尼斯（1483—1513年）。挪威人如今已饱尝丹麦统治之滋味，他们一点也不想受其控制，便爆发了叛乱，可惜仅如昙花一现。丹麦贵族们通过娶挪威女人便能获得公民身份，当时他们已在摄政委员会稳占优势，得到国王承认可谓轻而易举。瑞典人则持续抵抗，直到1497年汉斯击败斯蒂恩·斯图雷的军队，进而宣布成为瑞典国王。然而，三年之后他便在迪特马尔申（1500年）惨遭大败，该地居民掘开堤坝，引入海水相助。4 000丹麦人被杀被淹，财产损失惨重。这是瑞典和挪威复兴起义的一个信号。挪威的骑士——来自吉斯克的克努特·阿尔夫松爵士，其血统可追溯到古代王室，他与瑞典人联手，在西哥得兰打败了国王之子克里斯蒂安公爵。随后他攻入挪威，夺取了旧腾斯贝格和阿克什胡斯要塞，但他在阿克什胡斯遭到亨里克·克鲁梅迪克率领的丹麦人围攻。这位丹麦将军见攻下要塞的机会渺茫，便在承诺其安全的前提下邀请克努特爵士会谈，不过他却卑鄙地将其杀害并抛尸水中。无耻的国王对这一背叛的罪行显然是赞同的，因为他非但没有惩罚亨里克爵士，还对他大加褒赏，并宣布将被害者的丰厚资产收归国王。

在农民赫尔卢夫·希特法德的带领下，挪威人再次试图甩掉这令人深恶痛绝的丹麦人的枷锁（1508年），但此时国家在内外利益的牵扯下已太过分裂，无以支撑一场成功的起义。克里斯蒂安公爵带了一支丹麦军队前来平息叛乱，并处决了诸位领袖，但他并不满足于此。他信奉的是激进的措施，为了一劳永逸地瓦解挪威人的叛意，他抓捕并杀害了所有他能抓到的挪威大家族的代表。他以骇人听闻的残暴肆行挪威，直到反叛的痕迹似已尽数泯灭。

瑞典人对这位嗜血暴君的反抗之路要来得更幸运一些。大斯蒂恩·斯图雷去世之后（1503年），他们选举斯万特·尼尔松·斯图雷为摄政者，在他也死后又继而选了他的儿子小斯蒂恩·斯图雷。这几位英勇爱国之士以强大的智慧与精力管理政府，成功在汉斯国王余下的任期内保全了自己并与之抗衡。

克里斯蒂安二世（1513—1523年在位，1559年去世）在登上王位之时，被迫同贵族签订了特许状，这让他几乎丧失了所有权力。当时，贵族统治无论在丹麦还是挪威都已成为一大祸事，以至于任何可以削弱这种状况的做法似乎都是无可非议的。贵族的统治原则一如鹰入鸡群。公民们所有进步的努力都会遭到特权阶层妨碍，商业与工业受阻，以防中产阶级获得足以伸张自我的实力。农民阶级完全屈服于男爵势力，这都是因为克里斯蒂安二世为换得王位而做出的让步，赋予后者所谓控制"颈与手"的权力，令前者的地位降到了最低。这一让步使贵族获得了无须经由法庭仲裁便能自行处决和惩罚手下农民的权力。然而感受到屈辱的不仅是那些受害者，还有国王本人。因此他下定决心，准备要与贵族生死相搏。抱着这样的想法，他努力积蓄力量。他得到了国外的同盟支持，迎娶到欧洲最富有的公主——神圣罗马帝国皇帝查理五世的妹妹伊莎贝拉。为了碾压那些不听话的权贵们，他必须攀上权力顶峰，而要做到这一点，克里斯蒂安二世认为重登瑞典王位非常重要。他在伯格松德击败了小斯蒂恩·斯图雷，令其命丧于此（1520年）。小斯蒂恩·斯图雷生前的死敌，也就是狡猾的大主教古斯塔夫斯·特罗勒与克里斯蒂安达成了合作，并为他加冕成为瑞典国王。大主教认为这时是向他的敌人们，也就是斯蒂恩·斯图雷一党报复的好时机，于是在他的煽动下，克里斯蒂安处决了50名在瑞典最有名望的人，其中包括两位主教、13名摄政委员会的成员及许多勇敢的平民。

这便是臭名昭著的"斯德哥尔摩大屠杀"事件。克里斯蒂安二世确信瑞典人现在已经被吓怕了、屈服了，于是回了丹麦。然而他的卑劣行为却产生了一个始料未及的后果。有一位名叫古斯塔夫斯·埃里克松·瓦萨的贵族青年，他的父亲被斩首，自己也被克里斯蒂安抓捕，但却成功从牢里逃了出来，成为这个国家的救星。同仇敌忾，对抗暴君，正是这一点令所有纷争的派系再次联合起来。丹麦人在各个地方吃尽败仗，而古斯塔夫斯·瓦萨先是当上了摄政者，后来更是成为瑞典国王（1523年）。自这时起，丹麦人在瑞典的权力便画上了句号。

在国外的计划失败令克里斯蒂安二世在本国声名尽丧。他的过分自负与急躁导致他鲁莽行事，给了对手可乘之机。在开展改革方面也是如此，假设能够付诸实施，改革本来应当是有益的，但他却没算到他必然会遇到的反抗力量。克里斯蒂安二世颁布了一个废除农奴制的法令，鼓励工商业发展，得到中产阶级与农民感激，他希望在即将来临的斗争中能得到他们的支持。但长期的压迫已经让人们变得胆小怕事，他们的支持在很大程度上是被动的，在缺乏有力领袖的情况下很难坚定不移，而上层阶级的力量又太过强大。此外，克里斯蒂安信奉路德的教义，令神职人员站到了自己的敌对面。他拥护荷兰人与本国的商业贸易往来，又激怒了汉萨同盟。他干了许多蠢事，被他的叔叔——来自荷尔斯泰因的弗雷德里克公爵钻了空子,弗雷德里克向贵族们许以诱人的承诺,又和汉萨同盟联合起来,向自己的侄子开战。克里斯蒂安急忙召集名人显贵聚会于维堡,但日德兰的贵族们却担心他是要重演"斯德哥尔摩大屠杀",便派人送来一封信,废除了结盟。克里斯蒂安丧失了勇气,不再号召国民支持自己,而是带上所有财产,逃去了荷兰(1523年)。

来自荷尔斯泰因的弗雷德里克公爵登上王位,成为弗雷德里克一世(1524—1533年),他在丹麦贵族文森茨·朗基的帮助下很快成功拿下挪威。文森茨爵士接受过很高水平的教育,但却是一个贪婪放肆的人,他妻子的父亲是挪威骑士尼尔斯·亨里克松爵士,母亲则是与古王室沾亲的英格·奥特斯达特。这个女人颇值得一提,人们通常称她为"厄斯特罗特的英格夫人",在当时颇有权势,但不幸的是,她支持的却是压迫者一方。她有一个女儿嫁给了丹麦贵族埃里克·乌格鲁普,另一个女儿和尼尔斯·吕克结了婚,此外还有一个被她野心勃勃地许配给了一个瑞典的投机者,此人冒称自己是斯蒂恩·斯图雷的儿子,是瑞典王位的候选人之一。

当时,路德的教旨在瑞典和丹麦都受到狂热鼓吹,并深得国王和大部分贵族偏爱。挪威却并未引入宗教改革,人们仍旧信仰天主教。这种状况让克里斯蒂安二世看到了重获王位的机会。他早前原本是倾向于路德教的,但现在却宣布自己是旧信仰的拥护者,他带着一支船队抵达挪威(1531年),收获了大批追随者。然而可惜的是,曾令他倾覆败落的无能与轻率再次促成了他的垮台。在需要他拿出决心和勇气的关键时刻,克里斯蒂安却像从前一样,表现得懦弱不堪。当他正在围攻的阿克什胡斯要塞被吕贝克人解救,一支由克努特·吉尔登斯特耶内指挥的丹麦舰队也已到达时,他就开始感到绝望,最后在得到保障他人身安全的允诺下,去往丹麦,想与叔叔谈判。然而一到那里,他就被草草扔进了监狱。尽管弗雷德里克一世曾以他的王室荣誉做过担保，但在贵族们的要求下，他还是违背承诺，将克里斯蒂安囚禁起来直至其去世（1559年）。

虽然弗雷德里克一世曾承诺只要挪威人重新效忠自己，便赦免其过，但这次挪威人还是因为与废帝结盟而遭到严厉的惩罚。

在弗雷德里克一世去世之后到下一位继任者选出之前，出现了一个长达4年的空位期（1533—1537年）。宗教问题让丹麦分裂成两大敌对阵营。先王长子克里斯蒂安信奉新教，小儿子汉斯则是在天主教的熏陶中长大。相应地，贵族们偏爱前者，神父们支持后者。那些底层群众却希望看到克里斯蒂安二世复位。挪威则只有两个派系，由文森茨·朗基领头的一方支持的是克里斯蒂安公爵，另一方则是个天主教党派，他们把希望寄托在被囚禁的国王身上。后者因一股力量的突然崛起而陷入内讧。在吕贝克人的支持下，其最高司令——来自奥登堡的克里斯托弗伯爵入侵丹麦，这给了农民一个向压迫者报复的机会。人们迫切地抓住了这个机会，劫掠毁坏城堡，谋杀贵族，极尽残暴之行。有那么一段时间，丹麦内战肆虐，恐慌弥漫，面对如此灾难，对立的派系抛弃分歧，选举克里斯蒂安三世为国王（1537—1559年）。在瑞典国王古斯塔夫斯的帮助下，他成功打败并驱逐了克里斯托弗伯爵，这场战争因克里斯托弗而被称作"伯爵之乱"。挪威人不愿承认克里斯蒂安国王当选的合法性，因为此事并未征求他们意见。而在克里斯托弗伯爵投降之后，眼看克里斯蒂安二世的复位大业似已无望，他们便声明拥护其女婿，也就是巴拉丁伯爵弗雷德里克[1]，这位伯爵的候选资格得到了神圣罗马

---

[1] 巴拉丁伯爵（Count Palatine），Palatine的字面意思是"在领地内享有王权的"。——译者注

Count Palatine是一种爵位，即Pfalzgraf，又译"宫伯"，在神圣罗马帝国时期是皇帝派驻地方用于压制地方公爵的，后来势力逐渐上升，甚至与皇帝分庭抗礼，其中最著名的宫伯就是普法尔茨宫伯弗里德里希五世。——编者注

帝国皇帝的支持。以文森茨·朗基为首的丹麦贵族自然是克里斯蒂安三世的拥护者，大主教奥拉夫·英格布雷克特松则成为反对党领袖。在卑尔根为选出国王而召开的一场会议上，人们一见到丹麦权贵们就变得异常愤怒，他们发起攻击并杀死了文森茨·朗基爵士，其他人要么被监禁，要么遭到虐待。假设当时巴拉丁伯爵到达挪威并支援了他的拥护者，他或许还有取得成功的可能性。然而可惜的是他没有那么多钱，也并未从神圣罗马帝国皇帝那里得到实质的帮助。大主教别无选择，只好对克里斯蒂安三世表示拥戴，条件是要他尊重本国自古有之的自由权。然而丹麦国王虽然看似默许了这个条件，实则无意同意如此简单的条款。他带着舰队前往挪威（1537年），尽管并没有遇到抵抗，但他似乎认定是自己征服了这个国家并有权对它为所欲为。他废除了挪威摄政委员会，并通过来自丹麦的一名总督和一名总理大臣管理政府。就这样，最后一丝挪威独立的痕迹也被抹煞了，挪威沦为丹麦的一个省。

　　奥拉夫大主教不等国王抵达，便带着大教堂的财宝逃往荷兰，死于流亡途中。

第三十五章
沦为丹麦辖省（1537—1814年）

克里斯蒂安三世在位期间，路德教被引入丹麦，随后势之必然地传进挪威。新的丹麦教会法就叫《法令》（*Drdinance*），也被用于各外省，包括挪威。那些曾经归属教会的地产要么被王权没收充公，要么被王室的宠臣们瓜分。事实上，抢劫教堂和修道院成为丹麦人的宗教热情在挪威的唯一体现。天主教的主教们被免职，不过许多神父得以留任，因为路德教会的牧师非常稀缺，即便在母国也供不应求。然而变化也在逐渐发生，各地农民掀起了不满情绪。许多教区长期缺乏宗教教导，而丹麦派来的路德教牧师往往是不学无术又品行不端之辈，他们在其本国完全是被弃用的。退役的士兵与海员、破产的商人，还有各色无业游民，这些在某种意义上无以谋生的人却被认作够格在挪威传布上帝之道。他们中的大多数完全没有接受过理论培训，据说其中有些人甚至根本大字不识。因此，这些人会得到教区居民如何的接待，我们就不必惊讶了。他们之中有的被杀，有的被赶走并遭到暴打。最后，强大的体力成为在挪威那些山涧谷地保住牧师之位的首要条件，而对于一个教区牧师而言，收获名望最有效的方式就是彻底击败教众之中那些不听话者。这么做能激起敬意，使其余的人更趋于认同他的说教。卑尔根的第一位路德会主教是格耶伯·佩德松，他因倾力培养了一批当地出身的新教神职人员而大获赞誉，当之无愧。不过丹麦语仍然是挪威的教会用语，包括一切宗教指令的传授都不例外，直到今天，在挪威，所有自视有教养的人都能说丹麦语。

在克里斯蒂安三世在位期间，丹麦贵族们所干出的掠夺破坏之事罄竹难书。那是挪威历史上最黑暗的时期，从人民的角度来看，那大约亦可以算是丹麦历史上最黑暗的时期。贵族们权力高涨，以至于国王本人都不过是实现他们意志的手段，为他们所用，成为最残酷无情之压迫的工具。

吕贝克人在"伯爵之乱"中狼狈受挫，这是汉萨同盟在北方遇到的第一次严重阻碍，此后它再也没能重现往日强盛。丹麦贵族克里斯托弗·沃肯多夫是卑尔根的总督（Lensherre），他成功打破了德意志人在渔业贸易上的垄断局面，令这个行业掌握在本地商人手中。

克里斯蒂安三世的继任者是他的儿子弗雷德里克二世（1559—1588年），此人自负且虚荣，不值一提，因沉溺酒精，活得并不长。他向瑞典发动了一场战争，这一战耗时又耗钱，其目的是要将瑞典的"三王冠"标记[1]打到丹麦的徽纹上。一开始挪威人是同情瑞典的，但双方军队的入侵使城市被烧、土地被毁，令他们备受苦难。瑞典人仅仅将挪威视为丹麦的一个省，他们选择打击仇敌的方式就是破坏属于敌人或受其支配的一切。于是哈马尔大教堂被焚毁，富

---

[1] "三王冠"标记是瑞典的象征符号，一般为三顶金色王冠，两顶并列在上，一顶在下。关于其来源，有一种说法是瑞典国王阿尔伯特（1338—1412）用其象征自己对瑞典、芬兰、梅克伦堡的统治，但近年考古发现其使用时间还可上溯，故不明。——编者注

带式角力,旧时在挪威流行的一种解决分歧的方式,在贝亚德·泰勒[1]的《拉斯》一书中有描述

[1] 贝亚德·泰勒(1825—1878),美国诗人,著有《拉斯:挪威田园诗》。——编者注

饶的阿克地区不断遭到侵袭，特隆赫姆城也被占领。丹麦人则烧了奥斯陆，只为避免它落入瑞典人手中。

有两个丹麦人总督分别叫作路德维格·孟可和埃里克·孟可，因闻所未闻的残酷与强取豪夺而臭名昭著。农民们一再向国王投诉，并以要发起叛乱相逼。最后埃里克·孟可被判返还其所有非法积敛的税收，并归还以不正当手段占有的一名农民的财产。后来他被革除了职务，自杀于狱中。

在古萨普斯堡被烧之后，被迫新建的城市以弗雷德里克二世的名字命名为弗雷德里克斯塔德市。

克里斯蒂安四世（1588—1648年）没有遗传父亲的弱点。他有许多优秀的品质，渴望为国民谋福祉，却遭到傲慢的贵族阶层的反对而难以作为。值得特别注意的一点是他对挪威人的善意。与前任们不同，克里斯蒂安四世频繁造访挪威，有一次甚至深入了北极圈。他倾听民众的声音，以罚款和监禁的方式惩罚那些胆敢滥用职权的丹麦官员。由于语言变迁，"修法者"马格努斯的旧法已经变得难以理解，他便将之废除并精心制定了一部挪威法以代之，其中一些条例至今仍在使用。此外，他还对教会法即《法令》做了修改以适应这个国家的需求。我们现在的挪威首都克里斯蒂安尼亚[1]由他建立，克里斯蒂安桑城亦是如此。人们在孔斯贝格和洛拉斯分别发现银和铜，激励了挪威的采矿业发展，这两个小镇也开始发展起来。

由于仁慈、公正、热心于挪威人民的事务，克里斯蒂安四世赢得了该国民众的心，这在奥登堡家族诸代国王中是前无古人，后无来者的。有时候，他会在某个农民的婚礼上不期而至，举杯祝福新

---

[1] 奥斯陆旧称。——译者注

娘健康；或者在卑尔根的"德国码头"[1]看人比赛；他还在一个药店参加过派对，微醺的宾客们肆意欢闹，把所有窗户都打碎了。他的眼睛洞察一切，心思活跃且警觉，这让他能很好地将观察所得加以分析。他对一切经济问题都怀有兴趣，一旦开始做一件事情，无论是什么事，他都会以最仔细的态度去关注执行过程中的每个细节。克里斯蒂安四世带着水平仪和直角尺四处行走，测验他的木工、石匠和建筑师的作品是否精确和牢固。

三场大战打破了克里斯蒂安四世任期的平静，其中两场与挪威有关。第一场叫作卡尔马战争（1511—1513年），引发了由瑞典国王雇来的苏格兰雇佣军的入侵。然而这些人却在古尔布兰达尔的克林根遭遇失败，农民们向他们发起攻击，并在第一时间就杀死了他们的指挥官辛克莱上校。据说整支队伍全灭，900人无一逃脱。相比之下莫尼克霍芬上校更幸运一些，他带着800名荷兰雇佣军登陆桑德摩尔，一路破坏劫掠，穿越了边境。这场战争的起因是瑞典国王卡尔九世想为自己头上再加上"拉普人[2]的国王"一衔，他还想对挪威行省芬马克宣布主权。卡尔九世在对峙期间去世，其子古斯塔夫·阿道尔夫在克奈罗德讲和，放弃了以上提到的头衔和宣布主权。

作为被压迫的德意志新教徒的同盟，克里斯蒂安四世参与了三十年战争，这不是一次荣耀的经历。他在吕特尔和巴伦伯格被蒂利伯爵打败，之后帝国军队侵占了石勒苏益格和日德兰，克里斯蒂安被迫签下《吕贝克和约》（1629年），承诺绝不再插手德意志政事。在这次耻辱的事件之后，他见不得瑞典人还能在德意志地区

---

[1] 即布吕根，又名"德国码头"，位于挪威的卑尔根峡湾东侧，是汉萨同盟在此建立贸易站时留下的商业建筑群，因颇具特色，被联合国教科文组织列为世界文化遗产。——编者注
[2] 对"萨米人"（sámi）的旧称，他们是北欧地区的原住民。——编者注

有所发展，忍不住要在他们前进的道路上设置障碍。而在古斯塔夫·阿道尔夫死后，战争继续，能干的瑞典将军和外交官继续奋战，因为他们预计丹麦王将不遗余力地与他们作对。在克里斯蒂安疑心自己的企图已昭然若揭之前，托尔斯滕松将军便跨过南方边界，侵入荷尔斯泰因，挺进日德兰（1643年）。丹麦人完全抵抗不住这支征服之军，虽然也打了两场激烈的海战，但他们对抗瑞典人的无力感很快便显现出来。于是双方在布罗姆谢布罗达成和解。然而最终被迫为丹麦的无力与失算买单的却是挪威。两个挪威大省耶姆特兰和海耶达尔被割让给瑞典；不久前才归属丹麦的哥特兰岛亦是如此（1647年）。

这场战争在挪威被称作"汉尼拔之争"，得名源自汉尼拔·塞赫斯泰德总督，这个人是国王的女婿，他在英勇的教区牧师克耶德·斯图伯的帮助下守护了边境。

也许有人会想，贵族们在克里斯蒂安四世死后应该会安于他们已经拥有的诸多特权了吧，这位国王让自己的儿子弗雷德里克三世（1648—1670年）登上了王位，保住了他残留的最后权力。然而只要还有利可图，便必定有人认为势在必得。于是弗雷德里克三世遭到胁迫，要他签下比所有前任更没尊严的特许状，而如果他对这一协议长期采取默许态度，便将沦为一个影子国王。长期以来，贵族们咄咄逼人，总是占据上风，促成了他们的傲慢与贪婪，但这却恰好导致了他们的垮台。在这个国家，真正拥有实权的是王室议会，它轻率地向瑞典宣战，只因听信了一条流言，说瑞典国王卡尔十世即卡尔·古斯塔夫斯已在波兰遭遇惨败。事实证明这条流言不实，卡尔十世在短时间内便征服了日德兰和菲英岛，直逼哥本哈根。如今丹麦尽在他掌握，议会被迫于罗斯基勒（1658年）求和，割让了斯科讷、哈兰、布莱金厄、博恩霍姆以及挪威的维肯和特隆赫姆两

弗雷德里克三世,丹麦与挪威国王

省。此战中仅有的一场胜仗发生在挪威,便是挪威将军比耶克攻克了耶姆特兰。然而卡尔·古斯塔夫斯在收获了如此巨大的好处之后似乎反而后悔没将丹麦赶尽杀绝。他不愿退出丹麦国境,重新开战,却在尼堡吃了败仗,并在哥本哈根被击退。造成这样的结果也有赖于荷兰人和奥地利人的帮助,他们担心卡尔的力量过于膨胀。在挪威,特伦德人成功反抗了瑞典人的统治,博恩霍姆人也赶走了入侵者。依照《哥本哈根和约》(1660年),卡尔·古斯塔夫斯被迫放弃了这几个省,但保留了其他的占领地。

显然,这些战争令丹麦陷入衰退,而造成这一切的主因就是构成王室议会主体的贵族。他们通过掠夺下级阶层而掌有巨大财富,却拒绝分担公众的负担。如今,这个国家陷入一种绝望境地,苦难如此深重,以至于只要吹一口气,民众积郁的愤慨便会燃起大火。公共债务数额庞大,除非增加税赋,否则偿还无望。于是国王在哥本哈根召集国会,邀请神职人员和中产阶级的代表一起参与商议。这些人与他结成同盟,共同对抗贵族,而贵族们由于担心发生暴乱,最初不敢施压。等到他们重新鼓起勇气时,哥本哈根的市民们已锁起城门,迫使他们答应条件。最后的解决结果,就是丹麦从此以后成为一个世袭制王国,王室议会被废除,所有封地被取消,并采用新的行政体系,其中王室官员须对国王负责。大家一致认为需要采取一套宪法,但其具体的制定却非常不明智地交托给了国王。于是弗雷德里克三世掌控了局势,而一旦问题交由他自行决定,他便倾向于施行不假任何宪法的统治。他力图用所谓《王室法律》蒙混过关,意在保全而非限制他的权力。就这样,简单粗暴的专制主义在丹麦推行(1660年)。丹麦人如同从煎锅跳入炙火。虽然这种状态毫不值得羡慕,不过仅受一人统治,也许还比遭多人压迫要好。

专制主义在挪威的影响主要表现在这个国家被放到一个更接近

与丹麦平等的立场上,并产生了一套稍有改进的管理制度。贵族们继续占据许多有利可图的职位,但如今国王拥有绝对权威,因此能对他们进行更多遏制。封地转变成了郡(amter),交由明确限定了职能的王室官员管理。公民得到为国家效力之机,几位能干的挪威人的活跃为其推波助澜,其中卓越者如海上英雄科特·阿德勒。服役于荷兰和威尼斯期间,他在对抗土耳其人的光荣经历之后成为丹麦的舰队司令,大大提升了海军的实力。

弗雷德里克三世仅到访过挪威一次。弗雷德里克夏尔德市以他命名。

虽然废除封地使得王室资产暴涨至原来的5倍,但弗雷德里克的儿子克里斯蒂安五世(1670—1699年)却总是缺钱。他把时间花在各种昂贵的消遣上,并将法国国王路易十四引为典范,希望可以媲美他那样的显赫光辉。就财富实力而言,旧的丹麦贵族依旧强大可畏,为抗衡他们的影响力,克里斯蒂安五世设立了一个由伯爵和男爵组成的新宫廷贵族阶级,其中大多数都是德意志人。德语成为宫廷用语,土地与有利可图的职位被送到得享圣宠的德意志人的手中。为了获取金钱以效仿凡尔赛宫那金光闪闪的虚荣恶习,克里斯蒂安五世将国民——不管是挪威人还是丹麦人——卖给外国做雇佣兵。他有一个能干的顾问,即大臣格里芬费尔德,此人出身贫穷,升至高位,又突然跌入悲惨的境地。政敌们的挑拨让国王对其忠诚产生了怀疑,于是格里芬费尔德被判死刑,但当他在绞刑台上临刑时,又被减刑至终身监禁。"噢,这仁慈比死更残酷啊!"他大喊。不过他最后还是在生命即将终结之前得到了赦免。

克里斯蒂安五世命人为挪威制定了一套新的法典,其中部分至今仍在使用。他还向瑞典发动过一次徒劳无益的战争,可惜白白付出鲜血与财资,却没给参战的双方带来任何好处。

弗雷德里克四世（1699—1730年）与父亲一样依照继承权的顺序登上了王位，但在其他方面却与父亲全然不同。他狡猾，却无知。此外，他吝啬、忙碌又无情。因与荷尔斯泰因公爵长期不和，他与公爵的姐夫即瑞典的卡尔十二世发生了冲突，经历过一场短暂的失败战役之后，他在特拉芬塔尔（1700年）议和，接受了一些非常不利的条款。然而当1709年卡尔十二世在俄国输掉了普特瓦之战，弗雷德里克认为他收复失地的机会已到，于是他与俄国及波兰结成同盟，发动了"北方大战"（1709—1720年）。16 000人的丹麦军队侵入斯科讷，却被瑞典将军马格努斯·斯腾伯格击败（1710年）。在克约格布海战中，指挥丹尼布洛号战舰的挪威人伊瓦尔·惠菲特向瑞典舰队发起了英勇的攻击。然而他的船不幸失火，虽然他大可以用停船靠岸的方式自救，但这样做将会置其他那些离海岸较近的丹麦舰队于危险的境地。于是惠菲特留在原地直面死亡，不停地向瑞典人发出群射截击。最后，火势蔓延至火药库，他与500名战士被炸飞。

1715年，卡尔十二世返回了瑞典。他企图征服挪威，分三条线路攻入国境。他亲自指挥的那支军队进入了赫兰（1716年），挪威的克鲁泽上校仅率200人与之相拼。克鲁泽作战如此英勇，以至于一贯以英勇著称的卡尔十二世也对他满是钦佩。

"我的兄弟弗雷德里克国王拥有许多像你一般的军官吗？"他问伤重躺倒在脚边的上校。

"对，"克鲁泽回答，"太多了，我远不能与里面最有本事的相比。"

为了筹集钱财，愚昧的弗雷德里克已将大量国家守卫者以雇佣军身份租出，只剩吕佐将军手下的6 000人，实在少得可怜，且这些人衣装都不齐，还半饿不死。卡尔十二世的军队则训练有素，面对这样微不足道的对手，他希望速战速决。但他没算到挪威人的脾性。无论老少男女,每个挪威人都做好了保家卫国、对敌作战的准备。他派洛温上校带 600 人去毁掉孔斯贝格的银矿,但洛温和 160 名瑞典人却被灵厄里克教区牧师的妻子——机智勇敢的安娜·寇比约恩达塔骗到牧师住处,使他们被挪威人抓住。当洛温怀疑自己中了圈套而将枪口对准安娜的头,她还沉着地发问:"你为国王效力就是为了杀害老妇人吗?"

卡尔占领了克里斯蒂安尼亚,却对阿克什胡斯要塞无可奈何。弗雷德里克夏尔德的市民们烧了城,这样一来瑞典人在弗雷德里克斯腾要塞的大炮面前就失了庇护。在这次事件中,有两兄弟以英勇爱国的表现引人瞩目,他们便是安娜同父异母的兄弟彼得和汉斯·寇比约恩松,他们带着吃苦耐劳的志愿兵们不断地侵扰袭击敌人。卡尔开始明白没有火炮是拿不下挪威要塞的,便盼着能从国内护送一批大炮及其他军火过来。但这一期盼又落空了。因挪威最伟大的海上英雄托登司寇德[1]的一个壮举,他的舰队在迪内奇伦遭遇毁灭。托登司寇德从一些渔民那里得知,瑞典的舰队司令当晚要在船上举办一场宴会,于是推断从餐桌上走下来的军官们应该不在战斗状态。他向副官彼得·格里布大喊道:

"我听说瑞典的海军指挥官要在他的舰队上搞一场醉酒狂欢。虽然没被邀请,我们难道不该率船去做客吗?领航员说我们正顺风啊。"

冒着岸上排炮一阵砰砰作响的开火,托登司寇德驶入迪内奇伦峡湾,向敌方舰队发起攻击。他推测得没错,敌军都喝多了。不过危险令他们清醒过来。经过三小时的猛烈炮击,瑞典的舰队司令带着 44 艘船和 60 门大炮投降。当国王收到这消息,便开始从挪威撤

---

[1] Tordenskjold,意思是雷之盾。——译者注

挪威的雷鸟

退。但眼见这个国家的防御装备如此不济，他无法放弃征服它的念头。1718年，他派阿姆费尔特将军率14 000人的部队进攻特隆赫姆，他本人则带22 000人大军进攻弗雷德里克斯腾。外围的防守阵地被捣毁和占据，战壕也挖向了关键要塞。卡尔十二世正站在其中一条战壕里，突然被一颗来自要塞的子弹击中头部而死。得知了这一消息的阿姆费尔特立刻往国境方向撤退，但仍然损失了大量士兵，这些人在山区冻的冻死、饿的饿死。战争就此结束，双方于弗雷登斯堡缔结了和约（1720年）。

挪威人的不屈不挠令丹麦免于一场大危机。然而对于他们的忠实与英勇，弗雷德里克四世的回报却是变本加厉的掠夺。为了聚敛钱财以饱丹麦之囊，他将挪威所有的教堂都卖给了私人党团，声称如果说教堂归民众所有，那他们必须拿出文书和地契来证明其所有权。弗雷德里克妄图用这种粗劣的托词让他的掠夺行为显得有合法性。他把与芬马克郡的贸易权售给了三个哥本哈根人，这些人则将这项独占权解读成了无限强取的许可证。全民陷入了苦难与潦倒之中。

挪威人路德维格·霍尔伯格[1]于1684年出生在卑尔根，活跃于弗雷德里克四世在位期间。不过他主要生活在丹麦，在此创作了大量优秀的莫里哀式喜剧、嘲讽式仿英雄诗、讽刺文学及历史著作。他的作品对18世纪上半叶的生活进行了生动的描绘和讽刺。

克里斯蒂安六世（1730—1746年）是一个极端的虔信派教徒，身边围绕着一群共情并支持他这种病态阴郁的宗教信仰的德意志人。他的开销之大，可谓挥霍成性，兴建宫城不惜血本，还在王宫里推行一种刻板的仪式。其统治中值得褒奖的一项举措是他颁布法

---

[1] 亦常译作路维·郝尔拜。——编者注

雕花门楣、食塔铺或储藏屋，带雕饰的大啤酒杯

令确立了路德教信仰，从而间接地迫使所有阶层的人都学习识字。他也鼓励贸易与制造业发展，可惜初衷良好却未得善果。另一方面，极其灾难性的是他颁布了法令，禁止挪威南部的居民向除丹麦以外的其他任何国家进口粮食。

弗雷德里克五世（1746—1766年）是一个本性和善的人，可惜才智有限。他开放了被他父亲关掉的剧院，废除了许多为遵守安息日而定的烦冗规定。若不是沙皇彼得三世遭遇谋杀的话，他险些和俄国打起来。但他所做的大量战备工作却使增税成为必要，这负担尤其沉重地落到了可怜的挪威农民身上。在卑尔根，额外的征税引发了叛乱。农民们闯进城里辱骂地方行政官，于是这种税便被废除了。在这位国王的任期内，挪威军事学院在克里斯蒂安尼亚创立，此外还有特隆赫姆的科学院。

克里斯蒂安七世（1766—1808年）17岁继承王位，他可谓将青春挥霍到了极致，以至于在他长成一个真正的成年人之前便将活力消耗殆尽，随之而来的是疯癫错乱。在一次出国旅行中，他开始十分依赖他的医生——德意志人施特林泽，回国后更任命其为总理大臣，将政务完全交到了他手中。施特林泽具备优秀的才能，知悉伏尔泰及卢梭的观念，但他在推行改革上相当轻率。贵族们以及王太后朱莉安娜·玛利亚憎恶他，受这些人的影响，国王签署了一份抓他的逮捕令。高台还是牢狱，不过咫尺之距。王太后的宠臣欧夫·古德博格接管了接下来12年的政务，废除了施特林泽施行的所有开明措施。他根本是在致力于消灭挪威人之名，坚决否认这个民族的存在，声称所有这些人都是丹麦国之公民。

在最后三位国王的统治期间，拜和平所赐，挪威在物质财富方面趋于繁荣，经济稳步发展。人口在100年间几乎翻了一番，到1767年时达到了723 000人。而自从打破了汉萨同盟的垄断，国家商船队的规模也从 50 艘发展至 1 150 艘。一批在哥本哈根大学接受了教育的本土官员开始取代丹麦人。此外,随着王室地产的售卖,农民之中对土地拥有永久产权者的数量大大增加。

由于国王精神失常,无法参与政事,他的儿子——储君弗雷德里克于 1784 年成为肩负责任的摄政者,并选出了一位杰出的总理安德烈亚斯·伯恩斯多夫(1784—1797 年)。正是这位能干且开明的总理指引丹麦和挪威安然度过了疾风骤雨的法国大革命时期。挪威建立了 4 个地方高级法庭,还有一个叫作"调解委员会"的机构意在避免诉讼。1800 年,丹麦轻率地与俄国及瑞典缔结了一个武装中立的协定,希望可以抵制英国在非参战船只上搜查军需品的要求。英国的目的是要切断法国和其他国家的一切贸易往来,而所谓军需品不仅指枪支弹药,也包括粮食和一切生活物质。挪威和丹麦的商船队当时从事运输业,生意做得很大,却因这种专横的做法而遭受损失。可惜政府不够强大,无力反抗英国,在哥本哈根港一战(1801 年 4 月 2 日)之后,丹麦被迫退出武器中立协定。然而,弗雷德里克王子看似并不了解英格兰的厉害之处,因为他的政策很快就开始表现出向法兰西皇帝示好的兆头。根据拿破仑和俄国沙皇亚历山大(1807 年)在《提尔西特和约》中达成的一条秘密协议,拿破仑获得丹麦舰队,凭此与英格兰争夺海上的统治权。英国政府很快风闻了这一计划,立刻要求丹麦舰队暂时投降,保证一旦恢复和平便归还舰队。但这个要求遭到拒绝,英国于是派部队登陆西兰岛包围了哥本哈根,同时从靠海的一面炮轰这座城市达三天半之久(1807 年)。别无选择的丹麦人只得交出舰队,但因为他们之前的反抗之举,舰队再也未被归还。哥本哈根的这第二次战斗将丹麦更彻底地推向了拿破仑。当这位皇帝的命星衰落沉没,作为其同盟者,丹麦便无助地落入仇敌的掌握之中。

起舞的农民们

由于丹麦在战时的孤立状态以及难以保持通信畅通，挪威暂时交由一个受奥古斯滕堡王子克里斯蒂安·奥古斯特管辖的摄政委员会管理。

弗雷德里克六世（1808—1814年）在他那位精神失常的父亲死后登上了王位，彼时两个国家的状况糟糕至极。坚持错误的政策几乎把他推到了绝境。与英国的战争使所有贸易都遭到禁运，其结果就是饥荒及穷困潦倒。而挪威未经问询就被拽进了这迷阵困境，不断遭到海上袭击，由于这个国家海岸线绵长，被袭的风险尤其高。财政状况也是无序且无望。乱上添乱的是它与瑞典之间还爆发了战争。随后，挪威适时发现了与英国结盟可带来的好处。瑞典将军阿姆费尔特再次入侵，但克里斯蒂安·奥古斯特并没有闻风丧胆。摄政委员会贯彻了他的卫国措施，展现出英勇无畏，挪威部队各师连续三战（托韦鲁德、特朗根和普雷斯特巴克）击败瑞典人。与此同时，瑞典人遭到俄国攻击，后者想要确保《提尔西特和约》中条款的强制执行。因为和约中有一条是封锁瑞典的港口以对抗英国，但执拗的瑞典国王古斯塔夫斯四世不赞成这种做法，于是俄国人侵入芬兰，经过数次激烈的交战，赶走了瑞典人。这些灾难导致国王被废，他的弟弟卡尔十三世被选作继位者。由于卡尔十三世没有子嗣，便在诱劝之下选择了挪威的摄政者克里斯蒂安·奥古斯特王子作为自己的继承人，如此一来我们便看到了挪威和瑞典在一位有能力、受欢迎的国王治下和平联盟的机会。然而不幸的是，这位深受爱戴的王子不久后便在斯科讷的一次阅兵式中去世了（1809年）。瑞典在《腓特烈港和约》中被迫将芬兰割让给俄国，但《巴黎条约》确保了其对波美拉尼亚的所有权——只要它坚持贯彻拿破仑的所谓"大陆封锁"。这便自然而然地把瑞典牵涉进了与英国的战争中，后者是法国皇帝唯一征服不下又和解不了的敌人。不过只要瑞典不去积极地帮拿破仑,在别处忙得不可开交的英国也就采取了观望态度,没有开战。但拿破仑却不满于瑞典这种半中立的政策。卡尔十三世的优柔寡断让他生气,他再次占领了波美拉尼亚,此举给了瑞典一个公然站到他敌人们一边的借口。瑞典与英国在欧雷布罗(1812年)签下和约,不久之后,瑞典加入了以推翻拿破仑为目标的欧洲反法大联盟。

毫无疑问,这一政策变化在很大程度上是因为庞泰科沃亲王让·巴普蒂斯特·伯纳多特,他发迹于拿破仑的军队,曾是一名陆军上将,克里斯蒂安·奥古斯特死后他被立为瑞典王储(1812年)。在奥柏的一次会议上,沙皇亚历山大将挪威许给他,作为他坚持联盟事业的奖赏,后来英国又重申了这一许诺。

在这期间,挪威因为港口继续被英国人封锁而愈发处境艰难。1812年爆发了一场饥荒,人们只得把桦树皮磨成粉来烤成面包。丹麦纸币的贬值蒸发掉了数千家庭的积蓄,也令所有商业来往受挫。全国各地都泛滥着对与丹麦联盟的极大不满,因为正是这重关系将国家拖入了如此的窘境。之前曾遭驳回的建立一所挪威大学(1811年)的特许状姗姗来迟,引起一时热潮,却也不能减轻不满的情绪。似乎已沉睡了数世纪的政治意识开始觉醒,独立之心与国家自主的愿望多有表现,诸如挪威福利协会的建立(1810年)、对大学的慷慨捐赠,以及突然弥漫全国的爱国激情。本土官员阶层站出来成为这些政治愿望的倡导者,帮助大众系统地阐述他们的愿望,带领他们走向理想的目标。被外国势力当作奴隶一样处置有违他们的自尊心。那些人对挪威传统生不出同情,对其福祉也毫不关心。在外交博弈中数次落棋所带来的不安情绪之下,民众中那些理智思考的阶层表现出抵抗到底的坚定决心。

然而,只要挪威还是丹麦的附属,她就无法逃离弗雷德里克国王的政策所带来的影响。拿破仑在俄国遭遇惨败之后，同盟国要求丹麦将挪威让与瑞典，但国王拒绝了这个要求，并派自己的表弟克里斯蒂安·弗雷德里克亲王以总督之名管理挪威。但随后拿破仑败于莱比锡，伯纳多特侵入荷尔斯泰因。大军当前，他被迫妥协。在《基尔和约》（1814年1月14日）中，弗雷德里克国王将挪威割让给瑞典，之后不久，他解除了挪威人的誓忠，放弃了其本人及后代对这个国家的所有权利。

第三十六章
挪威重获独立

《基尔和约》在挪威激起了愤慨，这表明挪威人已经从漫长的蛰伏麻木中醒来，要起而维护自己的权利了。他们对不用再向弗雷德里克六世效忠期待已久，但也主张他亦无权将这份效忠转让他人。挪威人忘不了自己的国家是如何不经他们同意便违背法律与条约地成为丹麦之属国，他们认为被弗雷德里克放弃的挪威国家主权应当归还到真正有权选择其授予者的人民的手中。总督克里斯蒂安·弗雷德里克发现这种情绪十分普遍，便不愿再遵守列强们的决议，召集一些代表人物会于埃兹沃尔德（1814年）。他的初衷是想依照继承权直接宣称登上挪威王位，以君主之身实行专制统治。但在斯维尔德鲁普教授和其他爱国人士的建议下，他做了让步，声明愿意从人民手中接过王位，并依照人民表决采用的宪法体制来治国。为了探访民意，他冒着隆冬严寒翻越多夫勒山去了特隆赫姆，许多人认为他是想在古老的国王之城即刻加冕。在古尔布兰达尔，他驻留在纪念辛克莱及其雇佣军覆灭的碑前阅读铭文：

"向看着这块石头却感觉不到热血涌动的挪威人致哀。"

他问那些来见他的农民们："和你们的先人们一样，你们也愿

克里斯蒂安·弗雷德里克亲王,挪威总督,后成为丹麦国王克里斯蒂安八世

意为自己的国家抛头颅洒热血吗?"

在埃兹沃尔德协商的结果,是召集一个由来自全国各地的人民代表所组成的国民大会。会议地点再次定在埃兹沃尔德,代表人数112名,大多为官员。一部极其开明的宪法于1814年5月17日开始实施,克里斯蒂安·弗雷德里克亲王当选为国王。挪威宣告成为一个自由独立的国家,但在其是否应该与瑞典寻求联合,是否应该保留本国国王的问题上还存在意见分歧。由法尔森法官、斯维尔德

鲁普教授、莫茨菲尔特上尉领导的所谓独立党在人数上大大超过亲瑞典派，后者中比较著名的人物包括韦德尔-雅斯伯格伯爵、贵族管家佩德·安克尔、铁器制造商雅各布·艾尔、牧师尼科莱·韦格兰德。亲瑞典派也并非是想放弃国家的独立自主，正相反，他们认为只有与一个强国联合才能令这自由权更有保障。挪威国小民弱，无以维持一支足以自卫的军队，这终将使国家成为任何一个外国势力寻衅掠食的目标。

当初的挪威宪法经过细微修订后如今仍在实施。其中规定：

1. 挪威是一个受宪法制约的世袭制君主国家，独立自主、不可分割，其统治者称为国王。

2. 人民通过代表来行使立法权。

3. 只有人民才有权通过代表进行征税。

4. 国王有权宣战或议和。

5. 国王拥有赦免权。

6. 司法机关要与行政和立法权相分离。

7. 新闻舆论自由。

8. 以福音路德宗[1]为国家与国王的宗教信仰。

9. 从今以后将不再准许任何个人或世袭特权。

10. 每个男性公民，不分家庭出身、社会地位和财产多寡，都必须服一定时间的兵役，保卫祖国。

在埃兹沃尔德参会的代表们并非不知道他们走的这一步可能会引发挪威与瑞典的战争。因为对伯纳多特而言，这不过是一个协商大会的决议，他不会将其视作兑现战利品的障碍，那是他协助推翻拿破仑而获得的报酬。而与此同时，形势对挪威人来说很乐观：拿

---

[1] The evangelical Lutheran religion，亦即福音信义宗。——译者注

破仑尚未倒台，那位百日皇帝让反法同盟军忙得团团转，使得伯纳多特没法立刻将注意力投向挪威。挪威人决心捍卫自己的权利，这让伯纳多特很吃惊，因为在他想来，长期附庸丹麦的经历应当早已令他们习惯于服从与附属。早在埃兹沃尔德召开国民大会之前，卡尔十三世就曾给挪威人写过一封信，提出对他们施与一套宪法并派遣一名瑞典人总督，挪威人对此非常愤慨。但在巴黎投降（3月31日）和皇帝退位之后，拿破仑这场大戏似乎已近尾声，再没有外国的复杂事件阻止瑞典人在《基尔和约》中强行加入有关挪威的这一段。消息传来，大国们向伯纳多特承诺逼迫挪威接受条约，各国皇宫派来公使，命令挪威人立刻无条件屈从于瑞典国王。挪威人拒绝接受，很快，由伯纳多特率领的一支瑞典军队便跨越国境而来。新当选的国王却在这时开始举棋不定，由于缺乏战意，他在根本没有尝试开火防御的情况下，下令弗雷德里克斯腾要塞向瑞典舰队投降。尽管食品缺乏，军火装备不良，但挪威军队是渴望打仗的，可惜国王战意消沉，他的将才全用在撤退上了。第二支瑞典军队由加恩率领，在里尔被克雷布斯上校指挥的挪威军队击败，他们在马特兰发起第二次进攻之后便被迫退回了边境以外。很明显，除非瑞典付出流血的代价，否则挪威不是那么容易拿下，而瑞典人经过了在德意志地区的战争之后，对和平的渴望并不亚于挪威人，于是双方在莫斯签下休战协议（1814年8月14日），根据其中条款，国王当召集一次临时的挪威国会（Storthing），商讨永久性和平一事。这次挪威国会于10月7日召开，同意克里斯蒂安·弗雷德里克国王放弃挪威王位，并推选卡尔十三世为国王，条件是他承认挪威的独立地位以及依照在埃兹沃尔德制定的宪法治国。伯纳多特代表瑞典国王接受了这些条款（11月4日），并宣誓忠于宪法。随后瑞典部队撤离了挪威。克里斯蒂安·弗雷德里克回到丹麦，并在其表兄去世

卡尔十四世·约翰（伯纳多特），挪威和瑞典国王

之后成为国王，史称克里斯蒂安八世。次年，挪威与瑞典进行了协商以确定联合条款（Rigsakten）。挪威银行和最高法院分别在特隆赫姆和克里斯蒂安尼亚建立。

从表面上看，挪威如今已完全恢复了独立。鉴于这个国家在1814年因独自抵抗诸强国的胁迫而被置于的险恶形势，两国联合的条款无疑已好到不敢想象。尽管如此，其中还是有一点与独立的构想不一致，便是仍有一名瑞典总督（Statholder）在首都作为王权代表。伯纳多特在卡尔十三世去世之后（1818年）继承了王位，称作卡尔十四世·约翰（1818—1844年），他最初并没有把挪威独立一事当真，而更倾向于任由挪威人带着他们已经自由的误解自欺欺人——只要这种误解是无害的。但当他发现挪威国会开始违抗和反对他的议案以及坚持要对宪法做出一个更准确的阐释时，他直白地表达了愤怒。最初的争论点之一是要挪威来支付部分丹麦国债，这个国债是卡尔·约翰在《基尔和约》中允诺下来的。挪威的态度是，挪威从来就没有承认过《基尔和约》，不可能受其中任何条文的约束。双方最终达成的折中方案是：以10年为期，国王须得放弃挪威给他本人及其儿子即储君的王室专款。1821年，挪威国会答应缴付约相当于300万美金的款项。同时，废除贵族制的斗争也展开了。连续三次挪威国会通过了一部法规，废除贵族头衔及特权，而国王担心自己一旦予以批准，则将引起与强大的瑞典贵族之间的冲突，便一再试图劝国会放弃。他强调挪威处于欧洲列强的监视之下，立法机构表现出的民主精神将引起国外势力的怀疑与敌意，但挪威国会不屈不挠。最后，虽然做了些微修改，这部法规还是得以颁布。与宪法相矛盾的那些贵族特权被立刻废除。现有的贵族们身故之后，他们的免税权及一切其他特权将终止，其后代不得继承。这将贵族制的最终废除延缓了一代。

国王与挪威国会在许多其他法规及提案上也存在着意见上的分歧，导致了卡尔·约翰在位期间民众的一些反感与骚动。考虑到这些代表们在政治方面还比较缺乏经验，但他们却敢于以这样大胆的作风，干劲十足地坚持自己的权利，实在是很了不起。挪威能达到今天的地位，要归功于这些坚毅无畏的人。因为如果他们当时谦恭温和，国王愿意给什么，他们就感恩戴德地接受，那么挪威将无可避免地沦为瑞典的一个附省，就如同之前他们和丹麦的关系一样。在早期挪威国会的讨论中响起的坚定钟声与无惧的坚持己见，表明古老的民族魂尚在，且从不曾消亡。一个懒惰、卑下的民族之中是无法生出这样的代表的。直至今天挪威都在不断地涌现出这样的人们，表明挪威真正代表了英勇无畏的精神，她赢得了自由，且值得这自由。

挪威国会坚决抵制国王扩大王权的意图，这表明了他们对国王的态度。虽然卡尔·约翰经受过法国大革命的洗礼，却并不相信民主或人权那一套。他是一个有能力的统治者，擅长外交，意向高尚。但他在挪威时视野还太狭小，不能领会挪威之民族精神。为了在兄弟君王之中保住自己的位置，他被迫同情那些在拿破仑倒台之后在欧洲各处出现的反动党团。1821年，他对宪法提出了10个修正案，却在1824年的挪威国会被一致驳回。其中一条修正案是要赋予国王绝对否决权而非以前那种延宕性否决，另一条意在让他具备指派国会主席的权力，还有一条授权他可以随意解散挪威国会。前国务大臣克里斯蒂安·克罗赫因建议驳回这些议案而人气大涨；另一方面，国王连续在数届挪威国会召开前提交这些议案，这种坚持不懈并没有给他带来利好的结果。

当时的政治斗争中有一位杰出人物，便是诗人亨利克·韦格兰德。作为学生领袖，他违背国王的命令，坚持把宪法周年纪念日（5月17日）而非与瑞典联合的纪念日（11月4日）作为国庆日来庆祝。国王有意小题大做，于1829年出动军队武力驱散了庆贺国庆假日的民众。虽然就其个人而言，韦格兰德发表过尊敬国王的声明，但对国王的那些政策就没有那么多尊敬了，他还通过不懈地写作诗歌与散文，滋养国民们叛逆不驯、气势汹汹的爱国心。他完全陶醉在爱国的自豪感中，赞美自由，歌颂森林、高山与峡湾之美。还有一些小众诗人齐声高咏挪威狮[1]、"无畏时间之利齿"的挪威岩。这些热情之中有许多孩子气和非理性的成分，但都是健康的、真挚

---

[1] 挪威国徽为红底上一只手持圣奥拉夫之斧的金狮。——编者注

速度滑雪，选自 H. N. 盖斯塔的漫画

的、于政治上有益的。

  有一点很明显，卡尔·约翰并非如稻草人一般手握权力以恫吓挪威人民。由于尊重人民的意见，他本人也是受制于他制定的政策的。法国七月革命（1830年）之后，政治动乱的狂澜席卷欧洲，也蔓延到了挪威，令他十分忧惧，为了镇住稳步发展中的民主主义，他突然解散了1836年的挪威国会。挪威国会认为此举有悖于法律，便向王国高级法院（Rigsret）起诉国务大臣罗文司寇德，判其支付罚款，因为他没有劝阻国王违反宪法的行为。这一大胆之举非但没有促使国王采取进一步的镇压措施，反而让他做出了让步。他指派挪威人韦德尔-雅斯伯格伯爵为总督以安抚国民。这是挪威走向真

正独立的一大步，也让国王理所当然地受到欢迎。在放弃遏制民主潮流的希望之后，卡尔·约翰在他生命的最后一些年里赢得了挪威人民的真心爱戴，人们诚挚哀悼他的离世（1844年）。

在卡尔·约翰之子奥斯卡一世（1844—1859年）统治期间，挪威与瑞典之间残余的从属关系被逐一消除。奥斯卡一世让挪威有了自己的国旗，上部旗角融合了两国的颜色作为联合的象征，而且他还在事实上废除了总督之位——虽然这个位置的永久性革除是在1873年。这片国土重拾和平与繁荣，人口快速增长，所有产业都在兴旺发展之中。在此之前，参与公共事务的主要是官员和商人阶级，但现在农民也开始发表主张及选派自己的代表去参加国会。政治觉醒渗透到了社会的各个阶层，立法院大厅里出现了许多结实强健的身影，他们刚刚放下犁耙赶来。这当中比较著名的有奥雷·加布里埃尔·尤兰和苏林·亚伯克。谨慎中立又意志坚韧是这些现代农民领袖的特征。他们明白事理，清廉、坚定地支持发展有益的公共事业，使他们能为国家做出利国利民的贡献。他们不擅辞令，从传统意义上来说也算不得有教养。但他们往往从经验中积累了大量事实，应用到立法事务之中时，这些事实论据比从书本里零散得来的那些要有价值得多。与恶劣的气候和贫瘠的土地进行的斗争令他们节俭；他们也自然而然地将这种过于俭省的习惯应用到国家事务的治理当中。作为国家主要的纳税人，他们有权影响财政政策。他们对资源谨慎俭用，从而令挪威受益。他们明白什么时候该花，什么时候该省。自从农民阶层掌握了挪威国会的多数派席位，许多耗资巨大的铁路、高速公路、学校及其他改善设施得以兴建，体现出一种精打细算的慷慨以及对大众福利均衡协调的重视，让人很难想象，如此的发展竟出自这群以耕作土地为主要经验来源的人。不过他们中的大多数人都把自家的一些习惯做法带进了公共事务，因为

新娘与新郎

自从建立了教区与市政议会（Formandskaber）（1837 年），本地事务的管理几乎全部掌握在纳税人手中。

德意志与丹麦之间的第一次石勒苏益格-荷尔斯泰因战争爆发于奥斯卡国王在位期间（1848 年），促使他在斯科讷进行了一场军事示威。次年，在经历了一次休战之后，战争再次爆发，瑞典和挪威部队在和平协商之前占领了北石勒苏益格。在克里米亚战争中，奥斯卡国王站到英、法一边，他们在 1855 年签了一个条约，确保会在对俄战争中提供援助。

奥斯卡国王在 60 岁时去世（1859 年），王位由他的长子卡尔十五世（1859—1872 年）继得。卡尔十五世是一个颇有骑士风度的人，天生富有文学和艺术才华。他继承了父亲对挪威的善意，对于挪威国会为推动国家福祉而进行的一切努力都欣然支持。跻身全球规模最大之列的挪威商船队带着挪威国旗到达过最遥远的港口；木材贸易规模增长，制造业与贸易方面利润丰厚的前景激发了挪威商人的干劲，加快了各地前进的脚步。有关异议者的法律使宗教自由得以发展（1845年），尽管在这方面还仍有许多有待完善之处。1851年，宪法中将犹太人驱逐出国的段落被废除，这在很大程度要归因于数年前诗人韦格兰德所引发的激烈争论。国家引进了电报设备，并很快得到推广，从北角延伸至林讷角。1869年通过了一项法律，将此前每三年召开一次的挪威国会定为每年一次。

卡尔十五世去世时尚处盛年，他没有儿子，王位传给了他的弟弟（1872年），也就是当今的国王奥斯卡二世[1]。自从采用宪法以后便一直在推进的、朝着更加完善与一致发展的民主制度进程，在不久前遇到了一个危机，若不是国王明智地对国会的多数派做出了让步，也许就会产生灾难性的后果了。事实上备受争议的就是两点：在宪法问题上的绝对否决权和政府的支配权。对于第一点，国王认为挪威宪法是他与挪威人民之间的、对其联合条款做出规定的一个契约。因此，在没有得到双方的同意之前不可更改。这也就是说他有权坚持契约的条款，禁止任何未经他许可的改动。这一点毫无疑问，在法律上也无可非议。大学里的法律系亦对国王的立场表示支持。另一个问题就是，如果这样一个契约永久实施的话，会不会削弱国家的发展，它曾是一件幸事，但假以时日会不会变成一大祸因。如果筹划者们当年在将宪法提交给卡尔·约翰之时并不准备接受将

---

[1] 奥斯卡二世1872年至1905年之间为挪威国王，1872年至去世为瑞典国王。原书出版于他的在位期。——译者注

来可能的修正，那就是一个重大的错误，使他们的后代只受缚于旧法，而非以公正为准绳，与时俱进。无论再优秀的宪法也不可能适用于所有时代，埃兹沃尔德宪法也不例外。

绝对否决权之争是因国王拒绝批准一项法律而引发的，这项法律在连续三次挪威国会上获得通过，旨在接纳内阁大臣们参与议院的讨论，其目的是在人民与政府之间建立更加亲密的关系。只要国王和部分内阁还长居于斯德哥尔摩，就有看不见人民之需求的危险，这项法律就显得尤其有吸引力。国王宣称他随时可以签署这项法律——只要大臣们得到投票权，而他则获得随意解散挪威国会的权力。在他看来这就是一次力量均势方面的骚动，是引入英国议会制度的一个特点所引发的，即给立法机关一个优势的同时，就不再给它另外一个，这就使执法机构也能发挥其制约作用。但挪威国会却不愿认可这种权力，他们认为每三年一选举，政府没必要再受到束缚。塞尔默内阁坚持了国王的态度，挪威国会将他起诉至王国高级法院，原因是他拒绝颁布关于大臣们参与议院审议的法律，以及在其他一些问题上没有按照国会的意志执行。

这个问题在另一层面上的意义也同等重要。习惯于在公务中处于领导地位的官员阶层，与权利意识逐年增长的农民阶层之间早就产生了某种对立。天生保守的国王不顾议会中的多数派，只从那些与自己政见一致的人当中选择顾问。宪法没有限制他的选择自由，挪威国会便也不能限制，除非能通过一个修正案，而这样的修正案又是势必会被他否决的。保守的斯唐内阁执掌政府多年，国会的大多数都对之持敌对的态度，继其之后（1880年）的塞尔默内阁更不受欢迎。结果就形成了僵局，立法事务似将裹足不前。塞尔默先生及其同僚遭弹劾与定罪，将一班新的内阁官员送上了权力高位，然而新的班子在数月之后便辞职了。国王于是召来"左派"或者说是自由党的领袖斯维

奥斯卡二世

尔德鲁普先生，达成了一个折中方案，即他同意批准在议的这项法律，并召集一个代表了多数党的内阁，但在原则上不放弃他对宪法问题的绝对否决权。自此，行政权与立法权协调合作，从前在国王与人民之间形成的那种良好的关系，在某种程度上得以重建。

从上述信息中可以看出，经过70年的矛盾冲突，挪威逐渐达到了理想的独立并建立了与兄弟王国的平等关系。一切想要使挪威和瑞典这两个国家合并的企图都失败且已被长久地抛弃了。从政治上讲，国王本人代表了联合。他既是挪威国王也是瑞典国王，但他依照其各自的法律，通过其各自截然不同的内阁来治理这两个国家。两国各有自己的议会，没有瑞典人在挪威任职，反之亦然。唯一向两国公民都开放的只有外交与领事部门。挪威的普遍民意是反对更加亲密的联合。从丹麦分离之后，民众的一个典型表现就是顽固地坚持每一处彰显民族差异的特色。

于是有人试图要去掉挪威国旗上的"联合标记"，原因是那看上去隐约暗示着某种地方从属关系。挪威方言（Maalsträv）中出现了一种独立文学，因为那些受过教育的阶层仍在使用略经变异的丹麦语，可它却提醒了人们那段倒退的历史，那不是挪威民族的语言。热情的爱国人士在几乎所有的地方行政区建立起普通高中，以构建完全以民族为基础的人民精神生活，并已取得极好的成效。在比约恩斯彻纳·比约恩松[1]和亨里克·易卜生等人的领导下，民族文学也在朝着同样的方向推进，使用的语言不断地因一些方言的融入而变得更加丰富，主题也大多取材于古老的萨迦传说和老百姓的生活。无论是韦格兰德那种咄咄逼人、高谈阔论的爱国主义，还是其对手

---

[1] 比约恩斯彻纳·比约恩松（1832—1910），又译比约恩斯腾·比昂松，挪威著名作家、挪威国歌歌词作者，1903年获诺贝尔文学奖，其与易卜生、乔纳斯·李、亚历山大·谢朗并称挪威"四大作家"。——编者注

韦尔哈文那种偏向美学的、无民族偏见的爱国主义，于今天的挪威人而言都同样陌生。当今诗人的那种直率的民族宣言代表的是整个民族，这个民族以它的过往而自豪，且对这个国家之长存充满确信。如今挪威人已得其所应得，他们毫无理由妒忌瑞典抑或丹麦。

　　在那个国家地位取决于力量、勇气和冒险精神的时代，挪威在世界这个大竞技场上扮演过重要的角色，历经王朝兴衰，她将活力充沛的血液与其他民族的相混合，把她那种接受法律约束的、对自由的热爱注到那些民族的灵魂之中。如今火药与现代战略已在纪律与数字面前甘拜下风，因此挪威必须认清人口数量上的弱势所强加其身的命运。一个仅仅200万之众的民族是很难在当今这样一个世界引人瞩目的。她有两条路，要么就是靠在过去的成就上吃老本，要么就必须在其他领域赢得新的荣誉。激进的社会体制变革随着那些无谓的流血与压迫慢慢让步于工业建设，历史将寻求到有别于克虏伯枪炮或重兵之军的新的价值评判标准。或许到了那时候，小国家便能再次迎来大放异彩的机会。

　　由于近年来我们在科学与文学方面做出的贡献，挪威在这条道路上已经有了一个好的开端。天文学家汉斯廷（于1873年去世），数学家阿贝尔和索菲斯·李，动物学家萨斯，历史学家孟克、凯泽、萨斯及斯托姆，还有语言学家伊瓦尔·奥森，他们都超越国界，得到了公认。画家蒂德曼（于1876年去世）和古德用色彩诠释出挪威人的生活与风景之诗。音乐家奥雷·布尔（于1880年去世）、诺德拉克和葛里格将祖国的山岳化作忧郁的旋律，回响在巴黎和伦敦的音乐厅。还有诗人比约恩松、易卜生、乔纳斯·李和亚历山大·谢朗，他们让世界认识了挪威，也让挪威认识了这个世界。正是这些人，打破了长久地围住这个国家、将其阻拦在欧洲之精神生活以外的那重篱墙。

比约恩斯彻纳·比约恩松

第三十七章
近代挪威 [1]

一场大危机以弹劾塞尔默首相[2]而宣告结束,自那以后,挪威的历史似乎就开始在合法的界限内持续动荡,国民与王权的较量仍悬而未决。不过也有一些其他的因素介入干预宪法争论。挪威依循了其他所有倾向民主的国家的先例,将打击教会与限制王权结合了起来。

挪威的乡村牧师具有不可忽视的力量和影响力。与身边的农民们相比,他们无疑接受过更好的教育。牧师是教会附属地的所有人,相比其他人的小块地产,他得到的土地可是相当大。他理所当然是教区寄宿学校的主席,也往往作为选区代表出席挪威国会。正是后面这一点让挪威牧师比英格兰牧师更有权势。易卜生笔下所描写的牧师(praest)一点都不讨喜,比如《爱情喜剧》里的斯特拉曼德,或是《布朗德》中的教长(Provost)。事实上,不难理解文人阶层

---

[1] 本章作者是 C. F. 基尔里(1848—1917),历史学家,著有《基督教世界中的维京人》(*The Vikings in Western Christendom*)、《挪威与挪威人》(*Norway and the Norwegians*)等。——编者注
[2] 克里斯蒂安·奥古斯特·塞尔默(1816—1889),1880—1884 年任挪威首相。——编者注

与科学家们（the illuminati）是牧师的天敌。他擅长虚礼与伪善，我们都可想而知。然而无论如何，不能忍受任何束缚的新民主主义无可避免地将向教会的影响力开战。

如今自由党开始出现分裂，民主与其他革命运动一样，开始吞噬它自己的产物。1884 年，约翰·斯维尔德鲁普成为自由党的中心人物，他的声望源自其个人的天赋，以及他代表自由主义向宫廷和瑞典势力发起的挑战。他的名字引人注目，还因为他与另一位政体形成时期的伟大政治家的关系[1]。然而，他很快便触怒了年轻的民主主义者，原因就是教会问题——关于祭仪和道德之类。仍由斯维尔德鲁普领导的自由党分支被称作旧自由派或"老左派"，新的自由主义者则被称为"欧洲人"——实际上更接近于我们的语言中所谓的世界主义者。据说斯维尔德鲁普对那些扩展公民权的提案也表现出不近人情。他在 1884 年提交了一个议案，旨在将乡村地区和城镇的财产认定标准分别降低至 15 英镑（相当于 500 挪威币）和 45 英镑。但这一提案被国王否决了。数年之内，在这件事上也再无音信。其他触及牧师影响力的问题更加立竿见影地激起了公众的情绪。其中一条是关于支付"诗人薪水"，或者应该说是给作家亚历山大·谢朗拨发年俸一事。基于谢朗反基督教的主张，这件事遭到教会党的反对。近来将重心从诗歌转向政治的比约恩斯彻纳·比约恩松正是在此时以一种威严好斗的形象登场了；或者我们应该说的是，他对此事的影响力漂洋过海，因为比约恩松此时已离开挪威两三年了。他的签名出现在支持谢朗的声明上。这些声明在 1885 年遭拒收，次年又坚决地提交上去，因为这中间刚好有一次大选，让

---

[1] 老斯维尔德鲁普，即格奥尔·斯维尔德鲁普教授，是约翰·斯维尔德鲁普首相的叔叔。

自由党成为占据 2/3 的多数派。与此同时，另一个事关教会的问题冒了出来，一份提案提议在各教区根据非官方宗教团体的人数比例情况，允许其使用教堂。这就是所谓的"开放教堂"问题。

在反对这一切新民主主义运动的人中，为首的是两名教士，奥夫特达尔牧师和雅各布·斯维尔德鲁普牧师。由于后者是首相的侄子及其内阁成员，约翰·斯维尔德鲁普不得不为他侄子的言论负责。在有关谢朗的声明第二次被提交的那年，比约恩斯彻纳·比约恩松回到了克里斯蒂安尼亚并受到热烈欢迎，场面之盛，从没有哪个现代诗人得到过这样的待遇。"城市与港口，到处飘扬着旗子"。此后一年，政府与自由党又就另一位作家及其观点产生了巨大分歧。这位作家名叫克里斯蒂安·克罗格——这是一个会让人联想到挪威国家之建立的名字[1]。克里斯蒂安·克罗格原本是画家，但在 1886 年他写了一本叫作《艾伯丁》的小说，很可能是受了左拉的《娜娜》的启发。

政府宣布这本书伤风败俗并下了禁令。克罗格于是给书作了一幅插画，使它更加名声大噪。这幅画还被送往全国展览。挪威政府的这一做法实际上与英格兰政府经宫务大臣之手起诉左拉译作的出版公司并无不同。但在这时，挪威年轻一代的文人们深受法国文学和艺术的影响，因此政府此举在文艺圈引起了巨大的愤慨。

此外，教会一派并不满足于单纯地表示反对。作为对开放教堂运动的回应，他们提议地区议会应当有权将一切反基督教的、生活中不检点的团体从使用教堂的候选团体名单中剔除出去。这个提议当然并非全无道理，因为要投票将用于礼拜的建筑物拿去给那些对

---

[1] 这个克里斯蒂安·克罗格是爱国者克里斯蒂安·克罗格的孙子。后者曾任政府部长。

这种事毫无兴趣的人使用，本来就不公平。但这么做就会在每个教区衍生出一个和宗教法庭差不多的团体，使巨大的权力落到牧师手中。像英国的教士一样，牧师由主教任命，因此是独立于其教众的。针对这一举动，自由党反过来提交了一个议案，要求教区牧师由教众选举产生。约翰·斯维尔德鲁普在所有这些问题上都站到了保守党这边，并且自从被国王否决之后，他再没去推动他那个《改革议案》，民众开始怀疑他是否还坚守着以前的原则。和大国的情况不同，在一个像挪威一样的小国，政治家的个人品格是非常引人注目的；政治事务也更加受到个人的关注和重视，因此整个政治竞技场的态势显得更富戏剧性。国王奥斯卡二世所产生的个人影响甚大。人们认为他蛊惑了某些与他有所接触的大臣。斯维尔德鲁普自然是其中一位。另有一位名叫里克特，是一个拥有非常高成就和地位的人，他曾是留驻斯德哥尔摩的内阁成员[1]。在此之前里克特一直被视为自由派后期的希望之星，但他在1888年的作为，令人认为他已经背叛了自由派。

1888年，大危机来临，自由党完全分裂。如我们所知，挪威国会是每三年选举一次的那种议会[2]，挪威再次处于大选前夕。正是在这时，比约恩松高调进入了公众视野。他在议会之外的演说中强烈抨击首相在公民权一事上的疏忽怠慢。有人提交了普选权议案，遭到斯维尔德鲁普的反对，他的内阁中有三名成员辞职。

他们的辞呈并没有立即被国王批准，而是延至大选开始。于不安的期望之中，新自由派将一切希望都寄托到里克特身上，如果能得到他支持，斯维尔德鲁普的内阁必然垮台。然而事与愿违。据说

---

[1] 三名内阁成员留驻斯德哥尔摩。
[2] 本书将 Storthing 译为"（挪威）国会"，将 Parliament 译为"议会"。其实 Storthing 也可译为"大议会"，其从1945年起改为每4年选举一次。——编者注

是国王说服了他。里克特和比约恩松曾是旧友，里克特要年长数岁。但在挪威，与其他任何欧洲国家不同的是，文学比政治在民众心中更有地位，里克特亦常常对他的这位诗人朋友心怀崇敬。比约恩松对里克特的做法非常愤怒，拒绝再见他。他甚至促成了国王与里克特之间一些往来信件的公开出版，导致里克特在朋友圈里陷入的信任危机雪上加霜。反过来看这也可以算是一种背叛。眼下（据说）里克特已受到影响，法院拒绝履行之前对他的承诺。之前他被许以英国大使馆的职务，那样他就可以远离动荡的本国政治圈。然而如今此事已无望。遭受各方面失意打击的里克特选择了自杀。这些事都发生在1888年。

1889年的大选之后，斯维尔德鲁普的支持者下降至22席，而激进自由派占到38席。但以斯唐为首的保守党从32席增长至54席，他们暂且帮斯维尔德鲁普继续执政。在这一年里，一个新问题跃入公众视界，这本来是一个纯政治问题，到头来却吞没了挪威与瑞典争端中的所有其他问题。这一年将因法国世博会而被铭记。对于这一场意在庆祝攻占巴士底狱100年暨开创民主制度100年的展会，欧洲所有的君主制国家都冷眼旁观。但挪威对法国是全然同情的，并且通过大臣们传话给瑞典与挪威共同的大使卢恩霍普特伯爵，让他在开幕式当天出席并接待法兰西共和国的卡诺总统。但卢恩霍普特伯爵回话说他的政府——奥斯卡二世的瑞典政府禁止他这么做。在此之前，挪威对本国没有直接的外交代表以及本国的外交政策必须且绝对从属于瑞典感到不满已久。这下，每个人都意识到这个问题，于是建立独立的外交部，选派独立的外交大使，等等，成为挪威政治中眼下要解决的问题。

这个问题的主要麻烦在于，有关外交代表一事在《联合法案》中并没有明确规定，挪威宪法里亦没有提及——这个宪法在卡尔·约翰（伯纳多特）将挪威纳入瑞典的联合王国时得到他的认可，或者更确切说是卡尔十三世在卡尔·约翰的指示下对它做出了认可。两个国家是彼此独立的，这一点毋庸置疑。它们拥有各自的宪法、代表体系、政府部门、财政预算及国防事务投票权。那么可想而知，虽然联合王国不大可能对外配置双重外交代表，对内设双重外交部门，但至少代表瑞典和挪威的大使们应当是从两国都有挑选，以便在外交事务的讨论中使挪威人也能明确表达自己的意愿。如果这些正当的愿望在一开始就得到满足，无疑就不会出现眼下这种僵局了。不幸的是，将挪威视作次要国的惯例从一开始就形成了，在内部管理上，挪威的确是独立分开的，但总的来说，在外交关系上它仍从属于瑞典。随着挪威重要性的提升，并且它意识到至少在文学和艺术方面本国与瑞典不相上下甚至更加优秀，自尊心自然就开始膨胀。一旦如此，两国要再达成完全的联合就很难了。

　　法国世博会上挪威代表分身乏术，这个大体来说微不足道的小插曲实则是一个很好的例子，让我们看到这两个国家可能会陷入一个怎样的僵局。因为卢恩霍普特伯爵明显不可能同时做到既以挪威代表的身份出席，又以瑞典代表的身份缺席。正如瑞典无权强迫挪威接受被他国代表一样，挪威也无权要求瑞典派代表出席开幕式。如果换作重大事件，假设是涉及战争与和平的问题，又当采取怎样的措施去解决呢？

　　等挪威的保守党和瑞典政治家中的智者意识到一定要找个解决办法时恐怕为时已晚，谁都不愿看到这种情况。但新自由党却也无甚作为。而在瑞典有一个叫作大瑞典党（Storsvenska Parti）的极端保守党派，他们认为唯一的解决办法就是付诸武力，且迫不及待地想要将瑞典大国的至高主权强加于小国挪威。国王奥斯卡二世对这些暴力观点表示反对，从而使两方之中的温和派都对他大为称赞。

但有传闻说那位储君就要更刚愎顽固一些了，而我们也不能忘了奥斯卡二世在1897年庆祝了他继位25周年[1]。

对于目前的困难，除了就该问题对《联合法案》加以修订之外似乎别无他法可选。为了让两国都能欣然接受，经提议，一个联合委员会（Unionskommitté）产生了，瑞典和挪威出席人员各占一半。这似乎是对挪威做出的一个很大的让步。因为人口更多的瑞典大可以辩称本国利益更为重要。不过即使是挪威的温和派和保守党似乎都表示这就是底线，挪威无法再让步了。

但一开始新自由派人士并不满足于这个折中方案。他们振臂所求的是两点，一是国内代表的普选权，二是独立的外交大使与使馆。1894年的选举中他们成为多数派，比其他两党之和还略多。依照宪法惯例，国王应该派人请来新自由党的领导人斯蒂恩先生，让他组建一个内阁。但奥斯卡二世拒绝这么做，除非斯蒂恩及其同党保证不再尝试实施他们那个关于选派独立外交大使及建立独立领事部门的计划。保守党人哈格吕普和后来的温和主义者米什莱试图支起一个初步的内阁。但事实上，从1894年大选后期直到1895年下半年的18个月期间，挪威都没有一个可负重任的内阁。这是联合王国事务中的最后一场大危机。挪威的民愤高涨，其中最具影响力的人物莫过于比约恩斯彻纳·比约恩松。在多夫勒峡湾的另一边，大瑞典党也显得情绪激烈。毫无疑问，1895年的瑞典和挪威走到了内战的边缘。瑞典军队一度驻扎挪威边界，随时准备侵入这个次级小国。

从那之后，升腾的怒火有了些许的冷却。反瑞典一派由于1896

---

[1] 奥斯卡二世1872年继位为挪威和瑞典国王。其在位期间的1905年，挪威和瑞典经过谈判和平宣告两国联盟解体，奥斯卡二世放弃挪威王位，来自丹麦的卡尔王子继任挪威国王，是为哈康七世。——编者注

年《国旗议案》的提出而略为宽心，这个议案意在拿掉挪威商旗右上角方块区那代表瑞典的颜色。议案一开始遭到了国王的否决，但最终还是得以实施。与此同时，一个以修订《联合法案》为初衷的委员会获得任命。1895 年年底，一个新自由党内阁产生，随即便提出了有关设立独立领事等事务的建议书，并提出在挪威推行普选的议案。这被认为是超纲之举。但在 1897 年的大选也就是最后一次大选中，斯蒂恩内阁以 79 席占据绝对多数，其他所有党派总共只得 35 席。1897 这一年也是奥斯卡二世继位 25 周年庆之年，为此还在斯德哥尔摩召开了国际展会。这两件事在某种程度上缓和了政治上的针锋相对。《国旗议案》于 1898 年获得通过，并于 1899 年秋开始实施。《参政议案》也在 1898 年得到王室认可，并将在 1900 年的大选中首次执行[1]。在随后普选权的裁决中，许多重大问题有待解决，因为新的挪威议会将会考虑联合委员会的建议，如今没有什么能再拖延他们处理这件重中之重的大事。

在这场危机中，挪威的两大文豪表现迥异，令我们回想起两位现代挪威文学之父——韦格兰德[2]和韦尔哈文[3]的态度。易卜生虽然回到克里斯蒂安尼亚，即奥斯陆，长居数年，但并不参与公共事务，且无疑还在私下嘲讽他那位同事的兴奋姿态。克里斯蒂安尼亚年轻一代的作家也对政治不太热心。我们也看到在有关教会争议一事上，他们必然是站在新自由主义一边的，但总的来说他们并没有表现出强烈的爱国情绪。他们之中的许多人在国外待了很久，尤其是法国，正如上文已述，他们深受法国影响。讽刺作家贡纳·海伯

---

[1] 关于 1897 年和 1900 年两次大选的措辞，须考虑到原书的写作时间。——译者注
[2] 亨利克·韦格兰德（1808—1845），挪威作家，其作品涵盖了诗歌、戏剧、历史及语言学研究等各方面，是挪威现代文学史上的领军人物。——编者注
[3] 乔安·塞巴斯蒂安·韦尔哈文（1807—1873），挪威作家、诗人、评论家，是挪威文学界保守主义的代表人物，与韦格兰德长期不和。——编者注

挪威冰川之灵厄达尔

格忙于各种政治事件，却从不是站在大众一边。结果就是他两年前在克里斯蒂安尼亚上演的喜剧《枢密院》(Statsraadet)在剧院引起了骚乱，经理不得不出面致歉。海伯格本人也被迫做出些许改变以使这部作品能继续登上舞台。

  这或许是一场即将消逝的运动。挪威文学即便在它最法国化、最颓废的时候，仍一直具有一种民族特质。首先，它的悲观主义格调比它所追随效仿的范例要严肃、沉重得多。如果是左拉的话，即便是在他最阴郁黯淡的描述背后，我们仍然总能看到他对创作、对萦绕其身的各种创作意象、对巴黎的喧嚣生活以及那里数百万人类的津津乐道，心怀喜悦。而挪威的作家们似乎一直都更专注于自身。不过伴随着这种危险的特质，他们还带着某种质朴，这便成为其艺术作品中赖以弥补缺点的可取之处。事实上，这种奇特之处在所有的北欧文学，包括俄国及斯堪的纳维亚文学中是共通的，正与法国和英国的文学形成对比。于是，即便自我又蛮横如克努特·汉姆生[1]，也在他的作品中通过单纯直观的印象描述，营造出一种非凡的质朴风格，比如《饥饿》(Slut)，里面几乎没有什么情节，大多用来描述一位文人的饥饿之苦；又如《潘》，该书是对一个半野蛮又全"自然"的人的研究，这个人自我中心，以树林为家。另有一位作家文风十分不同，却同样具有这种质朴简单的特点，那就是托马斯·克拉格[2]，他既不像比约恩松那类老派人士一样热血，也不同于克里斯蒂安尼亚那些认清了假象、决心要成为悲观主义者的反偶像崇拜的年轻一代。

---

[1] 克努特·汉姆生（1859—1952），挪威作家，1920年获诺贝尔文学奖。其意识流的写作手法和对心理文学的提倡对后世有很大影响。——编者注
[2] 托马斯·克拉格（1868—1913），挪威小说家、剧作家，其作品当年发表时曾在丹麦大受欢迎并跻身畅销书前列，但今天已趋湮没。——编者注

克拉格也创作乡村生活小说，但并不是比约恩松的《阿恩》那一类的农民小说。《埃达·怀尔德》大约是他最好的作品，因为这一本最为有名。这本书的基调十分忧伤，却有诗意贯穿始终。它讲述的是一段难以调和的情事，其中涉及某种典型的新与旧、雅与俗的碰撞。汉斯·昂鲁德是另一位乡村生活——真正的农民生活——的忠实记录者，他更多地追随了比约恩松的脚步。托马斯·克拉格的弟弟威廉也写过一些故事，但其最著名的身份还是诗歌作者，他是最棒的斯堪的纳维亚抒情诗人之一。向乡村生活的简单回归，于挪威而言是一种反抗，是对法国对克里斯蒂安尼亚影响力的反击，在瑞典亦有类似现象，那便是才华横溢的女作家塞尔玛·拉格洛芙的那些小说（尤其是她的《戈斯泰·贝林的故事》）。在瑞典，颓废派艺术家的代表人物大有来头，他便是斯特林堡。贡纳·海伯格在前文已经提过[1]，在此就不赘述了。另一位优秀的小说家是彼得·埃格，他最有名的作品是《惩罚》和《古岛》(*Gammelsholm*)。

---

[1] 他的最新作品里包括 *Hilda og Mor* 和 *Harald Svans Mor*。

全书译名章节表

A

Aabo 奥柏；35

Aachen 亚琛；3

Aake 奥克；5

Aal, Jacob 雅各布·艾尔；36

Aale Hallvardsson 阿勒·哈尔瓦德松；24

Aaluf 阿路芙，克里普·索尔松之妻；8

Aamot 奥莫特；6

Aamunde Gyrdsson 阿蒙德·吉德松；21

Aarmaend 管事（职务）；5

Aaros 阿洛斯；15

Aasa 奥莎，"狩猎王"戈弗雷的妻子；3

Aasa, Haakon Grjotgardsson's daughter 奥莎，哈康·格约噶尔松之女；5

Aasbjörn Sigurdsson 阿斯比约恩·西格德松；13

Aasbjörn of Medalhus 梅达胡斯的阿斯比约恩；7

Aasen, Ivar 伊瓦尔·奥森；36

Aasgerd, wife of Egil（Baldgrim's son）奥斯葛德，埃吉尔（"光头"格林姆之子）的妻子；6

Aasta, mother of Olaf the Saint 阿斯塔，"圣徒"奥拉夫的母亲；13，15

Aastrid, queen of Olaf the Saint 阿斯特里德，"圣徒"奥拉夫的王后；13

Aastrid, Olaf Tryggvesson's mother 阿斯特里德，奥拉夫·特里格瓦松的母亲；8，10

Aastrid, Olaf Tryggvesson's sister 阿斯特里德，奥拉夫·特里格瓦松的妹妹；11

Aastrid, daughter of Bishop Roe 阿斯特里德，鲁主教的女儿；25

Aastrid, daughter of Thirik 阿斯特里德，赛里克的女儿；11

Aastrid, wife of Earl Sigvalde 阿斯特里德，西格瓦尔德伯爵的妻子；11

Aasulf of Austraat 阿苏特·奥斯特拉；27

Abel, mathematician 阿贝尔，数学家；36

Absalon, Bishop 阿布萨隆主教；23—25

Ada Whild 埃达·怀尔德；37

Adalbert of Bremen 不来梅的阿达尔贝特大主教；16

Adeler, Kort 科特·阿德勒；35

Aeger 巨人埃吉尔；2

Aelgifa, see Alfifa 阿尔吉法（见：阿菲法）

Aesir 阿萨神族；2

Agdeness 阿格德内斯；19

Agder 阿格德；3，4，11，12，22

Agmund Skoftesson 阿格蒙德·斯科夫特松；18

Agnes, Queen of Denmark 阿格内斯，丹麦王后；30

403

Agnes, daughter of Haakon Longlegs 阿格内斯，"长腿王"哈康之女；34
Agvaldsness 阿格瓦尔兹内斯；7，13
Aker 阿克；27，35
Akershus 阿克什胡斯；31，34，35
Akron 阿克伦；19
Albrecht of Mecklenburg 来自梅克伦堡的阿尔布雷克特；32，33
Alexander Newsky 亚历山大·涅夫斯基；27
Alexander IV., Pope 教皇亚历山大四世；27
Alexander I., Emperor of Russia 沙皇亚历山大一世；35
Alexander III., King of Scotland 苏格兰国王亚历山大三世；27，29，30
Alexius I., Comnenus 亚历克修斯一世；19
Alexius III., Angelus 亚历克修斯三世；24
Alf Askman 阿尔弗·阿斯克曼；7
Alf Erlingsson 阿尔夫·厄林松；30
Alf Guldbrandsson 阿尔夫·古尔布兰德松；13
Alfheim 阿尔弗海姆；2
Alfhild, mother of Magnus the Good 阿尔菲雅德，"好王"马格努斯之母；15
Alfifa 阿菲法；14
Alfonso the Wise "智者"阿方索；27
Alfvine 阿尔芬；10
Allogia, see Olga 阿洛吉娅（见：奥尔加）
Almannagjaa 阿曼那乔裂谷；28
Alsted 阿尔斯特；15
Althing 阿尔庭；11，28
Amboise 昂布瓦斯；3
Amsterdam 阿姆斯特丹；33
Amund Sigurdsson Bolt 阿蒙德·西格德松·博尔特；33
Andres Skjaldarband 安德烈斯·斯加达班德；26，27
Andvake 安德瓦克之号；24
Anglesey 安格尔西岛；18

Anglo-Saxon 盎格鲁—撒克逊；3，10，11
Anker, Peder 佩德·安克尔；36
Anna Kolbjörnsdatter 安娜·寇比约恩达塔；35
Ansgarius, St. 圣安斯加里乌斯大主教；3
Anund 阿农德；4
Anund Jacob, King of Sweden 瑞典国王阿农德·雅各布；13
Apostles, Church of the 使徒教堂；19
Arctic Circle 北极圈；35
Arinbjörn Thoresson 阿林比约恩·托雷松；6
Armfelt, General 阿姆费尔特将军；35
Arnbjörn Jonsson 阿比约恩·乔恩松；27
Arne《阿恩》；37
Arnmodlings 阿恩莫德林；16
Aryans 雅利安人；1
Asa-faith 阿萨教；7
Asaheim 阿萨海姆；2
Asgard 阿斯加尔德；2
Asgeir 艾斯格；3
Asia 亚洲；1，2，15
Ask 阿斯克；2
Askatin 阿斯卡汀；29
Aslak Erlingsson 阿斯拉克·厄尔林松；12
Aslak Rock-Skull（Holmskalle）"顽石头骨"阿斯拉克（霍姆斯卡勒）；9
Astrid, Sverre's first wife 阿斯特里德，斯韦雷的第一个妻子；25
Audhumbla 奥拉姆布拉；2
Audun Hugleiksson 奥顿·赫格里克松；30，31
Aun the Old "老者"奥恩；4
Aura-Paul 奥拉保罗；24
Austrian 奥地利人；35

B

Baard, steward of Erik Blood-Axe 博尔德，"血斧王"埃里克的管事；6

Bactria 巴克特里亚；1

Bagler 贼子帮；24—27

Balder 巴德尔（光明神）；2

Bald Grim "光头"格林姆；5，6

Baldwin 鲍德温国王；19

Baltic, the 波罗的海；7，15，17，21，32

Bank of Norway 挪威银行；36

bauta-stone 立石纪念碑；7

Beauvois 博瓦；3

Belts, the 贝茨（海峡）；24

Bene Skindkniv/Benedikt "皮刀" 贝内/贝内迪克特；27

Bengt Algotsson 本特·阿尔戈特松；32

Beorthric 博尔斯里克国王；3

Berg-Anund 伯格阿农德；6

Bergen 卑尔根；17，19，20—25，27，31—35

Bergljot, high-minded 高洁的伯格略特；9，12，16

Bergthor's Knoll 伯格索尔山；11

Bernadotte, Jean Baptiste 让·巴普蒂斯特·伯纳多特；35，36

Bernsdorff, Andreas 安德烈亚斯·伯恩斯多夫；35

Bertrand of Tripolis 的黎波里的贝特兰德伯爵；19

Bevje-Aa 贝维耶奥；21

Biadmuin 比亚德穆因；18

Bifrost 比尔鲁斯特（彩虹桥）；2

Birchlegs 桦皮腿团；23—27

Birger, Earl of Götland 哥得兰伯爵比耶；23

Birger Magnusson, King of Sweden 瑞典国王比耶·马格努松；30—32

Bjarkemaal 比雅克马尔之歌；13

Bjarkö 比亚寇；13，30，32

Bjarne Erlingsson 比亚内·厄林松；30

Bjarne Herjulfsson 比亚内·赫约尔夫松；12

Bjelke, General 比耶克将军；35

Björgvin, see Bergen 比约格温（见：卑尔根）

Björn, King of Sweden 瑞典国王比约恩；13

Björn Egilsson 比约恩·艾吉尔松；21

Björn Ironside 比约恩·艾恩赛德；3

Björn, a peasant 比约恩，农民；8

Björn the Merchant（Farmand）"商王" 比约恩；5，13

Björn Stallare 比约恩·斯塔拉尔；13

Björnson, Björnstjerne 比约恩斯彻纳·比约恩松；36，37

Björn, the yeoman 自耕农比约恩；6

Black Death, the 黑死病；32

Blanca of Namur 来自那慕尔的布兰卡；32

Blekinge 布莱金厄；32，35

blood-wite 血罚金；1

blood-atonement 血偿金；5

Bömmelfjord 博梅尔峡湾；32

Bör 波尔；2

Borgen 伯尔根；1

Bogesund 伯格松德；34

Bohemia 波西米亚；1

Bohuslen 布胡斯；1

Borg, see Sarpsborg 伯格（见：萨普斯堡）

Borgar-thing 波格尔"庭"；16，24，29

Borghild, daughter of Olaf of Dal 波格希尔德，达尔的奥拉夫之女；19

Bornhöved 博恩霍维索；27

Bornholm 博恩霍姆；35

Brage 布拉吉；2，4，9

Bratsberg 布拉兹伯格；11，21

Breidablik 布雷达布里克（光明宫）；2

Bremangerland 布雷芒厄；23

Bremen 不来梅；11，16

Brenn Islands 布雷恩群岛；15

Brigida, Harold Gille's daughter 布丽吉德，哈拉尔德·吉勒之女；23

Brising 布里希嘉；2

405

Bristein 布里斯坦；24

Brömsebro 布罗姆谢布罗；35

Brunkeberg 布鲁克贝里；34

Brynjulf 布林尤夫；9

Bue the Big（Digre）"大块头"布埃（蒂格勒）；9

Bugge, Prof. Sophus 索菲斯·布格教授；11

Bull, Ole 奥雷·布尔；36

Bure 布尔；2

Buris Henriksson 布利斯·亨里克松；23

Burislav 布里斯拉夫；10，11

Buste 布斯塔；8

Bute 比特岛；27

Byzantine 拜占庭；24

C

Candor, Lay of《直谏诗》；15

Canterbury 坎特伯雷；11

Cantire 坎泰尔；27

Cape Cod 科德角；12

Capercailzie, the 雷鸟；35

Carolingians 加洛林王朝；3

Carnot, President 卡诺总统；37

Carrara 卡拉拉；3

Castile 卡斯蒂利亚王国；27

Catholic 天主教；34，35

Cecilia, second queen of Sigurd the Crusader 塞西莉亚，"圣战王"西格德的王后；19

Cecilia, daughter of Sigurd Mouth 塞西莉亚，"大嘴王"西格德之女；23，25

Celestin IV., Pope 教皇西莱斯廷四世；27

Charlemagne 查理大帝／查理曼；3，15

C.F.Keary（Charles Francis Keary）C. F. 基尔里；37

Charles the Bald "秃头王"查理；3

Charles the Simple "糊涂王"查理三世；5

Charles Knutsson Peasant 农民卡尔·克努特松；33，34

Charles Sunesson 卡尔·苏尼森；21

Charles V., Emperor of Germany 神圣罗马帝国皇帝查理五世；34

Charles IX., King of Sweden 瑞典国王卡尔九世；35

Charles X., Gustavus 古斯塔夫斯，卡尔十世；35

Charles XII., King of Sweden 瑞典国王卡尔十二世；35

Charles XIII. 卡尔十三世；35—37

Charles XIV., John, see Bernadotte 约翰，卡尔十四世（见：伯纳多特）

Charles XV., King of Norway and Sweden 挪威与瑞典国王卡尔十五世；36

Christ-Church 基督教会；17，27

Christian I. 克里斯蒂安一世；34

Christian II. 克里斯蒂安二世；34

Christian III. 克里斯蒂安三世；34，35

Christian IV. 克里斯蒂安四世；35

Christian V. 克里斯蒂安五世；35

Christian VI. 克里斯蒂安六世；35

Christian VII. 克里斯蒂安七世；35

Christian VIII. 克里斯蒂安八世（见：克里斯蒂安·弗雷德里克）

Christian August, of Augustenborg 奥古斯滕堡的克里斯蒂安·奥古斯特；35

Christian Frederick 克里斯蒂安·弗雷德里克；35，36

Christian Krohg 克里斯蒂安·克罗格；37

Christiania 克里斯蒂安尼亚；16，35—37

Christiania Fjord 克里斯蒂安尼亚峡湾；4

Christiansand 克里斯蒂安桑；35

Christina, wife of Erling Skakke 克里斯蒂娜，厄尔林·斯加科的妻子；21—23

Christina, Sverre's daughter 克里斯蒂娜，斯韦雷之女；25，26

Christina, wife of Haakon Galen 克里斯蒂娜，哈康·盖伦的妻子；25—27

Christina, daughter of Haakon the Old 克里斯蒂娜，"老者"哈康之女；27

Christopher I., King of Denmark 丹麦国王克里斯托弗一世；27，30

Christopher of Bavaria 巴伐利亚的克里斯托弗；33，34

Christopher, Count of Oldenborg 奥登堡的克里斯托弗伯爵；34

Churl's Head, the 莽人头；13

Clement, St. 圣克莱蒙（教堂）；13，14

Clyde, Firth of 克莱德湾；27

Constantinople 君士坦丁堡；15，16，19，20，24

Conqueror, see William the 征服者（见："征服者"威廉一世）

Copenhagen 哥本哈根；13，30—32，34，35

Count Löwenhaupt 卢恩霍普特伯爵；37

Count's Feud, the 伯爵之争；34，35

Cowimen, see Kuvlungs 僧袍团

Crane, the "仙鹤号"；11

Crimean War, the 克里米亚战争；36

Crookmen, see Baglers 杖帮/主教之兵（见：贼子帮）

Curia, the Roman 罗马教廷；27，30

Cuthbert, St. 圣卡斯伯特；3

D

Dagfinn Peasant 达格芬·农（农民达格芬）；24，27

Dalarne 达拉那；33

Dale-Guldbrand 达尔-古尔布兰；13

Dalsland 达斯兰；18

Dannebrog, the 丹尼布洛；35

Dannevirke 但尼沃克；9

Dav 达夫；23

Delling 德尔林（黎明之神）；2

Dingeness 丁格内斯；8

Ditmarsken 迪特马尔申；34

Djursaa 蒂尤尔撒；16，23

Domesday Book 末日审判书；5

Donald Bane 唐纳德·贝恩；18

Donmouth 多恩茅斯；3

Don Philip 堂·菲利普亲王；27

Dorchester 多切斯特；3

Dorestad 杜里斯特；3

Dovrefjeld 多夫勒峡湾；37

Dovre Mountain 多夫勒（山）；18，19，36

Drontheim 特隆赫姆；5，7，9—11，13，27，32，34—36

Drontheim Fjord 特隆赫姆峡湾；5，8，10，24

Dublin 都柏林；3，10，15

Dumbarton 邓巴顿；3

Durham, see Simeon of 达拉谟（见：达拉谟的西米恩）

Dutch 荷兰；33—35

Dynekilen 迪内奇伦；35

E

Eadburg 伊德柏格；3

Eadgar the Etheling（编者按：原文如此，似应为 Edgar the Ætheling）埃德加亲王；18

Eadwine, Earl 埃德温伯爵；16

Ecgfridh 埃格弗里德；3

Edda, the Younger《新埃达》(散文埃达)；28

Edward the Confessor "忏悔者"爱德华；15

Edward I. 爱德华一世；30

Egil Aaslaksson 埃吉尔·阿斯拉克松；18

Egil, Bald Grim's son 埃吉尔，"光头"格林姆之子；5，6

Egil Uldsaerk（Woolsark）埃吉尔·乌尔萨克；

407

7

Egilö（Egil's Island）埃吉洛（埃吉尔岛）；8

Eker 埃克；4

Eidsiva Law 埃兹维尔法；4，13，29

Eidskog 埃兹库格；23

Eidsvold 埃兹沃尔德；5，13，27，36

Einar Eindridsson 艾纳·恩德里松（见：艾纳·泰姆巴斯克威尔）

Einar Thambarskelver 艾纳·泰姆巴斯克威尔；11—16

Einar the Priest "教士" 艾纳；24

Eindride Einarsson 因德里德·艾纳松；15，16

Eindride the Young 小因德里德；23

Einheriar 恩赫里亚（英灵战士）；2

Elgeseter 埃格瑟特；27

Elivagar 埃利伐加尔；2

Ellisif, queen of Harold Hard-Ruler 伊丽丝芙，"铁腕王"哈拉尔德的王后；15—17

Elsinore 埃尔西诺；30

Embla 埃姆布拉；2

Engelbrekt Engelbrektsson 恩格尔布雷克特·恩格尔布雷克特松；33

England 英格兰；1，3，5—7，9—19，23，29，30，32，35，36

Enköping 恩雪平；32

Erik, Archbishop 埃里克大主教；24—26

Erik Blood-Axe "血斧王" 埃里克；5—7，11，13

Erik Eiegod 埃里克·艾格德；18

Erik Eimundsson 埃里克·埃蒙德松（瑞典国王）；5，13

Erik Emune 埃里克·埃姆纳；21

Erik Eriksson Lisp, King of Sweden 瑞典国王埃里克·埃里克松；27

Erik Glipping/Erik Klipping 埃里克·格力平；30

Erik Gudrödsson 埃里克·古德罗德松；3

Erik Haroldson 埃里克·哈罗德松（"血斧王"埃里克）；6

Erik Haakonsson, Earl 埃里克·哈康松伯爵；9，11—13，16

Erik, King of Hördaland 霍达兰国王埃里克；5

Erik Kingsson, Earl 埃里克·金森伯爵；24

Erik Magnusson, Duke 埃里克·马格努松公爵；31，32

Erik Magnusson, son of Magnus Smek 埃里克·马格努松，马格努斯·斯麦克之子；32

Erik Menved 埃里克六世（丹麦国王）；30

Erik of Ofrestad 埃里克·奥弗雷斯塔德；8

Erik Plowpenny 埃里克·普劳佩尼；30

Erik of Pomerania 波美拉尼亚的埃里克；33

Erik Priest-Hater "仇恨教士者" 埃里克；30，31

Erik the Red, Archbishop "红胡子" 埃里克大主教；12

Erik the Saint "圣徒" 埃里克；25

Erik the Victorious, King of Sweden 瑞典国王"胜利王"埃里克；11，13

Erik the Younger, King of South Jutland 南日德兰国王小埃里克；5

Erlend of Huseby 哈斯比的厄伦德；26

Erlend Haakonsson 厄伦德·哈康松；9

Erling Eriksson 厄尔林·埃里克松；8

Erling Haakonsson 厄尔林·哈康松；9

Erling Skakke, Earl 厄尔林·斯加科伯爵；21—24

Erling Skjalgsson of Sole 索勒的厄尔林·斯珈格松；11—13，21

Erling Stonewall 厄尔林·斯通沃；26，27

Erling Vidkunsson 厄尔林·维德昆松；32

Erne, Loch 厄恩湖（位于爱尔兰）；3

Ernst, Herzog 赫佐格·爱恩斯特；15

Eskil Lawman 埃斯基尔·洛曼；27

Essex 埃塞克斯；10

Esthonia 爱沙尼亚；10，13

Estrid, daughter of Sweyn Fork-beard 厄斯特里德，"八字胡"斯温之女；15
Ethelred Ⅱ. 埃塞尔雷德二世；10，13
Ethelstan 埃塞尔斯坦；5，6，11
Eugene Ⅲ., Pop 教皇尤金三世；21
Euphemia of Arnstein 阿恩斯坦女伯爵尤菲米娅；31
Europe 欧洲；32，34，36
Eystein, Earl of Hedemark and Vestfold 海德马克和西福尔郡的伯爵埃斯泰因；6
Eystein Erlendsson 埃斯泰因·厄兰松；23，24
Eystein Haroldsson 埃斯泰因·哈拉尔德松；21
Eystein Magnusson 埃斯泰因·马格努松；19，21，23
Eystein Meyla 埃斯泰因·梅拉；23
Eystein Orre 埃斯泰因·奥勒；16
Eyvind Kinriva 艾文德·金利瓦；11
Eyvind Lambe 艾文德·兰姆；5
Eyvind Skaldespilder (Scald-Spoiler) 艾文德·斯卡兹珀德（吟游诗人）；7，8，11
Eyvind Skreyja 艾文德·斯克雷亚；6，7

F

Faeroe Isles 法罗群岛；3，11，21，23，25
Falköping 法尔雪平；33
Fall River 福尔里弗；12
Falsen, Judge 法尔森法官；36
Falsterbro 阿尔斯特布鲁；32
Fenris-Wolf 芬里尔狼；2
Fensal 芬撒里尔；2
Finland 芬兰；13，35
Finmark 芬马克郡；6，12，35
Finn Arnesson 菲恩·阿内松；16
Finn Eyvindsson 费恩·艾文德松；11
Finns 芬兰人；1，4—6，17，19
Fitje 菲恰尔；7

Fjölne 弗约恩（丰饶之神弗雷之子）；4
Flanders 佛兰德斯；3
Flensborg 弗伦斯堡；33
Florsvaag 弗罗瓦格；24
Folden 福尔登峡湾；4，13，16，21，27
Folkvang 弗尔克范格（女神弗蕾娅的宫殿）；2
Folkvid the Lawman 弗柯维德·洛曼；23，25
Fontenelle 丰特内尔；3
Formentera 福门特拉岛；19
Fors 福什；21
Forsete 弗尔采蒂；2
fox grape 美洲葡萄；12
Fraedö/Fraedöe 弗莱塔；7
France 法国；1，3，5，10，17，27，35，36
Fredensborg 弗雷登斯堡；35
Frederick, Count Palatine 巴拉丁伯爵弗雷德里克；34
Frederick Ⅰ./Duke Frederick, of Holstein 弗雷德里克一世/荷尔斯泰因的弗雷德里克公爵；34
Frederick Ⅱ., Emperor of Germany 神圣罗马帝国皇帝腓特烈二世；27
Frederick Ⅱ., King of Denmark and Normay 弗雷德里克二世，丹麦与挪威国王；35
Frederick Ⅲ. 弗雷德里克三世；35
Frederick Ⅳ. 弗雷德里克四世；35
Frederick Ⅴ. 弗雷德里克五世；35
Frederick Ⅵ. 弗雷德里克六世；35，36
Frederickshald 弗雷德里克夏尔德；35
Frederickshamn 腓特烈港；35
Frederickstad 弗雷德里克斯塔德；35
Fredericksteen 弗雷德里克斯腾；35，36
Freiness 弗雷内斯；7
Freke 弗莱基（奥丁的两头狼之一，"欲念"）；2
Frey 弗雷；2，4，11，13
Freya 弗蕾娅；2
Freydis 弗蕾蒂斯；12

409

Fridkulla 弗里德库拉；18

Frigg 弗丽嘉；2

Frisian 弗里斯兰人；13

Frosta-thing 弗罗斯塔"庭"；7，11，24，29

Frostatings-law 弗罗斯塔庭法；7

Frosten 弗罗斯敦；11，13

Fulford 富尔福德；16

Funen 菲英岛；15，30，35

Fuxerne 福克瑟内；18

Fyrileiv 弗里雷夫；20

G

Gahn, Colonel 加恩上校；36

Gall, St. 圣加仑；3

Gallia Narbonensis 那旁高卢行省；3

Gamle Eriksson 伽穆勒·埃里克松；7

Gardarike, see Russia 迦达里克（见：俄国）

Gauldale 高卢达尔；9，23

Gaule 高卢；6

Gaul River, see Gula Elv. 高卢河（见：古拉河）

Gautland 约特兰；9，11

Geira 葛拉；10，11

Georgios Maniakes 吉奥吉奥斯·曼尼亚克斯；15

Gerd 吉尔达；2

Gere 吉里（奥丁的两头狼之一，"贪念"）；2

German 日耳曼（人）；1，3

German Emperor 神圣罗马帝国皇帝；9，27，34

German wharf "德国码头"；35

Germany 德意志；1，3，17，31—36

Ginnungagap 金恩加格鸿沟；2

Giraldus Cambrensis 吉拉德，著有《海伯尼亚志》(De Topogr. Hiberniæ)；3

Giske 吉斯克；30，32，34

Gisla, wife of Duke Rollo 吉斯拉，罗洛公爵的夫人；5

Gissur the White "小白王"吉苏尔；9

Gissur the White[1] "小白王"吉苏尔；11

Gissur Thorvaldsson, Earl 吉苏尔·托瓦德松伯爵；28，29

Gjallar Bridge 加拉尔桥；2

Gjallar Horn 加拉尔号角；2

Gjeble Pedersson, Bishop 格耶伯·佩德松主教；35

Glommen 格罗门；13

Godfrey the Hunter, see Gudröd "狩猎王"戈弗雷（见："狩猎者"古德罗德）

Gogstad 戈兹坦；3

Gold-Harold 戈德·哈拉尔德；8

Goldlegs 金腿帮；24

Gorm the Old "老者"戈姆；5，6，13

Gösta Berlings Saga《戈斯泰·贝林的故事》；37

Götha Elv. 哥达河；15，16

Götland 哥得兰；23

Gottland 哥特兰岛；32，33，35

Goths 哥特人；1

Gran 格兰；11

Great Northern War, the 北方大战；35

Greece 希腊；10

Greeks 希腊人；1，3，15，19

Greenland 格陵兰岛；11，12，21，27

Gregorius Dagsson 格列高利·戴格森；21

Gregory IX., Pope 教皇格列高利九世；27

Grib, Peter 彼得·格里布；35

Grieg, J. J. 葛里格；36

Griffenfeld 格里芬费尔德；35

Grim, see Bald Grim 格林姆（见："光头"格林姆）

Grim Keikan 格林姆·凯康；27

---

[1] 原文如此，未与上一条合并，疑似不同的人，后文也有类似情况。——编者注

Grimkel, Bishop 格里姆寇主教；13，14

Grjotgard Haakonsson 哥尤迦德·哈康松；8

Gude, J. J. 古德；36

Gudleik Gerdske 古德莱克·格兹克；17

Gudny Bödvar's daughter 古德尼·博德瓦尔之女；28

Gudolf of Blakkestad 布莱克斯塔德的古道夫；27

Gudrid, wife of Thorfinn Karlsevne 古德里德，索尔芬·卡尔瑟文之妻；12

Gudröd Björnsson 古德罗德·比约恩松；7，8

Gudröd Eriksson 古德罗德·埃里克松；8，11

Gudröd Haroldsson 古德罗德·哈拉尔德松；5

Gudröd the Hunter "狩猎者"古德罗德；3，4

Gudröd, King of Hadeland 哈德兰国王古德罗德；13

Gudröd, King of the Hebrides 赫布里底国王古德罗德；21

Gudröd Ljome 古德罗德·隆约姆；5

Gudröd Meranagh 古德罗德·梅朗纳格；18

Gudrun, daughter of Ironbeard 古德伦，"铁胡子"的女儿；11

Gudrun Lundarsol "兰德之光"古德伦；9

Gula Elv. 古拉河；9，32

Gula-thing 古拉"庭"；6，7，13，29

Gulathings-law 古拉庭法；7，13

Guldberg, Ove 欧夫·古德博格；35

Guldbrandsdale 古尔布兰达尔；5，13，15，35，36

gülden 基尔德（货币单位）；34

Gungner 冈尼尔（永恒之矛）；2

Gunhild, queen of Erik Blood-Axe 贡希尔德，"血斧王"埃里克的王后；6—10

Gunhild, mother of Sverre 贡希尔德，斯韦雷之母；23

Gunnar of Gimse 希姆塞的贡纳；21

Gunnar Grjonbak 贡纳·格伦巴克；24

Gunnar Heiberg 贡纳·海伯格；37

Gunvor 贡沃尔；11

Gustavus Adolphus 古斯塔夫·阿道尔夫；35

Gustavus IV. 古斯塔夫斯四世；35

Gustavus Trolle 古斯塔夫斯·特罗勒；34

Gustavus Eriksson Wasa 古斯塔夫斯·埃里克松·瓦萨；34

Guttorm, Archbishop 古托姆大主教；27

Guttorm Eriksson 古托姆·埃里克松；7

Guttorm Haroldsson 古托姆·哈拉尔德松；5

Guttorm Ingesson 古托姆·英奇松；26

Guttorm, son of Sigurd Hjort 古托姆，西格德·约特之子；4，5

Guttorm Sigurdsson 古托姆·西格德松；13

Guttorm Sigurdsson 古托姆·西格德松；26

Guttorm Sindre 古托姆·西恩德勒；5

Gyda, wife of Harold the Fair-haired 居达，"金发王"哈拉尔德之妻；5

Gyda, wife of Olaf Tryggvesson 居达，奥拉夫·特里格瓦松之妻；10，14

Gyldenstjerne, Knut 克努特·吉尔登斯特耶内；34

H

Haakonarmaal《哈康之歌》；7

Haakon Eriksson, Earl 哈康·埃里克松伯爵；12，13

Haakon Galen 哈康·盖伦；24—27

Haakon Grjotgardsson 哈康·格约噶尔松；5

Haakon, Gunhild's emissary 哈康，贡希尔德的密使；8

Haakon Haakonsson the Old "老者"哈康·哈康松；26—29

Haakon Ivarsson 哈康·伊瓦松；16

Haakon Jonsson, Lord High Steward 王室总管大臣哈康·乔恩松；33

Haakon Longlegs "长腿王"哈康；30—32

Haakon Magnusson, son of King Magnus Haroldsson 哈康·马格努松，马格努斯·哈拉尔德松国王之子；17，18

Haakon Magnusson, son of King Magnus Smek 哈康·马格努松，马格努斯·斯麦克国王之子；32

Haakon Paulsson 哈康·保尔松；18

Haakon Sigurdsson, Earl 哈康·西格德松伯爵；8—12，16

Haakon Sverresson, King of Norway 挪威国王哈康·斯韦雷松；24—27

Haakon the Broad-Shouldered "宽肩王"哈康；21—23

Haakon the Good "好王"哈康；5—8，11，19，29

Haakon the Old, a Swedish peasant "老者"哈康，瑞典农民；8，10

Haalogaland 哈罗加兰郡；5，11，13，24

Haarek Gand 哈莱克·根特；4

Haarek Haroldsson 哈莱克·哈拉尔德松；5

Haarek of Thjotta 索约塔的哈莱克；11，15

Haavard the Hewer（Huggende）"砍伐者"哈瓦德·赫威（哈根德）；9

Hadeland 哈德兰；4，11，13

Hadrian IV., Pope, see Nicholas Breakspeare 教皇哈德良四世（见：尼古拉斯·布雷克斯皮尔）

Hadulaik 哈杜莱克；9

Hafrs-Fjord 哈弗斯峡湾；5

Hagerup 哈格吕普；37

Hagustald 哈古斯塔德；9

Hake, a berserk 狂战士哈克；4

Haldor Brynjulfsson 哈德·布吕诺夫松；21

Halfdan Haalegg（Longlegs）"长腿王"哈夫丹；5

Halfdan Sigurdsson 哈夫丹·西格德松；13

Halfdan the Swarthy, Gudrödsson 古德罗德松，"黑王"哈夫丹；3—5，21，27

Halfdan the Swarthy, Haroldsson 哈拉尔德松，"黑王"哈夫丹；5，6

Halfdan the White "白王"哈夫丹；5

Halfdan Whiteleg "白腿王"哈夫丹；4

Halland 哈兰；13，16，17，20，27，30—32，35

Hallkell Agmundsson 哈尔克·阿蒙德松；30

Hallkel Jonsson 霍尔科尔·乔恩松；24

Hall of the Side 赛德的霍尔；11

Hallvard Vebjörnsson, St. 圣哈尔瓦德·维比约恩松；16，22

Hals 哈尔斯；16

Halvard 哈瓦尔德；5

Hamar 哈马尔；21，27，35

Hamburg 汉堡城；3

Hampshire 汉普郡；10

Hannibal's Feud 汉尼拔之争；35

Hans Aanrud 汉斯·昂鲁德；37

Hans, King of Norway, Sweden and Denmark 汉斯，挪威、瑞典和丹麦国王；34

Hans, son of Frederick I. 汉斯，弗雷德里克一世之子；34

Hans Kolbjörnsson 汉斯·寇比约恩松；35

Hansa（Hanseatic League）汉萨同盟；30—35

Hansteen, astronomer 汉斯廷，天文学家；36

Hardeland（in Jutland）哈德兰（位于日德兰）；3

Harold, Earl of the Orkneys 奥克尼伯爵哈拉尔德；24

Harold Eriksson 哈拉尔德·埃里克松；7

Harold, grandson of Sigurd the Crusader 哈拉尔德，"圣战王"西格德之孙；23

Harold Bluetooth "蓝牙王"哈拉尔德；6—11，27

Harold Gilchrist 哈拉尔德·吉尔克里斯特；19

Harold Gille 哈拉尔德·吉勒；19—23，25，26

Harold Godwineson 哈罗德·戈德温森；16

Harold Gormsson 哈拉尔德·戈姆松；11

Harold Graafeld（Grayfell）哈拉尔德·格雷菲尔；7，8

Harold Grönske 哈拉尔德·格隆斯科；11，13

Harold Hard-Ruler（Harold Sigurdsson）"铁腕王"哈拉尔德（哈拉尔德·西格德松）；13，15—18，20

Harold Ingesson 哈拉尔德·英奇松；23

Harold Lufa 卢法·哈拉尔德（"金发王"哈拉尔德之前的绰号，意为邋遢头）；5

Harold the Fairhaired "金发王"哈拉尔德；3—17，21，24，28，31

Harold the Haughty "傲慢王"哈拉尔德；16

Harold der Unbeugsame（Harold the Inflexible）"刚毅王"哈拉尔德；16

Harthaknut 哈德克努特；14，15

Hasting 哈斯廷；3

Hastings 黑斯廷斯；16

Haug 豪格庄园；15

Hauk 霍克；11

Haukby 霍克比；17

Hebrides 赫布里底群岛；3，5，18，21，26，34

Hedemark 海德马克；4，6

Hedemarken 海德马肯；13

Heidaby 黑德比；16

Heimdal 海姆达尔；2

Heimskringla《挪威列王传》；2，4，28

Hekla 海克拉（火山）；32

Heklungs 斗篷党；23

Hel 海尔；2

Helge Hvasse 海格·瓦瑟；26

Helge-aa 黑尔加；13

Helgeness 黑尔格内斯；15

Helgeö 海尔格奥；27

Helheim 黑尔海姆；2

Hellenes 古希腊人／赫伦人；1

Helluland 赫鲁兰；12

Heming Haakonsson 赫明·哈康松；9

Henrik of Schwerin 什未林的亨利克伯爵；27

Henry I., King of England 英格兰国王亨利一世；19

Henry Petrie 亨利·帕特利，著有《纪念不列颠的历史》（*Monumenta Historica Britannica*，简写为 *Monum. Hist. Brit.*）

Hercules, Pillars of 海格力斯之柱；3

Heredhaland 赫里德哈兰；3

Herjedale 海耶达尔；35

Herlaug, King in Naumdale 赫尔拉格，瑙姆达尔国王；5

Herluf Hyttefad 赫尔卢夫·希特法德；34

hersir 赫舍（即小领主、下级属臣）；5

Hetland 赫特兰；2

Hettesveiner, see Hood-Swains 头巾男团

Himinbjarg 希明堡（天卫之宫）；2

Hindoos 印度人；1

Hinsgavl 辛斯加沃；30

Hirdskraa 朝廷法；29

Hitterdale Church 希特达尔教堂；19

Hjalte Skeggesson 哈尔特·斯凯格松；13

Hjörungavaag 约伦伽瓦格；9

Hlade 哈拉德；9，11，13

Hnos 赫诺丝；2

H.N.Gausta H.N. 盖斯塔；36

Höder 霍德尔（黑暗神）；2

Hoen 霍恩；4

Höfudlausn《头之赎金》；8

Högne Langbjörnsson 赫格尼·朗比约恩松；16

Höland 赫兰；35

Hönefoss 赫讷福斯；24

Höner 汉尼尔；2

Hörda-Kaare 霍达卡勒；21

Hördaland 霍达兰；5，7，10，11，22
Hörgadal 霍加达尔；28
Holberg, Ludvig 路德维格·霍尔伯格；35
Holland 荷兰；34
Holmengraa 霍尔门格拉；21
Holstein 荷尔斯泰因；34—36
Holy Land 圣地；11，13，19，20，24
Hood-Swains 头巾男团；23
Hornboresund 霍恩博桑；21
Hornelen 霍讷伦峰；23
Hrimfaxe 赫利姆法克斯（霜之马）；2
Hugditrich 哈格迪忒赫；15
Hugin 尤金（奥丁的两只乌鸦之一）；2
Humber 亨伯河；6
Hvergelmer 赫瓦格密尔；2
Hvitingsöe 赫维庭瑟；26，27
Hyrning 亨宁；11

I

Ibsen, Henrik 亨里克·易卜生；36，37
Iceland 冰岛；3，5，6，11，13，21，27—29，32
Icolmkill 艾寇奇尔；3
Ida, plain of 伊达平原；2
Idun 伊敦恩；2
Ilevolds 伊勒沃兹；19，23
India 印度；1
Inga of Varteig 瓦泰格的英嘉；26，27
Inge Baardsson 英奇·博尔德松；17，26，27
Inge Crookback "钩背王" 英奇；21—24
Inge, chief of the Baglers 贼子帮领袖英奇；24，25，27
Inge, King of Sweden 瑞典国王英奇；18
Ingeborg, queen of Magnus Law-Mender 英格堡，"修法者" 马格努斯的王后；30
Ingeborg, daughter of Erik Priest-Hater 英格堡，"仇恨教士者" 埃里克的女儿；30，31
Ingeborg, daughter of Haakon Longlegs 英格堡，"长腿王" 哈康的女儿；31，32
Ingegerd, daughter of Harold Hard-Ruler 英格格尔德，"铁腕王" 哈拉尔德的女儿；16
Ingegerd, daughter of Olaf the Swede 英格格尔德，瑞典王奥拉夫的女儿；13
Inger Ottesdatter/Inger of Oestraat 英格·奥特斯达特/厄斯特罗特的英格夫人；34
Ingerid, queen of Harold Gille 英格丽，哈拉尔德·吉勒的王后；21，26
Ingjald Ill-Ruler "恶霸王" 英乔德；4
Ingrid, queen of Olaf the Quiet 英格丽，"静安王" 奥拉夫的王后；17
Innocent III., Pope 教皇英诺森三世；24，25
Innocent IV., Pope 教皇英诺森四世；27
Iona 爱奥那岛；3
Iranians 伊朗人；1
Ireland 爱尔兰；1，3，10，14，17—20
Irishman 爱尔兰人；19，21
Iron Ram 战舰 "铁羊号"；11
Ironbeard "铁胡子"；11
Irp, Valkyria 女武神伊尔普；9
Isabella Bruce, queen of Erik Priest-Hater 伊莎贝拉·布鲁斯，"仇恨教士者" 埃里克的王后；30
Isabella, queen of Christian II. 伊莎贝拉，克里斯蒂安二世的王后；34
Italic tribes 古意大利人；1
Italy 意大利；19
Ivar, King in Limerick 伊瓦尔，利默里克国王；3
Ivar Assersson 伊瓦尔·奥瑟松；20
Ivar Darre 伊瓦尔·达雷；23
Ivar Hvitfeldt 伊瓦尔·惠菲特；35
Ivar of Fljod 伊瓦尔·弗约德；19
Ivar Steig 伊瓦尔·斯泰格；23

J

Jaaboek, Sören 苏林·亚伯克；36

Jacob, Count of Halland 哈兰伯爵雅各布；30

Jaederen 耶德伦；5

James III., King of Scotland 苏格兰国王詹姆士三世；34

Jaroslav 雅罗斯拉夫；13，15

Jaxartes 锡尔河；1

Jemteland 耶姆特兰；13，19，31，35

Jerusalem 耶路撒冷；15，19

Jews 犹太人；3，36

Jösse Eriksson 乔瑟·埃里克松；33

Johannes, see Hans 约翰尼斯（见：汉斯）

Jomsborg 约姆斯堡；9，15

Jomsvikings 约姆斯维京人；9，11

Jon Birgersson, Archbishop 约翰·比耶松大主教；21

Jon, chief of the Kuvlungs 乔恩，僧袍团首领；24

Jon Kutiza 乔恩·库蒂扎；23

Jon Loftsson 乔恩·洛夫松；28

Jon the Red（Röde）, Archbishop "红"乔恩大主教；29，30

Jonvolds 乔恩沃兹；24

Joppa 雅法；19

Joringfjord 乔茵海峡；26（1900版）

Juliana Maria, queen of Frederick V. 朱莉安娜·玛利亚，弗雷德里克五世的王后；35

Jumièges 瑞米耶日（修道院）；3

Jutland 日德兰；3，5，7，9，15，16，22，23，30，34，35

K

Kalf Arnesson 卡尔夫·阿内松；13—16

Kalfsund 卡尔夫海峡；31

Kalmar 卡尔马；19，30，33—35

Kalvskindet 卡夫斯金德；23

Karelen 卡累利阿；13

Kark 卡尔克；9

Karlsevne 卡尔瑟文；12

Karlshoved 卡西霍夫德；13

Kelts 凯尔特人；1

Kent 肯特；10

Ketil Calf 凯提尔·卡夫；13

Keyser, Rudolf 鲁道夫·凯泽；36

Kiel 基尔（和约）；35，36

Kielland, Alexander 亚历山大·谢朗；36，37

King's Mirror《王者之鉴》；28

Kirkevaag 柯尔克瓦格；27

Kjögebugt 克约格布；35

Kjölen 基阿连山脉；1

Klerkon 柯勒肯；10

Klypp Thorsson 克里普·索尔松；8

Knaeröd 克奈罗德；35

Knut Alfsson 克努特·阿尔夫松；34

Knut Eriksson, King of Sweden 瑞典国王克努特·埃里克松；24，26

Knut Haakonsson（Squire Knut）克努特·哈康松（斯奎雷·克努特）；26，27

Knut Hamsun 克努特·汉姆生；37

Knut the Mighty 克努特国王／克努特大帝；12—16

Knut Porse 克努特·波尔塞；32

Knut VI., King of Denmark 丹麦国王克努特六世；24

Kolbjörn Stallare 寇比约恩·斯塔拉尔；11

Kolbjörn the Strong "强者"寇比约恩；13

Konghelle 康格海尔；11，13，17，18，20，21

Kongsberg 孔斯贝格；35

Krebs, Colonel 克雷布斯上校；36

Kringen 克林根；35

Krogh, Christian 克里斯蒂安·克罗赫；36

Krokaskogen 克鲁加斯科根；21

Krummedike, Hartvig 哈维克·克鲁梅迪克；34

Krummedike, Henrik 亨里克·克鲁梅迪克；34

Krupp 克虏伯；36

Kruse, Colonel 克鲁泽上校；35

Kurland 库尔兰；13

Kuvlungs 僧袍团；24

Kveld-Ulf 克维德伍夫；5，6

L

Laaka 拉卡；27

Labrador 拉布拉多；12

Laerdal 拉达尔；9

Lay of Candor《直谏诗》；15

Landnama Book《兰德纳马之书》；5

Laps 拉普人；1，35

Largs 拉格斯；27

Lars《拉斯》；35

Latin 拉丁文；24

Leif Eriksson 莱夫·埃里克松；12

Leipsic 莱比锡城；35

Lesö 莱索；16

Lie, Jonas 乔纳斯·李；36

Lie, Sophus 索菲斯·李；36

Lier 里尔；36

Limerick 利默里克；3

Lim Fjord 利姆水道；16

Lindesness 林讷角；12，13，36

Lindholm 林霍尔姆；33

Lindisfarena 林狄斯芬（教堂）；3

Lister and Mandal's amt 利斯特—曼达尔区；9

Lodin 洛丁；10，11

Lodur 洛多尔；2

Lokeberg 洛基堡；1

Löwen, Colonel 洛温上校；35

Löwenskjold 罗文司寇德；36

Lofoten 罗弗敦（群岛）；21，23

Loire 卢瓦尔河；3

Loiten 洛伊滕；7

Loke 洛基；2

London 伦敦；5，36

Long-Serpent, The "长蛇号"；11

Lothair, King 洛塞尔二世；3

Louis the German "日耳曼人"路易；3

Louis the Pious "虔诚王"路易；3

Louis IX. 路易九世；27

Louis XIV. 路易十四；35

Lübeck 吕贝克；31，34，35

Luna 月城露娜；3

Lundarsol 兰德之光；9

Lunde 兰德；9

Lunge, Vincents 文森茨·朗基；34

Luther 路德；34

Lutheran 路德会；35，36

Lutter and Barenberge 吕特尔与巴伦伯格；35

Lützow, General 吕佐将军；35

Lykke, Nils 尼尔斯·吕克；34

Lyrskogs Heath 利司寇格斯荒地；15

M

Maelsechnail, King of Meath 梅尔斯柯奈尔，米斯国王；3

Magne, Bishop 曼讷主教；19

Magnus Barefoot "赤足王" 马格努斯；18—20

Magnus Birgersson Barnlock, King of Sweden 瑞典国王马格努斯·比耶松·巴恩洛克；29—31

Magnus Birgersson, the Younger 小马格努斯·比耶松；31，32

Magnus Eriksson Smek, King of Norway and Sweden 马格努斯·埃里克松·斯麦克，挪威和瑞典国王；32

Magnus Erlingsson, King of Norway 挪威国王马格努斯·厄林松；23，24，26，27

Magnus Haroldsson 马格努斯·哈拉尔德松；17

Magnus Law-Mender/Magnus Lagaböter "修法者"马格努斯；29—31，35

Magnus the Blind "盲王"马格努斯；19—21

Magnus the Good "好王"马格努斯；13—16

Magnus Olafsson 马格努斯·奥拉夫松；15

Maid of Norway, The "挪威少女"；30，31

Malcolm 马尔科姆；18

Malmfrid 玛姆弗里德；19

Man, island of 马恩岛；18，21，26，29

Maniakes, see Georgios 曼尼亚克斯（见：吉奥吉奥斯）

Marcus of Skog 马库斯·司寇格；23

Margaret, see Maid of Norway 玛格丽特（见："挪威少女"）

Margaret, queen of Magnus Barefoot 玛格丽特，"赤足王"马格努斯的王后；18

Margaret, queen of Sverre 玛格丽特，斯韦雷的王后；24，25

Margaret, queen of Haakon the Old 玛格丽特，"老者"哈康的王后；27

Margaret, queen of Erik Priest-Hater 玛格丽特，"仇恨教士者"埃里克的王后；30

Margaret, Reigning Queen of Norway, Sweden, and Denmark 玛格丽特，挪威、瑞典和丹麦女王；32，33

Margaret, daughter of Christian I. 玛格丽特，克里斯蒂安一世的女儿；34

Maria, relative of the Empress Zöe 玛利亚，佐伊女皇的亲戚；15

Maria, daughter of Harold Hard-Ruler 玛利亚，"铁腕王"哈拉尔德的女儿；16

Maria, daughter of Harold Gille 玛利亚，哈拉尔德·吉勒的女儿；22

Markere, Earl 马尔科勒伯爵；16

Markland 马克兰；12

Massachusetts 马萨诸塞；12

Mats Kettilmundsson 马茨·克蒂尔蒙德松；32

Mathias, Bishop 马蒂亚斯主教；23

Matrand 马特兰；36

Meath 米斯；3

Mecklenburg 梅克伦堡；27，32，33

Medalhus 梅达胡斯；7，9

Mediterranean 地中海；21

Michael, Church of St. 圣米迦勒教堂；19

Michelet 米什莱；37

Military Academy（挪威）军事学院；35

Mimer 弥米尔（智慧泉看守者）；2

Minne 明讷；21

Mjölner 米奥尔尼尔（雷神之锤）；2

Mjösen 莫约森（湖）；13，21，25，27

Molière 莫里哀；35

Mönnikhofen, Colonel 莫尼克霍芬上校；35

Monumenta Historica Britannica（Monum. Hist. Brit.）《纪念不列颠的历史》，亨利·帕特利（Henry Petrie）著；3

Möre 莫勒；5，9，11

Moors 摩尔人；19

Mora 莫拉；13

Mosö 莫索（位于设得兰群岛）；3

Moss 莫斯；36

Moster 莫斯特（岛）；5，10，11

Mosterö 莫斯特罗；11

Motzfeldt, Captain 莫茨菲尔特上尉；36

Mr. Steen 斯蒂恩先生；37

Muirkertach 穆尔克塔赫；18

Munch, P. A., Prof. P.A. 孟克教授，著有《挪威民间故事》（Det Norske Folks Historie）；3，5，16，17，23，24，36

Munin 莫宁（奥丁的两只乌鸦之一）；2

Munk, Erik 埃里克·孟可；35

Munk, Ludvig 路德维格·孟可；35

417

Munkeliv 门克里夫；19，34

Muspelheim 穆斯帕尔海姆；2

N

Nanna, Balder's wife 南娜，巴德尔的妻子；2

Napoleon I. 拿破仑一世；35，36

Naumdale 瑙姆达尔；5

Nedenes Amt 内德内斯安特；5

Nesne 内斯纳；6

Nessje 尼瑟；13

New England 新英格兰；12

Nicholas Arnesson, Bishop 尼古拉斯·阿内松主教；24—27

Nicholas Breakspeare, Cardinal 尼古拉斯·布雷克斯皮尔红衣主教；21

Nicholas, Church of St. 圣尼古拉斯教堂；19

Nicholas Simonsson 尼古拉斯·西蒙松；22

Nid River 尼德河；10

Nidarholm 尼达霍姆；20

Nidaros 尼德罗斯；11，13—19，21—27

Nidhögger 尼德霍格（恶龙）；2

Niflheim 尼弗尔海姆；2

Nils Henriksson 尼尔斯·亨里克松；34

Nimwegen 尼姆威根；3

Nis-aa 尼萨；16

Njaal 尼亚尔；11

Njord 尼奥尔德（海洋之王）；2

Noatun 诺欧通（"船城"）；2

Nordfjord 北峡湾；23

Nordhördland 北霍达兰；20

Nordland 诺尔兰郡；6，24

Nordmöre 诺尔默勒；7，13，18，24

Nordness 诺德内斯；23

Nordraak, Richard 理查德·诺德拉克；36

Norefjord 诺雷峡湾；23

Normandy 诺曼底；5

Normans 诺曼人；1

Norns 诺恩女神（命运三女神）；2

Northampton 北安普敦；14

North Cape 北角；27，35，36

North Sea 北海；3，13，16，23

Northumberland 诺森伯兰；3，6，10，16

Nortmannia 挪美尼亚；3

Norway's Lion 挪威狮；36

Norway's Welfare, Society for 挪威福利协会；35

Novgorod 诺夫哥罗德；10

Nyborg 尼堡；35

Nyköping 尼雪平；31

O

Odd 奥德；2

Oder 奥得河；9

Odin 奥丁；2，4，6，9，11，13

Oelve Nuva 欧尔夫·努瓦；5

Oelve of Egge 埃格的欧尔夫；13

Oerebro 欧雷布罗；35

Oere-thing 欧雷"庭"；10，14—16，22，23，25—27

Oesterdalen 厄斯特谷地；6

Offa 奥法国王；3

Ofrestad 奥弗雷斯塔德；8

Oftedal, Pastor 奥夫特达尔牧师；37

Oieren, Lake 欧耶仁湖；23

Olaf Guldbrandsson 奥拉夫·古尔布兰德松；23

Olaf, son of Harold the Fair-haired 奥拉夫，"金发王"哈拉尔德之子；6

Olaf, Chief of the Oyeskeggs 奥拉夫，"岛帮"首领；24

Olaf of Dal 达尔的奥拉夫；19

Olaf Engelbrektsson, Archbishop 奥拉夫·英格布雷克特松大主教；34

Olaf Kvaran 奥拉夫・夸伦；10
Olaf Magnusson 奥拉夫・马格努松；19
Olaf Nilsson, Sir 奥拉夫・尼尔松爵士；34
Olaf the Quiet（Kyrre）"静安王"奥拉夫（凯里）；16—19
Olaf the Saint "圣徒"奥拉夫/圣奥拉夫；4，12—17，19，21，23，24，26，27
Olaf the Swede 瑞典国王奥拉夫；11—13
Olaf Tryggvesson 奥拉夫・特里格瓦松；前言，8—14，21，29
Olaf the Unlucky "不走运的"奥拉夫；23
Olaf the White "白王"奥拉夫；3
Olaf the Woodcutter "伐木者"奥拉夫；4，5
Olaf the Young 小奥拉夫；32
Oldenborg 奥登堡；34，35
Ole the Russian "罗斯人"奥雷；10
Olga 奥尔加；10
Oplands 奥普兰；7，12，13，16，18，23，24，26，27，29
Ordinance, the《法令》；35
Orient, the 东方；15
Orkdale 奥克达尔；5，13
Orkhaugen 古挪威住宅；17
Orkneys 奥克尼；3，5，7—9，12，15—18，20，24，26，27，31，34
Orm Jonsson 奥莫・乔恩松；28
Orm, King's-Brother 奥莫, 国王的兄弟；23
Orm Lyrgja 奥莫・列吉亚；9
Oscar Ⅰ. 奥斯卡一世；36
Oscar Ⅱ. 奥斯卡二世；36
Oslo 奥斯陆；16，20—22，24—27，30，31，35
Ottar Birting 奥塔尔・比汀；19，21
Otto Ⅰ., Emperor of Germany 神圣罗马帝国皇帝奥托一世；9
Otto Ⅱ., Emperor of Germany 神圣罗马帝国皇帝奥托二世；9

Oxus, the 乌浒河；1
Oyeskeggs 岛帮；24

P

Paderborn 帕德博恩；3
Paris 巴黎；3，35，36
Paul, Bishop of Hamar 哈马尔主教保罗；27
Paul, Earl of the Orkneys 奥克尼伯爵保罗；18
Persia 波斯；1
Peter Egge 彼得・埃格；37
Peter Ⅲ., Emperor of Russia 沙皇彼得三世；35
Peter Kolbjörnsson 彼得・寇比约恩松；35
Peter of Husastad（来自）胡萨斯塔德的彼得；27
Peter Skulesson 彼得・斯库勒松；27
Peter, St. 圣彼得；27
Peter Steyper 彼得・斯泰普；24—26
Philip Simonsson 菲利普・西蒙松；26，27
Piraeus 比雷埃夫斯；15
Poland 波兰；35
Pomerania 波美拉尼亚；11，33，35
Pontecorvo 庞泰科沃；35
Prestebakke 普雷斯特巴克；35
Protestantism 新教；34，35
Prussia 普鲁士；10，11
Pultawa 普特瓦；35

R

Rafnista race 拉夫尼斯塔家族；5
Raft Sund 拉夫特海峡；23
Ragnar, Viking 拉格纳, 维京海盗；3
Ragnar Lodbrok 拉格纳・罗德布洛克；3，13，15
Ragnfred Eriksson 拉格弗雷德・埃里克松；8
Ragnhild, queen of Harold the Fairhaired 朗希尔德, "金发王"哈拉尔德的王后；5

419

Ragnhild, queen of Halfdan the Swarthy 朗希尔德，"黑王"哈夫丹的王后；4

Ragnhild, daughter of Magnus the Good 朗希尔德，"好王"马格努斯的女儿；16

Ragnvald, Earl of Möre 拉格瓦尔德，莫勒的伯爵；5

Ragnvald, son of Erik Blood-Axe 拉格瓦尔德，"血斧王"埃里克之子；6

Ragnvald Rettilbeine 拉格瓦尔德·勒提贝恩；5

Ragnvald, Earl of Vestergötland 拉格瓦尔德，西哥得兰伯爵；13

Ran 澜；2

Ranafylke 拉纳郡；21

Randsfjord/Rand's fiord 兰兹峡湾；4，8

Ranrike 朗里克；5，12，17

Ratibor 拉蒂博尔；20

Raud the Strong "强者"罗德；11

Raumarike 劳姆莱克；4，12，13

Raumsdale 劳姆斯达尔；13

Reas 列阿斯；10

Ree 里；23，28

Reformation, the 宗教改革运动；34

Reidar Grjotgardsson 里德·格约噶尔松；21

Reidar Messenger "使者"里德；24，25

Reidulf, a Birchleg 雷杜夫，桦皮腿团员之一；26

Rein 雷因；27

Reinald, Bishop 雷纳德主教；20

Revolution, the French 法国大革命；35，36

Revolution, the July 七月革命；36

Reykjaholt 雷克亚霍特；28

Rhine, The 莱茵河；3

Ribbungs 肋帮；27

Richard the Fearless, Duke of Normandy "无畏者"理查，诺曼底公爵；5

Richard the Good, Duke of Normandy "好王"理查，诺曼底公爵；5

Richter 里克特；37

Rimul 日穆尔；9，10

Ring, King 灵厄国王；13

Ringdal 灵厄达尔；37

Ringeness 灵厄内斯；13

Ringerike 灵厄里克；4，13，15，35

Robert Bruce 罗伯特·布鲁斯；30

Robert Guiscard 罗伯特·吉斯卡尔；19

Robert the Magnificent, Duke of Normandy "华美王"罗贝尔，诺曼底公爵；5

Robin Hood 罗宾汉；23

Roe, Bishop 鲁主教；23，25

Röraas 洛拉斯；35

Rörek, King 罗莱克，郡王；13

Rörek, Viking 罗莱克，维京海盗；3

Rogaland 罗加兰；12，22

Roger, Duke 罗杰公爵；19

Rolf the Walker, see Rollo "行走者"罗尔夫（见：罗洛）

Rollaug, King in Naumdale 罗拉格，瑙姆达尔国王；5

Rollo, Duke of Normandy 罗洛，诺曼底公爵；5

Rome 罗马；1，3，11，13，20，24，27，28

Roskilde 罗斯基勒；35

Rosseland 罗瑟兰；9

Rostock 罗斯托克；33

Rother, King 罗瑟国王；15

Rouen 鲁昂；3

Rousseau 卢梭；35

Rügen 吕根岛；11

Russia 罗斯/俄罗斯；1，10，13—15，17，35，36

Rydjökel 莱德约科；23

Ryfylke 吕菲尔克；9

S

Saemund Jonsson 萨蒙德·乔恩松；28

Saemund the Learned "博学者"萨蒙德；28
Saltö Sound 萨尔托海峡；23，24
Sandefjord 桑德尔福德；3
Sandness 桑德尼斯；5
Sandherred 桑德赫雷德；2
Saracens 撒拉逊人；15，21
Sarpen 萨普恩；13
Sarpsborg 萨普斯堡；13，26，35
Sars, Georg Ossian 萨斯，动物学家；36
Sars, J. E., Prof. J.E. 萨斯教授，历史学家，著有《挪威史一览》(*Udsigt over den Norske Historie*)；3，36
Saudung Sound 塞敦格海峡；13
Saurbygd 索比格德；23
Saxons 撒克逊人；3，11，15
Scandinavia 斯堪的纳维亚；33
Schiller, Friedrich 弗里德里希·席勒；27
Sciences, Academy of 科学院；35
Scotland 苏格兰；3，6，8，10，16，18，21，27，29，30，34，35
Southampton 南安普敦；10
Seeland 西兰岛；15，35
Sehested, Hannibal 汉尼拔·塞赫斯泰德；34，35
Seine, The 塞纳河；3
Sekken 瑟肯；22
Selma Lagerlöf 塞尔玛·拉格洛芙；37
Selmer, Christian August, Prime Minister 克里斯蒂安·奥古斯特·塞尔默，首相；36，37
Selven 瑟尔温；5
Serpent, The "长蛇号"；11
Shetland Islands 设得兰群岛；3，12，24，27，29，34
Short-Serpent, The "短蛇号"；11
Sicily 西西里岛；15
Side-Hall 希德霍尔；15
Sidon 西顿；19

Sif 西芙；2
Sigar of Brabant 来自布拉班特的西加尔；27
Sigfrid, King of Nortmannia 齐格弗里德，挪美尼亚国王；3
Sigfrid Haroldsson 齐格弗里德·哈拉尔德松；5，6
Sighvat Scald 吟游诗人西格瓦特；15
Sighvat Sturlasson 西格瓦特·斯图拉松；28
Sigmund Brestesson 西格蒙德·布雷斯特松；11
Sigrid the Haughty "傲慢女"希格里德；11，13
Sigrid, daughter of Earl Sweyn 希格里德，斯温伯爵的女儿；12
Sigrid, sister of Thore Hund 希格里德，托雷亨德的姐姐；13
Sigrid, wife of Ivar of Fljod 希格里德，伊瓦尔·弗约德的妻子；19
Sigrid, wife of Haldor Brynjulfsson 希格里德，哈德·布吕诺尔夫松的妻子；21
Sigtrygg, King in Waterford 齐格特里格，沃特福德国王；3
Sigurd, Bishop 西格德主教；11，13
Sigurd of Haalogaland 哈罗加兰郡的西格德；11
Sigurd Borgarklett 西格德·伯尔加克雷；24
Sigurd the Crusader "圣战王"西格德；18—23，27
Sigurd the Giant "巨人"西格德；13
Sigurd, Earl of Hlade 西格德，哈拉德伯爵；7，8
Sigurd Eriksson 西格德·埃里克松；10
Sigurd Haakonsson 西格德·哈康松；9
Sigurd Hjort 西格德·约特；4
Sigurd Jarlsson 西格德·雅尔松；24
Sigurd Jonsson 西格德·乔恩松；33，34
Sigurd Lavard 西格德·拉瓦德；24—26
Sigurd Marcusfostre 西格德·马库斯弗斯特，

421

Sigurd Mouth "大嘴王" 西格德；21，23—26

Sigurd, alleged son of Magnus Erlingsson 西格德，号称马格努斯·厄林松之子；24

Sigurd Ranesson 西格德·雷讷松；19

Sigurd Ribbung "肋帮" 的西格德；27

Sigurd of Reyr 雷尔的西格德；22，23

Sigurd Rise 西格德·莱斯（巨人）；5

Sigurd Sigurdsson 西格德·西格德松；20

Sigurd Slembedegn 西格德·斯勒姆贝登；20，21

Sigurd Sleva 西格德·斯勒瓦；8

Sigurd Syr 西格德·希尔；13，15

Sigurd Tavse, Archbishop 西格德·塔夫塞大主教；27

Sigurd Wool-String (Ullstreng) 西格德·乌尔施特伦；18

Sigvalde, Earl 西格瓦尔德伯爵；9，11

Silgjord 西尔戈德；11

Simeon of Durham 达拉谟的西米恩；3

Simon Kaaresson 西蒙·卡勒松；24

Simon Skaalp 西蒙·斯卡普；21，22

Sinclair, Colonel 辛克莱上校；35，36

Siric, Archbishop of Canterbury 希里克，坎特伯雷大主教；11

Skaane 斯科讷；2，13，15，16，32，33，35，36

Skade 斯卡娣；2

Skage Skoftesson 斯卡格·斯科夫特松；9

Skagen 斯卡恩；22

Skallagrim (Bald Grim) 斯卡拉格林姆（"光头"格林姆）；6

Skara Stift 斯卡拉斯蒂夫特；32

Skedemo 斯科德摩；5

Skegge Aasbjörnsson, see Iron-beard 斯科格·阿斯比约恩松（见："铁胡子"）

Skinfaxe 斯京法克斯（白昼的神马）；2

Skiringssal 斯齐灵萨尔；4

Skraellings 斯克雷林人；12

Skuld 斯古尔特（命运三女神之一）；2

Skule Baardsson, Duke 斯库勒·博尔德松公爵；17，26—28

Skule Tostigsson 斯库勒·托斯提哥松；17

Slavs 斯拉夫人；1，15

Sleipner 斯莱泼尼尔（奥丁的八足神马）；2

Sleswick 石勒苏益格；3，15，16，33，35，36

Slittungs 褴褛帮；27

Smaaland 斯莫兰；19

Smaalenene 斯莫莱内纳；1

Snarfare 斯纳菲尔；5

Snefrid, wife of Harold the Fairhaired 斯奈芙里德，"金发王"哈拉尔德的妻子；5，13

Snorre Sturlasson 斯诺里·斯图鲁松；2，4—6，11，13，16，17，27—29

Snorrelaug 斯诺里拉格（斯诺里之池）；28

Söndmöre 桑德摩尔；9，13，22，27，35

Sogn 松恩；9，15

Sogne fjord 松恩峡湾；12，13，23，27

Sognesund 松恩海峡；14

Sognings 松恩人；23

Solveig 索尔维格；28

Sonartorek《子之殇》；6

Sotoness 索多内斯；7

Sound, The 松德海峡；9，15，30

Stamford Bridge 斯坦姆福德桥；16—18

Stang, F., Prime-Minister F. 斯唐，首相；36，37

Stanger 斯坦格；23

Stavanger 斯塔万格；5，6，21，24

Steen Sture the Elder 大斯蒂恩·斯图雷；34

Steen Sture the Younger 小斯蒂恩·斯图雷；34

Steinker 斯泰恩谢尔；13

Steinkil, King of Sweden 瑞典国王斯滕克尔；16

Stenbock, Magnus 马格努斯·斯腾伯格；35

Stig, Marshal 梅夏尔·斯蒂格；30
Stiklestad 史提克列斯塔；13—16
Stockholm 斯德哥尔摩；32—34，36，37
Storm, Prof. Gustav 古斯塔夫·斯托姆教授；36
Storthing 挪威国会；36，37
Straamand 斯特拉曼德；37
Strand 斯特安；9
Strindsö 斯特林德索；24
Struensee 施特林泽；35
Stub, Rev. Kjeld 克耶德·斯图伯牧师 35
Stuf Katsson 斯图夫·卡特松；16
Sturla Sighvatsson 斯图拉·西格瓦特松；27，28
Sturla Thordsson, father of Snorre Sturlasson 斯图拉·索尔德松，斯诺里·斯图鲁松的父亲；28
Sturla Thordsson, nephew of Snorre Sturlasson 斯图拉·索尔德松，斯诺里·斯图鲁松的侄子；4，28，29
Sturlungs, The 斯图隆家族；28，29
Styrbjörn 斯蒂尔比约恩；13
Styrkaar Stallare 斯蒂尔卡尔·斯泰拉雷；16
Supreme Court 最高法院；36
Surtur 苏尔特；2
Sussex 苏塞克斯；10
Suttung 苏东园（巨人）；2
Svang 斯旺；27
Svanhild, daughter of Earl Eystein 斯万希尔德，埃斯泰因伯爵的女儿；6
Svante Nilsson Sture 斯万特·尼尔松·斯图雷；34
Sverdrup, Georg, Prof. 格奥尔·斯维尔德鲁普教授；36，37
Sverdrup, John, Prime-Minister 约翰·斯维尔德鲁普首相；36
Sverdrup, Jacob, Pastor 雅各布·斯维尔德鲁普牧师；37
Sverke, King of Sweden 瑞典国王斯维克；24
Sverre Sigurdsson 斯韦雷·西格德松；13，23—27，29
Svolder 斯沃尔德；11—13
Sweyn, a pretender 斯温，王位觊觎者；18
Sweyn Alfifasson 斯温·阿菲法松；14，15，18，19
Sweyn Estridsson 斯温·厄斯特里德松；15—17
Sweyn Forkbeard "八字胡"斯温；9—13
Sweyn Haakonsson, Earl 斯温·哈康松伯爵；9，12，13
Sweyn, Rörek's servant 斯温，罗莱克的仆从；13
Sweyn Ulfsson 斯温·乌尔夫松；15

T

Tacitus 塔西佗；3
Taylor, Bayard 贝亚德·泰勒；35
Tegelsmora 特格尔斯莫拉；13
Thamb 泰姆，弓名；11
Thames, The 泰晤士河；3
Thangbrand the Priest 教士桑布兰德；11
Thelemark 泰勒马克；23
The Old man of Hoy 海蚀柱"霍伊老人"；16
Thirty Years' War 三十年战争；35
Thing-Unions 议庭联盟；7
Thjodrek Munk 特约德雷克·孟可；17
Thjostulf Aalesson 索斯图夫·阿勒松；21
Thomas Krag 托马斯·克拉格；37
Thor 托尔（雷神）；2，9，11，13
Thora 索拉，"好王"哈康之女；7
Thora, wife of Earl Haakon 索拉，哈康伯爵之妻；9
Thora, wife of Harold Hard-Ruler 索拉，"铁腕

王"哈拉尔德之妻；16

Thora, Guttorm's daughter 索拉，古托姆的女儿；20

Thora, Moster-Pole（Stang）索拉，"莫斯特之杆"；5

Thora of Rimul 日穆尔的索拉；9

Thora, Saxe's daughter 索拉，萨克斯的女儿；20

Thoralf Lousy-Beard "糟胡子"索尔夫；8，10

Thorbjörn Hornklove 索尔比约恩·霍恩科洛夫；5

Thord Sturlasson 托德·斯图鲁松；28

Thore, Archbishop 托雷大主教；26

Thore Herse 托雷·赫斯；6

Thore Hjort 托雷·约特；11

Thore Hund 托雷·亨德，13，15

Thore Klakka 托雷·克拉卡；10

Thore Sel 托雷·瑟尔；13

Thore of Steig 托雷·史塔克；15—18

Thorfinn Karlsevne 索尔芬·卡尔瑟文；12

Thorgeir, brother-in-law of Olaf Tryggvesson 索尔格尔，奥拉夫·特里格瓦松的妹夫；11

Thorgerd, Valkyria 女武神索尔戈德；9

Thorghäetten 托嘉顿岛；24

Thorgills Thoralfsson 索尔吉斯·托洛尔夫松；10

Thorgils 索尔吉斯；13，14

Thorgisl 索尔吉思勒；3

Thorgny the Lawman（Thorgny Thorgnysson）执法官索尔格尼（索尔格尼·索尔格尼松）；13

Thorkell Dyrdill 索基尔·戴迪尔；11

Thorkell Leira 索克尔·雷拉；9

Thorleif, Bishop 托雷夫主教；34

Thormod Kolbruna-Scald 索尔莫德·寇布鲁纳；13

Thorolf, Bald Grim's son 索尔夫，"光头"格林姆的儿子；6

Thorolf Luse-skjegg 索尔夫·卢瑟斯科耶格；8

Thorolf, Kveld-Ulf's son 索尔夫，克维德伍夫的儿子；5

Thorsberg 托尔斯贝格；24

Thorstein, a peasant 索尔斯坦，农民；8

Thorstein Kugad 索尔斯坦·库加尔；24

Thorstein, son of Side-Hall 索尔斯坦，希德霍尔的儿子；15

Thorvald Eriksson 托瓦德·埃里克松；12

Thorwald 索尔瓦德；12

Thrond the Priest 索隆德神父；26

Thrudvang 斯罗德万；2

Thyra, queen of Olaf Tryggvesson 塞拉，奥拉夫·特里格瓦松的王后；11，13

Tiber 台伯河；3

Tidemand, Adolf 阿道夫·蒂德曼；36

Tiding-Skofte 泰丁·斯科夫特；9

Tilly, General 蒂利伯爵；35

Tilsit, treaty of 《提尔西特和约》；35

Toke, a peasant 托克，农民；15

Tordenskjold 托登司寇德；35

Torstenson, General 托尔斯滕松将军；35

Tostig Godwineson, Earl 托斯提哥·戈德温森伯爵；16，17

Tours 图尔；3

Toverud 托韦鲁德；35

Trandal 特兰达尔；28（1900 版）

Trangen 特朗根；35

Travendal 特拉芬塔尔；35

Tröndelag 特伦德拉格郡；5—13，15，16，18，22—24，26，29

Trönders 特伦德人；7，8，11，13—16，18，21，23，24，27，35

Trold 特洛德人；13

Trollhättan/Trollhaettan 特罗尔海坦；18

Tromsö 特隆姆瑟；27

Tryggve Olafsson, son of Olaf Haroldsson 特里

格瓦·奥拉夫松,奥拉夫·哈拉尔德松之子;6—8,11

Tryggve Olafsson, son of Olaf Tryggvesson 特里格瓦·奥拉夫松,奥拉夫·特里格瓦松之子;14

Tunsberg 腾斯贝格;6,13,20,22—27,29

Tunsberghus 旧腾斯贝格;34

Turf Einar 托夫埃纳;5

Turges 特尔吉斯;3

Turgesius 特尔吉瑟斯;3

Turks 土耳其人;1,35

Tyr 提尔(战神);2

Tyrker 蒂尔克尔;12

U

Ueland, Ole Gabriel 奥雷·加布里埃尔·尤兰;36

Ugerup, Erik 埃里克·乌格鲁普;34

Ulf Jail 乌尔夫·杰尔;14

Ulf Thorgilsson, Earl 乌尔夫·索尔吉松伯爵;13,15

Ulf Uspaksson 乌尔夫·乌斯帕克松;16

Uller 乌勒尔(冬之神);2

Ulster 阿尔斯特;18

Unas 乌纳斯;23

University of Norway 挪威大学;35

Upland 乌普兰;13

Upsala 乌普萨拉;4,13

Urd 乌尔德(命运三女神之一);2

Urökja Snorresson/Orökja Snorresson 欧诺加·斯诺里松;28

Utgard 乌特加德;2

V

Vaagen 瓦根;19

Vaerdalen 沃尔达伦;13,15

Vagn Aakesson 沃恩·奥克松;9

Valdalen 瓦达伦;13

Valdemar Atterdag 瓦尔德马·阿特达格;32

Valdemar Birgersson, King of Sweden 瑞典国王瓦尔德马·比耶松;29

Valdemar, the Great 瓦尔德马大帝;22,23

Valdemar Magnusson, Duke 瓦尔德马·马格努松公爵;30,31

Valdemar the Victorious "胜利王"瓦尔德马;26,27

Valders 瓦尔德斯;5,9

Valfather "众神之父";2

Valhalla 英灵殿;2,6,7,13

Valkendorf, Christopher 克里斯托弗·沃肯多夫;35

Valkyries 瓦尔基里(女武神);2,6,9,13

Vandals 旺达尔;10

Vanir 华纳神族;2

Varangians 瓦朗几亚人;15

Varbelgs 狼皮帮;24,27

Ve 威;2

Vebjörn 维比约恩;16

Venice 威尼斯;15

Venetian 威尼斯人;35

Venus 维纳斯;2

Verdande 贝璐丹迪(命运三女神之一);2

Vermeland 韦姆兰;5,16,23,27,32

Versailles 凡尔赛宫;35

Vest-Agder 西阿格德郡;9

Vesteraalen 西奥伦群岛;23

Vestergötland 西哥得兰;13,16,21,32—34

Vestfjord 韦斯特峡湾;23

Vestfold 西福尔;4—6,13,27

Vestgoths 西哥得兰人;16

Viborg 维堡;15,34

Viborg-thing 维堡庭;15,16

Vidar 维达;2

Vidrar 维德拉尔；6
Vige 维格；11
Vigfusson 维格富松；24
Vikar, Chief of the Varbelgs 维卡尔，"狼皮帮"首领；24，27
Viken 维肯；5—9，11，13，15—18，20—24，26，27，29，35
Vile 维莱；2
Vilhelm 威廉；37
Vingulmark 温高尔马克；5，12
Vinland 文兰；12
Vinald, Archbishop 维纳尔德大主教；33
Virgin Mary, The 圣母马利亚；11，26
Visby 维斯比；32
Vitalie Brethren 维塔利兄弟会；33
Vladimir 弗拉基米尔；10
Voltaire 伏尔泰；35
Vornedskab 农奴制别称；34
Vors 沃斯；8

W

Wallenstein 华伦斯坦；27
Waterford 沃特福德；3
Wedel-Jarlsberg, Count 韦德尔-雅斯伯格伯爵；36
Welhaven, J. S. (Johan Sebastian Welhaven) J.S. 韦尔哈文；36，37
Wendland 温德兰；10，11，15，23
Wends 温德人；10，15，20，21
Wener, Lake 韦纳湖；18
Wergeland, Henrik 亨利克·韦格兰德；36，37
Wergeland, Rev. Nicolai 尼科莱·韦格兰德牧师；36
Wessex 西撒克逊/韦塞克斯；3
Widukind 维杜金德（撒克逊酋长）；3
William the Conqueror "征服者"威廉一世；1，5，16，17
William Longsword "长剑"威廉；5
William of Sabina, Cardinal 来自沙比那的威廉，红衣主教；27
Wismar 维斯马；33
Wollin 沃林；9

Y

Ygdrasil 伊格德拉西尔（世界之树或乾坤树）；2
Ymer 伊米尔；2
Ynglings 英格林家族；3—5
Yngve 英格夫；4
York 约克；6，16
Yotun 巨人；2
Yotunheim 尤腾海姆；2

Z

Zöe, Empress 佐伊女皇；15

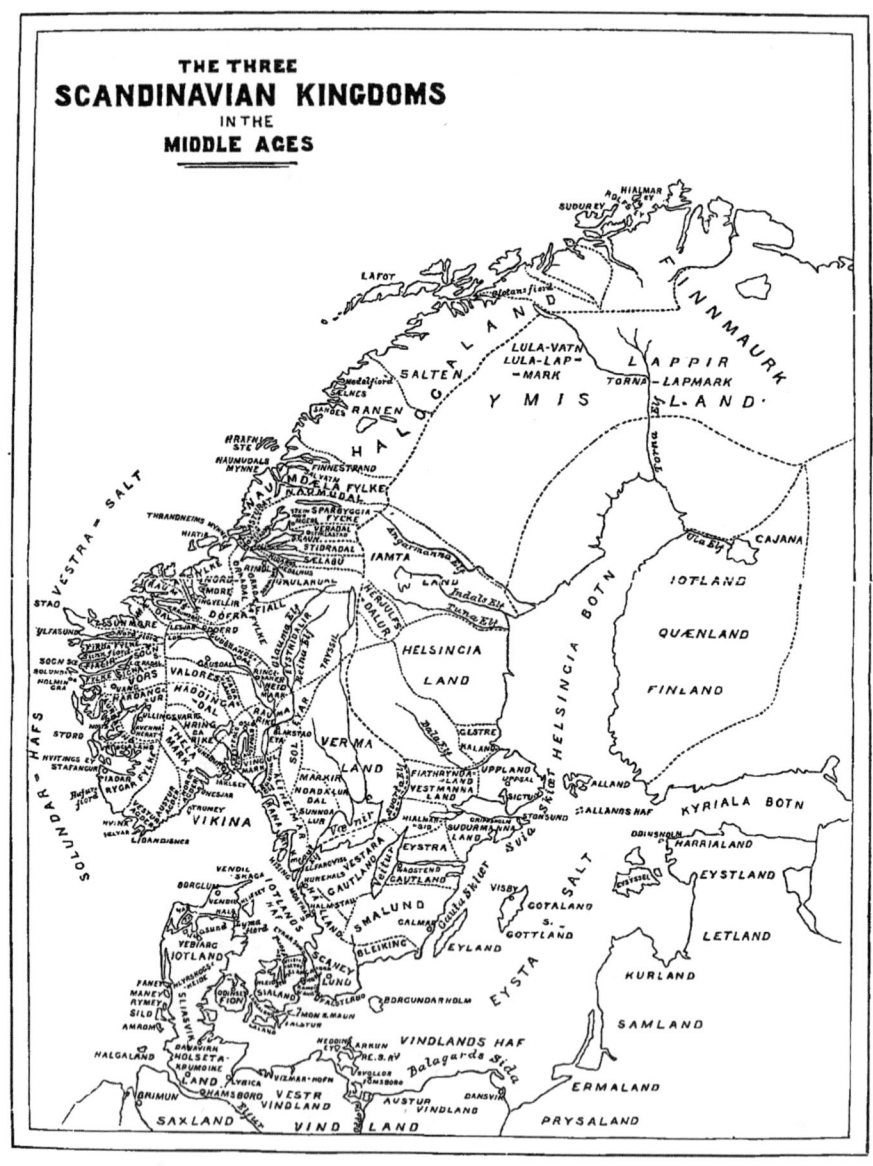

中世纪斯堪的纳维亚三国地图

审图号：国审字（2019）第 1220 号

中世纪斯堪的纳维亚三国地图说明：

编者按：《中世纪斯堪的纳维亚三国地图》为本书 1886 年版所附地图。因为年代久远，许多地名已不可考，在此仅列出部分能够辨认地名的对应中文名称，仅供读者参考，不能保证完全准确。由于 1886 年时许多挪威地名的英文译法还未固定，作者从挪威语自行翻译时，常常有多种拼法，所以一些地名与本书"全书译名章节表"中的英文名也不相同。

为方便读者对照，以下将地名分为两列，顺序基本为从北向南表示，括号内为今日最常见的写法。请注意这里所说的"挪威地区"和"瑞典地区"，仅表示其方位大致在今日的挪威或瑞典，以便读者查找，并不代表该地在今日或者中世纪时属于挪威还是瑞典。

挪威地区：

最北部：
FINNMAURK：芬马克郡（Finnmark）
ROLFSEY：罗夫索雅（Rolvsøy/Rolvsøya）
SUOUREY：瑟略岛（Sørøya）

HALOGALAND：哈罗加兰郡（Hålogaland）
LAFOT：罗弗敦群岛（Lofoten），其南面是韦斯特峡湾（Vestfjorden，地图中未标出）
SALTEN：萨尔滕

西部沿海峡湾区：
NAUMUDALS MYNNE：瑙姆达尔（Namdalen/Namdal）
THRANDHEIMS MYNNE/NIDAROS：特隆赫姆 / 尼德罗斯，位于特伦德拉格郡（Tröndelag，地图中可能未标出）
VERADAL：韦尔达尔（Verdal）
STIKLASTAD：史提克列斯塔（Stiklestad）
STIORADAL：斯彻达尔（Stjørdal）

西南部：
NORD MORE：诺尔默勒（Nordmøre/North-Møre）
RAUMS DAL：劳姆斯达尔（Romsdal）
SUNMORE：桑德摩尔（Sunnmøre/South-Møre）
FIRDA FYLKE：菲尤拉讷（Fjordane/Firdafylke/Firda）
Sunnfiord：南峡湾区（Sunnfjord）

SOGN：松恩
HARDANGUR：哈当厄尔（Hardanger）
HAURGALAND：霍达兰郡（Hordaland/Hördaland）
RYGAR FYLKE：罗加兰郡（Rogaland）
STAFANGUR：斯塔万格（Stavanger）

VIKINA 周边（从西到东，从沿岸到内陆）：
LIDANDISNCE：林讷角 / 里讷斯讷斯（Lindesnes）
VESTUR AGDER：西阿格德郡（Vest-Agder）
AUSTUR AGDER：东阿格德郡（Aust-Agder）

THELAMARK：泰勒马克（Telemark）
HRINGGARIKE：灵厄里克（Ringerike）
HADDINGADAL：哈灵达尔（Hallingdal）
VALDRES：瓦尔德斯（Valdres），位于奥斯陆西北偏西
HADALAND：哈德兰（Hadeland），位于奥斯陆西北偏北
瓦尔德斯、哈德兰都隶属于奥普兰（Oppland，地图中未标出）

OSLO：奥斯陆
VESTFOLD：西福尔郡，紧贴奥斯陆西南
AUSTFOLD：东福尔郡（Østfold），紧贴奥斯陆东南
RAUMARIKE：劳姆莱克（Romerike），位于奥斯陆东北

HEIDMARK：海德马克（Hedmark），位于劳姆莱克北面
GUDBRANOSDAL：古尔布兰达尔（Gudbrandsdalen），位于海德马克西北
Glauma Elf：格罗门河/格罗马河（Glomma）

SOLEYAR：索罗尔（Solør/Soløyjar），位于劳姆莱克东南
VINGULMARK：温高尔马克，位于劳姆莱克南面
ALIHEIMAR：亚尔海姆（Álfheimr），位于温高尔马克东南
RANARIKE：朗里克（Ranrike），位于VIKINA 东岸沿海

瑞典地区：

LULA-LAPMARK：吕勒河—拉普马克地区（Luleå lappmark/Lule River valley）
TORNA-LAPMARK：托尔讷河—拉普马克地区（Tornio lappmark/Tornio River valley）
Torna Elf：托尔讷河（Torne/Tornio）

Angarmanna Elf：翁厄曼河（Ångerman River /Ångermanälven）
Indals Elf：因达尔河（Indalsälven）
Tuna Elf：永安河（Ljungan）
HELSINCIA BOTH：波的尼亚湾（古诺斯语/old Norse: Helsingjabotn，英文：Gulf of Bothnia）

HERJULFS DALUR：海里耶达伦（Härjedalen）
HELSINCIA LAND：海尔辛兰（Hälsingland/Helsingia）
GESTRE HALAND：耶斯特克里兰（Gästrikland）
Dala ELF（图上看起来像 Dala F.lf）：达尔河（Dalälven/Dal River），其所在省份为：达拉那（Dalarna）

VERMA LAND：韦姆兰（Värmland）
VESTMANNA LAND：西曼兰（Västmanland）
UPPLAND：乌普兰
UPPSAL：乌普萨拉（Uppsala）
STONSUND：斯德哥尔摩（Stockholm）附近
SUDURMANNA LAND：南曼兰（Södermanland）

EYSTRA GAUTLAN：东哥得兰/东约特兰（Östergötland/East Gothland）
Veitur: 韦特恩湖（Vättern）
VESTARA GAUTLAND：西哥得兰/西约特兰（Västergötland/West Gothland）
Vcenir：维纳恩湖（Vänern）
SMALUND：斯莫兰（Småland）

图书在版编目(CIP)数据

挪威史：从远古时代起 / (挪威)迦马·乔·伯以森著；文净译 .— 上海：上海社会科学院出版社，2020
书名原文：A history of Norway from the earliest times
ISBN 978-7-5520-2975-8

Ⅰ.①挪… Ⅱ.①迦… ②文… Ⅲ.①挪威—历史 Ⅳ.①K533.0

中国版本图书馆CIP数据核字(2019)第274323号

本书据以下版本译出：
Hjalmar H. Boyesen: The History of Norway, Sampson Low, Marston, Searle, & Rivington, 1886。同时参考该书1900年版(T. Fisher Unwin, 1900)。

挪威史——从远古时代起

著　　者：迦马·乔·伯以森(Hjalmar Hjorth Boyesen)
译　　者：文　净
责任编辑：曹艾达
审 图 号：国审字(2019)第1220号
封面设计：黄婧昉
插图处理：孙乙冉
出版发行：上海社会科学院出版社
　　　　　上海顺昌路622号　邮编200025
　　　　　电话总机021-63315947　销售热线021-53063735
　　　　　http://www.sassp.cn　E-mail: sassp@sassp.cn
排　　版：南京展望文化发展有限公司
印　　刷：江阴市机关印刷服务有限公司
开　　本：890毫米×1240毫米　1/32
印　　张：14
插　　页：4
字　　数：333千
版　　次：2020年8月第1版　2021年11月第2次印刷

ISBN 978-7-5520-2975-8/K·539　　　定价：68.80元

版权所有　翻印必究